同济博士论丛
TONGJI Dissertation Series
总主编 伍 江 副总主编 雷星晖

张捷 赵民 著

“理想城市”的理性之路

——论新城百年实践及我国未来的新城建设

The Rationalism of Ideal Cities

— New Towns' Centennial Practice & Its Future Development in China

同济大學出版社
TONGJI UNIVERSITY PRESS

内容提要

本书分析和论证了多个国家和地区在不同的经济与社会制度下，新城发展的不同应对策略、功能布局、住宅和社区建设、公共设施与中心区设计，以及运作机制、管理模式、投资形式、政府和市场的关系等方面共性与个性，根据我国当前的国情和城市发展状况，阐明了我国新城开发的核心原则，提出了新城的开发运作要点和规划设计的应对策略。

本书适合城市规划与发展的政策制定部门以及相关学科的研究人员阅读参考使用。

图书在版编目(CIP)数据

"理想城市"的理性之路：论新城百年实践及我国未来的新城建设 / 张捷，赵民著 .—上海：同济大学出版社，2017.8

（同济博士论丛 / 伍江总主编）

ISBN 978-7-5608-6871-4

Ⅰ. ①理… Ⅱ. ①张… ②赵… Ⅲ. ①城市建设-研究-中国 Ⅳ. ①F299.2

中国版本图书馆CIP数据核字（2017）第076126号

"理想城市"的理性之路

——论新城百年实践及我国未来的新城建设

张 捷 赵 民 著

出 品 人 华春荣 责任编辑 武 蔚 熊磊丽

责任校对 徐春莲 封面设计 陈益平

出版发行 同济大学出版社 www.tongjipress.com.cn

（地址：上海市四平路1239号 邮编：200092 电话：021-65985622）

经 销 全国各地新华书店、建筑书店、网络书店

排版制作 南京展望文化发展有限公司

印 刷 浙江广育爱多印务有限公司

开 本 787mm×1092mm 1/16

印 张 21

字 数 420 000

版 次 2017年8月第1版 2017年8月第1次印刷

书 号 ISBN 978-7-5608-6871-4

定 价 128.00元

"同济博士论丛"编写领导小组

“同济博士论丛”编辑委员会

总 序

在同济大学110周年华诞之际，喜闻“同济博士论丛”将正式出版发行，倍感欣慰。记得在100周年校庆时，我曾以《百年同济，大学对社会的承诺》为题作了演讲，如今看到付梓的“同济博士论丛”，我想这就是大学对社会承诺的一种体现。这110部学术著作不仅包含了同济大学近10年100多位优秀博士研究生的学术科研成果，也展现了同济大学围绕国家战略开展学科建设、发展自我特色，向建设世界一流大学的目标迈出的坚实步伐。

坐落于东海之滨的同济大学，历经110年历史风云，承古续今、汇聚东西，秉持“与祖国同行、以科教济世”的理念，发扬自强不息、追求卓越的精神，在复兴中华的征程中同舟共济、砥砺前行，谱写了一幅幅辉煌壮美的篇章。创校至今，同济大学培养了数十万工作在祖国各条战线上的人才，包括人们常提到的贝时璋、李国豪、裘法祖、吴孟超等一批著名教授。正是这些专家学者培养了一代又一代的博士研究生，薪火相传，将同济大学的科学研究和学科建设一步步推向高峰。

大学有其社会责任，她的社会责任就是融入国家的创新体系之中，成为国家创新战略的实践者。党的十八大以来，以习近平同志为核心的党中央高度重视科技创新，对实施创新驱动发展战略作出一系列重大决策部署。党的十八届五中全会把创新发展作为五大发展理念之首，强调创新是引领发展的第一动力，要求充分发挥科技创新在全面创新中的引领作用。要把创新驱动发展作为国家的优先战略，以科技创新为核心带动全面创新，以体制机制改革激发创新活力，以高效率的创新体系支撑高水平的创新型国家建设。作为人才培养和科技创新的重要平台，大学是国家创新体系的重要组成部分。同济大学理当围绕国家战略目标的实现，作出更大的贡献。

大学的根本任务是培养人才，同济大学走出了一条特色鲜明的道路。无论是本科教育、研究生教育，还是这些年摸索总结出的导师制、人才培养特区，“卓越人才培养”的做法取得了很好的成绩。聚焦创新驱动转型发展战略，同济大学推进科研管理体系改革和重大科研基地平台建设。以贯穿人才培养全过程的一流创新创业教育助力创新驱动发展战略，实现创新创业教育的全覆盖，培养具有一流创新力、组织力和行动力的卓越人才。“同济博士论丛”的出版不仅是对同济大学人才培养成果的集中展示，更将进一步推动同济大学围绕国家战略开展学科建设、发展自我特色、明确大学定位、培养创新人才。

面对新形势、新任务、新挑战，我们必须增强忧患意识，扎根中国大地，朝着建设世界一流大学的目标，深化改革，勠力前行！

万　钢

2017 年 5 月

论丛前言

承古续今，汇聚东西，百年同济秉持“与祖国同行、以科教济世”的理念，注重人才培养、科学研究、社会服务、文化传承创新和国际合作交流，自强不息，追求卓越。特别是近20年来，同济大学坚持把论文写在祖国的大地上，各学科都培养了一大批博士优秀人才，发表了数以千计的学术研究论文。这些论文不但反映了同济大学培养人才能力和学术研究的水平，而且也促进了学科的发展和国家的建设。多年来，我一直希望能有机会将我们同济大学的优秀博士论文集中整理，分类出版，让更多的读者获得分享。值此同济大学110周年校庆之际，在学校的支持下，“同济博士论丛”得以顺利出版。

“同济博士论丛”的出版组织工作启动于2016年9月，计划在同济大学110周年校庆之际出版110部同济大学的优秀博士论文。我们在数千篇博士论文中，聚焦于2005—2016年十多年间的优秀博士学位论文430余篇，经各院系征询，导师和博士积极响应并同意，遴选出近170篇，涵盖了同济的大部分学科：土木工程、城乡规划学（含建筑、风景园林）、海洋科学、交通运输工程、车辆工程、环境科学与工程、数学、材料工程、测绘科学与工程、机械工程、计算机科学与技术、医学、工程管理、哲学等。作为“同济博士论丛”出版工程的开端，在校庆之际首批集中出版110余部，其余也将陆续出版。

博士学位论文是反映博士研究生培养质量的重要方面。同济大学一直将立德树人作为根本任务，把培养高素质人才摆在首位，认真探索全面提高博士研究生质量的有效途径和机制。因此，“同济博士论丛”的出版集中展示同济大学博士研究生培养与科研成果,体现对同济大学学术文化的传承。

"同济博士论丛"作为重要的科研文献资源,系统、全面、具体地反映了同济大学各学科专业前沿领域的科研成果和发展状况。它的出版是扩大传播同济科研成果和学术影响力的重要途径。博士论文的研究对象中不少是"国家自然科学基金"等科研基金资助的项目,具有明确的创新性和学术性,具有极高的学术价值,对我国的经济、文化、社会发展具有一定的理论和实践指导意义。

"同济博士论丛"的出版,将会调动同济广大科研人员的积极性,促进多学科学术交流、加速人才的发掘和人才的成长,有助于提高同济在国内外的竞争力,为实现同济大学扎根中国大地,建设世界一流大学的目标愿景做好基础性工作。

虽然同济已经发展成为一所特色鲜明、具有国际影响力的综合性、研究型大学,但与世界一流大学之间仍然存在着一定差距。"同济博士论丛"所反映的学术水平需要不断提高,同时在很短的时间内编辑出版110余部著作,必然存在一些不足之处,恳请广大学者,特别是有关专家提出批评,为提高同济人才培养质量和同济的学科建设提供宝贵意见。

最后感谢研究生院、出版社以及各院系的协作与支持。希望"同济博士论丛"能持续出版,并借助新媒体以电子书、知识库等多种方式呈现,以期成为展现同济学术成果、服务社会的一个可持续的出版品牌。为继续扎根中国大地,培育卓越英才,建设世界一流大学服务。

伍　江

2017年5月

前言

现代新城思想的起源可以追溯到“乌托邦(Utopia)设想”“空想社会主义”(Utopian Socialism)等早期理想城市(Ideal Cities)的构想。自霍华德(Ebenezer Howard, 1850—1928)提出“田园城市(Garden City)”之后,人类对理想城市的追求更具实践的可行性,并不断取得突破性进展。第二次世界大战之后,许多国家或地区的新城建设,尤其是英国的新城(New Town)被奉为城市发展史上最经典的城市发展政策之一。新中国建国之后,也经历了从卫星城到新城的不断实践。

由于各个国家和地区的经济、社会制度不同,新城发展的应对情况不一,所以在功能布局、住宅和社区建设、公共设施和中心区设计、道路交通等方面,尤其是在运作机制,包括管理模式、投资形式、政府和市场的关系等方面,不同国家和地区的新城建设实践既有共性,也有个性。论文对此加以对比分析和总结,以期对我国的新城建设得出有益的启示。

关于我国的未来新城发展,论文先从哲学层面阐述了我国新城的发展理念,界定了我国新城的概念,并提出和讨论了我国当前存在的新城和“类新城(Pan-New Town)”的不同发展模式;基于宏观和长远发展条件的分析,讨论了我国发展新城的必要性和可能性。在总结和借鉴国内外的实践经验的基础上,以及根据我国当前的国情和城市发展状况,阐明了我国新城开发的核心原则,提出了新城的开发运作要点和规划设计的应对策略。

目录

绪　论

人类一直在不断地追求理想的生活环境。自城市出现后，城市的发展一直寄托着人类改善自身生存环境的美好愿望。工业革命之前，人类的这种追求更多的是一种被动；在工业革命之后，人类在获得前所未有的改造自然的能力的同时，由于工业革命带来的城市与自然的隔阂日益明显，面对城市环境的不断恶化、城市病态的不断滋生、居住质量的不断下降，迫使人们去追寻一种全新的“理想城市”。“理想城市”的理念具有历史的延续性，从乌托邦（Utopia）、空想社会主义（Utopian Socialism），到后来的田园城市（Garden City）、卫星城（Satellite Town）等，直至第二次世界大战后的大规模新城建设，无一不是人类对“理想城市”的孜孜追求。

0.1　研究背景

18世纪中期起源于欧洲的工业革命带来了生产力的大解放，与工业化相伴随的是人类历史上空前的经济增长和城市化发展。工业革命以后的城市功能及城市运行与植根于中世纪社会的城市结构的矛盾日益尖锐，城市中的病态与丑陋现象丛生。在这种背景下，一些具有社会改革思想的先驱者们提出了种种“理想城市”的概念。他们在揭露“城市病”和批判现状城市发展模式的同时，纷纷试图勾画出新型的理想城市模式。

较早期的“理想城市”实践活动提议往往具有很大的空想成分，曾出现了诸如罗伯特·欧文（Robert Owen，1771—1858）在新拉纳克（New Lanark）的实验，以及在美国印第安纳州（Indiana）的“新协和村（Village New Harmony）”事业。然而“乌托邦（Utopia）”式的尝试在当时的社会条件下难免失败的命运。

到了19世纪末，霍华德（Ebenezer Howard）汲取了“空想社会主义”及“理想城市”的一些理念，结合他自己的观察和信念，提出了“田园城市（Garden City）”的一整套新概念和新模式，并付诸实践。霍华德倡导的“田园城市”，后又被称为“社会城市”（Sociable City），试图克服工业革命以后出现的城乡对立及城市中的非人性化弊端，基于城乡协调的理念、人工环境融入自然环境的规划手法，以人性化的方法来处理城市的各项功能要素，从而创造出一种新型的城市。

人们丝毫不能低估这一产生于19世纪末到20世纪初的“田园城市”的影响力。作为城市社会和规划发展史上的一次伟大的启蒙和探索运动，“田园城市”为人类提供了一种新型的、城乡融合的城市结构和发展模式，其核心理念在于把人与自然、城市和乡村结合起来考虑，走和谐发展之路。虽然“田园城市”的追求具有相当的理想主义色彩，但是它对其后一个世纪的城市发展和城市规划有着深刻的启迪作用。

第二次世界大战后，英国的大规模新城建设运动与英国的“田园城市”传统有着渊源关系。其他西方国家的郊外城市建设也深受“田园城市”思想的影响，实质上是反映了一种摒弃旧的城市发展模式，追求“理想城市”的目标及崇尚自然的社会呼声。

“田园城市”的传播是世界性的，许多国家的城市发展曾借鉴过“田园城市”的规划理念。在亚洲的日本、新加坡及香港地区都有过大规模的新城建设；我国的一些大城市也曾在20世纪50年代建设了一批工业卫星城，我国还一度出现的“不搞集中城市”和企图“消灭城乡差别”的思潮等，在一定程度上也与“田园城市”的思想有着内在的相关性。

在“田园城市”诞生和发展了一个世纪后的今天，我国的城市化进入了快速发展阶段。名目繁多的各类园区建设、城郊的大楼盘开发、规模不等的大学城建设等各种城市建设活动席卷全国各地。“新城”这一概念似乎一夜之间成为很多开发项目的代名词，小至不足一公顷的商业广场，大至数平方公里的楼盘开发。这些大大小小的城市建设项目确实促进了城市的繁荣，推动了经济的发展，加快了郊区的城市化步伐；但冷静观察及思考之后，人们不难发现其中的弊端和隐患。概念的正确和理念的无误传递已是刻不容缓，这是本论文的研究目的之一。

时至今日，欧美发达国家的外延城市化进程早已完成，新城建设也已基本成为历史；而我国是一个发展中的人口大国，经济和社会的发展水平还很低且不均衡，城市化的路还很长，还有几亿人口将从农村转移到城市。在城市化的进程中，大中小城市都还要得到发展，其中，新城建设将是大都市地区优化空间结构的重要手段。新城建设在我国还是一个较新的事物，还有待深入研究和积累经验。在这个过程中，学习和借鉴发达国家和地区的经验是很有必要的。

一切物质性建设都是有着社会的意义和社会的影响的，因而物质性与社会性是分不开的因素，因而合乎逻辑的诉求是：在物质性的建设事业中要有社会责任感及正确的规划理念。“田园城市”和新城建设的经验，确实为我们提供了前车之鉴，是全人类的宝贵的精神财富。本论文旨在总结和传递前人及当代实践者对“理想城市”及其和谐发展的探索经验。

大城市区域内新城的发展经历了单纯为疏散人口而发展起来的卧城，为提供就业机会而发展起来的半独立或独立的卫星城市，以及旨在配合大城市区域整体结构调整需要的开敞性的完善独立的新城等若干阶段。

新城的意义、实质内容与其所欲达成的预期效果随着时代和地域的不同，以及社会制度、开发方式、公共政策的导向程度及各个国家和地区所面临欲解决的经济社会问题而迥然不同，迄今仍无一确定法则可以遵循。“新城”一词，在英国仅限于指依《新城法》(*New Town Act*)所建的城市，有其确定的内涵和目标；而在美国则包罗甚广，不仅包括卧城性质的卫星镇在内，亦包括大规模的都市更新(New Town in Town)项目，甚至是一个退休养老社区等。

对“理想城市”的孜孜追求永远是人们不断探索美好生活的主要实践，也是城市规划者们不懈努力的目标。我国的城市化进程和城市发展应该在多大程度上沿袭西方的方式是一个争议性的话题，但从西方的经验教训中获取有益的借鉴却是共识。

0.2 国外发展动态

1. 早期的“理想城市”

现代城市规划的思想根源可以追溯到托马斯·莫尔(Thomas More，1478—1535)、亨利·圣西门(Henri Saint Simon，1760—1852)、罗伯特·欧文(Robert Owen，1771—1858)、查里斯·傅里叶(Charles Fourier，1772—1837)等乌托邦和空想社会主义思潮。

18世纪中期起源于欧洲的产业革命促进了生产力的大解放。资本主义经济的发展带来了人类历史上空前的工业发展和城市人口增长。这些发展与原有城市结构的矛盾日益尖锐，城市中大量丑陋化现象的出现使人们一时陷于束手无策的境地。当然，资本主义城市的丑恶现象的根源是私有制度及生产力与生产关系之间的矛盾，这不在本论文的讨论范畴内。在当时的社会背景下，一些具有社会改革思想的先驱者纷纷提出和实践新的社会范型。他们的共同特点几乎都是在揭露"城市问题"和批判陈旧的"城市结构"的同时，提出建立新型城市社区，追求城乡融合、人际和谐的境界，并借以纠正工业革命以后的城市弊端。

但是，初期的"理想城市"方案多为纸上谈兵，或是文人笔下的虚构，具有很大的空想成分。即使是付诸实践的由罗伯特·欧文于1825年在新拉纳克实验建设的乌托邦式的"新协和村"也很快就失败了。失败的主要原因之一在于以"平均、平等、自给自足"为主要内容的社会改革在早期资本主义条件下是不切实际的。

2. 第二次世界大战前的城市规划和新城思想

19世纪末，英国人霍华德(Ebenezer Howard)汲取了空想社会主义的"理想城市"概念中某些积极因素，结合他自己的观察和体验，提出了"田园城市"的新概念。

霍华德的"田园城市"，后来他又称之为"社会城市"，集合了城市和农村的优点，跳出了城市与农村在空间和形态上截然对立和分隔的旧观念，创造了一种城乡结合的新型城市。这种新城市没有大工业和繁华喧闹的市区，人口规模适中，以低层、低密度的建筑为特征，让人们容易接近大自然。20世纪初期，霍华德身体力行地在英国建设了两个样板田园城市——莱奇沃思(Letchworth)和韦尔温(Welwyn)。

20世纪初，随着工业的发展，出现了对城市空间结构按现代城市的功能进行分区的概念。1910年，法国建筑师戛纳尔(Tony Garnier, 1869—1948)的"工业城(Industrial City)"规划第一次把城市中的工业区、港口、铁路与居住区在用地布局上严格地区分开。1933年，《雅典宪章》明确提出城市的四大功能，即居住、工作、游憩、交通，并提出有"计划"与有"秩序"发展城市的原则。这些概念一直延续到今天，成为现代城市规划的基本原则，为世界各国的城市规划实践所遵循。

火车、汽车等现代高速交通工具的广泛使用，给城市结构注入了新的技术因素，也改变着传统的城市规划概念。从1882年西班牙人索里亚·玛塔(Arturo Soria Y Mata, 1844—1920)提出沿着铁路干线发展线型城市(Linear City)的主张，到20世纪60年代希腊著名学者道克西亚迪斯(C.A.Doxiadis, 1936—1975)关于沿着汽车干道进行线型发展的所谓动态结构概念几乎都是出自充分利用高效率交通的考虑，是提倡一种基于新的城市“时空”观念的发展模式。

在20世纪，随着城市中汽车交通的高度发展，为了效率与安全，出现了一系列对城市内部功能和空间结构形式的新变革。例如，20年代美国人克莱伦斯·佩利（Clarence Perry，1872—1944）关于“邻里单位”（Neighborhood Unit）的概念提出了扩大街坊，以防止汽车穿越居住区的主张。30年代美国人史坦因（Clarence Stein，1882—1975）在雷德朋（Radburn）新城设计中，采用“人车分流”原则及尽端路系统，以避免汽车交通干扰居住环境的安静。这些原则一直为今天的居住区规划设计所重视。在避免汽车交通干扰商业区方面，在20年代的德国首先出现了无汽车通过的步行商业街，40年代发展到步行商业区。这些处理手法现今已广泛运用于世界各地的城市设计。

在城市道路系统方面，虽然从1853年当时的塞纳（Seine）省省长欧斯曼男爵（Georges Eugène Haussmann，1809—1891）改建巴黎中心区道路结构开始，“打破”中世纪传统路网的历史已有150多年。但是，真正从现代交通功能出发，规划城市道路系统还是在20世纪以后。20世纪初，法国建筑师艾纳尔（Eugene Hénard，1849—1923）提出的道路环形交叉和立体交叉，解决了交通节点，即交叉口的问题。20世纪40年代起，开始了对整个城市道路系统进行功能研究。例如，英国人屈普（Alker Tripp）在他的著作《道路交通与管理》（*Road Traffic and Its Control*，1938）和《城市规划和道路交通》（*Town Planning and Road Traffic*，1942）中提出关于城市道路应该按分级、分类原则形成系统的建议，其思想具有深远的影响。第二次世界大战后，发达国家纷纷在大城市建设快速道路和各种交通枢纽，交通系统向高架和地下发展，大大改变了城市空间结构的传统概念和形式。

科学技术的进步，高层建筑的大量建造，改变了传统城市“水平式”发展的模式，出现了向高空“立体式”发展的新趋势。因而，提出了以现代交通系统与高层建筑相结合的新型城市空间结构模式来代替、改造旧城市空间模式的主张。例如，代表人物之一是法国著名建筑师勒·柯布西耶（Le Corbusier，1887—1965），他认为高层建筑、低密度、大面积绿化和高效的交通系统可以大大改善城市的生活环境。他所倡导的理念集中体现在20世纪20—30年代提出的所谓“现代城市”的建议方案中。他的观点影响一直延续到第二次世界大战后，直至今天。近20年又开始向地下空间发展。

在规划方法上，新观念改变了学院式的传统做法，摒弃了形式主义、图案式的手法，注重资料的调查和分析，注重功能布局的合理。这个时期出现了大批著名

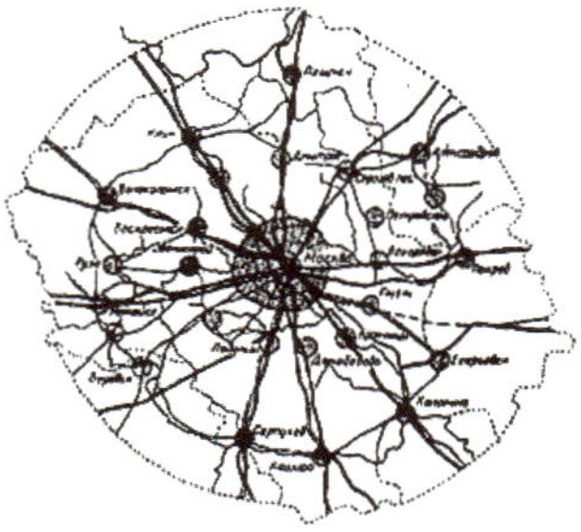

图 0–1　莫斯科总体规划，20世纪30年代

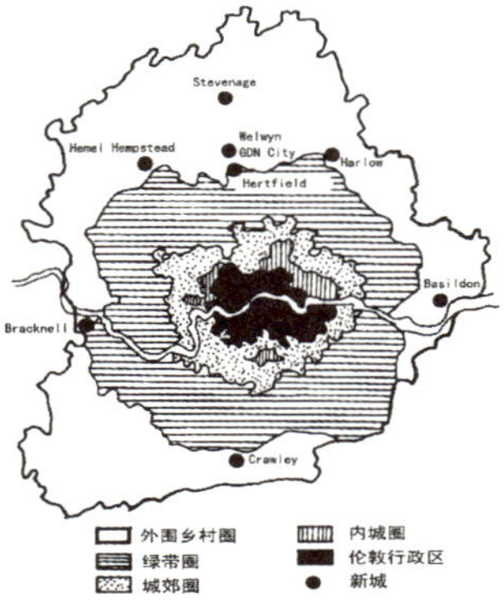

图 0–2　大伦敦规划，1944年

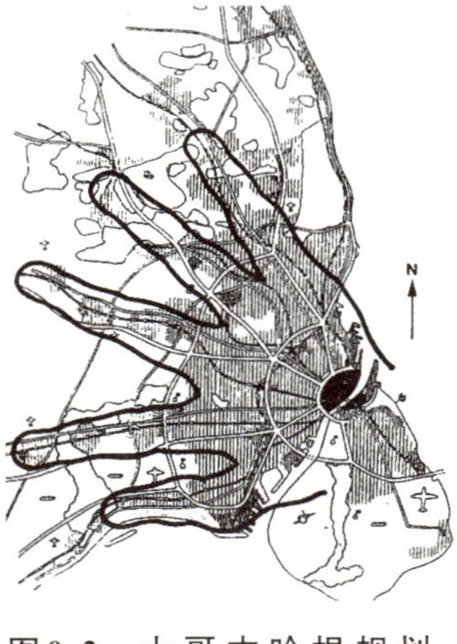

图 0–3　大哥本哈根规划，1948年

资料来源：黄亚平.城市空间理论和空间分析[M].南京：东南大学出版社，2002

的规划案例，如1929年纽约地区规划，1935年莫斯科总体规划（图0–1），1944年大伦敦规划（图0–2），1948年哥本哈根规划（图0–3）等。这些规划为城市制订了长远的、功能合理的方案。规划者一般都认为：只要按照规划的控制和秩序去实施，就能解决城市所有的问题。当然，事实并非完全如此。

纵观20世纪前半叶，这是现代城市规划理论与实践得到很大发展的时期，也是一段规划观念大转化的不平凡时期。千百年来的传统观念，经过"理想主义"和"空想"的阶段，自霍华德的"田园城市"开始，"理想城市"逐步付诸实践，进入到由现代科学技术推进的新时期。这个时期的主要特征是提出了一系列从功能上适应城市现代生产和生活需要的新观念，把功能和秩序作为解决城市发展建设中各种矛盾和问题的主要手段。可以说，这是以城市功能主义为主的时期，它对城市规划的现代化和科学化做出了划时代的贡献。

3. 英国的新城规划理论与建设

英国的新城规划理论是英国城市规划理论的一个主要研究分支，被誉为英国城市规划皇冠上的明珠。在第二次世界大战后36年（1945—1981）英国先后创建了32座新城，共容纳了180万人口（占当时全国总人口数的4%），不包括由地方政府兴建的两个新城克兰姆林顿（Cramlington）和基林华斯（Killingworth）。虽然，英国的新城人口比例并不是很高，但极大地促进了英国战后的经济社会发展。新城建设最为兴盛的时期是第二次世界大战结束初期，由帕特里克·艾伯克隆比（Patrick Abercrombie，1879—1957）教授主持的大伦敦规划（1944年）中提出在伦敦周围建立8个新城（图0–2），促进了英国新城的开发达到鼎盛阶段。

第二次世界大战后30多年的新城建设主要是用以容纳从中心城市分散出来的人口和工业，以发展居住为主，也有部分因为其他原因而开辟的新城。例如，乡村地区开展大规模的农村贫民窟清扫运动（Rural Slum Clearance）[①]，清扫后的地区，即为中央政府统一购买土地后作为新城开发的用地；有些是为了振兴地区经济而设置的新城。

20世纪60—70年代的新城，基本上是采用了伦敦地区新城基本概念，即自我平衡、社区平衡、改善环境，但是其规模大大增加了，最大的达50万人口（相当于英国大城市的规模）。70年代后期，由于经济形势的变化，英国的主要城市都出现了不同程度的衰败。英国的城市政策从转移大城市的过剩人口和工业，转向协助大城市恢复内城经济。新城的开发不再局限于大城市的外围地区，而是扩充到整个区域范围，其城市规模也显著扩大。

20世纪80年代以后，"可持续发展"的观点进一步扩展了新城建设的内涵，进而提出了"新社区"（New Settlement）的规划概念。新社区是具有多重含义、内容范围广泛、集生活休闲娱乐工作为一体的综合区域。新城注意考虑工业，新社区则将农业也纳入到规划考虑的范围，形成对全新城市聚居模式的探讨。

新城在20世纪90年代除了拥有完善的、基本的公共和社会基础设施之外，增加了更完善的生活服务设施和文化娱乐设施（如大型文化娱乐中心）。新城的土地规划和管理方式适合大规模的住宅开发、大型办公建筑和工业的发展。最重要的是，其城市功能着眼于促进大城市中心区的经济发展。在20世纪末，英国居住在城市的人口已达90%，其中的23%是居住在政府规划和建设的各种不同规模的新城内。

英国的新城计划是战后英国最成功的城市政策之一。英国的新城共容纳了超过2 000 000的人口，提供了逾1 000 000个工作岗位，并发展了在经济上和社会上都成功的社区。新城的诸多方面都被认为是城市规划研究中规划实践者们的学习典范。例如，密尔顿·凯恩斯（Milton Keynes）新城（距伦敦以西74 km，建于1967年）被认为是英国最成功的大规模开发的新城之一，为以后的大规模开发提供了很多有价值的参考案例。

今天，新城的课题被重新提上日程，用来帮助政府执行可持续社区计划。城市复兴（Urban Regeneration）是英格兰联盟（English Partnerships，简称EP）和地方政府及其他开发商股份持有者共同合作发起的一系列运动。这些运动包括：千年社

① 指农村地区大面积的未经规划的，有大量缺乏基础设施的棚户区的开发。

区计划、城市复兴计划、城镇中心区更新计划和城市可持续扩张，等等，它们都在复苏新城运动中起着重要的作用，再一次成为当今城市建设实践中的开发和设计典范。

4. 法国的新城建设

19世纪末，在工业加速发展的推动下，巴黎地区的城市建设开始规模增长，工业企业在近郊自发聚集，独立式住宅在工业用地外围无序扩展，甚至呈过度蔓延趋势。要达到疏散巴黎市区过分集中的人口，改变东西部严重的不平衡状态，使巴黎市区和周围地区都能形成相互平衡的城市单元，为居民创造良好环境的目的，法国不仅建设新城，还将郊区统一进行规划。

第二次世界大战后，法国从1946年开始连续制定了若干五年经济建设和发展计划，每一个计划都包括各部门、各地区有关方面的经济战略目标，以及相应的建设投资分配。

1965年的《巴黎地区国土开发与城市规划指导纲要》(*Structuration développement dans le régionale d'aménagement et d'urbanisme de Paris*，简称为SDRAUP战略规划)认为，巴黎放射形同心圆的结构布局是造成市中心拥挤的主要原因，因此今后的发展要打破现有的布局形式。规划确定城市沿与塞纳河平行的东南和西北的两条切线方向发展。SDRAUP规划提出了城市和地区规划的框架，规划提出要建设5座新城，即塞尔基-蓬杜瓦兹(Cergy-Pontoise)新城、玛尔-拉-瓦雷(Marne-La-Vallee)新城、圣康旦-伊弗里尼(Saint Quentin-Yvelines)新城、埃夫利(Ivry)新城和默伦-塞纳尔新城(图0-4)。新城和现有的中心地区将并行发展，而不是相互竞争。新城市中心形成后，将带动城市的扩展，使得目前的城郊地区得到改造和提高，并不断多元化发展。

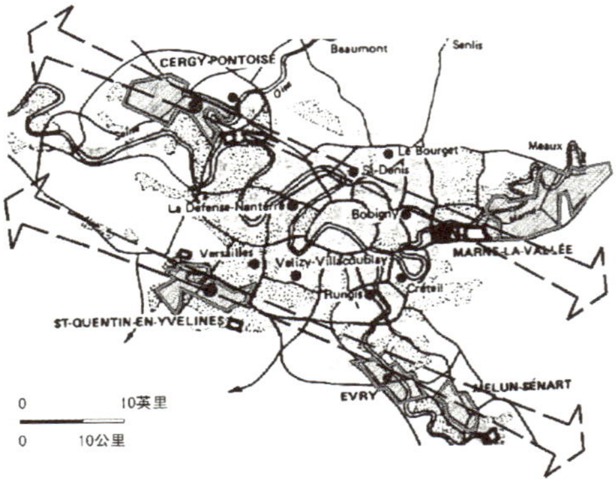

图0-4 1965年的大巴黎SDAURP规划

1976年7月1日法国政府批准的"大巴黎区域的城市发展方向性规划"中明确：除了在郊区建设5个新城外，在近郊还要建9个城市副中心，并为保护和发展远郊农业和森林用地将郊区划分成5个自然生态平衡区，在这5个生态平衡区内要发展16个中、小自然村为主的小城镇，以保护自然环境和保存农村特色。此外，还有城市优先发展地区的建设方针和政策。城市优先发展地区是新城的雏形，对以后新城的建设奠定了基础。政府对建设城市优先发展地区成立了专门的开发公司，对征购土地、资金筹集和分配、房屋和市政设施的建设都有一系列的规定。它的一套做法，体现了行政和财政方面的手段的结合，对巴黎以后的新城建设起到了作用。①

1994年的《法兰西岛地区发展指导纲要》(*le Schéma Directeur Régional pour l'Ile de France*，简称为SDRIF规划)提出通过牵制，而不是组建，来有效控制城市蔓延。其中有三个主要的规划原则，即：区域的中心多极化；提高农村的环境质量，美化自然空间；城市的多中心组织。尽管新城建设过程中遇到了困难，但从城市发展的战略意义上来说，新城的建设促使巴黎地区的人口在较大范围内得到均衡分布，一定程度上解决了新城和市区周围某些地区职业和设施的不足。

在巴黎地区的新城建设发展过程中，国家保证政策的连续性，使得新城建设能够按计划有条不紊地进行下去。

5. 美国的新城建设

从19世纪后半期开始，随着资本主义发展，城市的不断扩张，少数富裕阶级开始向郊外迁居。到20世纪20年代，由于广泛使用小汽车，中产阶级以上的人们郊迁的逐渐增多。留在内城或迁往内城居住的多是穷人，贫民窟出现在内城，其住宅和市政设施得不到更新，日益陈旧。

1923年，美国地区规划协会成立，由20多位关心社会的建筑师组成的。他们根据英国田园城市的规划思想，对美国当时的社区实际情况作了调查，提出了美国城市规划理论，因而引起了许多国家规划建筑界的重视。诸如，芒福德(Lewis Mumford，1895—1990)的地区城市理论设想是在一个大城市地区范围内，设置许多小城市，通过各种交通工具联系这些小城市，这种规划设想是企图对美国大城市地区内的构造进行根本性的改革。其次是佩利(Clarence Perry)的“邻里单位”理论，他汲取了田园城市的规划手法，提出小城市由邻里住宅区为单位组成，即“邻里单位”理论。为了追求理想的人居环境，解决大城市的弊病，美国的新城建设在一定程度上也受到了英国田园城市思想的影响，在第二次世界大战前就出现了雷德朋体系，以及绿带城(Greenbelt)、绿谷城(Greenhill)

① 北京市城市规划管理局科技情报组.城市规划译文集2——外国新城镇规划.北京：中国建筑工业出版社，1983.

等试验，这些规划实践及其规划思想对美国本土及世界范围的新城建设都有一定的影响。

20世纪50—60年代，为了控制城市盲目向郊区扩展，中断了多年的新城建设又再次提到日程上来了。美国有规模的新城建设则始于20世纪60年代后期。1968年通过了《新城开发法》，1970年通过了《住房和城市发展法》，法案的各项规定与英国新城类似，提高了新城建设的贷款总额，并在联邦政府下面成立了新城开发公司，也鼓励各州成立开发公司。

自20世纪80年代以来产生了以矫正交通拥塞、空气污染、土地浪费、内城破坏、邻里观念淡薄等“城市病”为指向的探索，包括传统的邻里区开发（Traditional Neighbcrrhood Development，简称TND）和公共交通导向的邻里区开发（Transit Oriented Deve1opment，简称TOD），这些实践就其理念而言有很多相类似的地方，统称“新城市主义”（New Urbanism）。

6. 日本的新镇建设

日本将新镇[①]建设作为解决大城市不断膨胀、导致日益严重的城市问题而采取的对策之一。第二次世界大战以后，为了复兴经济和统制经济，由政府全额出资建立了产业复兴公团和粮食配给公团等，现在已经逐渐解散废止了。公团是日本政府为了经营公共事业而设立的特殊法人集团。为了经营开发一些私有部门不愿涉足的投资领域，1955年成立了日本住宅公团，日本道路公团等。1975年成立了住宅开发公团，1981年两者合并成住宅·都市整备公团，1999年改称为都市基盘（Infrastructure）整备公团（简称“都市公团”）。

住宅公团在新镇建设和城市建设中发挥了重要的作用。随着1955年日本住宅公团（国有企业）成立和住宅团地（居住区）开发迅速发展，公共设施完备和环境优良的居住区在日本逐渐出现。但是，由于很难获得高地价的土地，大规模的团地开发往往远离城市中心，这样新镇的开发建设方式就出现了。比较著名的新镇有大阪府开发的千里丘陵新镇，日本住宅公团开发的高藏寺新镇，大阪府开发的泉北新镇，日本住宅公团和东京都共同开发的多摩新镇，千叶县开发的千叶新镇，以及横滨市和日本住宅公团共同开发的港北新镇。这些开发规模都在30万人以上，而且功能都是“卧城”形式，多数是依附于中心城市的住宅城市，少数是有工业区的新镇，还包括两座科研大学城。

① 英文为“New Town”，一般译作“新城”，在日本习惯称“新镇”。

由于日本的新镇多为卧城，自身功能不健全，生产和生活服务不配套，其居民主要在中心城市上班和娱乐，因此对疏散大城市人口的作用不大；同时，由于产生了新的通勤交通需求，使区域交通变得更为复杂。此外，由于建设资金有限，新镇在建设过程中，往往先建设住宅，后配套市政和公共福利设施，速度十分缓慢。从而新镇与中心城市相比，物质文化条件的差别较大，因而没有吸引力。

日本的新镇开发与私营铁路之间的关系密切。可以说，新镇的发展离不开私营铁路线的延伸，便捷的轨道交通服务导致了房地产业和著名百货商店、连锁店等相继跟进，在新镇拓展中发挥了互动的作用。

7. 新加坡的新市镇建设

第二次世界大战后的新加坡，住房与就业是当时需要紧迫解决的问题。1959年，人民行动党获得执政权时，以“住者有其屋”的公屋政策作为人民行动党的第一个政策。

新加坡在过去的40年中经历了大都市区的形成过程，它的城市发展的总体特征是人口、服务和娱乐业的逐步分散，中心城市成为城市的主要商业和就业中心，从而给交通运输系统带来巨大的压力。1958年，新加坡公布了第一轮总体规划，划定新加坡河两岸为中央更新区，当时该地区有居民25万，最大居住密度超过64万人/平方英里（约24.7万人/平方公里），是世界上最大的贫民窟之一。规划要求建设绿色地带以限制中心城市的过度生长，鼓励通过建设新城镇、新城区和扩大已有的村镇来容纳更多的城市产业和人口。

1967年，新加坡开始编制长期土地利用开发和交通运输发展规划，规划预计，未来新加坡的人口规模将达到400万人；城市建设主要集中在汇水区周围呈环状布局，并在南部沿海地区呈轴向发展；境内将形成三个主要就业中心，三个中心之间的主要条形地带用作高密度的住宅发展区，通过遍布全岛的高速公路系统和大运量快速交通系统来保持相互之间的联系；在公共交通干线的沿线建设次城市中心，为居民提供就近的必要服务；利用穿过中心城市的公交干线形成发展走廊，沿发展走廊疏解人口。

公屋政策持续了数十年，成为人民行动党的施政主轴，逐渐扩大成为一个结合公基金、公共政策、经济发展、社会福利的整体国家发展策略。新加坡因为住者有其屋的成功而举世闻名。从独立建国至今四十多年来，新加坡政府建设了十七个新市镇。新加坡在政府的规划政策指引下，中心城市的居民不断地被疏解到新建的边缘新市镇中去。到1990年，已有88%的新加坡居民入住到政府新市镇开发的公共住房中,分散出去的居民可以通过高效率的公共交通方便地进入中心城市。[①]

8. 中国香港地区的新市镇建设

第二次世界大战之后,香港从一个小小的转口港,迅速发展成为一个工业化的国际性城市。在经济腾飞的同时,人口也急剧增加。香港的总人口在1951年已超过200万人,10年之后达到了300万人;而到1973年,即新市镇建设计划启动之前,总人口已经增至400万人。然而,人口急剧增加,房屋、社区设施等却严重不足,尤其是下层民众的居住环境尤其恶劣。

面对来自社会各界的压力,港英当局在20世纪70年代初推出了"10年建屋计划",决定从1973年开始在新界兴建新市镇。

新市镇[②],顾名思义指的是在原有的市区之外兴建起的新的城市区。追根溯源,新市镇的概念来自英国,但是香港新市镇如今的规模已远远超过了英国。

新市镇的发展,可以说是深刻地改变了香港的城市形态,形成了中心城市与新市镇相结合的城市空间格局。港九中心城市作为香港的行政、经济、文化中心地,是全港的核心区,9个新市镇(荃湾、沙田、屯门、元朗、粉岭、上水、大埔、将军澳、天水围和东涌)则构成了城市的次级核心,加上下一层次的乡镇,形成了"三级城镇体系"。每个新市镇相对自成一体,各种设施完善,其生活环境较为宽敞和优美。

目前,香港特区政府还在发展古洞北、粉岭及洪水桥成为新一代市镇。由于新市镇项目,香港的城市布局已呈多中心发展。所有的新市镇都通过高速公路和轨道交通与主要城市中心连接。根据规划,最终所有的新市镇将通过轨道交通相连接,将提供450万人口居住的住宅。

0.3 国内发展动态

我国在20世纪50年代曾经建设过一批卫星城,当时是基于战备防御的需要,一些大型企业分散布置在大城市中心城市的周边。当时的城市规划是从苏联引进的整套规划理论和方法。这种规划模式是与"产品经济"和集中统一计划的体

① 上海建设网,上海城市发展信息研究中心,国外、香港地区的新城建设。
② 英文为"New Town",一般译作"新城",在新加坡和中国香港地区习惯称"新市镇"。

制，平均主义的、福利型的生活设施标准，与大型工业项目为主体的建设方式相适应。它的主要特征是重布局形式，重功能分区。这种传统计划经济体制下城市的发展都是由政府控制的，这虽然未必是经济发展的必然产物，但也有好的一面，那就是能主动地进行计划和规划。

当时的工业卫星城主要是根据工业发展需要，结合各个企业建设，配套集中居住点。居民多为邻近几个大型企业的职工及其家属，绝大多数是国家统一安排迁居到卫星城的，规模小，设施配套亦无法齐全。因此，我国这些在特殊历史背景下建立的卫星城，其经济社会在很大程度上是依赖中心城市的，并没有从真正意义上起到吸引中心城市人口和产业的作用。

进入20世纪90年代后，在经济全球化、新经济不断涌现的发展背景下，我国开始步入城市化的快速发展阶段。而城市中的人口和经济社会活动过度密集会给城市的运行造成巨大压力，既有的城市结构会成为城市发展的束缚。缓解老城的人口增长压力，拓展新的城市发展空间，优化城市结构，提升城市的综合竞争能力已成为目前大城市规划中的关键问题之一。在城市高速发展阶段，我国不少大城市开始逐步以建设“新城”的模式来拓展原有的城市空间，向外转移产业和人口。在这个发展阶段，新城一方面可吸引中心城市的人口，疏解中心城市的人口和产业压力，起到引流的作用；另一方面可吸引周边乡村地区人口，阻止其大流量涌入中心城市，起到截流作用。有别于我国建国初期建设的卫星城，这些新城具有更大的规模、更综合的功能、更独立的自我平衡发展能力。与发达国家和地区的卫星城或新城相比，我国大城市周边的新城在功能定位上，不仅有分解中心都市区的功能，还承担着大城市区域内农村地区城市化的重任。

从“乌托邦”到20世纪的大规模新城建设，可以看出不同的国家、组织和市民对“理想城市”的蓝图有着不同的描绘，这不仅与各个国家和人民的不同历史渊源、风俗民情、生活习惯、宗教信仰等有关，还直接反映了各个国家的经济社会的发展阶段和人们的经济社会状态。可以说，进入20世纪之后，“理想城市”虽然还是描述人们对美好生活的向往，但不再是脱离社会现状的纯粹理想化的感性思维；更多的是基于当时的经济社会发展，利用不断进步的科学技术，应对各阶段城市发展新问题，体现为不断演进的科学理性思考和实践。

新城理论和运动的百年发展具有强烈的时代特征，具有深刻的社会和政治内涵。西方的新城建设虽然有了成熟的经验，但新城在理论上并没有形成独立的体系，而是与每个国家或地区的城市规划和建设紧密相连，融为一体发展的。正是由于这一点，新城从一开始就具有很强的实践意义。近几年来，我国大城市中的

“新城”规划和建设正在不断升温，虽然已积累了一些经验，但新城的建设及对其研究都还处在起步和探索阶段。

0.4 研究内容、方法与框架

1. 研究内容

本书主要阐述20世纪新城的百年实践，提出了如何借鉴源于西方的新城思想和新城建设实践，总结了多个国家新城建设的理论和实践，分析了发展新城对我国当前与未来的现实意义，也指出了我国目前新城建设中存在的主要问题，通过系统地比较国内外新城的共性和个性，最后提出了针对我国国情的新城发展理念和策略。

第一部分为新城思想与相关城市理论的发展。这部分阐述了乌托邦（Utopia）思想、空想社会主义（Utopia Socialism）等“理想城市”构想、“田园城市”思想，以及“有机疏散（Theory of Organic Decentralization）”“邻里单位”“雷德朋体系”“区域规划”等规划理论和方法的发展，并介绍了西方国家早期的城市规划实践中的“卧城”“卫星城”“绿带城”等新城的雏形。这部分内容的叙述旨在表明人与自然和谐共存的“理想城市”是人类长期以来孜孜不倦的追求，也是城市规划永恒不变的价值指向。这部分内容中值得关注的是，第二次世界大战结束前夕，英国政府为战后的经济社会恢复、人口剧增和大规模城镇重建工作所做的准备工作，包括先后分别关于工业、土地和农业的三份国家研究报告和由于这三份报告引起的中央政府机构改革，以及以这三份报告为主要依据的大伦敦规划。第二次世界大战结束前英国政府对战后重建问题未雨绸缪的这种做法是非常值得我们思考和借鉴的。

第二部分为第二次世界大战后国外与国内的新城规划与建设的发展。第二次世界大战后，新城作为相对独立完善的城市实体，为疏解中心城市的人口和产业、优化大城市区域空间结构、促进区域的整体协调发展等方面发挥了实质性作用。文中叙述了第二次世界大战后英国、法国、美国、日本等国家及中国香港地区的新城建设，分别描述和分析多个国家的新城的建设背景、政策目标、开发规模、演进阶段、发展趋势和技术创新等方面的问题，介绍和讨论了我国新中国成立后的卫星城建设至近年来兴起的新城开发所遇到的种种问题。

第三部分主要是关于新城规划与建设的总结与新发展。以英国新城为主要参照，横向对比了各国家或地区的新城的功能布局、住宅和社区建设、中心区设计和公共设施安排、道路交通组织、运作机制等方面，以获得对世界范围内新城建设的较深入了解。其后，对各方面的比较加以小结，并与国内的新城情况加以对比，从而得出有益于我国新城建设的启示。

立足于我国当前的城市发展和基本国情，本书从哲学层面阐述了我国新城的发展观，主要包括三点：理想主义与理性主义的辩证统一；不断追求卓越的实践过程，即在规划和决策中不断追求和接近理想的理性实践过程；坚持人与自然和谐共生的可持续发展观。基于我国国情，对新城的概念和特征做了探讨，提出“类新城”概念，比较了“类新城”与“新城”的同异。根据我国的城市发展形势，分析了新城发展的必要性和可能性，提出了新城开发的核心原则，并对我国新城的开发运作和规划设计提出了较为具体的发展要点和应对策略。

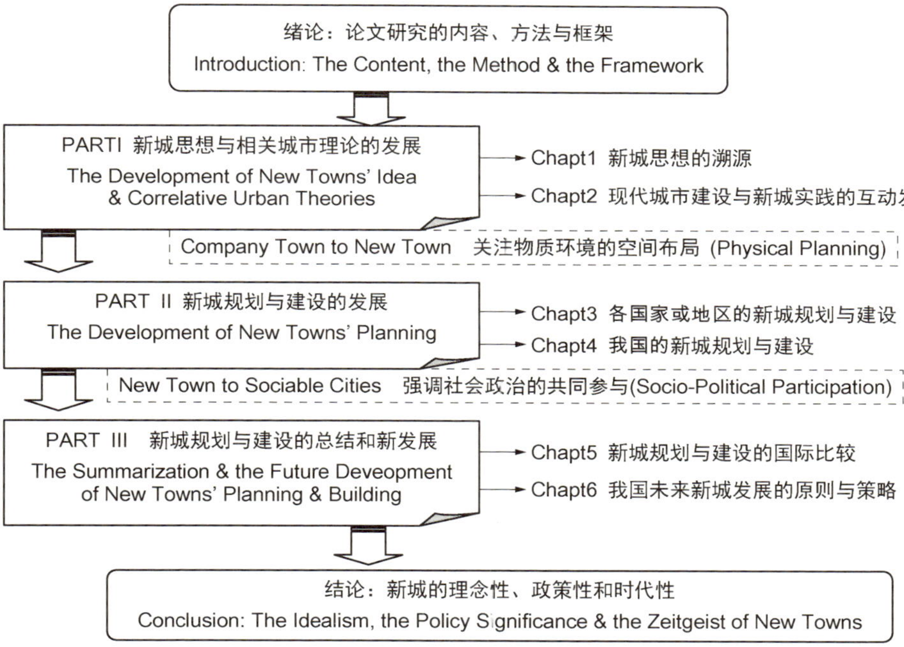

2. 研究方法

城市包罗万象，在城市研究中为克服理论与经验上的不足，应该用一种系统的(Systematic)、集成的(Integrative)和折衷的(Eclectic)眼光去看待它，而不是偏颇于意识的、物质的和人文的某一方面。

首先，研究城市主要有两种做法，一种是粉碎化研究（Pulverization, Stren & Yeung, 1994），强调一种地方的、微观层次的、具体化的实证研究；另一种则是基于宏观的研究设计，强调交叉的研究与集成的方法，形成整体的理论框架（Michael Calvin McGee, 1997）。相对来说，新城在空间与特征上作为城市与区域的交集与兼容，就本论文而言，宏观研究更有益于认识新城。

再者，注意研究的形势化或情景化（Contexualization）。如果一种思想文化或理论观点能够成为通用的而不仅仅是地方性的（Local），那么它就必须超越特定情景（Context）而发展成为在各种情景下有效的观念，或者按照传播文化的说法，它必须由一种受特定限制着的"高语境"（the Restricted High Context）走向说清道明了的"低语境"（the Elaborated Low Context）。当需要充分地和准确地理解某种文化中的某个观念，就确实需要建立一种情景化的（Contextualized）理解，如人类学家克利福德·格尔兹（Clifford Geertz, 1926—？）所提倡的"厚描"（Thick Description）和"地方知识"（Local Knowledge）。这里的"文化"不是指习俗传统一类具体的行为模式，而是指主宰和控制行为的一整套制约机制，如计划、程序、规则、指令等。因此，我们迄今获得的有关人的一切知识都是把人置于他所处环境之中，对他与所处文化机制的关系反复加以描述而逐渐形成的。情景化理解有利于纠正对他者文化的曲解，但同时也多少意味着对他者文化的理解几乎变成了一项完成不了的任务，因为如果要真正彻底准确理解他者文化，就必须理解它的所有文化语法和重要细节，要理解一个理论，就不得不理解理论的整个游戏规则或整个经济社会背景。

任何经济社会现象都是扎根于一定的经济社会背景之下，脱离社会背景与发展形势考虑，任何研究就会走向无根据性。正如地理哲学的一个中心问题是强调人地关系，注重人与环境的互动，而在本论文中环境指的是广义的自然、社会、经济、文化与制度环境的总和，它们对任何的经济社会现象，包括我国的城市化进程和当前的新城开发都将产生重要的影响。

最后，则是实证主义（Positivism）与经验主义（Empiricism）的结合。虽然在实际工作中常常习惯于把实践和理论看作是对立的两方，但在本质上它们是相连的。好的理论更有利于实践的决策，而发展中的新现象对理论的完善与创新也提出了新挑战。本论文希望以我国当前及未来的新城建设现象为研究基点，探讨20世纪以来不断演进的新城理念与实践对我国的城市化进程与新城建设的时代意义与启示，并更好地预见未来的变化与发展趋势。通过理论与实践的互动，指导我国新城的开发建设。

3. 研究框架

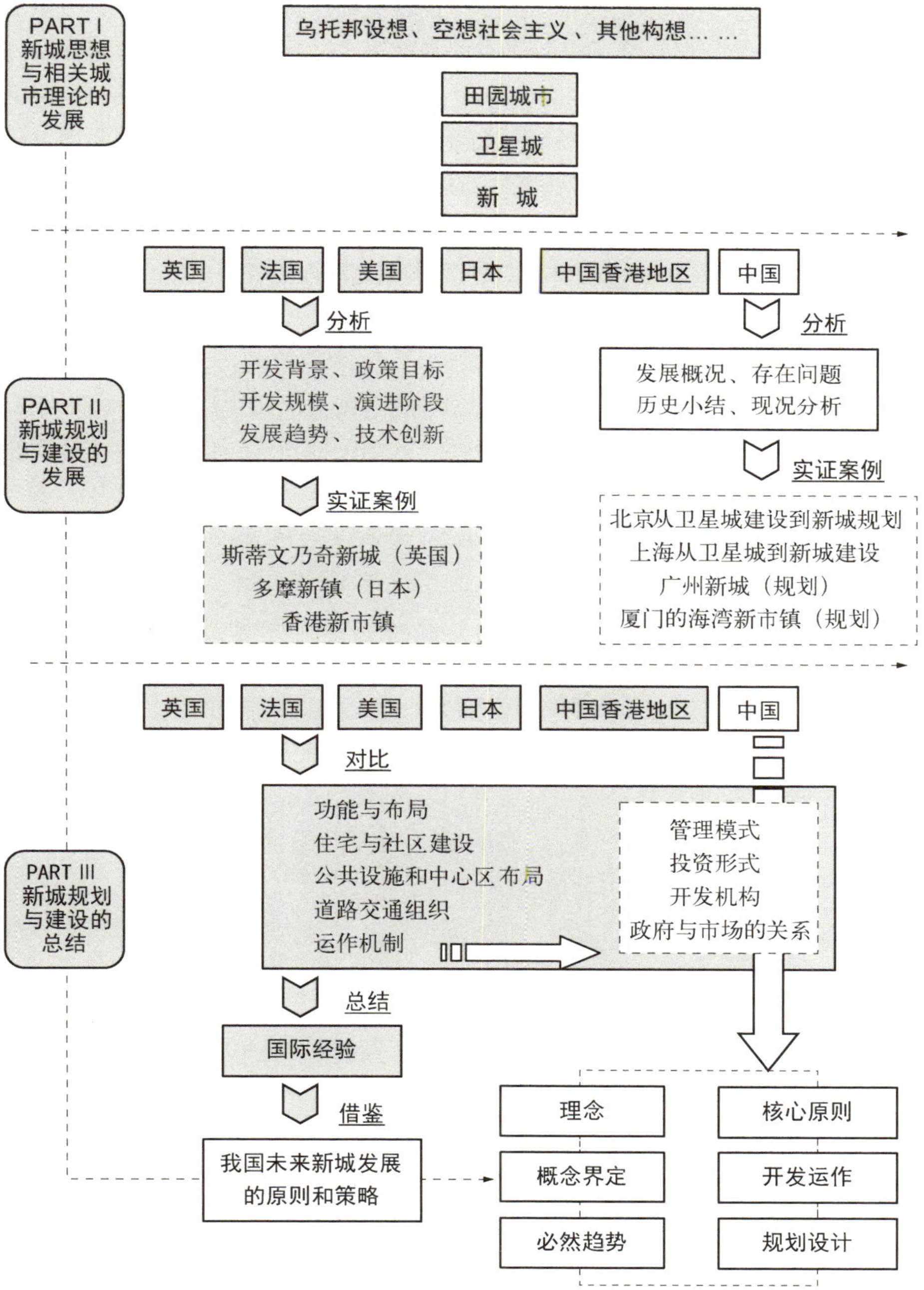
PART I
新城思想与相关城市理论的发展
乌托邦设想、空想社会主义、其他构想……
田园城市
卫星城
新 城
PART II
新城规划与建设的发展
英国
法国
美国
日本
中国香港地区
中国
分析
开发背景、政策目标
开发规模、演进阶段
发展趋势、技术创新
实证案例
斯蒂文乃奇新城（英国）
多摩新镇（日本）
香港新市镇
分析
发展概况、存在问题
历史小结、现况分析
实证案例
北京从卫星城建设到新城规划
上海从卫星城到新城建设
广州新城（规划）
厦门的海湾新市镇（规划）
PART III
新城规划与建设的总结
英国
法国
美国
日本
中国香港地区
中国
对比
功能与布局
住宅与社区建设
公共设施和中心区布局
道路交通组织
运作机制
管理模式
投资形式
开发机构
政府与市场的关系
总结
国际经验
借鉴
我国未来新城发展的原则和策略
理念
概念界定
必然趋势
核心原则
开发运作
规划设计

第1章 新城思想的溯源

1.1 “理想城市”的构想

千百年来，在对人类理想的憧憬和寻觅中，一代一代先哲苦苦思索，于现实的废墟和思想的旷野上，建立起许多精美而灿烂的“理想城市”：老子构想了小国寡民的理想社会；庄子拥有自然理想主义思想；陶渊明幻想着欢乐和谐的世外桃源……

1. 世外桃源

我国晋宋时期的伟大诗人陶渊明（365—427）的代表作之一，《桃花源记》的问世，展示了千百年来人们对理想社会和美好生活的无限向往和追求。“土地平旷，屋舍俨然，有良田美池桑竹之属……黄发垂髫，并怡然自乐。”通过寥寥数语，便将一幅恬静和谐、悠然自得的乡村美景呈现在我们面前，在这个理想的社会中，没有剥削，没有压迫，人们共同劳动，和谐相处、悠然自得，享受着宁静幸福的天伦之乐，简直就是我们现在所梦想、所追求的理想社会。

作者在其主要作品《桃花源记》中不仅描绘了一个风景优美、恬静和谐，极富人情味的美好社会，也鲜明地表述了农业社会理想主义的思想。与世隔绝、民至死不相往来的情景是受道家思想影响的；耕织自给、安居乐业、民风淳朴则带有儒家道德理想主义的遗风。

陶渊明的农业社会理想主义与我国古代农业社会理想模式相比，不论是老子的“小国寡民”模式，还是庄子的自然理想主义思想，都是纯粹的理想主义；而陶渊明的“世外桃源”，场景和人民生活都是现实生活中可以找得到的，在某种条件下甚至是可能实现的。因此，陶渊明的农业社会理想主义是具有一定的可实现性的理想主义。“缘溪行，……忽逢桃花林……芳草鲜美、落英缤纷。”作者写出具体时间、具体地点和事件的详细经过，“太守即遣人随其往……遂迷，不复得路。……南阳刘子骥……欣然规往。未果，寻病终。后遂无问津者。”通过太守、隐士的作证，证明它确实存在，证明它是可以实现的。

所以，“世外桃源”虽然是一种乌托邦式的幻想，但我们不能肤浅地认为陶渊明的思想是消极避世的。陶渊明思想的本质是农业社会主义，他不但继承和完善了我国农业社会主义的思想体系，而且还是古代第一个将这种理想主义付诸实践的人。他的理论和实践对后来农业社会理想主义，甚至对毛泽东的人民公社思想的形成，都有很大的影响。1919年毛泽东就曾潜心构建了一个建设新农村的计划：创办公共设施，包括育儿院、学校、图书馆、工作厂、消费社等，学校、家庭、社会合为一体，学生实行工读。后来，在井冈山革命根据地实行军事共产主义。在20世纪50年代末，他大力创办人民公社，“陶令不知何处去，桃花源里可耕田？”（毛泽东，《七律·登庐山》，1959）。

陶渊明所设计的理想社会已成为我国农业社会理想主义的典型设计，“世外桃源”已成为理想主义的代名词。从根本上说，陶渊明的农业社会理想主义是不可能实现的，这是它的空想性质所决定的。从根本上讲，任何理想主义都是不能实现的，但这并不意味着它全无意义。陶渊明设计的“世外桃源”提供了一种精神动力，过去激励了一大批志士仁人为此奋斗，今后也会给现实中的人们带来更多的美好向往。

2. 乌托邦设想

美国学者刘易斯·芒福德对“乌托邦系谱”作了一个系谱性的经典性归纳，并在其所著的《乌托邦系谱》(*The Story of Utopias*, 1922)一书中，从柏拉图(Plato, B.C 427—B.C 347)的《理想国》(*The Republic of Plato*, B.C 360—B.C 347)到托马斯·莫尔的《乌托邦》(*Utopia*, 1516)，以至于20世纪初的乌托邦文学，搜寻出24个乌托邦的系谱，考察了人类近几百年来对“理想的城市是什么样子”这一问题的思考，发现无论是科学家还是文学家，他们对未来理想的城市设想都有着共同的理念——“把田园的宽裕带给城市，把城市的活力带给田园”(芒福德)。简而言之，就是“城乡融合”，目标是以城市和农村相协调，融合为一体。[①]

“乌托邦”首先是一个由托马斯·莫尔(Thomas More, 1478—1535)[①]虚构出来的岛国的名称，之后它发展成一个越来越复杂的概念。“乌托邦”本身就是一个有特定含义的合成词，Utopia是由“u”和“topia”两部分组成的，“u”来自希腊

① 叶南客，李芸．现代城市管理理论的诞生与演进［J］．南京社会科学，2000(3)：50-55.

文“ou”，表示普遍否定，“topia”来自希腊文的“topos”，意思是地方或地区，两部分合起来意指：不存在的地方，相当于英文里的“Nowhere”。同时，“u”也可以和希腊文中的“eu”联系起来，“eu”有好、完美的意思，于是“Utopia”也可以理解为“Eutopia”——美好的地方，西方所谓的“白云布谷乡”，我国所谓的“桃花源”。由于“乌托邦”本身就有一定的概念内容，这使得它很容易就从一个虚构的岛屿名称变成一个流行的概念名词。在西方日常语言中，“乌托邦”一词通常具有“好虽好，但目前没法实现，或根本不可能实现”的含义，也有“空想”“不实际”等衍生含义。它上升为一个专门的术语，是20世纪的事情。①

（1）托马斯·莫尔的乌托邦

如上所述，“乌托邦”首先是一个由托马斯·莫尔虚构出来的岛国的名称，之后它发展成一个越来越复杂的概念。为讨论此问题，不妨追溯到莫尔的《乌托邦》。

“乌托邦”在拉丁文中的含义是“一个美好的、但子虚乌有的地方”，是我国近代著名的翻译家严复将其翻译成中文，全意即为“子虚乌有、无所寄托的邦国”。当时，欧洲正处于开辟东方新航路、发现美洲大陆以及环球航行成功的时候，在英国流行着一本名为《地理大发现》的游记。这是由英国大法官托马斯·莫尔受到游记的启发，于1516年用拉丁文写了一部寓意小说——《关于最完美的国家制度和乌托邦新岛的既有益又有趣的金书》。此书通过留在南美的二十四人中的一人回欧洲后讲述所见所闻的故事，描述了一个莫尔自己创造的根本不存在的理想国邦。《乌托邦》里的航海家则偶然闯入了海外的乌托邦岛，小说由第一人称“我”与航海家的对话构成，最后由“我”点出了整个叙述的虚构性质：“……乌托邦国家有非常多的特征，我虽然愿意我们的这些国家也具有，但毕竟难以希望看到这种特征能够实现”②。

---

① 陈岸瑛，关于“乌托邦”内涵及其概念演变的考证，《北京大学学报》2000年1月。

② 原文：When Raphael had thus made an end of speaking, though many things occurred to me, both concerning the manners and laws of that people, that seemed very absurd, as well in their way of making war, as in their notions of religion and divine matters; together with several other particulars, but chiefly what seemed the foundation of all the rest, their living in common, without the use of money, by which all nobility, magnificence, splendor, and majesty, which, according to the common opinion, are the true ornaments of a nation, would be quite taken away; — yet since I perceived that Raphael was weary, and was not sure whether he could easily bear contradiction, remembering that he had taken notice of some who seemed to think they were bound in honor to support the credit of their own wisdom, by finding out something to censure in all other men's inventions, besides their own; I only commended their constitution, and the account he had given of it in general; and so taking him by the hand, carried him to supper, and told him I would find out some other time for examining this subject more particularly, and for discoursing more copiously upon it; and indeed I shall be glad to embrace an opportunity of doing it. In the meanwhile, though it must be confessed that he is both a very learned man, and a person who has obtained a great knowledge of the world, I cannot perfectly agree to everything he has related; however, **there are many things in the Commonwealth of Utopia that I rather wish, than hope, to see followed in our governments**.

然而就是这个子虚乌有的异想天开的国邦寄托了千千万万人的理想。在邦中有54个小城市，互相间相距不太远，城市之间为农田，每户人家有一半务农，每人每两年轮换一次工作。莫尔的伟大创意，激发了一代又一代的先哲智士去创造更具体的理想城邦模式，描绘更完美的理想蓝图，探索更现实的理想道路。

莫尔以海外旅行见闻的文学形式和古希腊后期的游记体裁的小说十分相近，但关键是，莫尔身处15至16世纪的地理大发现时期。同时代的还有，《宇宙秩序论》(*Cosmographia Introductio*, 1507)、《四航海》(*Quatuor Navigationes*, 1504? Or 1505?)和《新世界》(*Mondus Novus*, 1503)等书都对他产生过影响。此外，柏拉图的《理想国》、耶稣的福音和训诫、原始基督教团财产共有的组织形式等，都是莫尔写作《乌托邦》时供参考的原型。莫尔所设想的乌托邦岛人的生活，其最大的特点是财产公有，这使他成为近代世俗社会主义的鼻祖。

莫尔不仅是世俗社会主义的鼻祖，而且还预见到社会主义社会可能会有的弊端。莫尔借小说人物之口对公有制提出的疑问是："一切东西共有共享，人生就没有乐趣了。如果大家都不从事生产劳动，他就好逸恶劳，只指望别人辛苦操作"。① 但是这种疑问在"乌托邦岛"是不成立的。在"乌托邦岛"，人人都劳动，主要是务农，其次是从事手工艺劳动，每天工作六小时，其余时间用于休息、娱乐或做学术探讨，由于没有不劳而获的社会蛀虫，每天六小时的劳动可生产出足够的产品，人们按需分配，黄金贱如粪土。

(2) 托马斯·康帕内拉的太阳城

在英国的托马斯·莫尔去世三十多年之后，意大利又出现了一个托马斯。这个名叫托马斯·康帕内拉(Tommaso Campanella, 1568—1639)的人使乌托邦式的梦想继续梦想下去。

"这是个阳光明媚的美丽的地方。在这里，没有富人，也没有穷人，财富属于每一个人；这里没有暴力，没有罪恶，人们过着和平安详的生活——这就是太阳城。"意大利思想家、作家康帕内拉的名著《太阳城》(*City of the Sun*, 1623)，是1602年于监狱中开始写作的，1623年第一次以拉丁文出版于法兰克福。

1593年康帕内拉因参加反对西班牙统治的斗争而入狱，被关押27年。在狱中，康帕内拉假借一个游历者的见闻，用对话体裁，描绘了一个消灭了私有制和剥削的大同世界——太阳城。作者在书中通过朝圣香客招待所的管理员和一位

---

① 托马斯·莫尔．乌托邦[M]．戴镏龄，译．北京：商务印书馆，1996.

热亚那航海家的对话，对意大利的现实社会制度进行了有力的批判，并描绘了一个理想社会、印度洋上一个虚幻的岛国——太阳城。所谓的“太阳城”是一个庞大且一切公有的公社，全体居民共同负担各种劳动和工作，劳动没有高低贵贱之分，人们过着绝对平均的生活，各尽所能，各取所需。太阳城中，男女平等，按照民主的原则组织国家政权，公职人员由公民大会选举产生，职务的分配取决于每个公民的特长和能力。最高祭司是国家元首，由最有智慧、最有教养的公民担任。太阳城中没有商品交换，货币专对外贸易之用。太阳城中没有脱离体力劳动的公职人员，但设有专门领导科学技术活动的“智慧官”。《太阳城》中还提出消灭家庭，使妇女摆脱家务束缚，参加社会活动的思想，培养后代要以社会教育代替家庭教育。作者在《太阳城》中提出的思想虽然是一种空想，而且书中还杂有一些占星术之类的宗教迷信思想，但他深刻地揭露了私有制是利己主义的根源，在社会发展史上第一次提出了劳动光荣的思想，是社会主义思想发展史上的一部重要文献。

（3）乌托邦小说

在西方，从文学的角度去理解乌托邦，把关于理想社会的小说或其他文体称之为“乌托邦小说（或故事）”，这类小说在某种程度上都是模仿莫尔的《乌托邦》，幻想和描绘海外、未来、过去的某个理想社会。从莫尔那个时代一直到20世纪上半叶，西方出现了大量的各种类型的乌托邦小说，从带有社会主义倾向的乌托邦小说，一直到只与科学技术有关的科幻小说。确实，现代城市的问题也是文人们感兴趣的问题，他们试图设想出未来城市的理想模样，在想象中寄托他们的希望，也表达了他们对现状的忧虑。各种关于“乌托邦”的提法，都把“乌托邦”与某种变革社会的企图或某种社会理想联系在一起。

英国的威廉·莫里斯（William Morris，1834—1896）的《乌有乡消息》（*News from Nowhere*，1890）就是一部典型的乌托邦小说，小说的主人公在梦中发现自己进入了未来的英国，在那里共产主义已经实现了，人的整个生活方式和思想观念都发生了翻天覆地的变化。小说与社会理论相区别的特点在于：它是一种自觉的虚构，也就是说作者自己知道自己在虚构，通过虚构，作者寄托自己的理想、情操以及对现世的不满和批判。

理想社会的设想往往只是纸上谈兵。19世纪的前半个世纪里，特别是从1820年到1850年间的那些岁月里，一些乌托邦主义者们，力图将它们付诸实施，他们是一种思想和行动路线的创始人。即使这些建设者们仅仅采用的是象征性的、主观的方式，却最终导致了自觉改造城市和乡村的运动。

3. 空想社会主义

空想社会主义（Utopian Socialism）是企图从某种抽象原则出发来建立一个完善的社会体系。在科学社会主义以前，在英国产业革命的影响下，空想社会主义者看到了近代社会所具有的日趋强大的生产力，认为已经有削除贫富差距的实际可能。从严格的意义上来说，欧文（Robert Owen）、圣西门（Henri Saint-Simon）、傅里叶（Charles Fourier）的著作不能算作“乌托邦小说”，他们的著作主要是阐述他们的“科学发现”，以及详细描述他们的社会改造方案。

（1）公社

早在18世纪下半期，在法国的书刊中就出现了一系列组织“公社（Commune）”的方案，据说“生活在公社中的一切人都比单独经营的人富裕得多”[①]。至于公社这个名称，原出于欧洲中世纪，是指当时西欧实行自治的城镇，其特点是：其公民或市民宣誓互相保护或帮助。

圣西门、欧文、傅里叶的想法主要是建立生产消费公社，其实这种想法在当时大工业生产不发达的情况下并不完全是空想，只要拥有足够的基金，穷人可以组织起来自己生产、自己消费。

傅里叶出生于法国一个商人家庭，聪明善良，具有正义感和同情心，往往为穷人和弱者抱不平。中学毕业后学商，曾当过会计、出纳、发行员、文牍员、推销员和交易所的经纪人。他酷爱读书，阅读了大量报纸、杂志、书籍，是一位自学成才者。傅里叶目睹1789年法国大革命，在1798年雅各宾专政之后，感到希望幻灭了，试图创立一种新科学，来为“政治精神开辟新的道路”。并寻求医治社会疾病的药方。1800年开始提出他的“世界运动规律”的理论，研究“复杂的协作社”；1802年提出用“和谐制度”代替现存的社会制度，用组织“法郎吉（Phalanstery）”[②]的试验方法建立新的社会制度。

傅里叶认为，应当建立一个更有生产效率的，在分配方面更公正的，并保证防止人口无限制增长的制度。这个制度就是他设想的未来社会“协作制度”，它的基层组织称为“法郎吉”，协作结构的基础是：劳动引力、比例分配、阶级融合，人口平衡。在“法郎吉”中没有工农差别，没有城乡差别，劳动将成为一种享受，每个人将根据劳动得到公正的分配。傅里叶力图从历史本身说明社会发展的规律

---

① 《共产主义原理》，恩格斯，1847年10月。

② 大型的生产消费合作社，把社会改组为各有1 600人和5 000英亩土地的小的合作团体即“法郎吉”。

性，证明社会是一个从低级到高级的辩证发展过程，"文明制度"必然为"协调制度"所取代，生产发展水平和妇女解放的程度是社会不同发展阶段的标志。傅里叶认识到法国革命是一场严重的阶级斗争，是"穷人反对富人的战争"。他对资本主义制度进行了全面的批判，揭露了资本主义商业的种种罪行。但傅里叶并不主张废除私有制，在实现社会主义的途径上，反对阶级斗争，反对暴力革命，把全部精力放在宣传和实验上，他的学说最终完全变成了空想。

傅里叶的主要著作有：《四种运动论》（*Théorie des Quatre Mouvements*, 2nd ed., 1841）、《宇宙统一论》（*Théorie de l'Unité Universelle*, 2nd ed., 1838）、《新世界》（*Le Nouveau Monde Industriel et Sociétaire*, 3rd ed., 1848）、《虚伪的工业》（*La Fausse Industrie*, 1835—1836）、《论商业》（*Manuscrits de Fourier*, 1851）等。

伟大的空想社会主义者罗伯特·欧文是第一个也是最重要的乌托邦改革家，他是位个性非凡的人物，曾生活在"艰难时世"的极端时期，他自学成才，当过店员和商人，最后成为成功的实业家和政治家。19世纪的英国政治是受苏格兰籍经济学家和哲学家亚当·斯密（Adam Smith, 1723—1790）在1776年发表的著作中的思想支配的，那个时代的政治家都把亚当·斯密的理论作为必不可少的行为准则[①]。然而欧文却遵从了一条极为不同的思想路线，由于与别人的行径相差太大，他曾被看成是一位危险的鼓动家。起初是店员，后来他成为雇主，工厂的经营使他产生了一整套与他那个时代格格不入的思想。他认为，一个由组织控制而运营的工业企业，不仅必须考虑内部工作，而且要注意与市场需求有关的企业外部限制。以这种观点来看，正确的平衡绝不是自动的，不是由内部力量的作用达到的，而是来自内部因素和自觉的外部行动之间的和谐，这种和谐控制了发展的方式和限度。

---

① 1776年3月9日出版的《国富论》（*The Wealth of Nations*），全名为《国民财富的性质和原因的研究》（*An Inquiry Into The Nature and Causes of The Wealth of Nations*）奠定了经济学的基础。这部书代表了亚当·斯密的哲学和经济学理论，认为国家财富来源于劳动。该书今天被认为是古典自由政治经济学的第一部理论著作。

亚当·斯密认为经济学有两个目的：为人民带来丰厚的收入或实物，或者为人民获得丰厚的收入或者物质创造条件；为国家或者社会共同体带来足够的收入以创造公共产品。正确使用经济学的原则可以同时使君主和人民增加财富。

这部著作对英国的经济学产生了根本的影响。乔治三世时任英国首相的威廉·佩蒂（William Pitt le Jeune）曾把他的理论应用到与法国签订1786年的条约和拟定财政预算。斯密第一次把科学调查的方法应用到"经济学"上，第一次尝试把经济学建立成一门完整的科学。这本书取代了法国重商主义和重农学派在经济学上的主导地位，他被认为是"经济学之父"。这一著作给经济学带来了长足的发展，但是也造成了在随后的100年中经济学停滞不前的局面，因为人们都过分纠缠于"劳动的细分"上。

欧文在爱尔兰的新拉纳克(New Lanark)工厂当经理期间,为工人的福利做了许多工作,即使在经济危机期间,工厂不开工,工人照样可以领工资。由于提高了工人的积极性,工厂的股东获得的利润不仅没有因此减少,反而增多了。欧文通过这个例子来说明实现合理的劳动制度的好处,并向国会建议建立劳动公社以解决失业问题。欧文的公社是由2 000人到3 000人组成的工、农、商、学相结合的生产和消费单位。在公社内部,纯粹个人日用品以外的一切东西都变为公有财产。产品按需分配,每个人可在公社仓库领取必需的物品。不幸的是,工业革命所启动的现代化潮流并没有像欧文他们设想的那样发展,自给自足的生产方式绝不可能长期维持。市场运作起来并向全世界扩张,离开了市场,社会化大生产就会停滞不前。

(2) 工作社区和新协和村

欧文体察到工人在拥挤不堪的城市贫民窟中生活和在恶劣的工厂环境下的劳作辛苦。欧文相信,环境对人的性格和心情有重要的影响,改善环境对工人会产生积极的作用,转而会提高生产力。为实现他的社会和环境理想,欧文于1813年与原合作伙伴分手,独立成立了公司。除了改善工厂管理以外,他主张成立占有一定土地面积的工作社区(Working Community),并将规模控制在一定的范围之内,这一思想比霍华德(Ebenezer Howard)倡导的田园城市运动设想早了近一个世纪。

在19世纪最初的年代里,新拉纳克工厂变得举世闻名,世界各地的参观者络绎不绝。1813年,欧文去伦敦寻找新的合作者,开始与重要的政治家们接触,并拓宽了他的社会活动领域。他是劳动法、合作运动和工会的创始人之一。

虽然欧文是一位成功的企业家,但他认为,当代工业生产基本上是错误的。他确信,工业和农业不应分家并委托给不同集团,农业应当是英国人民的主要职业,而"工业作为一种附属"。为了实践这个主张,在19世纪第二个10年里,欧文为构建一个理想的居住区制定了一个方案:在一个人数有限的村子里,人们集体种田做工,自给自足,具备一切必需的基本舒适条件。

这个计划于1817年首次在给扶贫委员会(the Committee for the Relief of the Manufacturing Poor)的报告中提出,得到了各家报纸的赞同。他的设想在1820年对拉纳克(Lanark)当局所作的报告中得到了更充分的发展。欧文列举了以下几点[①]:

① [意] L.本奈沃洛.西方现代建筑史[M].邹德侬,等,译.天津:天津科学技术出版社,1996:140-141.

① 居民人数：他觉得"这一点对他将来的一切行动都要有实质性的影响，这是政治经济学中最困难的问题之一"。他认为，理想的人数介于300～2 000人之间(最好在800～1 200人之间)。

② 耕地面积：一人一英亩或稍多一点。这样，用锄而不必用犁就可以耕种800英亩到1 500英亩土地。他是一位细耕农业的热心支持者。从经济角度看，这是他的最重要的局限性之一。

③ 建筑和一般性组织：欧文认为"庭院胡同和大街小巷带来许多不必要的麻烦，有害于健康，并且破坏了几乎所有人类生活的自然舒适条件。人们会看到在一种总体安排之下，为全体人口烹调的食物会供应得更好、更便宜；孩子们的培养和教育，在父母们的一起照看下，会比在任何其他环境里收到更好的效果……"一个大正方形，或者更确切地说，"一个平行四边形在形式上对这个集体的家庭布局具有最大的好处……这个形状的四条边，适于包容人口中成人的所有私人宿舍或卧室和起居室；正在受教育儿童的一般寄宿公寓；存放各种产品的贮藏室或仓库；小旅馆或为生客提供的食宿房间和医院等。在一条穿过平行四边形中心的线上，留出空气和阳光的自由空间并便于交通，可建教堂和礼拜堂、学校、厨房和用餐厅的地方……"，私人公寓将占平行四边形的三条边，可以是1至4层，这些公寓不设自己的厨房，通风良好，如果必要，可供暖与制冷。

"人们的公寓如需暖气、冷气或通风，只需打开或关上每个房间的两扇滑门或活门；这种简单的装置可一直保持温暖和纯净的空气。如果这个社团的布局独到地采用了这些建筑，那么，一只尺寸适中、安放得当的炉子就能供应几间一套的公寓住宅，既省事，又省钱……"

④ 建设这种村庄的建议是节约生产的建议，它可能被土地所有者、资本家、地方当局和合作社接受，"开始会犯许多错误，不过经验将启发人们做一千次改进。"建立这样一个村庄的费用约需9.6万英镑。

⑤ 村庄的劳动生产剩余额在满足基本需要之后，可以自由交换，把雇用的劳动力作为货币比较的依据。

⑥ 这些村庄向地方和中央当局交纳的赋税将继续遵守共同的法律：他们将以现金定期支付。男子要服兵役。不过，他们将不设法庭和监狱，因为没有必要，这样能减轻政府的工作。

欧文做了几次尝试，欲将他的计划付诸实践。欧文的设想并没有得到同时代的那些唯利是图的企业家们的认同。欧文曾呼吁政府采纳他的方案，却没有成功。第一次是在英国的奥比森（Orbison），后来在美国。1825年，他向美国总统和国会呼吁以后，用他的私人财产在美国印第安纳州（Indiana）买地建设新村，将其重新命名为"新协和村（Village New Harmony）"，这充分体现了欧文试图建立一个人与自然、工作与生活真正和谐的理想世界。欧文规划的"新协和村"，每村大约为300人（或500人）到1 500人（或2 000人）。村中央是公用食堂、公用厨房、学校、会堂等公共建筑，四周是住宅、医院、招待所周围是花园绿地，外围是工厂、饲养厂、食品加工厂、农田和牧场。欧文甚至明确提出在工人模范村中如何来布局建筑，将工人公寓连接起来，四周绿地环绕，中间是社区的公共服务设施。

这些空想社会主义的城市建设者的特点是从经济社会制度来看城市的形成，想把城市建设与社会改革结合起来，主张城市规模不要大，应接近农田，消除旧城市的弊病和城乡差别，重视城市居民的公共生活与活动，建设多种公共建筑与设施。

与欧文一起去美国的许多人，包括他的儿子们在内，为开拓西部殖民地作出了贡献。这个欧文主义的村子，发挥了与它的发明者原先所设想的完全相反的机能，作为自给自足的社区这个村子是失败了，当时的投机分子们利用了他的慷慨和理想主义行为，使他财产消耗殆尽，不得不于1828年放弃计划。但这个"新协和村"却变成了周围地区的一个重要中心。

即使欧文的实际计划失败了。但他在许多方面做出了历史性的贡献，他不失为19世纪最重要的社会主义者。"虽然欧文的伟大尝试失败了，但在另一方面，他的努力获得了极其意外的成功。在30多年的时间里，新协和村一直是西部科学技术和教育的首要中心，那里所产生的影响涉及了这个国家社会和政治结构的各个方面。甚至到了今天，这个城镇还保留着罗伯特·欧文留下的痕迹。新协和村和西部各州的其他城镇不同，它是一个有历史的城镇。那些破碎的希望和理想的尘埃形成了现今生活得以扎根的土壤。"（佛兰克·波德莫，Frank Podmore，德国著名的心灵研究学者和作家，1906）。他的个性，他对社会和谐的热爱，他对工业和机器世界的信心，使他紧紧抓住了社会和城镇规划的本质问题，而他的同时代人，却因为蒙着传统理论的面纱，对此视而不见①。

（3）工业村/公司城

英国作为工业革命的发源地，是最早体验工业革命带来城市灾难的地方，因

① ［意］L.本奈沃洛.西方现代建筑史［M］.邹德侬，等，译.天津：天津科学技术出版社，1996：141.

而也是最早在改善城市居住及生产环境方面做出尝试的国家。

在英国，建设有理想主义色彩的工业村（Industrial Village）或公司城（Company Town）的最具代表性的事例有四个，它们为：格拉斯格（Glasgow）附近的新拉纳克（New Lanark），利兹（Leeds）附近的索尔泰尔（Saltaire），伯明翰（Birmingham）附近的布农维尔（Bourneville），利物浦（Liverpool）附近的阳光村（Port Sunlight）。这四个田园城镇分别建于1820—1893年之间，其共同特点都是依托一个工厂或企业，严格按照规划而兴建起来的；多是为工人修建的住宅，和附近原有的乡村融合在一起，周围有河流、草地、山林，环境非常优美；有的还利用太阳能取暖，体现了环保意识。

1849年，英国作家和旅行家巴金汉（James Silk Buckingham，1786—1855）提出"新维多利亚村（New Victoria）"的概念，新维多利亚村由股份公司经营管理。每一个新维多利亚村占地1平方英里（约合2.6平方公里）。人口约10 000人，周围设有1 000英亩（约合405公顷）的农田。新维多利亚村提供免费教育、医疗、图书阅览和公共浴室，每幢住宅收费，提供廉价的公用厕所。新维多利亚村的平面结构呈同心圆向外辐射，最中心部分为富人区，为提供给当地的政府官员和企业主居住的建筑及全村的公共服务性建筑。外围是提供给雇员和工人居住的住宅区。

追求和谐的另一个先锋人物是英国资本家索特公爵（Titus Salt，1803—1876）。1853年，他在约克郡（Yorkshire），利兹（Leeds）附近的索尔泰尔（Saltaire）为其织衣厂的工人们建立了工人新村（图1-1）。这被认为是第一个建成的，与大工业相联系的工人模范社区，这也是一些企业家试图改变城市中工人们的拥挤居住状况的较早明智之举，西方城市规划家称之为"慈善家的住房建设"。

图1-1　索尔泰尔的工厂，1850—1863年

小城镇索尔泰尔（Saltaire）的哥特风格有助于使它融入乡村的环境中，这也证明了工业化并不会使大城市聚居区产生单调无情的状态。这个居民点有4 356名居民，居民区内有医院、俱乐部、学校、大型公园以及与工厂相连的医务室，等等，还有由二、三或四个卧室，一个起居室及卫生设施组成的住宅。住宅坐落在直接与铁路相通的网格状街道旁。

对推动工业村建设具有深远影响的是英国伯明翰的乔治·吉百利（George Cadbury，1839—1922）。1879年，吉百利与其兄弟放弃了其在城市中心的巧克力工厂，在城外的乡间另建新厂，厂址离伯明翰（Birmingham）市中心有四英里之遥，紧临铁路，并依傍一条小溪，名之曰布农维尔（Bourneville）

(图1-2)。除了工厂以外,在附近还建了20栋小住宅,以供值班工人之用。场地处理得十分优美,缓缓起伏的地势,森林茂密,有充足的发展余地,道路、铁路和水路交通都很方便。到了1893年,工业村又扩展了120英亩;至1900年,布农维尔发展到330英亩,有313座房子,每套住房都有花园,并有许多公共空间。在当时的条件下,如此低密度的建设是绝无仅有的。工业村有自己的商店、学校、工艺廊、艺术厅、公园、娱乐场所、儿童游嬉场、工人学校等。工业村还有一块公共绿地,四周分布着商店和各类公共设施。

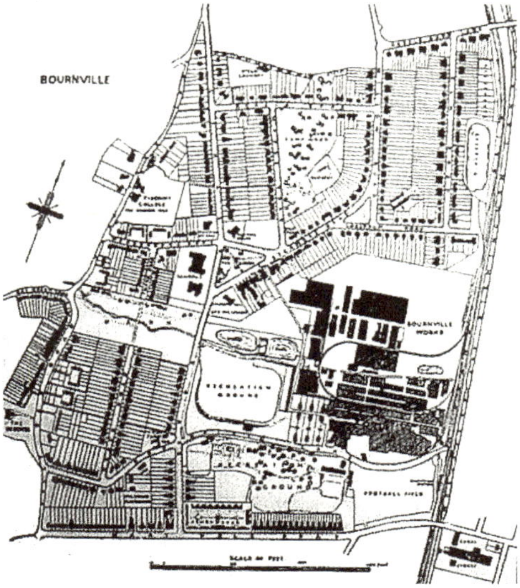

图1-2　布农维尔镇平面,1897年

图片来源:Stephen V.Ward. The Garden City, Past, Present and Future. E & FN Spon, 1992.

布农维尔(Bourneville)镇靠近伯明翰,1895年开始建造,它的建筑用地只占整个用地的25%,并与一个公园及一系列社会服务体系结为一体。这样,工厂和景观构成了环境中辩证的两极。这城市形式再次证明了将工业与田园景观完美结合在一起的可能性。

几乎与此同时,肥皂生产商威廉姆·海斯凯茨·莱佛(William Hesketh Lever,1851—1925)兄弟于1887年在离贝肯赫德(Birkenhead)5英里和离利物浦(Liverpool)市7英里的郊外开发兴建了阳光工业村(Industrial Village of Port Sunlight),如今称为阳光村(Village of Port Sunlight)(图1-3—图1-5)。他们购置了56英亩的土地,其中的24英亩用于厂房和办公用房,32英亩专门用于本工厂职工的居住。村内有若干公共服务设施,有大片绿地穿插,有广场及轴线设计。

阳光村的功绩在于在处理公园和建筑时,使用了"大街区"的布局。建筑物处理考究,建筑周围都有良好的绿化。15年之后,这座工业村扩大到230英亩,其中的140亩用于社区。莱佛兄弟为建工业村,不惜购置土地建房修路,并建学校、商店、公园与休闲娱乐设施等,并以最低的价格将房子租赁给职工。每套房子都面临着花园,他们相信这样可以使职工们满意,从而会有利于提供工厂本身的生产效率。

自此以后,在德国、美国、澳大利亚都有类似的田园村出现。在美国,好时(Hershey)巧克力的老板米尔顿·赫尔希(Milton Hershey)从1905年开始在宾州(Pennsylvanian)乡间创造集工厂、社区、学校、休闲和旅游设施为一体的梦幻国度。

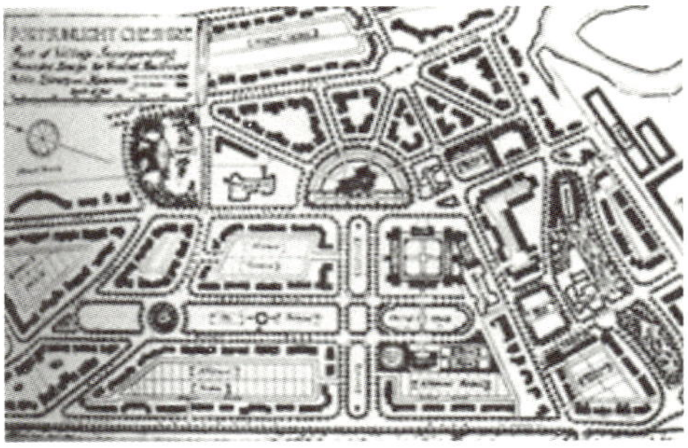

图1-3　阳光村的平面,1910年

图1-4　阳光村景观,1910年

图1-5　阳光村景观,2002年(摄)

靠近利物浦的阳光村于1889年开始建造,景观如画在这里再次占了支配地位,浪漫的建筑、低人口密度和对自然地形的尊重结合在一起。

这个以巧克力、可可为街道命名，号称地球上“最甜美的地方”(the Sweetest Place on Earth)，至今仍是一个有活力的社区。

1909年，莱佛(Lever)家族捐款在利物浦大学创立都市设计系(Department of Civic Design)，开启了城市规划教育的领域。阳光村的建设是历史上的一个大飞跃，表明企业家开始认真考虑工人们的身心健康，并将理念付诸实施。它的成功实践，对霍华德的“田园城市”思想的形成有着极大的影响。阳光村目前是英国重要的历史保护区。

4. 线型城市

线型城市(Linear City)是由西班牙工程师索里亚·玛塔(Arturo Soria Y Mata)于1882年首先提出的。当时大规模发展的铁路交通，将原先空间距离遥远的城市联系起来，并加速了这些城市地区的整体发展。地铁线和有轨电车的建设极大地改善了大城市内部及其周围地区的交通状况，加强了城市内部与其腹地的联系。

索里亚·玛塔是一位西班牙工程师，比霍华德年长6岁；他和他的数学教授贝塞拉(Manuel Becerra)一起把前半生献给了政治，然后又致力于工程的研究，提出了一些有创意的计划。

在索里亚·玛塔的理论建议当中，最重要的是他在1882年3月6日马德里《进步报》的一篇文章中首次提出的“线型城”(Ciudad lineal)建议(图1-6，图1-7)。传统的城市是围绕一个已有的核心以同心圈的形式进行建造，这种发展造成的拥挤后果触动了索里亚的思考。于是他提出了进行彻底改革的建议：一条宽度有限的“带子”，沿其轴有一条或多条铁路。其长度不限：“最完美的一种城市也许就是沿一条独立道路而建的城市，宽度为500米，如果必要的话，它将从加的斯(Cadiz)延伸至圣彼得斯堡，从北京到布鲁塞尔。”①

索里亚·玛塔认为，那种传统的从核心向外扩展的城市形态已经过时，它们只会导致城市拥挤和卫生恶化，在新的集约运输方式的促进下，城市将依赖交通运输线组成城市的网络。

线型城市就是沿交通运输线布置的长条形的建筑地带，“只有一条宽500米的街区，要多长就有多长——这就是未来的城市”，城市不再是分散在不同地区的点，而是由一条铁路和城市干道相串联在一起的、连绵不断的城市带，并且是

---

① C. Flores. History of Modern Architecture.

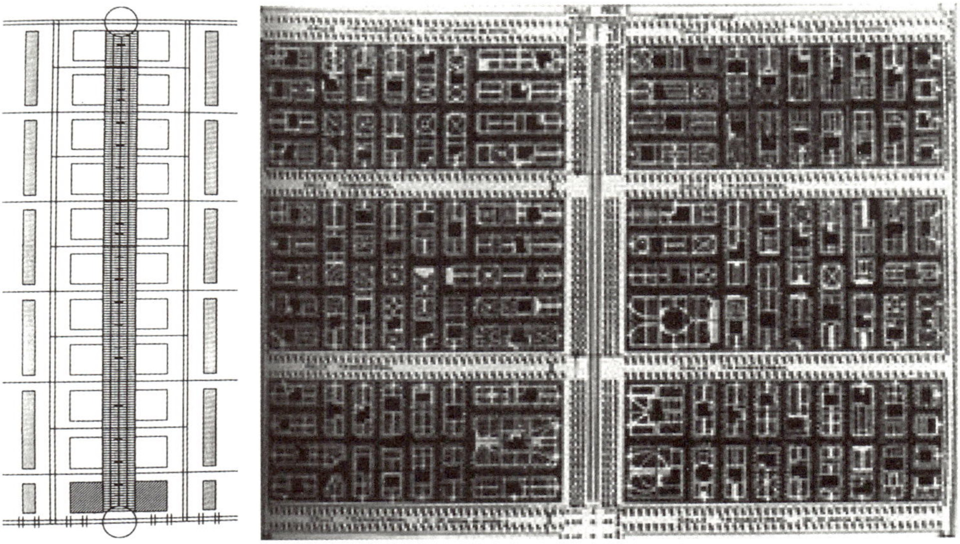

图1-6 线型城方案

索里亚提出了一个新的城市形式问题：线型城，作为一个新的社会的和经济平衡的规划杠杆，有着明确的地域含义。一方面，它是以技术手段发展的救世主式信念的产物；另一方面，它又回到了传统，这是在19世纪下半叶牢固地建立起来的社会和经济基础，它以强调地方性和地理因素在居住发展中的重要性为特征。

图1-7 线型城主街的横断面

可以贯穿整个地球的。索里亚·玛塔的线型城市的基本原则中最主要的一条是：“城市建设的一切其他问题，均以城市交通运输问题为前提”。最符合该原则的城市结构就是使城市中的人的交通耗费最少，铁路是当时最安全、高效和经济的交通工具，所以线型城市成为最理想的城市结构，这就是线型城市理论的出发点。

后来，在19世纪最后10年的繁荣气氛中，索里亚把他的模式付诸实践；他设计了一个环绕马德里的线形城（图1-8），形状像马蹄铁，全长58公里，位于丰卡拉

图 1-8　马德里的线型城

图片来源：http://www.kepu.org.cn/ 建筑博物馆 > 工业革命的建筑 > 主要理论与流派

1892年，为了实现他的理想，索里亚在马德里郊区设计一条有轨交通线路，把两个原有的镇连接起来，构成一个弧状的线形城市，离马德里市中心约5公里。它将替代历史的中心：在这个线型城市的轴上将把城区周边必需的服务和交通系统汇聚起来。整个工程，仅完成5.23公里。1901年铁路建成，1909年改为电车。经过多年经营，到1912年约有居民4 000人。虽然索里亚规划建设的线型城市，实质上只是一个城郊的居住区，后来由于土地使用等原因，这座线形城市向横向发展，面貌失真。

尔（Fuencarral）村和波祖爱罗·德·阿拉康（Pozuelo de Alarcon）村之间。这项事业的重要特征是建立了一条铁路线，它动工于1890年，起点是阿拉康。

索里亚·玛塔认为，这项事业应当保持私营性，不受所有的政府控制或不要财政援助。因此，他由于没有征用土地的权利，而在获得土地方面发生了困难。由于用地条件地制约，他付诸实践开发的那部分城市土地既不能在规划方面得到控制，又不能保持稳定，所以今天索里亚的城市受到了马德里郊区扩大的影响，已面目全非，与原有的理念相去甚远。

索里亚·玛塔的主张具有相当的建设性，对现代城市的发展意义重大。尽管他的想法和实施方式过于简单了点，但是，他是第一个意识到了城市和交通工具之间的紧密联系的人。他明白，交通工具不应当只是应急的权宜之计，不应当只是为了在传统结构中方便交通活动，而是应当导向不同的空间结构。不过，尽管他只根据传统的功能来思维，也就是只考虑住宅和公共设施的地点，而没有顾及工业等产业发展的因素。但实际上，只有解决好住宅地点和工作场所之间的关系，线型模式才能真正具有价值。

线型城市理论对20世纪的城市规划理论和实践产生了重要影响。索里亚·玛塔的主张是由下一代人加以发展的，从这种无限重复的关系开始工作，赋予城市线状形式。在20世纪20年代，这种形式出现在德国人的理论研究中。在随后10年中，勒·柯布西耶的工业线型城（Cite Lineaire Industrielle）部分地运用了这一模式。苏联也曾在三四十年代提出线型工业城市的模式，并在斯大林格勒（Stalinism）等城市的规划实践中得到了运用；而哥本哈根（Copenhagen）的指状式发展和巴黎的轴向延伸都是基于线型城市模式的进一步演化。线型城市对后人的根本影响力并不是表面的空间形态，而是形态背后的根本思想，这才是索里亚·玛塔对现代城市规划发展的最重要的贡献。

5. 现代城市

之所以要提到勒·柯布西耶的现代城市设想，是因为现代城市设想和霍华德的田园城市设想截然不同。霍华德是希望通过建设新城市来解决现有城市尤其是大城市中所出现的问题，而柯布西耶则是希望通过对城市本身的内部改造，使这些城市能解决现存的问题，适应社会发展的需要。

勒·柯布西耶在1922年发表了"明天城市"(The City of Tomorrow, 1922)的规划方案，提出一个300万人口的现代城市构想方案(图1-9)。他认为，现代城市应按功能分成工业区、居住区、行政办公区和中心商业区等。城市中心应向高空发展以降低建筑密度。他认为，建筑物用地面积应只占城市用地的5%，其余的95%均为开阔绿地，用来作公园和运动场。他主张多层的交通系统，道路采用规整的棋盘式，用直线式的几何形来体现工业生产的时代精神。在城区内住100万人，其中将近40万人居住在城市中央的24栋60层高的摩天大楼中，有60万居民住在外围多层连续的办事住宅内，在最外围郊区的花园住宅中住200万人。

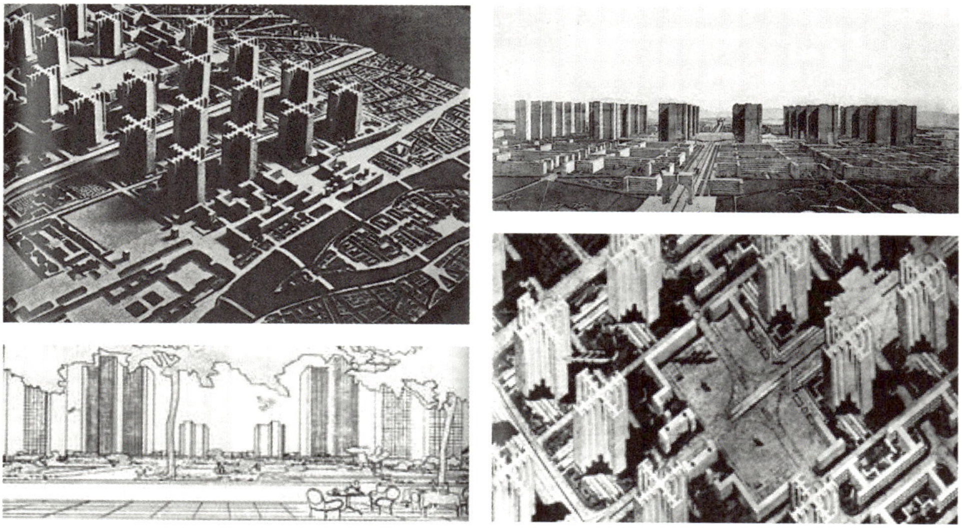

图1-9　现代城市设想

现代城市设想的中心思想是提高市中心的密度，改善交通，全面改造城市内部，提供充足的绿地、空间和阳光，形成新的城市概念。1931 年，勒·柯布西耶发表了“光辉城市”（The Radiant City，1931）的规划方案，进一步深化了原先的规划设想，这是他的现代城市规划和建设思想的集中体现。他认为，完全可以用技术手段来解决由于日益拥挤而带来的城市问题。这个技术手段就是采用大量的高层建筑来提高城市密度和建立一个高效率的城市交通系统。所以，他的现代城市规划设想的内容有两大方面特点：一是采用立体式的交通体系，城市道路系统由地铁和人车完全分流的高架道路组成，建筑物全部架空，全部地面由行人支配，屋顶设置花园，地下通行地铁，距离地面 5 米处设置交通运输干道和停车场；二是在市区中心建高层建筑，以提高城市密度，扩大城市绿地，创造使人们接近自然的生活环境。

1929 年，勒·柯布西耶在为布宜诺斯艾立斯（Buenous Aires）与里约热内卢（Rio de Janerio）提供的城市规划方案中，他放弃了早期在欧洲城市设计中强调的“垂直”式设计。为南美地区的地貌景观所激发，他将整座城市的地形想象作丰满的女性身体，采样大量水平线的设计来构成一种所谓的“景观雕塑”。他把城市想象成多细胞生物，包含有一个内在的骨架，不同功能的城市区域想象成为器官，分布于“身体”的每一部分。他将城市的骨架设计为高架交叉铁路系统，而建筑物则能与铁路之下自由建设，这点正与他在阿尔及尔（Algiers）所提的设想一样。在纪念法国阿尔及尔殖民政府成立百年之际，勒·柯布西耶规划设计了这个城市的新蓝图。由于深受伊斯兰文化的影响，柯布西耶把他的设计视为阿尔及尔传统与欧洲现代思想的一个对话实验。最早的设计里包括蜿蜒的高架铁路，模仿海岸线的形状通向城市的商业中心；居住区则设计成块状分布的建筑群，坐落于环绕城市的小山上。遗憾的是他的大多数想法都被视为过于理想化或未来主义而被否定，仅仅留下商业区一座多用途摩天大楼。

勒·柯布西耶也是一位真正的乌托邦式的理想主义者，以一种反历史的革命姿态，试图通过建筑学缔造一个革命意识形态的新型乌托邦社会。从早期未来主义的巴黎规划到 1930 年前后完全空想的布宜诺斯艾利斯规划、圣保罗规划以及阿尔及尔海滨城市规划。在柯布西耶的建筑规划中把单体的建筑理解为政治经济学上的资本在流通领域制造出的产品，并伴随着资本在整个社会的运作而不断开拓，因而在这些不断向外拓展的匀质空间的规划设计中，柯布西耶从不关心城市的文脉或其规划外的空间与规划内的建筑形式及结构的关系。

勒·柯布西耶的这些规划设计和建筑思想的影响很大，逐步形成了理性功能主义的城市规划思想，并写入了《雅典宪章》(*Athens Charter*, 1933)里。理性功能主义的规划思想深刻地影响了第二次世界大战后全世界的城市规划建设。由柯布西耶主持的20世纪50年代的印度昌迪加尔(Chandigargh)规划更是由于严谨有序的规划布局而充分展现了他的思想。

6. 广亩城市

广亩城市(Broadacre City)与建筑大师赖特(Frank Lloyd Wright)的名字紧密相连。赖特生长于美国的经济社会背景和城市发展的独特环境中，从人的感觉和文化意蕴中体验着对现代城市环境的不满和对工业化之前的人与环境相对和谐状态的怀念情绪。他在1932年出版的《消失中的城市》(*The Disappearing City*, 1933)中流露出对目前城市的生存状况缺乏信心。他并在书中写道，未来城市应当是无所不在，又无所在的，“这将是一种与古代城市或任何现代城市差异非常之大的城市，以至于我们可能根本不会认识到它已经作为城市的来临”。

1934年赖特提出了理想城市——“广亩城市”的规划设想(图1-10)。这种城市的特征是，每个居民允许有一亩地，每个家庭与邻居之间有足够距离的绿化带，彼此隔开互不干扰。他认为，在汽车和廉价电力遍布各地的时代里，已经没有将一切活动集中于城市中的需要，而最为需要的是如何从城市中解脱出来，发展一种完全分散的、低密度的生活方式以及使居住、就业相结合的新形式，这就是广亩城市。每一个广亩城市的市民都拥有自己的汽车，多车道的快速道路系统将保证行驶的安全，道路系统中不再使用红绿灯等任何灯光标志。传统的城市将只是一个工作场所，“10点钟进来，4点钟离去，一周工作3天”。同时，公共生活集中在特定的公共中心，因此有更多的人和活动凭借私人交通工具及现代通信技术散布到广大农村去。

图1-10　广亩城市设想图

赖特说：“在电梯与汽车之间，我选择汽车”，因为汽车可以帮助人们去所愿意去的地方，但不是所想去的时候都能去。可以说，广亩城市一点都不像城市，赖特厌恶“集中化”，他认为分散居住是一种“天赋人权”，是社会发展的不可避免的趋势。他谴责勒·柯布西耶的立体城市，因为它把每个人的活动场所都固定了下来，但他自己却没有看到广亩城市同样将导致每个人的活动时间被刻板地固定下来的趋势，包括工作、学习、娱乐、休息等时间。

当然，赖特的想法并非激进。他的目标在于将农业劳动与工业劳动，乡村与城市综合起来，体现了返璞归真的思想。在实用主义和乌托邦之间摇摆的赖特提倡"郊区优先"观点，再次表达了对大都市极其混乱的反感。在他的广亩城市中，每一幢建筑都非常优秀，却被毫无逻辑地放置在一起，这种单一而从不重复的状况表达了一种个人主义思想。虽然是一种脱离现实的带有乌托邦色彩的作品，但美国城市在20世纪60年代后大规模的郊迁化与赖特的广亩城市思想有着相当程度的共性。

其实，如果广亩城市付诸实施，只能产生混乱，因为它把一种浮夸的逃避现实的方案塞进大自然之中，与现代的城市规划任务相违背。因此，不如将其作为一种抽象假说来认识，或作为一种改变现实的促进因素，将它作为真正理性城市规划所需要的一种参照才能体现它的重要价值。

综观上述各家各派，无论何种"理想城市"的构想或模式，其共同点都是希望人工环境与自然环境相协调，使生活在城市中的人能更接近自然和绿色。

正如刘易斯·芒福德在其著作《城市发展史——城市的兴衰、发展与未来》(*The City in History: Its Origins, Its Transformations, and Its Prospects*, New York: Harcourt Brace and World, 1961)中强调："城市规划应当以人为中心，注意人的基本需要、社会需求和精神需求，城市建设和改造应当符合'人的尺度'"。这就是芒福德的"有机秩序"理论，其基本思想是城市在地域空间上必须保持低密度，生活应该回归绿色自然，即分散化思想。

1.2　早期的新城思想与相关理论发展

工业革命以来的城市化过程是与生产的规模化和现代化分不开的。工业化促进了城市中第二产业的巨大发展及城市规模的扩大，规模经济和聚集经济的作用强化。城市以人口的集聚以及经济、科技、文化的集聚为特征，对自然环境和空间资源进行高效率的利用。但是，当城市人口和产业集中超越了自然和社会的承载能力时，城市的空间结构就必须要发生相应的变化。同时，随着现代科学技术的发展，特别是交通以及信息技术的发展为产业活动的进一步分散提供了支持,扩大了城市中心区的辐射作用和控制能力,大城市周围地区与中心城市间相互依存关系日趋密切。现代城市在其工业化阶段,由于人口和产业过分集中所产生的一系列"城市病"正迫使城市在更大的地域范围内谋求新的人聚组织形态。

如果说18世纪后半叶至19世纪人们对工业革命初期城市的那种环境恶化的现象束手无策是由于科学技术的落后,以至于只能寄托于"理想"或"空想"的话,那么从19世纪后半叶起,随着科学技术上的大量突破,使得人们从功能上整治城市和规划城市有了现实的可能和希望。

1. 田园城市

"田园城市"是百年来最有影响力的词汇之一。从形态角度看,"田园城市"是以绿地为空间手段来解决工业革命后的城市社会"病态"的方案。实际上,在1870年奥姆斯特德(Frederick Law Olmsted,1822—1903)提出的"绿肺"概念[①]中就可以发现其雏形。如果说恩格斯(Friedrich Engels)的文献造就了田园城市等现代城市规划方案的社会意识基础的话,那么"绿肺"概念可以视为"田园城市"的空间手段的渊源。霍华德的"田园城市"不但是这个时期的城市社会改革的标志性方案,而且还由于其方案的社会价值观念和经济运作内容而具有划时代的意义,从而被普遍认为是现代城市规划的开端。

(1) 田园城市的诠释

1898年,霍华德在英国出版了一个名叫《明日:一条通向真正改革的和平道路》(*Tomorrow: A Peaceful Path to Real Reform*,1898)的小册子。尽管他当时快50岁了,但他仍然保持着年轻人的满腔热情,对工业性城市的乌烟瘴气进行了强烈谴责,对追求美好生活的规划提出了自己的见解。他倡导建设一种兼有城市和乡村优点的理想城市,实质上是城和乡的结合体,被称为"田园城市"。

在《明日:一条通向真正改革的和平道路》一书中,霍华德提出要对工业资本主义社会的结构进行改良,而物质性的城市规划则是改良的手段之一。对霍华德来说,建设田园城市是使英国的城市生活摆脱拥挤和社会罪恶的手段。他指出,

① 纽约中央公园始建于1858年,由奥姆斯特德提议、兴建并担任设计,他坚信城市需要呼吸的"绿肺",城市中的人需要缓解压力的舒适环境,由此开创了现代景观设计的先河,他也被尊为"美国园林之父"。更为重要的是他所设计的纽约中央公园是第一个现代意义上的真正为大众服务的公园,它创造的是公众空间而不是与权力、地位相关的个人空间。这使纽约人的生活总算没有完全被高度发达的商业浪潮所异化。

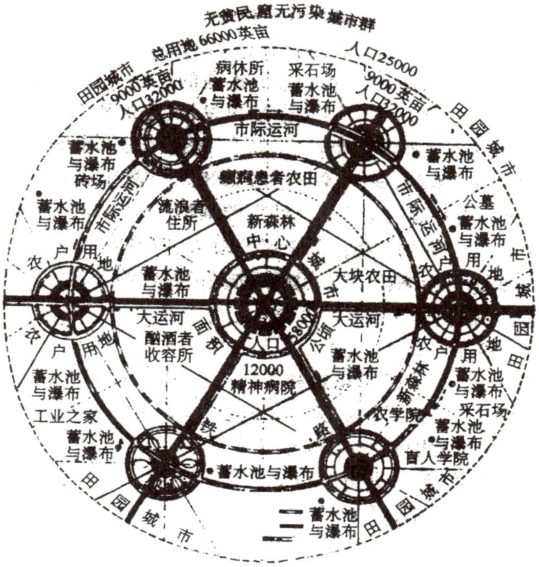

图 1-11　田园城市的行政区与中心区图解

田园城市占据了集体用地中央的405公顷土地，这是总面积的六分之一，人口不超过32 000，其中2 000人被安排在外围的农业地带，为避免空气污染，电力工业设在这里。社区平面被设计成环形，用六条林荫大道分割，占据中心的是公园，外面由主要的公共建筑围绕着。在公共建筑之外又是大公园，环绕大公园的是一座全玻璃封闭的长廊，既可以作为冬日花园，又是一个大型商业中心。再外面一些则是一条宽阔的环形林荫大道，128米宽，街上有面向住宅的学校与游戏场地。住宅平面被设计成月牙形以提供更多的临街面。再外一圈是工厂、仓库、市场等诸如此类的东西，有一条铁路线为其服务，再往外则是农业用地。无论是分开的还是邻近的房屋，都应有许多不同的风格。

田园城市是一个有完整的社会和功能结构的城市，有足够的就业岗位维持自给自足，空间布局合理，以保障阳光、空气和高质量的生活，绿带环绕，既可以提供农产品，又能有助于城市的更新和复苏①。

霍华德提出的具体规划（图1-11，图1-12）是：一个田园城市占地6 000英亩（约2 430公顷）；城市居中，占地 1 000英亩（约405公顷），四周农田占5 000英亩（约2 025公顷）；除耕地、牧场、果园、森林外，还包括农业学院、疗养院等；农业用地保留为绿带，永不得改作他用。在此6 000英亩土地上居住32 000人，其中30 000人住在城市，2 000人住在乡间，如城市人口超过上述规模则应另建新城市。城市的平面是个半径约1 240码（约 1 150 米）的圆形，中央是公园，面积约145英亩（约58公顷），有 6条主干道从中心向外辐射，将城市分成 6个区。城市的最外圈是工业区、市场、仓库，此区的外侧是环形公路，内侧是环形铁路支线。

① ［英］埃比尼泽 · 霍华德. 明日的田园城市［M］. 金经元，译. 北京：商务印书馆，2000.

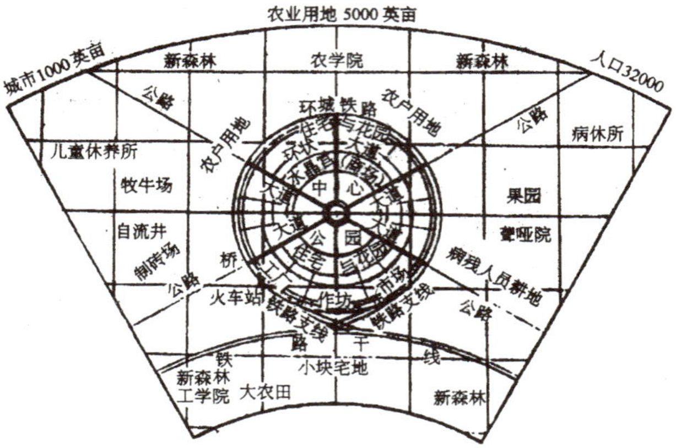

图 1-12　田园城市图解

霍华德的田园城市既是最后的乌托邦，也是第一个在区域规模上科学的城市规划模式。与之同时兴起的地域概念则是超越了有限城市的区域，这个概念把更广阔的地域作为一个物质、经济及社会的实体。

当人口众多时，霍华德认为可以把几个田园城市围绕一个中心城市而形成城市组群，他称之为“无贫民窟无烟尘的城市群”。中心城市的规模略大些，建议人口为58 000人，面积也相应增大。六个这样的城市通过一个高速的交通系统连接、分散布置，形成一个“社会化的城市”，能满足大约25万人口的全面需要。

霍华德提出田园城市的设想后，又为实现他的设想作了细致的考虑。1899年，霍华德组建了田园城市协会（Garden City Association），准备实施田园城市计划。对资金来源、土地规划、城市收支、经营管理等问题都提出了具体的建议。他认为工业和商业不能由公营垄断，要给私营企业发展的条件。为了避免污染环境，各城市均以电为能源，垃圾则用于肥田。为了改善田园城市市民的福利，政府应该对地租实行管理，并将所得的利润用于改善市政基础设施。霍华德还认为通过限制田园城市的人口规模，可以避免很多大城市的通病，使市民有机会参政和发挥自主性。

霍华德认为，一旦田园城市建设有了起色，人们就应该会从旧城中搬出来。那么，政府就可以将原来的贫民窑推倒，取而代之以高质量的居住区。①

起先，霍华德仅希望通过这项田园城市的试验，对《明日：一条通向真正改革的和平道路》一书的工人居住区形式作些理论上的探讨。1903年，霍华德进一步提出了具体的五项建设田园城市的目标：第一，通过建造田园城市，最大限度地吸

① Hazel Evans (edited), Peter Self (introductioned), New Town — the British Experience, the Town and Country Planning Association [M]. London: Charles Knight & Co. Ltd, 1972.

引私人企业或政府机构来田园城市投资；第二，鼓励制造业和其他工业从内城迁至田园城市地区，通过私人企业与政府机构合股经营的方式，提供足够的就业岗位，提供标准化的住宅；第三，通过国家企业和私人企业的合股开发，保证解决其他中心城市的住宅和交通问题；第四，加速科学管理方面的研究，加强田园城市的控制。采取措施，尽量避免突发性的开发项目破坏田园城市；第五，鼓励采用花园型住宅。尽管在这五项目标中，并没有具体地提到"城市规划"的概念，但是霍华德的这些目标，为英国城市规划理论概念的建立提供了基础。

1919年，英国"田园城市和城市规划协会"经与霍华德商议后，明确提出了田园城市的含义：田园城市是为健康、生活以及产业而设计的城市，它的规模能足以提供丰富的社会生活，但不应超过这一程度；四周要有永久性农业地带围绕，城市的土地归公众所有，由一个委员会受托掌管。

霍华德的田园城市图解模式给后人留下了深刻的影响。但他的真实意图是要通过建设新型城镇来推行社会改良，最主要的是改革西方的土地私有制，实际上是对土地私有产权进行公共干预，尽管土地可能还是私有的，但土地开发必须取得规划许可。土地制度改革是田园城市建设的社会条件。严格说来，"理想城市"并非源自霍华德，西方古往今来不乏乌托邦思想家。但是，霍华德的"田园城市"出现于英国特定的历史时期，也是真正的开始本着科学的态度和实践的精神去设想和实现"理想城市"，对现代城市规划的形成有着直接的重要影响。

（2）城乡一体化原则

霍华德针对当时城市和乡村因两极分化而产生的矛盾，提出"城乡一体化原则"（Town-country Element，指城市结构必须是既能发挥城市优势又能发挥乡村优势的，两者能合二为一体的规划结构）。为此，霍华德在其具体的田园城市开发计划内，强调了城乡一体化的规划特点，即城乡一体化五项原则：①

第一，田园城市选址必须尽量利用不能用于耕作的农业用地。

第二，成立股份公司。凡购买田园城市用地范围内土地的购买者，必须先加入该股份公司，方可以低于4%的借款股份股息（Mortgage Debentures Bearing Interest）获取购买土地的贷款。田园城市内全部地租（Ground Rents）必须上交给股份公司的受托管理人员（Trustees），然后，受托管理人按规定将其中一部分交给当地政府。

第三，田园城市的规模控制在32 000人左右。每一个完成的田园城市必须提

① 郝娟编.西欧城市规划理论与实践[M].天津：天津大学出版社，1997.

供足够数量的就业岗位和完善的公用设施和符合标准的住宅。

第四，田园城市的用地范围必须含有一定数量的农业用地。如大型农场、小块农田（Smallholdings，指出卖或出租的50英亩以下的小块农田）以及牧场。田园城市内的农业地区人口不超过2 000人。

第五，田园城市如需要扩延，则允许其在相应的附近地区，按照上述基本原则再建一处新的田园城市。每一田园城市的人口规模不允许超过32 000（包括2 000农业地区的人口）。各田园城市之间可以考虑用公路和铁路相互联结。

（3）田园城市的影响和实践

霍华德1902年以《明日的田园城市》（*Garden Cities of Tomorrow*，1902）为书名，重新发表了他的论著，即《明日：一条通向真正改革的和平道路》，田园城市的名字和思想迅速传遍了大西洋的两岸。这是一本具有世界影响的书，它曾被翻译成多种文字，流传全世界；田园城市运动也发展成世界性的运动。除了在英国建成的莱奇沃思（Letchworth）和韦尔温（Welwyn）两座田园城市以外，在奥地利、比利时、法国、德国、荷兰、波兰、俄国、西班牙、澳大利亚和美国也都建设了“田园城市”或类似称呼的示范性城市。在当今城市规划的教科书中几乎无不介绍田园城市的实践。

为了推广和实践他的思想，霍华德和一些支持他的人在1899年成立了田园城市协会。1907年，田园城市协会（Garden City Association）改名为田园城市和城市规划协会（Garden City and Town Planning Association）。（注：后来成为现在的城乡规划协会Town and Country Planning Association，简称TCPA。）同时，又修订了协会的工作目标。田园城市和城市规划协会负责进行全面的宣传教育工作。协会在20世纪初期曾经名声大噪，霍华德的田园城市理论也广泛传播于世界各国。

莱奇沃思是田园城市实践的第一个案例，是体现现代城市规划思想的直接成果。1900年，霍华德雇用了恩温（Raymond Unwin，1863—1940）和巴里·帕克（Barry Parker，1867—1947）两人来完成莱奇沃思的规划设计，目标是居住30 000人口。1903年，田园城市有限股份公司集资了300 000英镑，在莱奇沃思开发建成了第一个田园城市（图1-13—图1-16）。

恩温是影响了整个20世纪上半叶的规划师，他认为，如果城市规划有一种社会责任，那么就必须要反映普通人民的生活及社会整体的实际状况。当时英国的城市规划运动强调，城市物质环境的改造要与时代精神和人类的尊严联系在一起。在1909年，恩温和帕克就第一个田园城市莱奇沃思的建设实践合著了题为

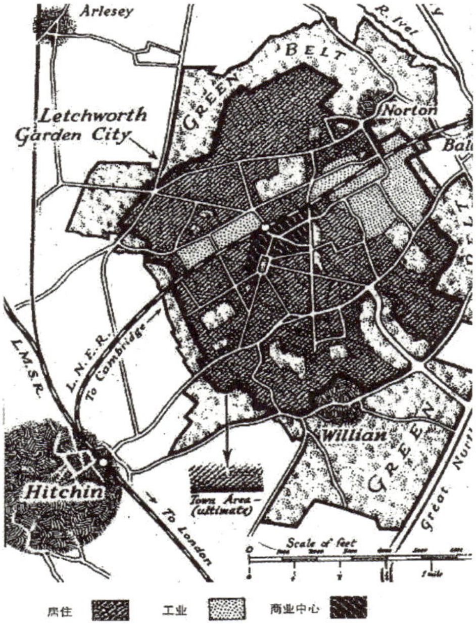

图1–13　莱奇沃思平面图，1903年

图1–14　莱奇沃思的布乃尔大街，1913年

图1–15　莱奇沃思的草地，1908年

图1–16　莱奇沃思鸟瞰图，1913年

《实践中的城镇规划》(*Town Planning in Practice*, 1909)的专著，对“田园城市”建设的实践过程作了全面的总结。这本书在一定程度上影响了早期现代城市规划对自身价值及过程的认同。

1920年，霍华德在韦尔温又开始着手第二个田园城市（图1–17—图1–20）。尽管是很冒险的投资，在经济上和其他各方面有着很多麻烦，但确实渐渐地建立起来，再次证明了这种思想的可行性和合理性。在开始建设第二个田园城市时，霍华德对政府如何解决第一次世界大战以后英国面临的住房紧缺问题提出了建议。他认为，英国大约需要建设100座新城，并希望政府着手建设。政府肯定了他的建议，并通过一条法令，规定地方当局有权购买土地来建设新城，但地方当局从未行使过这个权力。

“田园城市”运动使霍华德饮誉全球。他针对当时英国大城市所面临的问

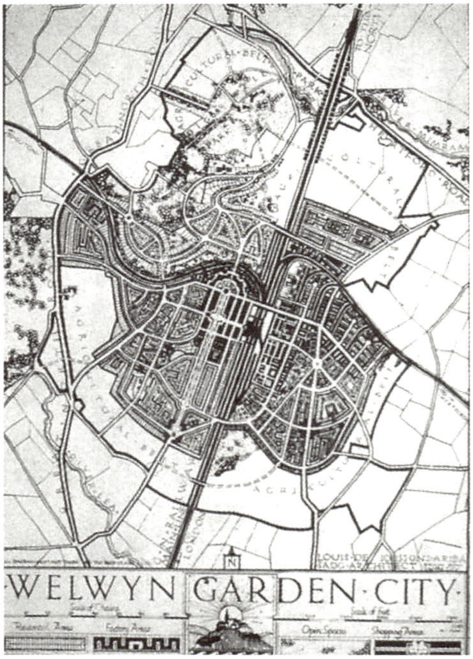

图1-17　韦尔温平面图,1920年

图1-18　韦尔温田园城市Applecroft大道,1921年

图1-19　韦尔温,1946年后

图1-20　韦尔温,2002年

题，提出了用逐步实现土地社区所有制与建设田园城市的方法，来逐步消灭土地私有制，逐步消灭大城市，建立城乡一体化的新社会。他在城市规划的指导思想上摆脱了显示统治者权威的旧模式，提出了关心人民利益的新模式。尽管以现在的眼光看，这个一百多年前的主张似乎把问题简单化了，幻想的色彩太浓。然而，他的理念确是留给后人的一笔非常宝贵的精神财富，使得城市规划的立足点有了根本性转移。霍华德摆脱了旧城市论的陈腐观念，正如芒福德（Lewis Mumford）曾在《明日的田园城市》一书再版时，写序对霍华德的城乡一体化思想大加赞扬："霍华德把乡村和城市的改进作为一个统一的问题来处理，大大走在了时代的前列；他是一位比我们的许多同代人更高明的社会衰退问题诊断家。"

2. 卫星城

（1）卫星城的概念

所谓卫星城（Satellite Town）是借用宇宙间卫星和行星的关系，以表明子城与母城相互依存的关系。一般说来，卫星城是指大城市管辖区范围内与中心城市有一定距离；在生产、生活等方面，与中心城市密切相关，又具有相对独立性。卫星城是现代化大城市发展到一定阶段的产物，它按规划建设，有一定规模，可以分担中心城市的一部分功能，是中心城市职能的延伸。卫星城可以是设施配套完整的"卧城（Sleeping Town）"，也可以是功能较为综合的新城。

1915年，美国的泰勒（Graham Romeyn Taylor，1880—1942）为了把工厂从市区迁入郊区，以分散特大城市人口的过度集中，提出了在大城市郊区建立"卫星城（Satellite Cities）"的概念①。1924年在阿姆斯特丹召开的国际城市会议上（Amsterdam International City Planning Conference，1924），通过了防止城市的过度发展而应当建立卫星城市的决议。

两次世界大战期间，伦敦的郊区发展非常快。1921—1939年，伦敦的建成区面积扩大了3倍多，伦敦有50万居民从城区内迁到了郊区。1939年，伦敦的地下铁路和电气化郊区铁路，已从市中心向外延伸了24公里，同时，离市中心8公里到24公里处沿线都建满了低密度住房。伦敦周围的小城镇由于交通联系方便，上下班通勤时间短，随着工业大发展，居住人口也大量增加。但是由于缺乏规划，新建

① G.R.Taylor. Satellite Cities: A Study of Industrial Suburbs[M]. New York and London: D. Appleton and company, 1915.

住宅主要沿交通干线分布，较为杂乱无章，加重了市政设施和管线的投资。成立于1927年的大伦敦区域规划委员会，当时任技术总顾问的是恩温，他建议用一圈绿带把现有的地方圈住，不再向外发展，多余的人口疏散到周围的卫星城镇中去。这个在大城市外围建立卫星城市，疏散人口、控制大城市规模的理想方案，最终被纳入了大伦敦的规划之中。

（2）卫星城的发展阶段

最初阶段的卫星城只是附属于大城市的居住群，仅供居住之用，有起码的生活服务设施，但居民的工作和娱乐必须到中心城市去，所以被称为"卧城"。在1912—1920年，巴黎制定的郊区居住建筑规划，便是这一概念的初步体现。规划在离巴黎16公里的范围内建立28座居住城市，这些城市除了居住建筑外，还建有基本的生活福利设施，但居民的工作及文化生活上的需求还是要靠巴黎。这种卫星城虽缓和了城市中心区居住人口的集中和用地的紧张问题，但由于居民就业和文化生活仍依靠中心城市，不仅增加了职工上下班的运输，而且也未能缓解中心城市产业活动的过分集中。

第二阶段是建设半独立的卫星城，源于1918年芬兰建筑师伊利尔·沙里宁（Eliel Saarinen, 1873—1950）提出的"有机疏散"理论（Theory of Organic Decentralization）。他在按照自己的理论原则所制定的大赫尔辛基（Greater Helsinki）方案（图1-21）中，主张在该城附近建立一些半独立的卫星城。其特点是一方面在卫星城设有一定的工业与服务设施，另一方面通过地铁等加强与中心城市的交通联系。也就是说，不能把除居住以外的所有城市功能都集中在中心城市而仅仅疏散城市的居住功能，这样会极度增加中心城市和郊区之间的通勤量。其理论概念是要实现城市功能的"有机分散"，呈多中心发展。郊区的卫星城应该创造居住与就业的平衡，这样不但可减轻交通的负担，更会降低市民的生活成本，而且各个分区之间以公园、绿地相隔，从而美化城市环境。

第三阶段是建设完全独立的卫星城市，这是二次世界大战后的实践，即在距中心城市30～50公里处，建设工业区与居住区比例适当的新城市，并有配套的文化福利等公共设施，以满足卫星城居民的就地工作和生活需要，从而形成功能健全的独立城市。

第四阶段的概念是由单中心的城市结构过渡到多中心开敞式城市的卫星城。即各层次的城市相互连接而形成城市群，并把中心城市的功能疏散出去，而且各中心之间也有快速交通设施。开敞式结构的另一个典型发展，就是带状城市。它把传统的点状中心串联为带状，两侧串挂着城市组团或卫星城，各组团的城市道

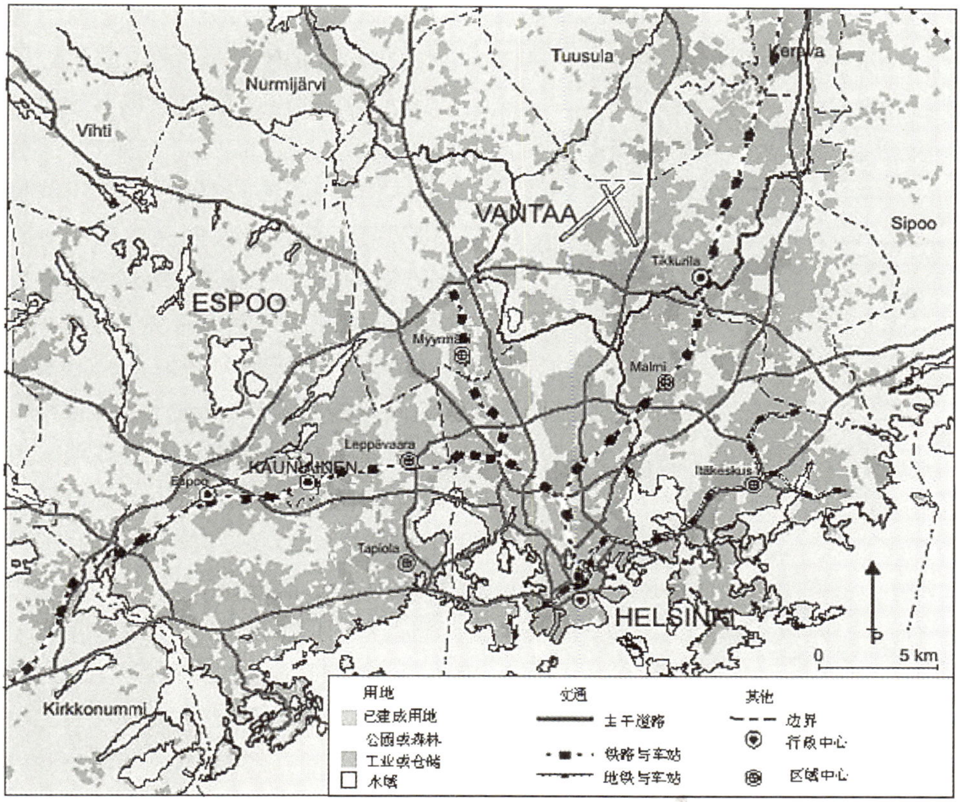

图 1–21　大赫尔辛基方案，1998 年

图片来源：赫尔辛基官方网站

路与城市群的主轴（快速交通系统）立体交叉。带状中心与整个城市可向两边呈树枝状延伸，以适应发展需要。

后两阶段的卫星城一般出现于第二次世界大战后，目的是为了解决早期卫星城对中心城市的依赖性，强调其独立性。因此，对于这类按规划设计的新建城市一般统称为新城。就规划概念而言，新城较卫星城更强调了功能的相对独立性，它基本上是一定区域范围内的中心城镇，为其本身及周围的地区服务，并且与中心城市的功能相辅相成，成为区域城镇体系中的一个重要组成部分，特别是对涌入中心城市的人口能起到一定的截流作用。

3. 雷德朋体系和绿带城

从 19 世纪后半期开始，随着资本的不断积累，美国的城市建设规模不断扩

图1-22　单个邻里单位的模式图

图1-23　三个邻里单位组成的住宅区

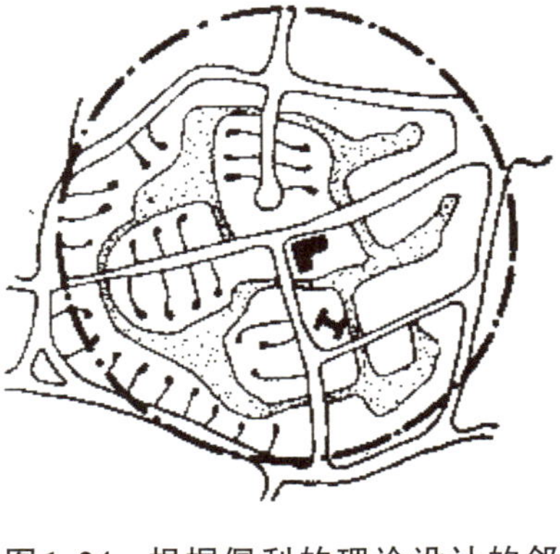

图1-24　根据佩利的理论设计的邻里单位，学校的服务半径为1/2英里

张，少数富裕阶级开始向郊外迁居。到20世纪20年代，由于广泛使用小汽车，中产阶级的郊迁现象也逐渐增多。留在内城或迁往内城居住的较多是穷人，贫民窟出现在内城，其住宅和市政设施得不到更新而日益陈旧。为了追求理想的人居环境，解决大城市的弊病，美国受英国田园城市思想的影响，在第二次世界大战前便出现了田园城市运动，曾先后在新泽西州、俄亥俄州和威斯康星州建立了雷德朋、绿带城（Greenbelt）以及绿谷城（Greenhill）。这些新城实践的某些规划思想一直沿用到现在，对许多国家的新城建设有过影响。不过，大规模的新城建设始于20世纪60年代后期。

（1）地区规划协会及规划理论

1923年，美国地区规划协会成立，它是由20多位关心社会的建筑师所组成的。他们根据英国田园城市的规划思想，对美国当时的社区实际情况作了调查，提出了美国的城市规划理论，曾引起了许多国家的规划和建筑界的重视。其中有芒福德的地区城市理论，他设想在一个大城市地区范围内，设置许多小城市，通过各种交通工具联系小城市。这种规划设想是企图对美国大城市地区内的构造进行根本性的改革。此外，还有佩利（Clarence Perry）的“邻里单位（Neighbour Unit）”理论，他吸取了田园城市的规划手法，提出小城市以邻里住宅为单位而组成的想法（图1-22—图1-24）。①

① 本段资料和图片来源：北京市城市规划管理局科技情报组.城市规划译文集2：外国新城镇规划[M].中国建筑工业出版社，1983.

（2）雷德朋体系（Radburn System）

这一时期在规划设计手法上出现了雷德朋体系。雷德朋体系把一个地区作为整体进行规划设计的做法是可取的，但这种引人注目的规划思想却不能成为美国城市规划的主流，结果仅仅是在郊区为中产阶级建造了一些居住区。其主要具有以下几个特点（图 1–25—图 1–27）：绿地、住宅与人行步道有机地配置在一起，道路网布置成曲线；行人和机动车在一个平面上隔离；建筑密度低；住宅成组团配置，形成口袋形，通往每组住宅的道路是尽端式的；相应配置公共建筑，将商业中心布置在住宅区中

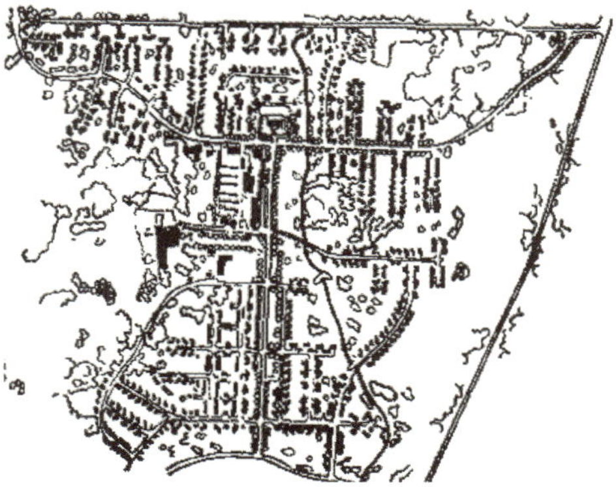

图 1–25　威斯康星绿带城

威斯康星住宅区位于威斯康星州密执安湖西岸米尔沃基市的郊外，最初规划建设 3 000 套住宅，但是实际上只建成 750 套住宅。这个住宅地区同其他绿带城不同，很少采用曲线道路，并且人口密度也是比较高的。

图 1–26　新泽西绿带城

1—运动场；2—社区中心；3—商店、停车场；4—规划中心；5—水塔

新泽西住宅区位于新泽西州纽约和费城之间。道路方案采用了环状路和直线路相结合的形式。

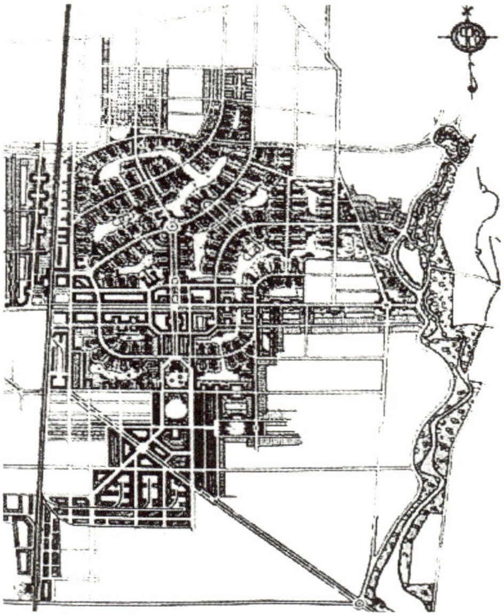

图 1–27　雷德朋花园城方案，1928 年

图片来源：Stephen V.Ward. The Garden City, Past, Present and Future［M］. E & FN Spon, 1992.

间,使住宅区各部分通往中心的距离都一样。

最先按雷德朋体系建造的新城有森奈赛花园城(Sunnyside Garden City),于1924年开始修建,位于纽约郊区,住宅区面积17公顷,4年内建成了1 202套住宅。这座花园城的建设目标是:有宽敞的街区,充分的公共设施,向低收入阶层提供住宅。但实际上没有达到这些目标,因造价过高,只有高收入阶层才能消费得起。并且最主要的是,由于新城缺乏统一完整的规划,而未能实现最初的建设目标。

其后又有雷德朋花园城于1928年建成。该城位于纽约市郊区25公里处。最初规划面积为500公顷,规划人口为25 000人,全城分3个邻里。但是突如其来的经济危机迫使最终建成的实际规模大大缩小,仅30公顷,400套住宅,人口规模仅为1 500人。但是人车分离的设计手法被运用于住宅区规划中。

雷德朋花园城规划考虑的邻里规模为10公顷～20公顷,内部划分成几个街区,街区中心留有带状公共空地,在空地上设置小学校、游泳池和运动场。在与街区外围道路呈直角的50～100米宽的线形道路的两侧,布置住宅。在住宅的一面铺设供汽车进出的道路,另一面修建人行步道。人行步道与公共空地相连接,行人通过步行去学校或其他公共建筑都不与汽车线路相冲突。在街区内,将组团式一级住宅和人行步道结合在一起,在平面上把行人和机动车分离开。这种雷德朋体系成为汽车时代建设住区的典范,不仅在美国本土,而且在世界各地都产生了很大影响。

但是,作为美国地区规划协会开展建设田园城市运动的目标而言,雷德朋新城规模较小,只有住宅,没有就业场所,且土地私有,因此不能称为田园城市,而只能是具有田园气氛的城郊住宅区。

(3)绿带城

美国在1929年发生经济危机后,扩大住宅建设规模也成了刺激经济的一种手段。绿带城项目就是在这样的背景下于1933年建设的,共有4个,即:威斯康星(Wisconsin)绿带城、新泽西(New Jersey)绿带城、俄亥俄(Ohio)绿带城和马里兰(Mary Land)绿带城(图1-28—图1-31)。但它们实际上都不能称为自给自足的田园城市,也只能是近郊的田园住宅区。

4. “有机疏散”理论

“有机疏散”理论(Theory of Organic Decentralization)是1917年由芬兰著名规划师沙里宁(Eliel Saarinen, 1873—1950)提出的。这位规划师在着手大赫尔辛基(Greater Helsinki)规划方案时,发现当时已经在城市郊区开始建造的“卧城

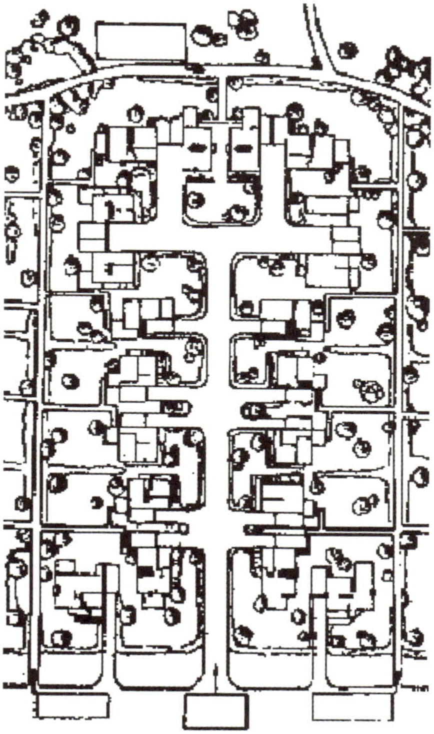

图1-28　雷德朋体系的尽端式道路

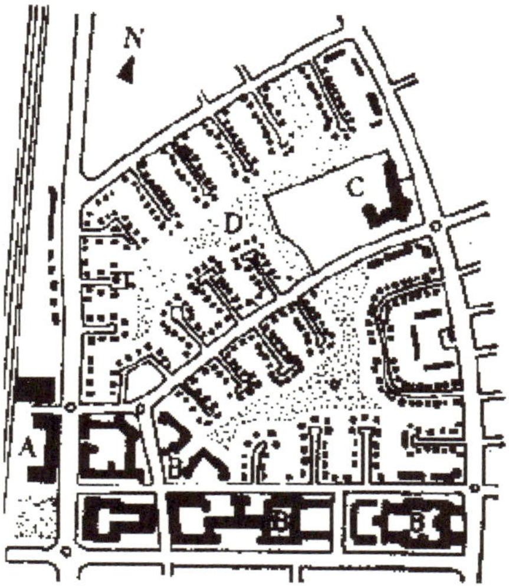

图1-29　雷德朋的模式图

A—商业中心；B—公寓式住宅群；C—学校；D—公园

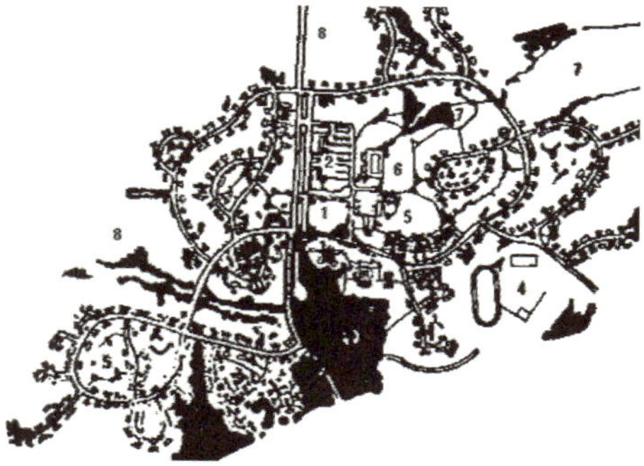

图1-30　俄亥俄绿带城

1—公共广场；2—商业中心；3—社区中心；4—运动场；5—住宅群内部公园；6—游泳池；7—住宅备用地；8—绿带

俄亥俄住宅区位于俄亥俄州辛辛那提城市的郊外，有3 000套住宅。这个住宅区比马里兰住宅区采用更多的曲线道路，但只是一种不完全的“雷德朋体系”。

图1-31　马里兰绿带城

马里兰住宅区位于马里兰州华盛顿郊外，面积为100公顷，有1 000套住宅。道路结构是雷德朋体系改变了的形式，住宅区内外有两条圆弧状的干线道路，在两条干线道路山间铺设人行步道。公共设施中心安置在圆弧的中心，离每户住宅的距离大致相同。在干线道路口边开辟地下人行道，以保证行人安全。

(Sleeping Town)型"卫星城镇,因为仅承担居住功能,而将导致生活与就业不平衡,使卫星城与中心城市之间发生大量交通,并引发一系列社会问题。他主张在赫尔辛基附近建设一些可以解决一部分居民就业的"半独立"城镇,以此缓解与城市中心区通勤的矛盾。在沙里宁的规划思想中,城市是一步一步逐渐离散的,新城不是脱离中心城市,而是"有机地"进行着分离的运动。

沙里宁在1942年出版的《城市:它的发展、衰败和未来》(*The City: Its Growth, Its Decay, Its Future*,1942)一书中,详尽地阐述了这一理论。他认为,城市与自然界的所有生物一样,都是有机的集合体。由此,他认为"有机秩序的原则是大自然的基本规律,也应当作为人类建筑的基本原则"。因此城市发展遵循的基本原则也可以从自然界的生物演化中推导出来。他认为,趋向衰败的城市需要有一个以合理的城市规划原则为基础的革命性演变,以促使城市趋向良好的结构,并利于健康发展。

"有机疏散"的城市发展方式能使人们居住在一个兼具城乡优点的环境中。有机疏散的城市结构既符合人类聚居的天性,便于人们过共同的社会生活,感受到城市的脉搏,又不脱离自然。沙里宁认为,城市作为一个有机体,它的内部秩序实际上是和有生命的机体的内部秩序相一致的。如果机体中的部分秩序遭到破坏,将导致整个机体的瘫痪和失调。为了挽救城市免于衰败,必须对城市从形体上和精神上加以全面更新,而不能再任意让城市由一些毫无章法的体块堆聚而成,而应按照机体的功能要求,分散城市的人口和就业岗位,离开中心并合理发展。有机疏散理论认为没有理由把重工业布置在城市中心,轻工业也应该疏散出去;当然,许多事业机构及城市行政管理部门必须设置在城市中心。城市中心地区由于工业外迁而腾出的大片用地,应该用于增加绿地,以及提供给那些必须在城市中心地区工作的技术人员、行政管理人员、商业人员作为居住地之用,让他们就近享受家庭生活。拥挤在城市中心地区的许多家庭应疏散到更适合居住的新区环境;很大一部分设施,尤其是日常生活服务部门,将随着城市中心的疏散而离开拥挤的中心地区。因此,中心城市的人口密度也就会降低。

"有机疏散"的两个基本原则是:把沙里宁称为"日常活动"的个人日常生活和工作场所进行集中布置,使活动需要的交通量减到最低程度,并且不必都使用机械化交通工具;不经常的"偶然活动"场所则可不拘泥于一定的位置而进行分散布置,因为在日常活动范围外缘的绿地中设有通畅的交通干道,可以迅速往返。有机疏散论认为个人的日常生活应以步行为主,并应充分发挥现代交通手段的作用。这种理论还认为,并不是现代交通工具使城市陷于瘫痪,而是城市的机能组织不善，迫使在城市工作的人每天耗费大量时间、精力作往返旅行，及造成城市交通拥挤堵塞。

沙里宁全面考察了中世纪欧洲城市和工业革命后的城市建设状况，分析了有机城市的形成条件和中世纪的城市表现及其形态，揭示了现代城市出现衰败的原因，从而提出治理现代城市的衰败与促进其发展的对策，即要通过全面改建，以求达到如下的目标：① 把衰败地区中的各种活动，按预定方案，转移到适合这些活动的地方去；② 把空出来的用地，按照预定方案，进行整顿，改作其他最适宜的用途；③ 保护一切老的和新的使用价值。

要达到城市有机疏散的目的，就需要有一系列的手段来推进城市建设的实施，沙里宁在《城市：它的发展、衰败和未来》一书中详细地探讨了城市发展思想、经济社会状况、土地问题、居民的参与和教育、城市设计等方面的内容。针对城市规划的技术手段，他认为"对日常生活进行功能性的集中"和"对这些集中点进行有机的分散"这两种组织方式是使原先密集型城市得以实现健康发展所必须采用的两种最主要的方法。因为前一种方法能带来城市的生活便利和居住安静，而后一种方法能使整个城市提升功能上的秩序和工作上的效率。所以，任何的分散运动都应当按照这两种方法来进行。① 因此，"有机疏散"就是把大城市目前的拥挤区域，分解成若干个集中单元，并把这些单元有机组织成为"在活动上相互关联的功能集中点"，如此构架起城市有机疏散的最显著特点，便是将原先密集的城区分裂成一个一个的集镇，它们彼此之间将用绿化地带隔离开来。

第二次世界大战之后，西方许多大城市纷纷以沙里宁的"有机疏散"理论为指导，调整城市发展的战略，形成了健康、有序的发展模式。其中最著名的是大伦敦规划和大巴黎规划。1945 年完成的大伦敦规划（图 1–32）对以伦敦为核心的大都市圈作了通盘的空间秩序安排，以疏散为目标，在大伦敦都市圈内规划了 8 多个新城以接纳伦敦市区的外溢人口，减少市区压力，并利于战后重建。人口得以疏散的关键在于这些新城分解了伦敦市区的功能，提供了就业机会。第二次世界大战后 50 多年来，尽管伦敦的经济社会及行政构架等发生过很多变化，但是既定的城市整体规划及中心城——新城的网络结构没有变。伦敦市区的人口已从当年的 1 200 万人下降到了 700 多万人。20 世纪的 90 年代与 60 年代相比，伦敦的市区没有扩展，扩展的只是伦敦外部城市网络上的众多新城。

---

① 参见全国注册城市规划师执业考试指定用书之一：《城市规划原理》（中国建筑工业出版社）。

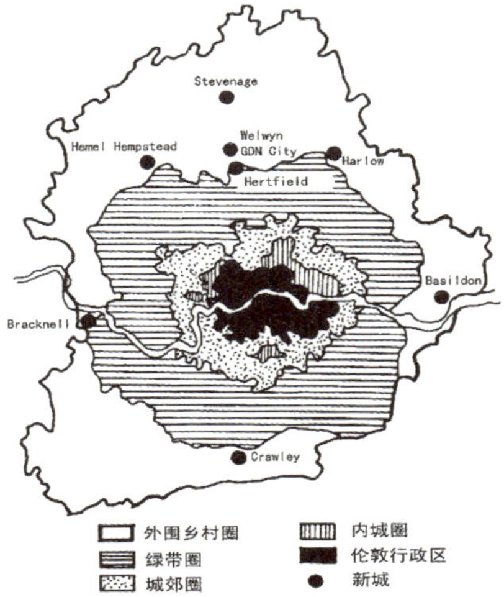

图1-32　大伦敦规划，1945年

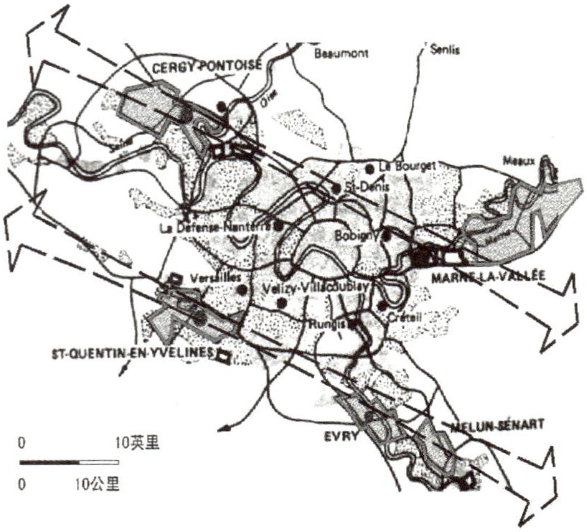

图1-33　大巴黎SDRAUP规划，1965年

与大伦敦规划相似的大巴黎SDRAUP战略规划（图1-33），即《巴黎地区国土开发与城市规划指导纲要》（*Structuration développement dans le régionale d'aménagement et d'urbanisme de Paris*）完成于1965年，这项规划在更大范围内考虑工业和城市的分布，以图防止工业和人口继续向巴黎集中：改变原有聚焦式向心发展的城市平面结构，使城市沿塞纳河向下游方向发展，形成线型城市；在市区南北两边20公里范围内建设一批新城，沿塞纳河两岸组成两条轴线；改变原单中心城市的格局，在近郊发展德方斯、克雷泰、凡尔赛等9个副中心，每个副中心布置有各种类型的公共建筑和住宅，以减轻市中心的负担；保护和发展农业与森林用地，在城市周围建立5个自然生态区。

第二次世界大战后，西方的规划理论传入了我国。在1946年后的"上海市都市计划蓝图一二三稿"（见第4章 图4-1）中，应用了有机疏解、卫星城市等规划理论和手法。在20世纪50年代初，著名建筑学家梁思成与规划学者陈占祥也提出了以"有机疏散"理论为指导来规划北京市，并在此基础上通盘考虑京津冀的空间秩序，完成大北京规划。但由于种种原因，我国城市规划的理论研究与创新实践方面曾长期裹足不前，导致了城市发展中的一系列问题。

5. 盖迪斯的区域学说

针对工业革命后大城市过分拥挤造成的城市卫生问题、防灾问题和社会问题，提出采用绿地为解决手段的还有帕特里克·盖迪斯（Patrick Geddes，

1854—1932)。盖迪斯是著名的生物学家、植物学家、生态学家、社会思想家、教育家,也是现代城市规划的先驱者。在逝世半个多世纪后的今天,他的声誉比在世时更盛隆,被誉为当代社会的伟大启蒙者。盖迪斯认为城市规划是社会改革的重要手段。因此,城市规划要取得成功就必须充分运用科学的方法来认识城市。他运用哲学、社会学和生物学的观点,揭示了城市在空间和时间发展中所展示的生物学和社会学方面的复杂性。

盖迪斯在1904年发表的著作《城市发展,公园、花园和文化机构的研究》(*City Development, A Study of Parks, Gardens and Culture Institutes*, 1904)提出了从文化角度来观察研究及从历史角度来审视城市发展。这在当时比霍华德及其同伴恩温的工作都更具有学术性。传统的经济决定论认为,城市空间结构形态的成因是纯粹的市场化过程,而社会学家则认为,城市发展的过程是一个有着更丰富内涵的社会化过程,一种文化的价值系统决定着城市空间与土地使用的状态,文化要素是布局形成过程的中心要素。所以盖迪斯认为,城市规划不仅仅是建筑和土地配置的实践活动,也不仅仅是一个疏散城市的战略观念,或者简单地应用新的设计和布局标准,而是与社会、文化、环境的变迁联系在一起的。

盖迪斯在1915年发表的《城市演进:城市规划运动和文明之研究导论》(*Cities in Evo1ution: An Introduction to the Planning Movement and the Study of Civics*, 1915),标志着他的研究方法和研究深度又上了一个台阶。他首创了区域规划的综合研究方法,他提出了城市扩散到更大范围形成新区域的发展形态问题。他把对城市的研究建立在客观现实的基础上,缜密地分析地域环境潜力和限度对于居住地布局形式及地方经济体系的影响关系。他突破了当时常规的城市概念,提出了把自然地区作为规划研究的基本范畴。他提出了影响至今的现代城市规划过程的公式:调查——分析——规划,即通过对城市现状的调查,分析城市未来发展的可能,预测城市中各类要素之间的相互关系,然后依据这些分析和预测,制定科学合理的规划方案。

他还指出,工业的集聚和经济规模的不断扩大,已经造成了一些地区的城市发展过度集中,这些城市向郊外的扩展已属必然,并形成了由城市组合而成的巨大的城市集聚区或者形成组合城市。在这样的情况下,原来局限于城市内部空间布局的城市规划应当转变成为城市地区规划,即将城市和乡村的规划纳入到统一的体系之中,使规划包括若干个城市以及这些城市所影响到的整个区域。①

---

① 参见全国注册城市规划师执业考试指定用书之一:《城市规划原理》,中国建筑工业出版社。

6. 城市—区域规划理论和实践

任何城镇都不可能是孤立存在的，城镇与相邻城镇之间的相互作用，城镇与其腹地的相互影响往往是促进或抑制城镇发展的重要因素。区域是城市存在的基础，是城市的腹地，也是城市发展的动力。城市发展到今天已经是处于一个全球互动及开放性系统，它必须依赖于广大的区域，与其共生才能获得新的发展潜力。城市对于区域的影响，一般来说是与城市的人口规模呈正比。不同规模的城市及受其影响的区域组合起来就形成了城镇体系。

“城市—区域”观念的建立，是从20世纪早期盖迪斯提出从区域研究城市的观点开始的。这是学界对人口城市化和经济发展进程加快这一客观现实的理性反应。1946年，美国著名城市学者芒福德也曾大加赞扬霍华德的城乡一体化思想。只有摆脱了就城市论城市的陈腐观念，才能全面促进社会的发展。到了20世纪60年代，芒福德又明确提出：“我们必须使城市恢复母亲般的养育生命的功能……城与乡不能截然分开，城与乡同等重要，城与乡应该有机地结合在一起，如果问城市和乡村哪个重要的话，应当说自然环境比人工环境更重要。”他主张建立许多中心的新型城市，形成一个更大的区域统一体，重建城乡和谐与平衡，从而有可能使全部居民在任何地方都受益于真正的城市生活。

从盖迪斯创立“区域学说”，经过芒福德等人的发扬光大，从思想上确立了区域—城市关系，这也是全面研究城市问题的逻辑框架，进而形成了对区域的综合研究和真正的区域规划，更为明确地提出区域整体发展理论，即“真正的城市规划必须是区域规划”。

此外，德国地理学家克里斯泰勒（Walter Christaller，1893—1969）于1933年发表的“中心地理论”（Central Place Theory）解释了城市布局之间的现实关系；1941年德国经济学家廖士（August Losch，1904—1992）从企业区位的角度以纯理论推导的方法完成了不同等级市场中心地数目的研究，解释了城市影响地域及相互作用的理论形态；地理学家贝里（Berry Brian Joe Lobley，1934— ）等人则结合城市功能的相互依赖性、城市区域的观点及对城市经济行为的分析和中心地理论，逐步形成了城市体系理论。目前普遍认为完整的城市体系包括：特定地域内所有城市的职能之间的相互关系，城市规模上的相互关系和地域空间分布上的相互关系。其中，城市职能关系依据经济学的地域分工和生产力布局学说而得以展开；城市的规模大小的相互关系则应符合“等级—规模分布”；城市在地域空间上的分布应遵循中心地理论，并将这一理论看作是获得空间理性的关键。

在区域规划方面，自20世纪20年代末纽约的地区规划起，西方逐步开展了区域规划的理论和实践工作。20世纪三四十年代，西方大城市开始大规模地向周围地区扩展蔓延，以一个或几个中心城市为核心构成的城镇集聚区相继出现，这就大大改变了几千年来以城区或城墙为范围的、旧的城市形态观念；逐渐形成了在城市影响区域范围内分散人口和职能，组织合理的城镇体系，以改善城市环境的新观念。早期欧美学界进行的一系列区域规划的实践，针对交通网络和聚居地的分布和组织、经济区划等不同目的，对世界范围内的区域规划理论研究和规划实践起了推进作用。20世纪50年代之后，在经济学和地理学界的推动下，欧美学者在对区域经济发展的研究中，提出了更多的有关区域发展的综合性理论。

关键人物：

① 托马斯·莫尔（Thomas Moore，1478—1535，文艺复兴时期英国空想社会主义者）

莫尔生于1478年，他的父亲长期担任皇家高等法院法官。1494年，莫尔在资深法学家的指导下深研法律，出师不久便赢得了伦敦市“头等律师”的名声。1510年，他担任伦敦市司法官并赢得了市民们的充分信任，英商两次促请国三派他到国外调解商务纠纷。1515年的出使，构成了《乌托邦》一书的背景。1523年，他当选为下议院议长，1529年，受命为大法官。莫尔在大法官的任上以公平为念，勤勉敬业，“以大法官的身份行使司法管辖权，复审各普通法法庭案件，并依据衡平法原则予以修正和纠错，还在原判法庭无能为力时提出补救的办法”。

1532年，因在重大问题上不能与英王保持一致，莫尔辞去了大法官的职务。莫尔认为，国王离婚违背教会法和神律，因此反对国王离婚，而且拒不出席新皇后的加冕仪式。很快，他被控犯有叛国罪，由于这项指控纯属莫须有，他被宣告无罪。1533年，英王迫使国会通过了一项法令，宣布他为英国教会的领袖，所有英国的杰出人物都必须宣誓效忠，但莫尔拒不宣誓，他说他不相信世俗的法律能使国王成为教会的领袖。他因此被关进伦敦塔，被控犯有叛国罪，罪名是“意欲剥夺国王的尊严、称号或其他王室的身份名位”。18位法官（大多是他的政敌）组成“听审委员会”，陪审团只花了15分钟便裁定莫尔有罪，并于1535年7月7日执行了死刑判决。

作为著名空想作品《乌托邦》的作者，也许不认为这本小册子的重要性要胜过他的大法官职位或者他反对宗教改革的斗争。然而，《乌托邦》的深远影响让他始料未及。三百年后莫尔被追封为“空想社会主义的太上皇”，其不朽地位也随着他被斩断头颈的那一幕定格。即便如此，当世时变迁，今天我们阅读《乌托邦》，迫切的政治需求已经逐渐淡薄，更多的是对莫尔想象力和勇气的赞叹。

作为文艺复兴时代先进思想力的代表，秉承了柏拉图《理想图》之脉的莫尔以崭新的描绘起到了令举座皆惊的效果。在当时，轰轰烈烈的航海事业刚刚展开，传奇色彩的异国风情给人亦真亦幻的美妙遐想。更重要的是，莫尔作为社会精英而体察到了民间的疾苦，这是其他精英们不及的。《乌托邦》通过一位航海家希斯拉德之口表达作者的观点。全书共分两部，第一部论及一个令人不满的社会，当然是指作者所身居的英王国。第二部则全面描述了岛国乌托邦在某种程度上被后世尊为“空想社会主义鼻祖”的制度。莫尔对社会底层的关心更多直接体现在第一部中，他所描述的圈地运动，被马克思的《资本论》大段引用，成为日后经典理论课堂中避不开去的话题。贫农们的生路是莫尔关心的重点：他们既没有田地可种，又不准行乞为盗，岂不是无路可走？因此，《共产党宣言》相信，或者我们都愿意相信，莫尔考虑的是全社会所有人们的幸福方案：“这种幻想的未来方案，是在无产阶级还处于很不发展状态……产生的，是从无产阶级希望社会总改造的最初的充满预感的激动中产生的。”

今天，当社会主义已转型为系统的理论与实践，即便我们言辞之中仍有所顾忌，对于乌托邦式的蜜月幻想已不复存在。某些场合，乌托邦已沦为一个虚妄的词语。再读《乌托邦》，生活尚可、态度务实而又戏谑不定的后现代人类可以得到些什么？四百年前的一次精神摇滚，还是虚拟空间的游戏情节？可以肯定，再谈《乌托邦》的政治意义已经意义不大。相反，我们可以通过莫尔的种种描绘，接近他无限勇敢和发达的精神。

莫尔凭一己之力创建的理想国度在现在看到充满了过于美好的愿望和不甚严密的逻辑。但是这个系统在当时应该是顶尖优秀的，因为它受到了如此之大的欢迎。莫尔的好友伊拉斯莫斯致信莫尔催他速寄书至当地。信中说当地的一位参议员很喜欢这本书，“已经把它背熟”。在书中，莫尔设想了理想国家的几乎所有方面：城市、官员、职业、社交、战争、宗教等等。莫尔最大的功绩在于继承了远古以来财产公有的人类理想，并且十分强硬地让公有财产无比富足，简直取之不尽。而这恰是乌托邦赖以存在的基础。莫尔为岛国的居民们设计了一整套完美的价值观，成为其富足的精神基础。而在很多时候，莫尔的想象以反讽当时的社会为主。莫尔让乌托邦岛国的金银过剩，以至当地人让奴隶戴上金银链铐，自己则以穿戴粗衣为荣。外国来访的使节不知就里，穿着华贵地招摇过市时，才发现自己的打扮与当地的奴隶无异，不由从傲横变为无地自容。这部分内容对虚华的讽刺与丹麦丑才安徒生的《皇帝的新衣》遥相呼应。而对于打仗，乌托邦人更倾向于智斗，他们善于用金钱瓦解别人内部，“重金收买之下，人们会心为所动，什么样的事也干得出”。然而，莫尔也相信年轻人容易“言行失检而涉于浪荡”，于是他让青年与老人相隔地坐在大食堂中。并且乌托邦的种种习俗也在根本上杜绝了人们趋向个性化发展的可能。

作为一个上层社会执法者，莫尔有更多的机会体察人民的现实困境，无疑有助于他构建的崭新国度。这个国度当然为平民百姓赢得了幸福，然而它毕竟产生于一个孤立的脑袋，无疑没有实现的可能。对此，莫尔有十分明确的观点：“可是当我想到真实的王国并不更持久些，我就引以自慰了。”莫尔用自己杰出的大脑完成了一次个人化的精神冒险，在客观上推动了人类社会的发展，足可引以为傲。

乌托邦岛国的每一个细节都证明了作者的博爱、宽容与勇敢。这位英王国大法官没想过三百多年后的马克思，更多时候，他只是沉浸在自己的国度的美好构建中，高兴得直跳：“我的乌托邦国民已经推举我做他们的永恒君主。”（摘自莫尔致伊拉斯莫斯信件）空想本身已经足够快乐，对莫尔如此，对所有不满现实者皆如此。在空想与实战中爽够了的莫尔最终得罪了亨利八世而被送上断头台，临刑前莫尔不乏幽默地对刽子手说：“我的颈子是短的，好好瞄准，不要出丑。”

② 莫里斯(W. William Morris，1834—1896)

英国作家，出生于一个富商家庭，1853年进入牛津大学学习，受艺术评论家约翰·罗斯金和画家但丁·罗塞蒂二人的影响，并参加了罗塞蒂所组织的“先拉斐尔兄弟会”，醉心于中世纪文化和唯美主义。他一度试学油画，旋即从事诗歌创作。1858年他的第一部诗集《圭尼维尔自行辩解和其他诗篇》出版，其中的中、短篇诗歌的题材主要取自马洛礼的关于亚瑟王的传奇故事和法国中世纪弗拉萨尔的编年史，描写中世纪西欧社会统治者的凶暴和残忍以及反抗这种暴虐与欺诈的英雄人物。

1861年，莫里斯开设室内装潢商行，仿制中世纪时代的壁饰、帷幕、彩色玻璃窗以及各种家具。1867年长诗《伊阿宋的生与死》出版，它是根据古希腊关于伊阿宋和美狄亚的传说写成，作者在诗中自称是乔叟的门徒。1868—1870年出版诗集《地上乐园》(共3卷)，其中收入24篇叙事诗和一首序诗。它的创作手法模仿乔叟的《坎特伯雷故事集》，写中世纪北欧一批战士在大洋中发现了一个希腊移民居住的地上乐园，宾主欢聚时以讲故事为乐，于是讲了24篇来源于古希腊及中世纪北欧流传的故事。诗集充满着梦幻式的浪漫色彩，辞藻华丽，音韵节奏和谐悦耳。长诗《沃尔松族的西古尔德》(1876)，叙述了中世纪冰岛诗文中经常作为题材的英雄西古尔德的悲剧。西古尔德即古德语长诗《尼贝龙根之歌》中的齐格弗里德。全诗采用六音节的长行诗句，便于表现主要人物的英雄气概和曲折跌宕的故事情节。

1883年莫里斯参加社会主义组织“民主协会”，不久它改称“社会民主协会”。1885年参加社会主义联盟，担任它的机关刊物《公共福利》的主编，直至1890年。1890年他脱离社会主义联盟，另行组织规模较小的“哈默斯密斯社会主义会社”。1890年创办凯尔姆斯科特印刷厂。

莫里斯的晚期著作，有诗集《社会主义者的诗歌》，其中绝大部分是供当时工人游行或集会时歌唱之用，号召工人反对奴役和剥削，同时也表达对于未来的美好的社会主义和共产主义社会的向往。长诗《美好未来的追求者》(1885—1886)带有一定的自传性，描绘主人公幼年和青年时代的生活以及后来参加巴黎公社的经历。诗中关于他信奉社会主义和参加巴黎公社街垒战的两章，尤其写得慷慨激昂，十分感人。他的散文《梦见约翰·保尔》(1888)描写一个19世纪的社会主义者如何梦见1381年英国农民起义的领袖约翰·保尔及他们两人交谈的内容。《乌有乡消息》(1891)则叙述他梦中游历21世纪已实现共产主义的英国各地时的见闻，从中可以看出作者理想的共产主义社会和他对于实现社会主义与共产主义的设想。这两篇散文表明了莫里斯追求革命斗争的思想感情。

③ 奥姆斯特德(Frederick Law Olmsted, 1822—1903)

对自然风景园极为推崇，并真正从生态的高度将自然引入城市，运用一园林形式。他于1857年在曼哈顿规划之初，就在其核心部位设计了长2英里(3.22千米)，宽0.5英里(0.80千米)的城市绿肺的中央公园。

纽约中央公园始建于1858年，由奥姆斯特德提议兴建并担任设计，他坚信城市需要“绿肺”，城市中的人需要缓解压力的舒适环境，由此开创了现代景观设计的先河，他也被尊为“美国园林之父”。更为重要的是他所设计的纽约中央公园是第一个现代意义上的公园、第一个真正为大众服务的公园，它创造的是公众空间而不是与权力、地位相关的个人空间。这使纽约人的生活总算没有完全被高度发达的商业浪潮所异化。中央公园位于纽约最繁华的曼哈顿区闹市中，设计时首先建立了公园要以优美的自然景色为特征的准则，着重大面积自然意境，四周用乔木绿带隔离视线和噪声，使公园成为相对安静的环境。采用自然式布置，园中保留了不少原有的地貌和植被，林木繁盛，大片起伏的草坪，林沿水边，花木争艳，林中偶尔还能看到野生的小动物，生机盎然，俨然一派城市山林。

1881年奥姆斯特德又开始进行波士顿公园系统设计，从富兰克林公园到公共绿地形成了2 000 hm^2的一连串绿色空间，这个系统将河滩地、沼泽、河流和具有天然美的土地都包括了进去，形成一个由天然地区构成的网，城市建筑和街道在这个网中间发展。奥姆斯特德认为，城市公园不仅应是一个娱乐场所，而且应是一个自然的天堂。所以他主张在城市心脏部分应引进乡村式风景，使市民能很快进入不受城市喧嚣干扰的自然环境之中。他的设计方法是尊重一切生命形式所具有的“基本特性”，对场地和环境的现状十分重视，不去轻易改变它们，而是尽可能发挥场地的优点和特征，消除不利因素，将人工因素糅合到自然因素之中。

奥姆斯特德的理论和实践活动推动了美国自然风景园运动的发展。此后，人们对自然风景园的真正兴趣表现在两个不同的方面，即一方面倾向于筑造自然的不规则式的私人住宅区及城市公园，另一方面因教育、保健、休养的需要而保存广大的乡土风景的运动方兴未艾。自然风景园因其功能包罗万象而得以保存，并由此激发了美国的国家公园运动。

第2章 现代城市建设与新城实践的互动发展

2.1 第二次世界大战前的城市建设与新城实践①

英国在1914年前后，按“田园城市”的基本理念规划的住宅区几乎遍布全国各地，特别是南部的伦敦地区及伦敦附近的地区。在欧洲大陆，田园城市的理论也赢得了很高的声誉。恩温（Raymond Unwin）在1909年发表了《城市规划实践》（*Town Planning in Practice*）一书，田园城市理论在全世界广泛传播。田园城市、花园郊区及花园村庄的概念普遍被应用，例如德国的花园郊区，法国的田园城市协会。1913年，甚至成立了国际田园城市和城市规划协会（An International Garden Cities and Town Planning Association），有18个国家参加了这个协会。

1909年的《住宅、城市规划法》颁布，一度促成了英国城市规划运动的繁荣昌盛阶段。1910年6月，在柏林举办了全国性的城市规划展览会。1910年10月英国皇家建筑师协会（Royal Institute of British Architects，简称RIBA，成立于1837年）召开了第一次全体代表会议。1910年利物浦大学成立了英国第一所规划分院，开创了城市规划的高等教育体系。1863年至1912年之间，在南部部分地区试行了乡村居住区规划，全国各地开始大规模地进行住宅区规划。

1. 城市建设的概况

1914年爆发了第一次世界大战，直至1918年大战结束，欧洲大多数国家的城市规划工作因为战争的原因而停止，没有完成的城市规划计划也因为战争而中

① 本节主要参考图书进行整理：[意] L.本奈沃洛.西方现代建筑史[M].邹德侬，等，译.天津：天津科学技术出版社，1996.

止，构成了城市规划理论研究和城市规划实践活动徘徊不前的局面。

以英国为例，英国虽然为战胜国，但其经济实力却大大削弱了。在两次世界大战之间，英国的社会、经济和城市发展都发生了巨大的变化。

（1）工业结构开始发生变化。从劳动力分配情况看，相对于大战之前，纺织业、农业和用于个人消费的生活用品方面的工业开始压缩。相反，电子工业、文化娱乐设施、服务业、汽车制造业和建筑业的生产却一再扩大规模。采掘工业、重型机械工业和造船业的产品销售市场不景气，一些地区出现了明显的失业现象。

1931年，中央政府制定了政治经济计划（Political and Economic Planning，简称PEP）。中央政府开始全面干预经济发展问题，城市规划反而被搁置一边，经济发展规划成为政府战后头等重大任务。一直到1940年前后，英国的城市规划理论和实践才有了很大的发展，被称为20世纪40年代“城市规划黄金时代”。

（2）农业人口又进一步下降，农业生产因为缺乏劳动力而出现了新的困扰。农业区的保护问题成为城市规划的中心议题。政府每年都必须通过财政预算不间断地给农业生产以经济资助，提高农业机械化生产水平，才能维持生产局面。

（3）人口的增长速度明显地减缓。尽管如此，城市人口高度集中仍然为这一时期城市发展的基本特征。英国有2/5的人口居住在七个主要地区，即伦敦（London）、曼彻斯特（Manchester）、伯明翰（Birmingham）、约克（Yorkshire）、格拉斯哥（Glasgow）、默西赛德（Merseyside）和泰纳赛德（Tyneside）七个地区，其中仅伦敦地区就集聚了近900万人口，约占当时英格兰和威尔士地区人口总数的24%。

（4）各城市都在继续向外蔓延，城市与城市之间的边界线甚至变得模糊不清。郡一级政府机构开始着手进行全郡范围内的人口疏散问题。人口开始向城市边缘地区迁移，城市边缘地带的土地开发压力增大，而市中心的人口密度逐渐下降。新的居住区密度指标规定为大约12幢住宅/英亩（约合0.4公顷），而在19世纪末叶，罗伯特·欧文（Robert Owen）、乔治·吉百利（George Cadbury）和霍华德等规划设计的低密度住宅区的标准平均为6～8幢住宅/英亩。

英国中央政府的人口再分配政策规定，人口的迁移一般应在一个郡的范围内进行，郡的人口总数不变。政府的人口迁移政策的目的是保持各郡之间相对人口稳定增长和平衡，但是事实上人口的迁移是在全国范围内进行的，有些地区的人口明显增长，反之有些地区的人口下降的速度很快。中等城市之间合并成了大城市，大城市又进一步合并成集合城市（Conurbation）。

（5）住宅建设却突飞猛进地开发，大量的政府资助住宅出现。在伦敦地区和其他大城市开发了一批由政府资助建造的国家居住区(Council Estate)。1919年至1930年十几年间,地方政府资助建造的住宅总数为建造住宅数的40%。私人企业,其中主要是建筑互助协会(Building Committee)[①]建造的住宅量不断增长。但是,城区内的住宅区仍然遗留有大量的非标准住宅需要修复,大量需要清除的贫民窟一时也无法进行清除。特别是在北部地区,破旧的住宅因缺乏资金,不能完成修缮工作,城市的过分拥挤现象并没有完全解决。

(6)城市交通问题突出,大量的私人小汽车开始出现。1920年全国私人小汽车仅187 000辆,到1939年猛增至2 034 000辆。而机动车总数从1920年的650 000辆增加至1930年的3 149 000辆。1927年,英国首次开始使用交通灯管理交叉口的过往车辆。同时也进行了大量的道路改造工程,其中包括隧道开挖、桥梁修建、干道网规划和步行道铺设。但是,政府对这类工程的投资很有限,交通问题成了大城市的主要问题。

2. 城市规划的立法

与此同时,政府不得不采取强硬措施,以控制城市的开发密度、日照间距及公共卫生设施的配置标准等,并限制人口大量迁入城市,尤其是迁入大城市。这项涉及全国所有的城市控制管理的工作,需要立法的授权及相应的机构来执行。1909年,英国的《住宅、城市规划法》(*The Housing Town Planning*, Etc Act, 1909)的出台,标志着英国城市规划建制的正式创立。由此,城市规划作为一项政府工作纳入了制度化的轨道。

1909年的《住宅、城市规划法》,第一次提出控制城市居住区的土地开发,要求地方当局编制城市规划。从此,英国的城市规划实践和理论研究成为一项官方的工作,而不再仅仅局限于少数资产阶级激进分子的个人探索。立法规定,城市住宅区的规划内容,必须包括住宅规划、街道路网规划、建筑设计(包括结构设计和建筑立面设计)、室外场地布置、城区古建筑规划保护、住宅区的给水排水规划、水电供应以及辅助工程建造。立法第一次正式以立法的形式,规定了土地开发的补偿和赔偿政策,虽然实际上这项政策并没有真正开始实行。

1909年的《住宅、城市规划法》于1919年得到完善,主要是为大城市的扩展制订了强制性计划和审核区域规划的拟订。其后,根据1925年的修改,授权县委员会来促进区域的城市规划方案。最后是1932年的修改,综合以前的规章制度,

① 指负责从会员中筹款并贷款给需要造屋、买屋的会员的组织。

扩大了对所有建筑用地计划的职责范围，同时也对旧中心区的改造提供了所有可能性。但是，在绝大多数情况下，这些规章制度仍然是非强制性的，留下了不履行义务的可能。

在欧洲其他的国家，城市规划的立法一般都来得比较晚。在瑞典和芬兰是1931年通过的，丹麦是1939年，意大利是1942年，而法国则在第二次世界大战以后才通过。大城市的规划于两次世界大战期间是在各种各样的困难中进行的。例如，1919年法国塞纳区的行政官组织了一次巴黎城市规划方案的竞赛，但到1932年，巴黎地区体制设立之后，实际工作才开始，著名的普洛斯特计划（Prost Plan）在1939年战争前夕才得以通过。1927年，当时任大伦敦区域规划委员会技术总顾问的恩温提出的"在伦敦周围以绿带阻止中心城市的扩展，并在绿带外围建立卫星城的计划"同样一直持续到战争爆发仍无法实行。在罗马，政府当局于1931年急忙制定了一套总体规划，但实施却远没有制定那么迅速，规划很快就被一系列的事件和战争所冲淡。

3. 区域规划的进步

第一次世界大战后的城市规划工作很长一段时间被战争的阴影笼罩着，城市规划的理论和实践出现了许多的问题。尽管由于战争的影响和战后经济结构的变化，但是20世纪20年代兴起的区域规划（Regional Planning）理论的研究和实践却顺应当时战后经济发展的需要而迅速发展起来。一直到第二次世界大战进程中和第二次世界大战结束后仍然在持续进行。

在英国，各郡议会之间成立了联合委员会（Joint Committee）①集中处理各地方政府当局各自无法处理的问题，其中最主要的是如何处理各郡之间的城市土地开发控制问题。

1920年，英国卫生部（Ministry of Health）②委托联合委员会，成立了专门调查委员会，对南威尔士产煤区的人口分布情况和政府资助建造住宅的情况，进行了详细的区域基本情况调查。这次调查之后，四个联合城市规划委员会（Joint Town Planning Committee）根据区域城市规划委员会（Regional Town Planning Board）的指令，开始编制区域开发规划（Regional Development Plan），其中试点地区是曼彻斯特及附近地区。1921年成立了联合城市规划咨询委员会（A Joint

① 指两个或两个以上的郡联合组织的区域规划事务委员会。

② 成立于1919年，《住宅、城市规划法》颁布后，卫生部取代了地方政府委员会，全面负责全国的城市规划工作。

Planning Advisory Committee)，建立了相应的曼彻斯特地区开发公司(Manchester Corporation)。

之后，英国境内相继成立了类似的联合城市规划咨询委员会，召开类似区域规划的商讨会议。所有的委员会面临着亟待解决的两项区域规划研究课题。

第一，如何控制区域范围内的建筑开发和进行全区域范围内的综合土地开发，尤其是各城市边缘地带的建筑开发，进而控制城市蔓延和保存有限的土地用于农业生产。各委员会必须就此尽快编制区域城市规划计划(Regional Town Planning Scheme)，重点解决农业开发规划和控制农业用地。早期采取的局部地区低密度开发政策已远远不能适应这一时期的区域开发情况，区域开发需要进行综合的全面的土地开发规划，需要整个区域内的各地方政府当局共同协商完成土地开发控制。

第二，如何解决交通规划的问题。交通规划的问题包括地面交通和航空运输，其中航空运输的机场选址布点是区域规划的工作内容之一。

1926年，曼彻斯特的区域规划取得了很大的进展，区域规划的覆盖面达1 000平方英里(约合2 590平方公里)，包括四个郡、七个郡属区(County Borough)和89个其他机构。区域规划的内容主要涉及区域范围内的道路网交通规划、居住区布点规划、工业区和商业区及大片空地、绿地的布置。1928年后，为了具体实施区域规划和管理区域土地开发，成立了区域规划办公室。

与曼彻斯特区域规划同时进行的伦敦区域规划也取得了很大进展，建立了负责伦敦地区区域规划的大伦敦区域规划委员会，恩温任技术总顾问。1928年12月，卫生部召集了所有地方政府最高行政官员和所有联合城市规划委员会的负责官员商讨和进行伦敦地区的区域规划。

1929年，恩温交了第一份关于伦敦地区区域开发的研究报告。研究报告涉及三项当时伦敦区域开发的主要难点。包括：第一，伦敦城区内如何保护空地问题；第二，伦敦地区内，绿带设置和控制问题；第三，伦敦地区沿主干道两侧开发控制问题。研究报告提出，整个大伦敦地区需要至少62平方英里(约合161平方公里)的土地作为开辟室外活动场地用地；大约需要提供142平方英里(约合368平方公里)的土地作为城市开放空地(Open Space)。紧接着，恩温又提交了两份补充报告，包括：关于室外场地的现状使用的报告；关于分散人口增长情况的报告；后一份报告中提出，“建议政府在离伦敦中心区12英里左右的距离范围内，设立自给自足的卫星社区(Self Contained Satellite Community)，在12英里至25英里的范围内，继续设立工业花园城(Industrial Garden City)”。但是，恩温的设想当时并不能实现。

1933年,恩温提交了第二份正式研究报告后,也仅仅申请到一小部分政府的经济资助用于伦敦地区的开发。直到20世纪30年代中期和后期,英国的经济情况略有好转之后,才重新开始大规模地进行区域规划和区域规划理论研究。

1931年至1932年之间当时曾经受经济危机的影响,政府大幅度地精简了各地区域城市规划委员会机构。到1944年,英格兰地区和威尔士地区74%的地方规划局以联合规划委员会(Joint Planning Committee)的形式组织起来进行区域规划的研究。各地相继成立了179个联合规划委员会,城市规划大臣同时任命了10个区域规划官员。

在苏格兰,组建了三个区域委员会(Regional Committee:位于苏格兰中心地区的主要三个经济区,具体负责这三个经济区的土地开发规划和土地管理)。这三个区域委员会管辖的区域包括75%的苏格兰总人口,67%的地方机构。

4. 住宅建设的发展

在战争期间,欧洲的参战国和许多中立国停止了建筑活动。在战后时期,一方面住宅建筑需求持续增长,另一方面由于材料、劳力和用地费用的高涨,建筑费用的上涨比生活费用上升得快,因此,住房问题在欧洲许多国家突然变得尖锐起来。

1918年后,英国政府面临着住房危机的局面,住宅建设成了政府工作的重要议题。1920年,卫生部组建了"非卫生区委员会"(Unhealth Areas Committee:其前身为贫民区委员会,即Slum Areas Committee)集中解决非标准住宅的改造问题,工作的重点区在伦敦地区。1921年,该委员会提交了伦敦地区住宅开发状况的研究报告,建议将伦敦地区现有的传统工业迁至附近的卫星城,重新开发高科技工业,并提出了在伦敦地区大力开发、建造住宅区。

尽管当时政府面临着战后的经济恢复、资金短缺等问题,但还是对住宅的开发予以积极的扶持,政府仍然能每年向地方政府提供部分资助,以进行新的住宅区开发和旧城居住区的改造。地方上由政府资助建造的大型住宅区,以其低密度、自然地理分布的特征遍布全国,尤其集中在南部和中部地区。

当时在欧洲,国家干预较贫穷阶级的住房问题主要有两种干预方式:一是向私人联合公司提供信用证和特许权;二是通过公共团体直接主动提供房屋建筑。

英国主要采用了第一种制度,作为由艾迪生(Addison,1919)、钱伯林(Chamberlain,1923)、惠待利(Wheatley,1924)和格林纳达(Greenwood,1930)提

出法令的结果，国家对那些同意遵守分配和卫生方面的某些预定法规的公共与私人建筑企业的75%实行了补助。1936年，当《住宅、城市规划法》里的各种法规得到修改和巩固时，这些补助金已经建设了大约110万套住房——大约是英国全部建筑生产的三分之一，霍华德的第二个田园城市韦尔温也得益于艾迪生的法令。

第二项制度更适合于应付紧急情况。在法国，1912年的一项法令授权公共管理当局建造大众住宅，依照这项法律，1914年成立了巴黎廉价住宅市政办公室，并于1920年开展活动。1915年还成立了另一个类似的办公室，专门负责塞纳河的事务，战后在巴黎郊区建设了许多卫星区，总共有1.8万套住房。在英国，公共团体同样也得益于来自政府的资助，最主要是伦敦郡议会（London County Council，简称L.C.C），该机构从1920年到1946年共建造7万多套住宅，这些大多数为坐落在郊外开阔的绿地上的独户住宅。

霍华德的田园城市理论也被应用于大型住宅区的开发。71岁高龄的霍华德又亲自主持开发了韦尔温田园城市，他渴望进一步推广他的田园城市理论，拍卖了全部的财产，购买了韦尔温区的土地，雇用了建筑师、经济师协助他工作，而且他一直居住在韦尔温，直到1928年逝世。

1935年英国政府组建了田园城市审核评估委员会，全面评价了田园城市的利弊得失之后，提出了在全国范围内大力支持开发“卫星新城”（Satellite New Town，简称新城）的政策。委员会还具体提出了四条评估意见：第一，新城的基本原理源于霍华德的田园城市理论；第二，开发的新城将更强调经济社会因素；第三，鉴于英国的现状，新城不宜采取低密度的田园布局的方法；第四，新城规模发展到一定程度，必须兴建新的新城，但是必须及时编制大城市市区周围新城镇群规划。①

2.2　第二次世界大战中的城市建设与新城实践

第二次世界大战对欧洲大多数国家的摧毁是史无前例的。田园城市的延续、战前有限的规划经验和大量停滞的规划任务，都迫在眉睫，成为各国战后必须面对和急需解决的问题。战争对城市的破坏引起了城市规划实践活动的空前高涨，尤其是各国家或地区踊跃编制了受战争严重毁坏地区的城市重建规划。专家都

① Garden Cities, Satellite Towns, (Report of the Department Committee), London, H.M.S.O., 1935.

迫切提出需要更积极有效的方案来控制和指导战后发展，建议政府必须有全国性的规划政策和有效的机构来管理战后的建设工作。

英国的规划师们，甚至在炮火连天的战争年代，就开始编制战后的重建规划蓝图。中央政府积极鼓励地方政府开展城市规划工作，以尽快地解决历年遗留下来的城市开发问题。

1. 1940—1942年的三份国家研究报告（Statute Book）[①]

第二次世界大战进程中的城市规划发展历史，在英国近一个世纪的城市规划发展史中占有重要的地位。有关国家城市规划政策方面的研究报告（Statute Book），在很大程度上，推动了英国城市规划的发展，奠定了英国战后的城市规划体系构成的基础，其中主要有"巴洛报告"（Barlow Report：1940年，一份关于工业人口重新分布的研究报告）、"尤特沃特报告"[②]（Justice Uthwatt Report：1942年，一份关于土地开发地价控制和土地开发补偿、赔偿政策的研究报告）和"斯科特报告"（Leslies Scott Report：1942年，一份关于农业区开发方面的研究报告）。三份报告极大地影响了英国的城市规划理论发展。

1937年设立了一个皇家专门调查委员会，即工业和人口分布调查委员会，来研究工业人口的分布问题，领导人是安德森·蒙泰戈·巴洛爵士（Sir Anderson Montague Barlow，1868—1951）。委员会的目标作如下表达："调查影响大不列颠当前工业人口的地理分布情况以及未来可能的方向变化；考虑由于工业集中和大城市或国家某些特别地区的工业人口所引起的社会、经济和战略上的不利情况；报告根据国家利益可能采取什么样的补救措施。"[③]

1940年该报告和20卷文件一起发表，措辞非常尖锐地叙述了围绕大城市的

① 本段主要参考：[意] L.本奈沃洛.西方现代建筑史[M].邹德侬，等，译.天津：天津科学技术出版社，1996.

② 尤特沃特（Uthwatt）关于土地开发中的补偿和赔偿理论的基本原理就是被开发的土地由于得益于获取规划许可证而提高了地价，所以开发者必须支付开发费，开发费的数额由土地管理中心（A Central Land Board）规定。开发费从赔偿（Betterment）中扣除。对补偿而言，政府按规定补偿给土地拥有者一定数额的补偿金（中央政府有 30 000万英镑的固定补偿费），以补偿因为法律规定强制土地拥有者不得开发其土地而给土地拥有者带来的经济损失。也就是说，由于受规划或其他强制性因素的限制，土地拥有者虽然拥有土地，但是法律强制其不得开发，这样土地的地价就贬值。国家和政府负责补偿给土地拥有者的这一部分因地价贬值而给土地拥有者带来的经济损失。但是，当国家许可土地拥有者开发其土地，而土地拥有者不开发其土地。由此造成的地价贬值，进而带来的经济损失，国家不负责补偿。

③ Report of the Royal Commission on the Distribution of The Industrial Population, London, H.M.S.O., 1940, p. 1, quoted in Rodwin, The British New Towns Policy, Cambridge, Mass., 1956, p. 17.

人口和经济集中建设的不利因素，认识到当前强制性的管理和法律无法弥补这些不利，因为它们只能改善城市的内部模式但不能调节其增长。报告建议成立一个中央权威机构，以便能控制建设用地，作为适当调整居住区分布的技术手段之一，对新城镇的形式或适合于现状城市的发展模式展开咨询。

如果不是因为第二次世界大战，这项报告很可能只是一纸理论性的建议。但实际上，伦敦和考文垂被大规模的轰炸，在形成英国城市规划法中，起到了当年的流行病在促进形成第一个卫生法时的同样作用。

在讨论如何重建伦敦期间，1941 年任命了两个委员会，完成皇家专门调查委员会做过的工作。以斯科特（Scott）为首的第一个委员会，研究农村的土地使用；以尤特沃特（Uthwatt）为首的第二个委员会，制定紧急补偿问题的解决方案，以此为城市规划依据控制建筑用地。两个报告于 1942 年相继发表。其中，斯科特委员会注意到，由于轻率发展工业城市的边缘地带，使农业受到了严重威胁，重申了要通过对农业土地上的工业分布应作必要调整的计划。尤特沃特的报告① 关于建筑土地使用的政府控制手段则认为，通过转移所产生的土地增值，应该归于社区而不是个体的土地拥有者，报告建议补偿值应该参照 1939 年的地价而定。虽然报告没有对建筑土地的全部国有化做出任何明确的阐述，但却含蓄地使之成为一个未来的立法目标。②

2. 城市规划机构的改革

1940—1942 年，三份国家研究报告在全国范围内引起了强烈反响，在这三份报告准备和完成过程中，英国的中央政府机构发生了变动，以适应即将开始的新的城市开发计划的实施和需要。

1940 年 9 月，原工程部（Office of Works）改成了工程与建筑部（Ministry of Work and Building）与卫生部协同工作。卫生部仍然负责城市规划方面的具体事务工作。工程与建筑部负责编制城市长期策略规划的工作，并对城市开发控制进

① 尤特沃特（Uthwatt）的报告开始公众介入的总体概念，从而导致处理问题的新方式："我们所提出的城市规划的概念，乃是我们推论的基础，不论在公众意见方面还是在法律方面，都具有可以认识的广度。它的应用必须在这个国家的内部政策中构成一种具体而持久的因素，必须以在社区和个人利益之内获得对土地最大可能的利用为目标，这意味着服从于个人利益和土地拥有者所愿意的公共利益。无保留地接受这个城市规划的概念对于重建政策是至关重要的，因为归根结底国家活动的所有方面都依赖于对土地的使用。人口密度越高，土地的利用也就越好控制，这样有限的土地才能提供必需的服务；社会结构越复杂，以共同的利益控制土地使用也就越艰难。"

② Report of the Expert Committee on Land Utilization in Rural Area, London, H.M.S.O., 1942; Report of the Expert Committee on Compensation and Betterment, London, H.M.S.O., 1942.

行有关理论上的研究。

英国著名的规划师罗德·约翰·李斯(Lord John Reith, 1889—1971, 曾任英国广播公司(BBC)首任总裁, 英国20世纪40年代的规划师)任工程与建筑部第一任大臣。他与巴洛爵士和斯科特一起同为英国第二次世界大战期间最有影响的规划师, 曾经对1940—1946年特殊时期的英国城市规划理论研究作出过积极的贡献。

1943年, 根据1943年的《城市规划大臣任命法》(*The Minister of Town and Country Planning Act*, 1943)成立了工程规划部(Ministry of Work and Planning)。工程规划部仅负责英格兰地区和威尔士地区的城市规划工作。

工程规划部成立之后, 从事的城市规划活动集中在对城市的两类特殊土地的再开发上: 一类是"大面积战争破坏的土地"(Areas of Extensive War Damage, 即Blitzed Land); 另一类是"城区内不能再用的土地"(Areas of Bad Layout and Absolute Development, 即Blighted Land)。1944年的《城乡规划法》(*the Town and Country Planning Act*, 1944)授权给地方规划部门, 有权征购这两类土地, 并负责开发、出售这类土地。"Blitzed Land"和"Blighted Land"是英国20世纪40年代最重要、规模最大的一次旧城区土地再开发运动。一直到1980年, 在旧城区内英国政府没有再进行过类似的大规模的土地再开发活动。

1943年是战争的转折点, 城市规划机构经过改革, 成立一个为适应战后形势而建立的新的城镇规划机构——城乡规划部(Ministry of Town and Country Planning), 取代了卫生部行使城市规划的权力, 李斯被任命为第一任部长。新的《城乡规划法》也编入了英国政府的法令全书(Statute Book)。1944年的《城乡规划法》因为第一次提出了对旧城区这两类特殊土地的再开发, 而形成了英国城市规划史上的一个突破点。半个世纪后的英国规划师们仍然不能忘记这场大规模的土地再开发运动。没有半世纪前的这次土地开发运动, 当今的许多开发规划和详细规划就无法实施。

1944年6月, 中央政府发布题为《土地利用的控制》(*Control of Land Use*)的白皮书。白皮书涉及两项内容: 一是土地开发中的补偿和赔偿政策; 二是战后国家规划。其中第二项内容是政府最为关心的议题。

3. 大伦敦规划

第二次世界大战结束后, 战后的重建任务成为政府的首要任务, 其中最重要的一项实践就是编制大伦敦规划。

由于人口大量增长，需要建造新住宅；由于年久失修或战火毁坏，需要修缮旧住宅；因为规划布局不合理不再适应新的生活标准，需要调整和增建新的学校、商店等；为了保障人们的生活、卫生、健康，需要设置自然保护区、绿地、空地，维持生态平衡；道路、公路网需要大量修建，机场、车站等交通设施需要增加等。中央政府在制订所有这些单项开发项目时，都不得不考虑急需土地的问题。

为了迅速恢复被战争破坏的正常工作和生活秩序，当时的英国首相温斯顿·丘吉尔（Winston Churchill，1874—1965）任命李斯建议战后重建的问题，指令李斯开始研讨战后重建问题。李斯组织了一批专家对战争赔偿、战后重建、农村地区土地利用等非常棘手的问题进行了仔细的研究，并任命教授帕特里克·艾伯克隆比（Patrick Abercrombie）和弗斯肖（J. H. Forsham）准备整个大伦敦地区的规划。同时，当时的城市发展状况、战前有限的规划经验、战争结束后面临的问题都纳入了专家小组的讨论研究范围。一年之后，一项旨在重建战争受害地区、对城市建设进行整体规划的法案也获得了政府的通过，国会允许购买战争中遭毁的地区，整体规划重建。只等战争一结束，重建工作即可大规模展开。

1942年由艾伯克隆比主持编制大伦敦规划。大伦敦规划的依据很大部分来自巴洛报告。由巴洛主持的工业和人口分布调查委员会，经过两年的研究，在1940年的巴洛报告中，以大量的英国城市的情况和数据，指出城市扩大的弊病，主张合理分布工业和人口，因而提出了疏散伦敦中心区工业和人口的建议。委员会建议政府建设田园城市和卫星镇。但当时第二次世界大战已于1939年全面爆发。

1944年，完成轮廓性的大伦敦规划和报告，其后又陆续制定了伦敦市和伦敦郡的规划。在大伦敦规划中体现了帕特里克·盖迪斯（Patrick Geddes）首先提出的“组合城市”概念，并且在制定规划过程中遵循了盖迪斯所概括的方法，即“调查—分析—规划方案”。当时被纳入大伦敦地区的面积为6 731平方公里，人口规模为1 250万人，涉及134个地方政府。它不只是伦敦市区的规划而是整个集合型大伦敦市的区域规划。

大伦敦的规划结构为单中心同心圆封闭式模式，其交通组织采取放射路与同心环路直交的交通网。根据大伦敦规划方案（图2-1），在距伦敦中心半径约为48公里的范围内，由内到外划分了内城、城郊、绿带与外围乡村四个地域圈层，规划的期限为20年。规划的主导思想是分散人口、工业和就业岗位。采取的措施包括：第一，规划所确定的内城环（Inner Urban Ring）需要向外迁移工业，以降低人口密度；第二，规划所确定的城郊带（Suburban Belt），不再考虑增设新的开发项目；第三，介于郊区和农业区之间的绿带区（Green Belt），是作为城市建成区的边

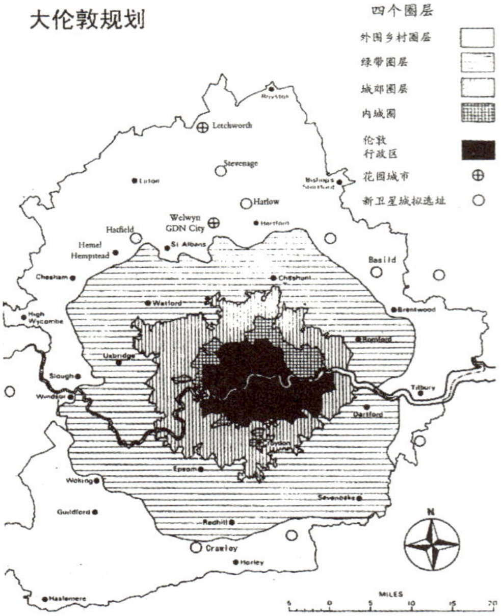

图2-1　大伦敦规划，1944年

图片来源：Hazel Evans (edited), Peter Self (introductioned), New Town — the British Experience, the Town and Country Planning Association [M]. Charles Knight & Co. Ltd. London, 1972.

界线；第四，最外围的一圈为外围乡村圈（Outer Country），布置了若干处居住区（以后实施时改为8个新城），解决内城分散出来的人口和工业。按这一规划至少可疏解内城100万人口的居民迁至郊区和新城。

伦敦地区的最高行政长官对艾伯克隆比提出的规划设想，即将大伦敦地区按内城、城郊、绿带和乡村四个圈层、由里至外作集中式的规划布置表示了极大的兴趣。同时，他对艾伯克隆比的具体规划措施，如城区内住宅的低密度建设、道路组织有系统的规划、设置地区各级公园和教育机构等设施也表示赞同。规划中的要点还有：人均规划绿地面积大幅提高、重点绿化泰晤士河两岸、中心区改造的重点在西区与泰晤士河南岸等。

大伦敦规划汲取了20世纪初期以来西方规划思想的精髓。当时在调查分析的基础上，对所要解决的问题提出了切合实际的对策与方案，对控制伦敦市区的自发性蔓延、改善原先混乱的城区环境起了一定的作用。但在其后几十年的实践中也曾出现了一些问题，这个规划只是在静态的区域观念基础上形成的，它所提出的缓解人口拥挤、加快建设卫星城和阻止工业用地扩张等建议，既没有考虑到伦敦产业功能的变化趋势，也没有考虑到相关因素的复杂性。

20世纪60年代中期编制的大伦敦发展规划，试图改变1944年大伦敦规划中同心圆封闭式的布局模式，使城市沿着三条主要快速交通干线向外扩展，形成三条长廊地带，在长廊终端分别建设三座具有“反磁力吸引中心”作用的城市，以期在更大的地域范围内解决伦敦及其周围地区的经济、人口和城市的合理、均衡发展问题。

大伦敦规划不仅是当时世界上最大规模，也是影响最为深远的一项城市—区域规划，它印证了英国规划师设想的模式。大伦敦规划提出的一个基本概念，即通过开发城市远郊地区的卫星城镇来分散中心城市的人口压力，具有世界性的影响。

2.3　第二次世界大战后的城市建设与新城实践

第二次世界大战所造成的物质破坏远远要比第一次世界大战严重得多，因长期饱受战争的影响，各国的损失都一时间很难得到恢复。然而战后的经济膨胀时期，必要的社会变革比历史上任何时期都来得更加迫切和突然。所以，战争损失所需要的紧急措施和经济发展所需要的长期战略之间，也就是说在重建和规划之间，几乎到处都存在着冲突，这是战后欧洲的主要问题。

为了应对第二次世界大战后初期人口膨胀和住房紧缺的城市问题，以英国为首展开了大规模的新城建设运动。虽然，各个国家或地区建设新城的目标有所差异，而且随着经济社会的不断发展，各国国情也千差万别，需要应对各种不同的具体形势，但最初的新城建设宗旨是为了缓解大城市的人口急剧增长，为经济活动提供更充裕的发展空间，并提供充分的就业机会和丰富的服务设施。

20世纪50年代到60年代，各国经过战后重建基本恢复了正常发展，经济和科学技术进入了新的高速发展时期。20世纪60年代到70年代，西方国家一方面是经济发展和新科技的广泛运用互为促进，第三产业兴起，生活水平提高；另一方面则是旧的经济结构经受着历史变革的巨大冲击，传统工业开始衰退，环境质量恶化，社会结构和城市的历史文脉遭到破坏，新的经济社会不稳定因素和隐患在滋长。

在城市建设方面，西方国家无论在改建旧城区或建设新城市的过程中都取得了很大的成效。新城经过战后初期的大规模建设，发挥了有效缓解中心城市的人口与产业压力的作用。但是，即使旧的城市问题得到了缓解，但新的城市问题又层出不穷。人们不得不更深入地思考城市的本质，包括反思和重新认识那些所谓的正统的城市规划观念、原则和方法。新城思想与发展理念也在实践中不断演进，直至今天，这种演变仍在不断的发展之中。

1. 经济社会因素与城市规划的结合

战后几十年来，无论以市场经济为主，还是以计划经济为主，无论是资本主义国家，还是社会主义国家，经济社会因素开始作为一个重要问题融合到城市规划中来。城市规划所研究的内容和战前所理解的单纯的城市规划已经截然不同，不仅在研究范围上，而且在研究性质上，今天研究的城市规划问题都要广泛得多。

第二次世界大战后，西方国家的城市所面临一系列经济社会问题，成为制定城市规划时必须考虑的重要因素。例如，城市所在区域的经济发展战略与城市规划相结合，带来了新的规划因素。它包括城市如何促进区域经济的发展，如何确定不同的城市在区域中的合理定位和分工合作，城市的人口和经济发展如何促进解决人口就业、发展新区、保持旧城中心区繁荣等问题。又如，战后城市的经济发展和产业结构的变化，尤其是那些新建的新城、卫星城等。由于其职能单一化带来的生活、就业、文化、娱乐、社会心理等城市问题的困扰，导致社会科学逐步渗入以往以建筑、市政工程为主要内容的城市规划研究领域。可以说，今天西方国家制订的任何一项城市政策，都是与经济社会因素息息相关。

2. 对城市结构的深化认识

从空间结构上，20世纪60年代后西方国家对功能主义的城市规划观念进行了反思，提出了革命性的挑战。这种新的观点认为，按功能主义观念设计的城市空间结构是一种严格的、逻辑的、理性主义的表现，呈现的是一种单调乏味。宏伟的设计尺度，使城市充斥着玻璃和混凝土，蔓延着各种高架道路和立体交叉，给予人们的是机械与冷漠的城市印象。而那些“反功能主义”的思潮则引导人们去重新研究城市，研究所谓城市的自然属性和它们的网络结构，研究它们是如何适应人的各种需要的。

这种“以人为本”思潮开始逐步影响20世纪60年代之后的城市规划设计潮流。在这种观念指引下，城市规划愈来愈重视保护原有的社区结构，允许适当地区的适当高密度，保护城市的历史文脉，保护有价值的自然和人文景观资源，还重视传统的建筑形式以及新旧建筑的有机结合，改变早先对陈旧地区的全盘推倒，大拆大建，彻底求“新”的作法。新城建设也更多地倾向于以老城镇为基础进行建设。第二次世界大战后，西方不但出现一批经过精心设计的新城市，更值得推崇的是出现一批经过更新的原有中小城镇和得到妥善保护的历史古城。

同时，应对于经济社会因素融入城市规划中，城市尤其是中心城市职能的多样化和经济社会结构的复杂性得到了前所未有的深刻认识。这些新认识导致了人们对于20世纪前半叶所形成的过分强调分散、低密度和重视功能分区而造成大量性质单一、职能不健全的城市规划观念，提出了质疑。这些新认识带来新的城市规划观念或多或少反映在1977年《马丘比丘宪章》的精神之中，即城市的空间结构必须适应城市经济社会结构发展变化的需要。在新的城市规划观念的引导下，新城建设也有了新的认识和进步，尤其在20世纪70年代之后，新城的建设规模日趋扩大，功能都更趋综合，经济社会的独立性得到显著加强。

3. 大都市区域观的演进

霍华德于一个多世纪前提出“田园城市”模式，初步表达了将城市与区域相联系进行城市规划的思想。帕特里克·盖迪斯首创了区域规划的综合研究方法，提出城市要扩散到更大范围以形成新区域发展形态。德国地理学家沃特·克里斯泰勒（Walter Christaller）于1933年提出了著名的中心地理论（Central Place Theory），第一次对区域内的城镇作系统化论述。

20世纪60年代以来，世界上许多国家的经济、技术和社会发展更是出现了前所未有的新趋势，社会空间结构发生了史无前例的变化。伴随着城市化进程的不断发展，城市与乡村、城市与城市之间的交往和联系日益紧密起来，出现了“城市圈”“大都市连绵区”“逆城市化”“城乡混杂区”等群落空间发展形态。在亚洲1950年有24个百万人口大城市，到1970年有59个，而到1990年则达到115个。另据亚洲城市开发银行1997年的报告，到2025年，亚洲将有20个城市人口超千万，成为巨型城市（Mega-city）。

1950年，法国地理学家杰恩·戈特曼（Jean Gottmann，1915—1994）提出了“都市区”（Megalopolis）的概念，1961年其代表作《特大都市区：城市化了的美国东北海岸》（*Megalopolis: The Urbanized Northeastern Seaboard of the United States*, New York: The Twentieth Century Fund，1961）中首次指出了沿美国东北海岸，从新罕布什尔（New Hampshire）到北卡罗来纳（North Carolina）的城市化都市区内的城乡共生、土地综合利用的空间现象，并指出这种情况将会逐渐不断地重复出现在世界各个国家和地区。加拿大地理学家麦吉（Terence G. McGee）经过多年对亚洲地区城市化过程的实地考察研究，提出了亚洲某些国家和地区的农工混合的空间模式。麦吉觉察到了亚洲发展中国家的工业化和城市化进程，大城市周边地区非农产业高速增长及其在地域空间上所表现出的许多有别于西方经验的独特现象，他认为，欧美重点研究的城市—区域是由“中心城市支持起来的系统”，主要由中心城市居民郊迁引起的，而东南亚地区的城市—区域是城乡混合体系，主要是由工业化、城市扩张引起的。

50多年前戈特曼在描述“都市区”（Megalopolis）时，全球尚有不多的城市地区获此殊荣，如美国的波士顿–华盛顿城市带，日本的东海道走廊以及西北欧主要城市联成一气的城市走廊复合体。但今天如果就人口而言，东南亚就有五大巨型城市地区可以与戈特曼的大都市带相媲美：曼谷巨型城市地区（3 000万人）、吉隆坡-巴生(Kunala Lumper-Klang)巨型城市地区(6 000万人),新加坡增长三角(1 000万人)、Java巨型城市走廊(1亿人)以及马尼拉巨型城市地区(3 000万人)。这五大地区占整个东南亚国家联盟(ASEAN)人口的66%。所以皮特·霍尔断言,一种新的城市形态出现在太平洋西岸,巨型城市,人口在3 000万人～4 000万人(Peter Hall, 1999)。居住与工作在一个包括大城市和半城市化的乡村在内的巨大的都市区,它们都紧密地被大量的物流、人流和信息流所联系。①

巨型城市带现象也与亚太地区的我国紧密相联。我国有五大城市密集区,如珠江三角洲、长江三角洲、京津唐地区、沈阳—大连和山东半岛的东部,它们在很大程度上主宰着我国的城市体系,特别影响着我国东南沿海地区的城市化进程。

另一方面是城市发展的日益网络化。皮特·霍尔在对东京地区的城市网络和珠江三角洲与香港“前店后厂”经济模式下的城市网络联系区的对比研究(Peter Hall, 1999),都说明区域网络城市在亚洲的生命力。也许我国华南地区的城市网络有可能成为21世纪的最具有代表性的城市面孔(卡斯泰尔, M. Castells, 1996)。皮特·霍尔和卡斯泰尔所指的都是一种城市功能性网络(Functional Network),建立在一种有机的、自然的区域经济联系之上,而佛莱德曼(Friedmann, 1995)所倡导的一种城市战略网络(Strategic Network)有利于加速共同市场的开发,鼓励教育、科技交流,增加公众的相互联系,促进交叉投资,以实现共同的战略优势。②

巨型城市带与城市网络现在看来也许是一种新生事物,但在可以预见的将来,随着我国沿海地区资本与信息的流动,巨型设施(Mega-Projects)如高速公路、航空的网络化,以及信息流的加强和信息港的建立(Teleports),将成为一种新的城市形态,并代表沿海城市化的主流与方向。

无论是早期的新城思想,还是第二次世界大战后的大规模新城建设一直是与大城市的区域规划相辅相成共同发展的。随着城市发展的日益网络化,新城在城市群网络中的功能与作用不断地得到重视与强化。

以下以巴黎和东京为例,分析其战后的空间发展战略。

(1) 巴黎——轴向空间扩展模式

巴黎在相当长的一段历史时期内一直保持着单中心的城市空间结构。19世纪,巴黎成为仅次于伦敦的欧洲第二大金融中心。到20世纪前半期,由于老城区

---

① 宁登.21世纪中国城市化机制研究[J].城市规划汇刊,2000(03).
② 同上。

出现物质性衰落，高收入阶层离开市中心向西迁移，在城市西侧形成高级住宅区，商务活动也随之向西迁移。随着第二次世界大战后的经济恢复，尤其是以商务办公为主的新兴第三产业的快速发展，对商务写字楼需求增长迅速，推动了城市土地利用结构的转变。从1954年到1974年，以建筑面积论，巴黎工业所占面积减少了近三分之一，而商务商业用房面积增长了22%。

为满足迅速增长的商务办公活动对空间的需求，并保护旧城区的历史风貌，1958年巴黎规划部门确定了以商办为主的第三产业的“西移”趋势，在城市轴线西端紧邻巴黎中心城的近郊区拉·德方斯（La Defense）规划建设新的商务区。拉·德方斯的规划建设由中央政府主导下的开发机构负责。在开发建设的前十多年中，主要资金来源是政府财政资金，这使得政府背上了沉重的财政负担。为增加开发收入，政府在后续开发中对已有的规划方案进行了调整，将开发密集提高了一倍。经过40多年的开发建设，拉·德方斯已入驻公司1 500余家，可容纳15万人就业。其不仅成为以商务办公为主，兼有会展、政府办公、商业、娱乐、居住功能的欧洲最大的商务办公区之一，而且在紧邻巴黎中心城外形成了一个风貌与城区截然不同的现代化的副中心。其标志性建筑拉·德方斯大拱门的建成，从内部空间发展来看，使巴黎城市的历史轴线向西延伸，自卢浮宫小凯旋门—协和广场方尖碑—凯旋门伸展到拉·德方斯大拱门，长度达8公里。

20世纪50年代末，为解决战后的房荒，在巴黎郊区匆忙建起的高层公寓楼群，虽然满足了居民的住房需求，改善了居住条件，但由于配套设施不完善，社区生活单调。1965年，《巴黎地区国土开发与城市规划指导纲要》（SDRAUP战略规划）首次提出建设新城，“解除快速城市化和城市蔓延对巴黎形成的制约”，向外围地区疏散中心区过于集中的人口，并对自发形成的郊区进行重整，新城作为郊区中心，为周边居住区提供必要的公共服务和商业娱乐设施。这一计划最初规划了9座新城，由于20世纪70年代经济发展速度放缓，人口增长变慢等诸多因素，减少为5座，并且调低了新城的人口规模，从原先乐观估计的50万人调整为10万人。目前，在巴黎城的外围地区，沿塞纳河河谷方向的城市扩展，形成了5座新城：塞尔基–蓬杜瓦兹（Cergy-Pontoise）、圣–康旦–伊弗里尼（Saint Quentin-Yvelines）、马恩–拉–瓦莱（Marne-La-Vallee）、埃夫利（Evry）和默伦–塞纳尔（Melun-Senart）。

从整个城市的发展方向来看，通过新城建设，对以往无序蔓延的城市空间扩张进行重整，沿塞纳河（Seine River）、马恩河（Marne River）、卢瓦尔河（Loire River）河谷方向，形成了两条平行的城市发展主轴（图2–2），将城市空

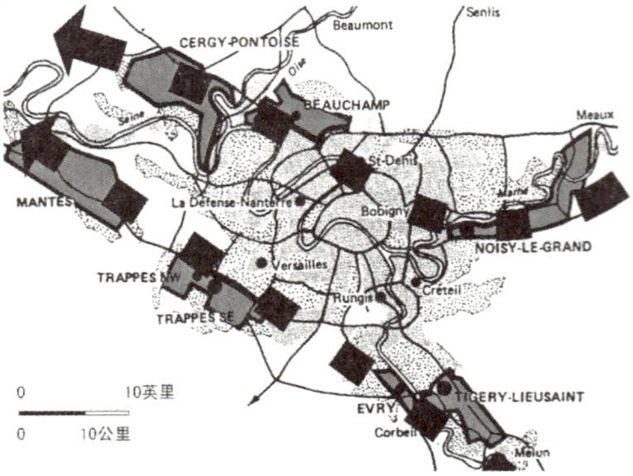

图2-2　巴黎的两条东西向和西南向切线发展

间扩张限制在这两条平行的城市发展主轴之间，即通过轴线引导和规范城市空间增长，通过副中心和新城的建设组织城市的功能布局。巴黎的轴向空间发展战略既保持了中心区的繁荣，较完整地保持了老城区的历史风貌，又为经济发展提供了组织有序的可持续增长空间，但是郊区各新城之间的发展不平衡现象仍然相当突出。

（2）东京——多中心的空间扩展模式

第二次世界大战后，特别是20世纪50年代中期以后，工业化、城市化浪潮席卷全日本。人口增长和大企业纷纷向东京集中，使得东京人口、产业占全国的比重进一步提高，过度拥挤和城市蔓延的情况相当严重。1945—1965年东京人口年均增长率为5.8%，而日本全国的年均增长率为1.6%；东京占全国总人口的比重由4.8%提高到11%。其中，市区23个区占东京人口的比重由1945年的79.6%提高到1955年的86.7%。至1962年，东京都的人口超过了1 000万人。与之相对应，人口减少的县超过了25个[①]。显然，历史上形成的以日本桥、银座为核心的单中心城市结构难以适应东京国际化带来的城市规模扩张。因此，由传统的单中心向多中心的城市结构调整，从而控制城市规模过度扩张，防止人口、产业和城市功能向核心区过度集中，成为战后东京历次城市规划的中心任务。

在1958年的第一次首都地区总体规划中，仿效1944年的英国大伦敦规划，试图通过在距东京市中心半径16公里处，设置5公里～11公里宽的绿带，阻止城市无限制地蔓延。同时计划将新宿、涩谷、池袋建成综合性副都心。在绿带外围设立城市发展区，建设13座卫星城。但由于20世纪50年代末60年代初，东京地区的人口及就业增长速度远超过规划估计，郊区居住区的建设侵占了大量绿化用地，导致建设绿化带的设想基本落空。1968年的第二次总体规划建议将教育、研究设施向东京外围地区疏散，继续建设新宿、涩谷、池袋等副都心，分散老中心区的压力。1976年的第三次总体规划再次强调分散核心区的中枢管理功能，提出在更广阔的地域范围内建立多中心结构，建设多中心城市。通过向周边地区疏

① 日本全国行政区1都2府1道43县。

散工业、大学和大型综合服务机构，合理安排功能，适度增加人口，并以此为依托建设副都心，减轻对东京中心区的依赖。副都心一般选择位于交通节点、有大量未利用土地、未来有发展潜力的地区。副都心不仅是商业中心，而且应成为高度独立的具有多种功能的地区综合中心，尽量满足该地区的就业居住平衡。在最新一轮规划中，东京港滨水区被规划成第七个副都心，面积大约为4.4平方公里，计划建设世界最大的电讯港（Teleport）、东京国际中心（TIC）和东京科学园（Tokyo Academic Park），包括办公、休闲、会展等多种功能。

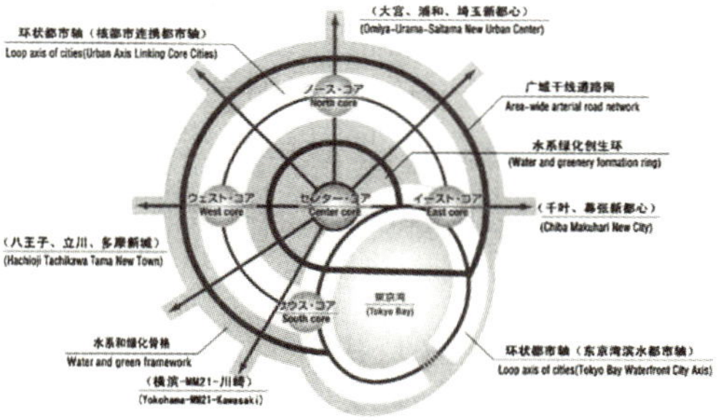

图 2–3　东京环状大都市结构概念图

图片来源：日本首都圈整备计划 东京构想2000

目前，从空间结构看，大东京都市区实际上是一个由都心部和周边的新镇组成的都市圈，正在形成都心—副都心—郊区新镇—邻县中心构成的多中心构架，各级中心多为综合性的，但又各具特色，互为补充。为发挥首都的中枢管理功能，都心部与新镇之间、新镇与新镇之间实际上都是相互联系，互为条件而发展的（图2–3）。

在传统的都心区，专门发展作为世界城市必须具备的国际金融功能和国内政治中心功能，并向其他级次中心疏散资助级职能。新宿、涩谷、池袋等七大副都心，位于距中心10公里范围内，主要发展以商务办公、商业、娱乐、信息业为主的综合服务功能。新宿经过近30年的建设，已成为以商务办公和娱乐功能为主的东京第一大副都心，池袋、涩谷等中心也已基本形成。郊区新镇以多摩地区的八王子、立川和町田为核心，距都心区约30公里，以居住功能为主。在东京外围县确立川崎、横滨、千叶、筑波等8个邻县中心，距都心区约50公里。其中，位于茨城县，距东京约60公里的筑波自1963年起，只接纳从东京建成区迁出的科研教育机构，建设以研发为主的科学城。

东京多中心城市结构的形成，改变了原有的单一中心模式，一定程度上实现了通过建设副都心和新镇，集中容纳国际控制功能，扩散次级功能，控制城市规模过度扩张，建设国际城市的设想。但是，有两种不同的主张一直交替主导东京城市的发展规划。当经济景气，就业增长带动人口向东京集中，城市发展面临的压力增大时，主张分散功能的意见占上风，支持此种主张的多为规划人员和迫于国土均衡发展政治压力的中央政府；而当经济不景气，市级财政紧张时，认为首要任务是在全球化中保持东京在经济、金融领域的优势地位，担心过度分散功能将影响东京的竞争能力，主张强化东京国际商务功能的声势则很强，支持此种主张的多为产业界人士、房地产商、大土地所有者和东京市政府。20世纪90年代以来围绕着“迁都”问题，两派展开了激烈的辩论，以至于1990年日本国会通过的迁都决议，1996年通过的迁都决议修正案，至今仍是纸上谈兵。保持东京的国际城市地位和功能的过度集中引起的城市规模膨胀始终是一个两难齐全的矛盾。

4. 城市环境观念的重视

在20世纪前半叶，人们认为，城市规划只要提供一个功能分区明确、构图美观、绿化系统充足、道路网络顺畅的总图，就能解决所有城市问题。然而，20世纪后半叶以来的工业高速发展，城市化进程加快和高速、高效交通运输的进步，使人类在发展经济的同时不自觉地破坏了环境，空气、水体、土壤遭到污染，居住环境质量下降。因此，今天的城市规划明确地提出基本目标：创造优化的城市环境。新的“环境”一词概括为生态环境、社会环境和物质环境3个方面。新的环境观念，不仅表现在物质形体上，而且体现在创造健康的社会环境，稳定的社会基础，以及良好的社区结构和宜人的生活氛围等。这些都远远超越了功能主义的狭隘的环境概念。同时，宏观上，重视城市合理环境容量的研究，合理地确定大型工业、港口、机场、铁路枢纽的位置，拟订正确的交通政策，限制私人汽车的盲目发展，保护资源，包括水源、植被、土壤、大气，治理废气、废水和废弃物等，这些环境保护的内容引入城市的综合规划，大大发展和丰富了传统以物质为主的城市规划内容；微观上，普遍地把城市设计和建筑设计看作是物质环境设计的过程，追求“建筑—城市—自然”的统一，达到城市物质环境的连续、完整与和谐。

5. 城市规划性质与方法的重新认识

基于对城市结构和城市发展过程认识的不断深化，基于多种学科对传统城市规划的渗入，通过不断的实践，人们对城市规划的性质及其相应的方法有了新的认识。主要是否定了把城市规划看作是城市终极状态的理想蓝图的观念，而是把城市的发展视作一种延续不断的过程。城市规划是引导这种合理过程、有序发展的手段；规划方法则反映了对规划性质的认识。以英国为例，20世纪70年代修订的《城市规划法》就是观念演变的反映。新的规划法，注重城市发展战略、发展目标的研究论证和各种规划政策的制定，而不再仅仅停留在绘制一张期限为20～30年左右的规划总图上，而且出现了反对那种把强势权力的主观意志强加于规划建设的作法，积极倡导公众参与和协调各种规划因素和力量，认为规划应该为广大民众服务。20世纪六七十年代后，控制论、系统论、信息论和很多数学方法以及计算机辅助技术等迅速发展及其不断引入和运用于城市规划，这些理论和方法使规划师们获得了一种前所未有的科学武器和技术手段，来进行各种经济社会发展的预测和模拟，对规划方案进行分析和优化。这种结合定性和定量分析的方法，使各种动态规划成为可能。可以说，近30多年来城市规划方法和技术的提高，已使今天的城市规划展现出一种全新的面目。

得益于城市规划与建设的各种认识与观念的发展与创新，新城发展理论在第二次世界大战后都得到了史无前例的发展与演进。而且，作为城市规划与建设的重要分支之一，新城规划与建设不仅丰富了城市规划与建设的实践内容，而且两者互为促进，共同发展。

第3章 多个国家或地区的新城规划与建设[①]

3.1 新城开发的背景

20世纪，西方发达国家的大都市区呈现出了共同的发展趋势：人口从中心城市向郊区疏散，形成郊区的城市次中心，最终形成中心城市和周边次中心城市共同组成的大都市区（图3-1）。大都市区域内的新城发展经历了单纯的卧城，提供一定就业机会的卫星城市，以及居住就业相对平衡、功能相对独立完善的新城等多个阶段。促使新城建设的直接原因一般有：

① 大城市地区中心城市人口快速增长造成城市膨胀的压力，因此建设新城自然成为疏解人口的一种有效途径。

② 对自然健康的环境和良好住宅条件的追求，因为人口和产业的迅速增长对中心城市的环境造成巨大压力，降低了城市的居住质量，恶化了城市的生活环境，而郊区的开发成本较低，因此，开发新城就成了解决大城市住宅问题的重要手段。几乎所有国家的新城建设都有解决住宅需求的原因，诸如日本和新加坡的新城都是比较单一地为了解决住宅需求及缓解中心城市的人口压力，而美国的郊外新城开发则是中产阶级对居住环境的追求所驱动的。

③ 工业发展需要新的空间，当中心城市拥挤扩张，环境恶化时，而且地价级差，工业郊迁是必然的趋势，其他的还有以发展高科技产业、科技研究和高等教育为目的新城，诸如日本的筑波科研高教新镇、贺高茂高教新镇等。

④ 统筹安排区域性的重大设施，这些设施包括商业、交通、市政等设施，是服务于大城市区域的，由于这类设施需要占用较大面积的土地和大量的劳动力，趋

① 本章所指的多个国家或地区不包括我国，但由于我国香港地区的特殊历史原因，则在本章予以论述。

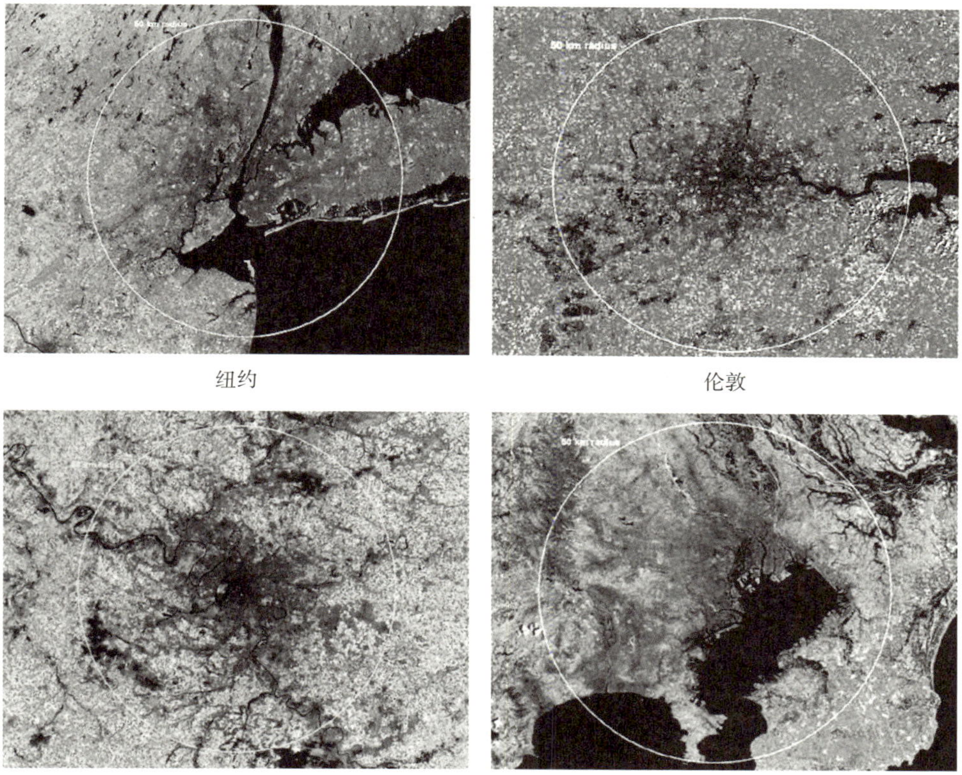

图 3-1　纽约、伦敦、巴黎和东京城市地区遥感图比较

图片来源：Chreod Ltd.

于选择地价较低的郊区。而建设新城有助于为这些设施提供需要的就业人口和基本服务。例如，香港最新建设的北大屿山新城在一定程度上就是与香港新机场的建设和运行相配套的。

1. 英国

英国政府支持大规模新城开发的原因，一是战后伦敦和英国东南郊地区急剧增加的城市人口需要疏解；二是英国中部工业发达地区产业结构需要调整；三是政府根据当时的趋势认识，为顺应战后的形势变化，需要创造居住、就业条件并预留发展用地。

对新城建设推动最为有力的时期是第二次世界大战结束初期。随着战争在欧洲大陆的结束，新任首相克莱门特 · 阿特利（Clement Atlee，1883—1967）任命刘易斯·斯尔金(Lewis Silkin, 1889—1972)担任城乡规划部部长。随着成千上万的军队退役人员不断返回家中,住房严重紧缺的矛盾即刻显现出来。为了避免大规模出现城市蔓延(Urban Sprawl)这种“社会不治之症”(Social Cancer),亟待建设大量的新住宅和建立新城镇来应对战后的大城市问题。因此新城的建设成了政府工作中必须优先考虑的问题。1945年10月,刘易斯·斯尔金组建了一个由有关官员和专家组成的新城委员会(New Town Committee),制定出了新城规划的基本原则,并提出了各种可能的建设方法。刘易斯·斯尔金还重新启用李斯(Lord John Reith),让其出任顾问委员会主席,对如何进行新城建设提供指导。

新城委员会成立之后,在李斯的指导下,对新城的选址、设立、开发、组织和管理等各个环节都进行了研究,起草了十分详尽的计划,提出了指导新城开发的一般原则:① 新城应能综合配套;② 新城应能就地平衡工作岗位和生活,保证新城居民的便利生活和就地工作。

政府对新城的建设予以高度重视,除将新城建设指定为优先发展的战略项目以外,英国还在1946年通过了《新城法》(*New Town Act*, 1946),1952年进一步通过《新城开发法》(*New Town Development Act*, 1952)。在这两个法案推动下,将中心城市人口有计划地迁往新城。1946年到1950年之间完工的新屋,有五分之四是由地方政府主导和在新城所建造的,解决了战后英国住房建设的一大半问题。《新城法》是战后新议会通过的最早的城市建设法律之一,该法详尽地阐述了第二次世界大战之后的政府开发新城的政策要点,具体规定了新城选址,建立新城开发公司(New Town Development Corporation)及新城管理授权等问题。

1946年一年之间,中央政府连续就此发布了三份新城开发研究报告,强调了新城开发的三个特点:第一,战后新城的作用缓解了大城市地区的住宅短缺压力;第二,战后新城不仅是一种郊区住宅区(the Dormitory Suburb)而是一种“自我平衡”(Self-Contained:指一个新城内自行平衡工作和居住);第三,新城的开发是由政府组建的开发公司进行。

这一时期大规模的新城开发基本满足了战后中央政府的三项基本要求:第一,新城纠正了战前英国大多数城市不经规划便任意开发的混乱局面;第二,新城从理论和实践上都满足了战后中央政府大规模重建经济发展的心理要求;第三,新城通过开发实践,提出一完整的大规模的建筑开发经验。

自第二次世界大战结束至1981年的36年间,英国先后创建了32座新城[①](图

① 不包括由地方政府兴建的两个新城克兰姆林顿(Cramlington)和基林华斯(Killingworth)。

图3-2　英国（英格兰和北爱尔兰）的新城分布①

---

① 第二次世界大战后的36年间（1945—1981），英国先后创建了32座新城，不包括由地方政府兴建的两个新城克兰姆林顿（Cramlington）和基林华斯（Killingworth）。

英格兰21座：克劳莱（Crawley）、布莱克内尔（Bracknell）、贝雪尔顿（Basildon）、赫特菲尔德（Hatfield）、赫默尔亨普斯特德（Hemel Hempstead）、哈罗（Harlow）、韦尔温花园城市Welwyn Garden（City）、斯蒂文乃奇（Stevenage）、密尔顿·凯恩斯（Milton Keynes）、北安普敦（Northampton）、雷迪奇（Redditch）、科比（Corby）、彼得博罗（Peterborough）、特尔福德（Telford）、伦康（Runcorn）、沃林顿（Warrington）、斯克尔莫斯泰尔（Skelmersdale）、中兰开夏（Central Lanceshire）、埃克里夫（Aycliffe）、彼得里（Peterlee）、华盛顿（Washington）；

苏格兰5座：利文斯顿（Livingston）、欧文（Irving）、东基尔布莱德（East Kibride）、格伦罗斯（Glenrothes）、坎伯诺尔德（Cumbernauld）；

北爱尔兰4座：克雷甘文（Craigavon）、安特里姆（Antrim）、巴利米纳（Ballymena）、伦敦德里（London-dery）；

威尔士2座：纽汤（Newton）、肯勃兰（Cwmbran）。

3-2),共容纳了180万人。尽管新城所容纳的人口仅占全国总人口数的4%,但其在多方面的影响和意义却是不可估量的。

2. 法国

巴黎自1910年成立第一个扩建委员会以来就开始了巴黎城市发展的不断研究。特别是第二次世界大战后,巴黎的规划经过一系列的调查研究,10多年的酝酿逐步明确和完善,从规划思想到具体的规划手法都有独到之处。法国规划界认为,大城市的发展是一种必然的趋势,以人为的强制手段压制大城市的发展是不可取的,也是不切实际的,因此巴黎的中心城市外围没有像伦敦那样实施绿带政策。

早先的巴黎基本上就是沿着铁路、公路发展,以后又沿着高速路自发蔓延发展的。在车站和换乘点周围建成一组组的住宅,站点附近几乎没有开放空间和绿地。巴黎的城区外缘原来离市中心仅5公里～6公里,后来逐步发展至离市中心30公里～50公里,从而将周围7个省的用地都纳入了城市外拓的范围,即现在的大巴黎地区[①](图3-3)。

第二次世界大战刚结束时,1946年的巴黎人口为460万人,占到了全国的11%。之后的仅十多年时间,巴黎人口便从460多万人增加到了800多万人。从20世纪60年代起,巴黎郊区的人口增长比内城区快。三十多年间,内城区的人口规模从170万人增加到了230万人,而郊区的人口总量则从40万人剧增到了560万人。巴黎内城区的面积仅105平方公里,如果不包括两个森林公园,城区面积不到90平方公里,但却集中了230万人,人口密度在某些集中地区达到了每平方公里10万人。

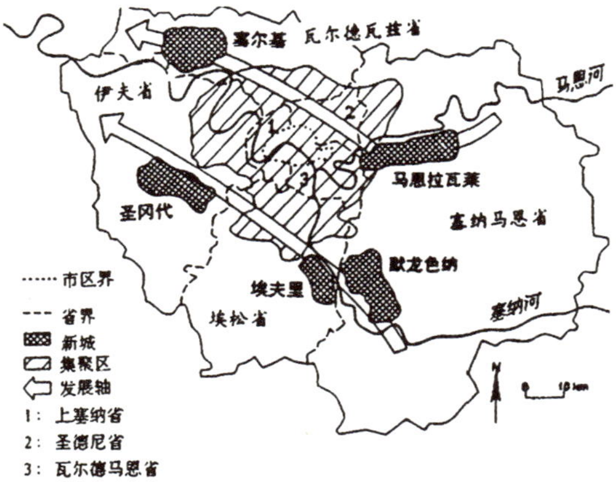

图3-3 大巴黎地区

此外,在内城中还集中了全市一半以上的就业岗位,以及作为国

① 大巴黎地区包括分布在巴黎城墙周围已与巴黎市区连成一片的上塞纳(Hauts-de-Seine)、瓦勒-德-马恩(Val-de-Marne)省和塞纳-圣-但尼(Seine-Saint-Denis)省。巴黎市、上述三个省以及伊夫林(Yvelines)省、瓦勒德瓦兹(Val d'Oise)省、塞纳-马恩(Seine-et-Marne)省和埃松(Essonne)省共同组成巴黎大区,总面积达12 000平方公里,人口约1 000万,几乎占全国人口的五分之一。

家首都的相当部分的政治、金融、商业、文化教育、科研和旅游等功能。因此，城郊之间的交通联系日益紧张与恶化。此外，巴黎的东西部之间的人口和工作岗位非常不平衡，居住主要集中于东部，而大部分工作岗位却集中在西部的商务办公区。虽然东西部之间的直线距离并不长，仅几公里，但利用公共交通工具出行要花一个半小时，巴黎东西部之间上下班交通的拥挤状况可见一斑。①

在这样的条件下，城市向郊区扩展是必然的。过去，巴黎的郊区是由一些功能协调、生活方便的小城镇组成。但第二次世界大战后，郊区的人口和住宅急剧增多，总体上缺乏必要的生活福利设施，即使有些地方建起了新的行政机构、大学，或是影剧院等大型项目，但一些大型设施没有相应配套足够的停车场，导致小汽车停放混乱。根据计算，巴黎第二次世界大战后的人均建设用地面积仅为规划用地标准的1/5左右。所以，城市用地严重不足，与其他大都市比较，巴黎也是最为集中高密度发展的（图3–4）。

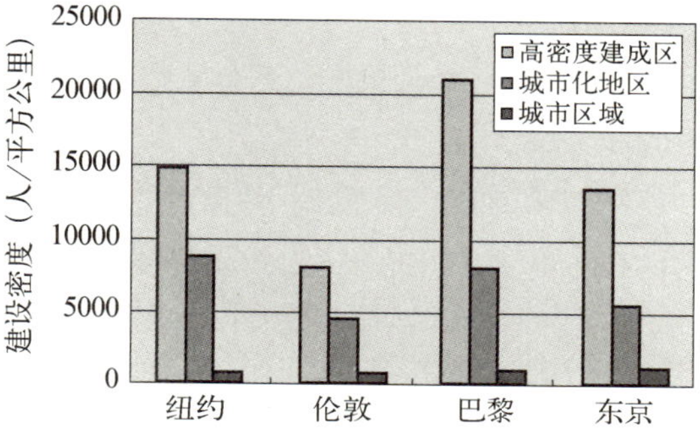

图3–4　四大都市建设密度比较

明确规划思路，有计划、有步骤地建设新城是有效解决巴黎人口增长问题的措施之一。巴黎建立新城的规划构想以及新城的规划方针和原则，是通过一系列的调查研究工作，经过多年酝酿和比较多个规划方案后，才逐步明确和具体化的。

早在1932年，为了对日益增加的城市建设活动进行有效的规划管理，法国通过立法，打破行政区划壁垒，根据区域开发的需要而设立巴黎地区，从而可以对城市的发展在区域层面上实行统一规划。

1930年，由法国规划师亨利·普罗斯特（Henri Prost，1874—1959）起草，至1934年，第一次推出了真正意义上的巴黎地区的区域性规划，即《巴黎地区国土规划纲要》（简称为“PROST规划”）。这个规划将巴黎地区的空间范围定义为：以巴黎圣母院为中心，方圆35公里之内的地域范围。这个规划要求对城市建设用地加以控制，对非建设用地加以保护，以此作为抑制郊区蔓延的主要手段。规划在确定了绿色保护空间的范围之后，根据城市建设用地的现状，将各市镇的土地利用划分

① 北京市城市规划管理局科技情报组.城市规划译文集2：外国新城镇规划［M］.北京：中国建筑工业出版社，1983.

为城市化地区和非建设区。在非建设区严禁任何的城市建设活动。

1956年《巴黎地区国土开发计划》继承了PROST规划的思想，同时提出了促进地区均衡发展的新观点，包括要求降低巴黎中心区的密度，提高郊区的开发密度。这个计划建议积极疏散中心区的人口和不适宜在中心区发展工业企业，在近郊区建设相对独立的大型住宅区，在城市建成区边缘建设卫星城。在这个计划中，以"见缝插针"的方式，将新建的大型住宅区和卫星城基本都安排在已建成区范围内，以确保郊区的人口增长不会导致城市用地的继续扩大，从而达到提高郊区开发密度的目的。

1960年的《巴黎地区国土开发与空间组织计划》(*Plan d'aménagement et d'organisation générale de la région parisienne*，简称为PADOG规划)是第一个提及在巴黎地区建设新城镇的规划，提出了将中心多极化作为分散巴黎人口和工业活动的手段："中心地区人口过于稠密，离城市边缘地区太远，需要建立新的中心地区。"这个规划建议，利用工业企业扩大或转产的机会向郊区转移，以疏散中心区，通过改造和建立新的城市发展核心，以形成多种新的城市空间格局，通过鼓励巴黎地区周边城市的适度发展，或者新建卫星城镇来提高农村地区的活力。

1965年，由保尔·德鲁弗里(Paul Delouvrier)主持制定的《巴黎地区国土开发与城市规划指导纲要》提出了"保护旧市区、重建副中心、发展新城镇、爱护自然村"的构想，通过建设副中心来缓解城市中心区的矛盾，沿巴黎城市切线方向建构两条由东南向西北平行的发展轴，布置新城以解决城市的发展问题，使巴黎的发展纳入规划控制的轨道。

SDRAUP战略规划还进一步提出，除巴黎以外，全国以大城市为核心组成8个大城市平衡地区。其中心思想是要保持巴黎地区与其他地区之间的平衡发展；通过促进各个不发达地区的经济发展，使不发达地区的中心城市得到复兴和更新，同时在郊区兴建一些新的郊区中心，期望通过巴黎地区以外的平衡区的发展，使巴黎能摆脱不断膨胀所造成的困境。另一措施是发展巴黎盆地内的城市。处于巴黎盆地之内的有巴黎地区和周围的6个行政区。这6个行政区中离巴黎地区最远为300公里。巴黎盆地的总人口为1 600万人至2 000万人，占法国人口的30%以上。这6个行政区内的城市发展不快，远远不如巴黎，因为商业和工业都被吸引到了巴黎。在巴黎地区的不同地域相应实施疏解或控制政策，就是为了刺激巴黎核心区以外地区的产业和人口发展(图3-5，图3-6)。

SDRAUP战略规划认为，巴黎单中心放射形同心圆的结构布局是造成核心区拥挤的主要原因，因此今后的发展要打破现有的布局形式。规划确定城市沿东南

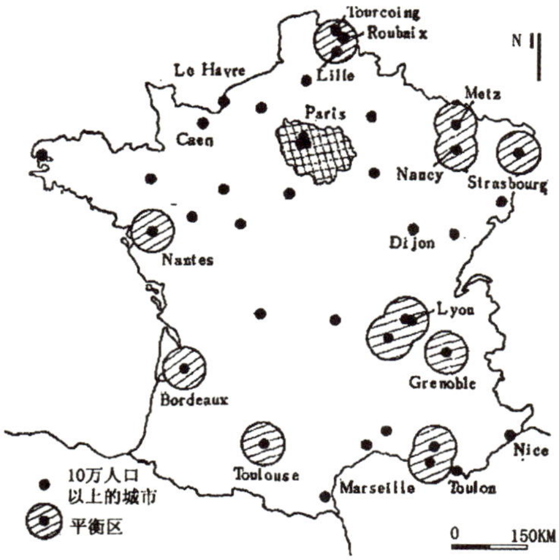

图3-5　法国的8个平衡区

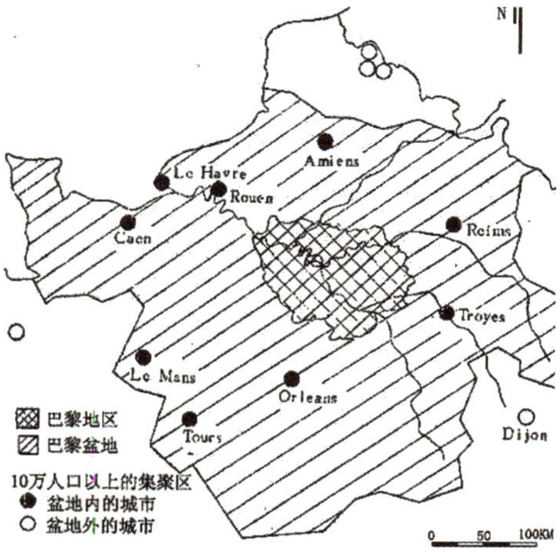

图3-6　巴黎盆地内的大巴黎

图片来源：北京市城市规划管理局科技情报组.城市规划译文集2：外国新城镇规划[M].北京：中国建筑工业出版社，1983.

和西北的两条切线方向发展，这两条切线是与塞纳河平行的，北边一条长46.6英里（约75公里），南边一条长56英里（约84公里）。采用这两条发展轴线有许多好处：第一，可以在一定程度上把市中心周围的交通与其外围的交通分隔开，从而减轻市中心的拥挤状况；第二，沿这两条轴线进行建设，除了可以取得上述的预期效果外，交通运输费用也最少；第三，距离市区和绿带都比较近。

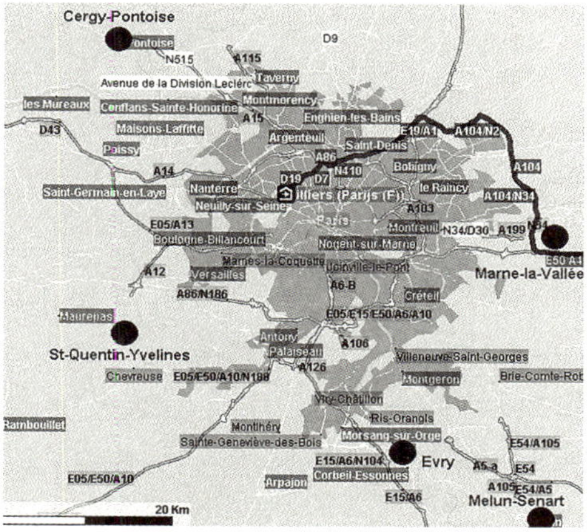

图3-7　1965年的SDRAUP规划提出的5座新城

图片来源：巴黎市政府网站

SDRAUP规划提出了城市和区域规划的框架，新城和现有的中心地区将并行发展，而不是相互竞争。新城中心形成后，将带动城市的扩展，使得目前的城郊地区得到改造和提高，并不断多元化发展。SDRAUP规划提出要建设5座新城（图3-7），即塞尔基–蓬杜瓦兹（Cergy-Pontoise）新城、玛尔–拉–瓦雷（Marne-La-Vallee）新城、圣–康旦–伊弗里尼（Saint Quentin-Yvelines）新城、埃夫利（Ivry）新城和默伦–塞纳尔（Melun-Senart）新城，各新城的远期规划人口规模平均达到20万～30万人，与巴黎的距离为25～30公里。

3. 美国

由于美国的战后经济发展经历了一个较长的繁荣时期，城市空间迅速扩展。这期间出现了许多私人地产商和营造商，他们大量营造和出售住宅，不但对解决战后的住宅问题起了很大作用，对城市空间形态也产生了很大影响。美国有规模的新城建设则始于20世纪60年代后期。美国的新城建设在一定程度上也受到了英国田园城市思想的影响。为了追求理想的人居环境，解决大城市的弊病，美国在第二次世界大战前就出现了雷德朋体系，以及绿带城、绿谷城等试验，这些规划实践及其规划思想对美国本土及世界范围的新城建设都产生了一定的影响。

第二次世界大战后，由于私人小汽车的进一步普及、高速公路网的形成、经济结构的转变，以及联邦和地方政府的政策导向、人们生活水平的提高和价值观念的转变等种种因素，推动了美国城市郊区化的快速发展。首先，大量的城市人口向外迁移，迁移到郊区的居民、社会团体及经济组织的数量都是史无前例的；其次，郊区化的载体已不再是“卧城”，郊区的功能综合能提供较为全面的工作、购物和文化活动等机会，使得郊区的居民能较少依赖中心城市；最后，伴随郊区化的是产生了新形式的房屋、商业办公建筑和公共空间等，与传统的城市建筑和空间形成了鲜明的对照。

美国的郊区化不仅包括了人口和经济活动的郊区化，还包括了美国社会的中产阶级群体的史无前例的扩大。除了郊区的邻里环境及住房条件满足了中产阶级的理想外，交通运输手段的更新也提高了中产阶级在郊区生活和通勤的能力。在社会学意义上，人口的郊区化过程也就是美国的城市人口按照阶级、阶层、种族或民族而过滤的过程，并由此形成了美国大都市区特有的人口分布模式。郊区化进一步导致了白人中产阶级和其他社会上层群体在郊区的逐步汇合，使得郊区社区具有鲜明的同质性特点，从而逐步形成了一种郊区生活方式和郊区文化。

人口和产业的分散化一方面缓解了中心城市的人口过密、交通拥挤、住房紧张、环境污染等问题，改善了城市的生活质量。更重要的是，中心城市通过人口和产业外迁，实现了功能转变，逐步完成了从工业经济向服务性经济的转换和升级。另一方面，大都市区的矛盾被逐渐激化，并产生了严重的后果表现为：

① 低密度、独立式住宅开发区的开发成本很高；② 无控制蔓延的低密度郊区开发对郊区的生活质量和生态环境造成破坏；③ 与郊区化不断发展相对应的是中心城市的进一步衰败，中心城市面临的是人口减少、资产贬值、税收锐减、财

政日蹙、市政设施陈旧及生活质量下降，由于财力等限制，中心城市的更新计划难以见成效；④ 最根本的问题是郊区化与都市复兴对市民生活的影响，郊区化进一步把人们孤立在家里和汽车中，把各个家庭隔离在相似的地块上，削弱了原有的共同生活的基础，使得当代多样化社会所需要的市民归属感极度匮乏；⑤ 郊区化导致大都市区政治的“巴尔干化”[①]。[②]

郊区在结构和功能上是城市的一部分，大都市区在经济、社会和生态上是一个有机的统一体。为了解决大都市区内部各种相关联的问题，如交通、环境、水源、教育等，需要各级地方政府的密切合作。由于大都市区是美国人口普查局为了便于人口统计而划定的统计单位，不是政治实体，因而中心城（或称市区）和郊区在行政上互不相属，都是平等而独立的政治实体。郊区的倾斜发展引起了城市和郊区在利益上的冲突及政治上的对抗，而郊区在州议会中的政治势力强大，这给解决各种社会问题、合理规划和建设城市造成了很多困难。

20世纪50—60年代，为了控制城市盲目向郊区扩展，新城建设提上了日程。20世纪的美国，其郊区的新城建设虽然在社会、经济和管理方面形成了一个框架，但由此又产生了土地使用和交通方式等方面的新问题。到20世纪60年代末期，许多有影响的组织和个人纷纷呼吁制订国家的新城发展政策。政府的顾问委员会甚至提出在全国建设100个各为10万人口规模的新城，以及10个超过100万人口的新城，以容纳今后20年内城市增长人口的一半。与英国的新城建设相比，整整滞后了20年。

1968年，美国通过了联邦政府援助新城开发的《新城开发法》，但法案对于促进新城建设所起的作用不大。各方面呼声很高，特别是政府顾问委员会提出了建设新城的建议，虽然未被国会采纳，但最终是促使制订了1970年的《住房和城市发展法》。新法案公布后不久，即有12个新城开发项目获得了联邦政府的信贷保证，这样就推动了新城的建设。

4. 日本

明治维新以后，日本以欧洲模式来建设，以追赶欧美强国为目标。一直到第二次世界大战结束，日本的国土规划和城市规划都是以“国家”为本，在非常强大的中央集权体制下，推进国土开发和城市建设。

---

① 由于郊区化的发展，大都市区内独立的政治小单位不断增多，这样多的独立而平等的政治小单位使得合作非常困难，这十分类似于欧洲巴尔干半岛上的众多小国，这种情况被美国学者称为“巴尔干化”。

② ［美］彼德·盖兹.社区建筑［M］.张振虹，译.天津：天津科学技术出版社，2003.

第二次世界大战后，复兴工作是首要任务，从车站广场地区改造到大规模公营住宅区建设在一定程度上是以牺牲地方城市丰富多彩的个性特征为代价而推进的，这些规划和开发从现在来看是极其失败的，但其“经济”主题和效果却很突出。为经济振兴做贡献，提高经济效益，是日本战后一段时间以来国土管理和城市管理的根本前提。

日本的城市化进程，虽然比一些西方国家晚了百余年，由于其经济的飞速发展，只用了几十年时间，就达到了西方发达国家的城市化水平。1920年，日本城市人口只占总人口的18%，但是，到1955年，其城市人口比重上升到了58%。根据《2000年世界发展指标》的数据，目前日本城市人口的比重为79%。根据联合国社经资料与政策分析部人口司的资料显示，1994年东京都地区总人口为2 650万人，在世界超大城市中首屈一指。1970年以来，东京一直是世界上人口规模最大的城市，预计这种状况将持续到2015年。①

20世纪50年代中期以后，工业化、城市化浪潮席卷全日本，而60年代中后期，产业和人口向大都市的集中更加严重，地方经济疲软，一些地方出现人口、经济“过疏”问题，村落等社区的生产、生活难以为继。日本开始将新镇建设作为解决大城市不断膨胀、导致日益严重的城市问题而采取的对策之一。随着1955年日本住宅公团的成立和住宅团地（居住区）的迅速开发，公共设施完备和环境优良的居住区在日本逐渐出现。但是，由于城市土地的价格很高，大规模的团地开发往往远离城市中心，这样就出现了新镇的开发建设。

东京在第二次世界大战后一度保持着典型的单核中心的结构特征，对于1 000多万人口的大城市，中心放射型的单核城市结构显得力不从心，必须寻求一种更为开放、更适合成长和变化的地区结构。1960年提出了“以城市轴为骨干”的城市结构改革方案——《东京规划1960》，将东京的城市中心功能展开在城市轴上，建设副都心、新城区和新镇，形成具有发展潜力的开放结构。20世纪50年代末到20世纪60年代，在距东京25～60公里的东京郊区，靠近铁路或高速公路干线，建起了7座新镇，多为卧城。东京把在远郊区建设的几座新镇定位为东京都的副都心，能容纳10万～15万人的居住和工作人口。政府在新镇中兴建了大型的展览中心、公园和市政广场等；也建设了一些大型的高级写字楼，以引导一些国际性的大企业来投资。在20世纪80年代初，因东京的地价、房价高涨，企业和居民纷纷迁入新镇。 但随后日本经济出现了持续的衰退，东京的地价回落到高峰时

① 王前福，李红坤，姜宝华．世界城市化发展趋势［N］．经济要参，2002-03-14.

期的1/3以下，地价成本因素不再重要，交通成本等问题凸显，因而许多企业选择搬回东京。

如今，在日本全国，300公顷以上规模的新镇约有30多座，其中多数是依附于中心城市的较大型居住社区，少数是有工业区的新镇，还有两座科研大学城（表3-1）。

表3-1　日本主要的新镇开发事例

名　　称	中心都市	年代	规划人口（万人）	规划面积（公顷）	开 发 主 体
千里新镇	大阪	1961	15.0	1 150	大阪府
高藏寺新镇	名古屋	1961	8.1	702	住宅都市公团
泉北新镇	大阪	1964	18.0	1 511	大阪府
筑波研究学园都市	东京	1965	11.4	2 700	国土厅和公团
千叶新镇	东京-千叶	1966	34.0	2 913	千叶县
多摩新镇	东京	1967	37.3	3 016	住宅都市公团和东京都
港北新镇	东京-横滨	1968	30.0	2 530	住宅都市公团和横滨市
长冈新镇	长冈	1975	1.0	440	地域公团
盘城新镇	盘城	1975	2.5	530	地域公团
吉备高原都市	冈山	1980	0.6	430	地域公团
八王子新镇	东京	1988	2.8	393	住宅都市公团

5. 新加坡

新加坡一直到1950年仍是英国殖民地。当时问题丛生，有些问题非常急迫。比如住宅问题，在城中各处，有许多两三层楼的住宅；一幢住宅住了三四十户人家，每一层楼住了十到十二户人家；每层不得不共用一间厨房，一间厕所；厕所没有抽水马桶，只有粪桶，必须拿出去倒；儿童缺乏游戏空间……紧张的住房情况非常恶劣。战后很多学童离开学校，因为战后的婴儿潮，工作机会却很少，就业情况非常糟糕。住房与就业就是当时需要紧迫解决的问题。

20世纪50年代前后，一系列的政治活动开始展开，政党纷纷成立。1954年人民行动党成立，李光耀担任党秘书长。人民行动党的政纲是维护社会主义，打倒殖民主义。1955年，新加坡立法议院，第一次举行大选。1957年，新加坡市议会也举行了选举。1959年新加坡终于从英国人的手里争取到自治权，并举行每一次全国普选。选举结果是人民行动党大胜，李光耀出任新加坡总理，从此开启了他的治国之路。1962年，在李光耀的鼓吹之下，新加坡与马来（西）亚合并，但是合并的后果，却造成马来人与华人的对立，并且发生了种族暴动。马来西亚最后决定强迫华人人口众多的新加坡分离出去。1966年新加坡举行首次的国庆庆典，一个全新的国家，迎接着一个全新的未来。

1959年，人民行动党获得执政权时，当时的决议是，以公屋政策作为优先，这个决议没有任何人反对，就是全力以赴，清理城区内杂乱无章的集居区，然后广建符合现代化居住水准及良好公共设施的国民住宅。

建国伊始，新加坡政府面临严峻的住宅问题。据统计，当时200万人口中有40%居住在贫民窟和屋棚内，能够住上像样住宅的人口只占居民总数的9%。1960年2月，新加坡成立了建屋发展局（Housing & Development Board，简称HDB），负责建造公共组屋，以解决广大中低收入居民的住宅问题。20世纪60年代初，新加坡政府制定了"五年建屋计划"，开始大规模兴建低标准住房，1964年政府又宣布实行"住者有其屋"计划，推行住房自有化政策，鼓励中低收入阶层以分期付款方式购买政府组屋。截至2002年3月已有约290万人口居住组屋，占总人口的85%～86%。

新加坡政府在住宅建设时避开房屋密集的市中心区，选择在城市边缘地带最先起步，在市区人口减少到一定程度、新区住宅充足的情况下，政府才集中力量改造旧城。为了取得较高的经济效益，组屋以高层住宅为主，一般都是几十层的板式住宅，少数为20多层。每个组屋区都有完善的设施，超级市场、熟食中心、诊疗所、学校、图书馆、购物中心和游乐场一应俱全。组屋区的公共交通也十分便利。

另外，为解决居住过分集中在城市中心，鼓励人们疏散到郊外居住，建屋局新建了15个卫星镇，即新市镇。公房售价按坐落地段与市中心的距离而定，远市区减12%，近郊区减23%，远郊区减32%。新市镇住房都在远郊区以外，平均比市区便宜38%。而且交通也很便利，轻轨、地铁建设都跟上，所有的屋村都有公共巴士连接轻轨和地铁站。①

"住者有其屋"是人民行动党的第一个政策这个政策，竟然持续了数十年，成为人民行动党的施政主轴。住者有其屋的政策，逐渐扩大成为一个结合公基金、公共政策、经济发展、社会福利的整体国家发展策略。新加坡因为住者有其屋的成功，而举世闻名。从独立建国至今四十多年来，新加坡政府长期规划，建设了十七个规划详尽、公共设施配套完整的新新市镇。

---

① 汪康懋，王晓南.新加坡土地规划和住房政策［N］.东方早报，2004-07-09.

6. 中国香港地区

香港位于我国南部，拥有天然庇护的海港。香港较早就发展起了与我国内地之间的转口贸易。由于海港周围地势崎岖，早期的居民主要在山边的平台及海港两旁已开拓的填海土地上定居，早年并无正式的城市规划。第二次世界大战后，高出生率及内地来港移民的涌入，导致人口急剧增加。人口的增加，一方面为各种产业提供了充足的人力资源；另一方面对房屋、社区设施及城市基础设施造成了极大的压力。经济的发展及收入水平的提高，使得市民渴望改善生活环境。面对急剧增长的人口、活跃的经济及有限的土地等自然资源，如何使城市合理发展，对政府和社区都是一个挑战。

香港最初的人口聚集主要是在1841年至1861年，从香港岛的北部中心海湾地带开始，然后沿水域向南延伸至维多利亚山的山脚。随着1861年九龙半岛割让给英国，城市发展迅速向九龙半岛延伸，导致城市沿维多利亚港地区的两边海岸线发展。第二次世界大战以后，由于大量人口涌入，使得沿维多利亚港内侧海岸地带的人口密度变得过高。从1954年起，城市开始向边缘地区增长。根据《香港概论》①一书的记载，20世纪50—60年代，香港的贫民大多自己搭建木屋居住。山区的木屋居民，平均500人共享一个公共自来水龙头，100人共享一个粪坑，另有不少贫民居住在纸板搭起的简陋寮屋里。1953年圣诞之夜，全港最大的寮屋区——石硖尾发生一场大火，一夜之间50 000多人无家可归。面对大量的灾民，港英当局进行了大量而艰巨的安置工作，1954年初立即在石硖尾灾场原地兴建临时平房，紧急安置灾民。同时，政府一方面透过资助一些志愿团体如香港房屋协会，进行试验性的廉租屋兴建计划；另一方面，1954年4月成立半独立的前香港屋宇建设委员会，负责廉租屋计划的发展。②1952—1973年，政府主要是为安置灾民和为低收入家庭提供住房而大量兴建“徙置大厦”和“廉租屋”。这类房屋实行低标准、低租金，只租不卖。据统计，1954—1973年这19年间，香港公屋建屋量达348 000个单位。

长期以来，香港城市发展的最大问题是过度集中在港九地区。直到20世纪70年代初，香港的城市发展还是主要集中在港岛和九龙半岛，特别是维多利亚港两岸。当时的统计数据显示，港九地区以全港面积的12%，容纳着全港85%的人口。港九

① 杨奇.香港概论[M].北京：中国社会科学出版社，1993.

② 石硖尾木屋区大火，引致港府解决房屋问题的计划。1954年通过了徙置泽案，成立了徙置事务处，专责清拆寮屋及安置寮屋居民，同时设立徙置区，以通过一种快速及低成本的措施，来减少寮屋区内存在着的卫生、治安及火灾问题。至1973年全港已建成25个徙置区，有超过100万人入住。

地区与新界的发展差距有着深深的历史烙印。根据历史上有关香港问题的3个不平等条约，香港的土地以“界限街”为界，分成两个不同的部分：其以南的港岛、九龙半岛为“割让地”，以北的新界则为“租借地”，租期到1997年。因此，在很长一段时间里，港英当局只是集中发展港九地区，而把新界视作与大陆内地的缓冲地带，其开发相对滞后，直至今天还在讨论是否发展和如何发展边界“禁区”的问题。

香港不仅地少人多，而且80%的土地属于丘陵与山地，必须通过劈山填海的浩大工程来获得建设用地。经过数十年的发展，在维多利亚湾两岸已经建起密密麻麻的各式高楼，海湾越填越窄，可再发展的空间十分有限。从用地条件上来讲，新界不仅地域广阔，而且有着大量农村用地，开拓“新界”比在港九发展有很多益处。因此，大规模开发新界被提上了港府的城市建设议程。

早在1957年，为安置迅速增长的人口和适应经济发展，港英政府就有过类似于英国那样的新城建设的想法。1960年，在新界规划了一个人口规模达100万人，并有成片工业用地的新镇。而后，政府又曾规划过两个百万人口的新镇，这两个新镇的规划原则都与第一个基本一致。但在20世纪60年代后期和20世纪70年代初期，由于当时出现的经济衰退和人口增长低于官方预计，开发新镇的热情迅速降低。

1973年，港英当局制定了周详的公屋政策和建屋计划，并重组原有的公营房屋组织，依法成立了新的香港房屋委员会，徙置事务处和前屋宇建设委员会合并为房屋署全面统筹香港的公屋建设和发展。1973—1974年，港英当局初决定推出“10年建屋计划”①，开始把徙置计划应付“量”的需要和前屋宇建设委员会“质”的追求结合起来，走“质量并重”的公屋发展之路。为此，政府通过加速发展新市镇，以配合兴建大规模的公共屋村，逐步改善中低收入居民的住房条件。

当时的港英政府决定在新界东部、西部及西北部，即本港的乡郊腹地，规划发展三个新市镇，分别是沙田、荃湾及屯门。沙田获选为发展的重点，因为可通过狮子山隧道和九广铁路与九龙相连接，交通较方便快捷；荃湾则已设有一些工业及制造业；屯门是传统乡镇，因为邻近珠江，从新界北部很容易到达。

1973年后，即香港推行新市镇计划以来的30年间，先后兴建了9个新市镇（图

---

① 1973年港府制定的改变公房供应办法的计划，计划规定目标是到1983年为180万人提供住房，并提出每个家庭要有自己的居住单元，每个单元应有独立的厨、厕和自来水，每人居住面积不少于3.25平方米（35平方尺），同时在室内用材、设备及周围环境方面要有较好的安排。港府于1973年成立了房屋委员会执行这个计划，并把徙置事务处和屋宇建设委员会两机构并入房屋委员会，以协调和管理所有公共楼宇的计划，建设按计划供应社会设施和公共设施的屋村，实施各类公共楼宇的专联管理，实现对所有家庭供应独立单元的目标。自推行该计划以来，港府每年用于兴建、保养、迁拆及有关费用开支，约占总开支的8%～16%，估计每年可供应3.5万个单元。

3-8)：荃湾、沙田、屯门、元朗、粉岭/上水、大埔、将军澳、天水围和东涌。随着旧市区的高密度发展和新市镇的崛起，使得原有市区的人口密度显著下降，香港市民的居住环境质量大为改观。

图 3-8　香港新市镇分布图

图片来源：香港规划署

新市镇，顾名思义指的是在原有的市区之外兴建起的新的城市区。追根溯源，新市镇的概念来自英国，但是香港一些新市镇的人口规模已远远超过了英国的新城。在空间意义上，1973 年前的香港城市呈一个向周边延续的单核心结构；随着新市镇的开发，香港开始向多核心城市演变。但维多利亚湾内侧的沿海地带仍然是中心商业区。

3.2　新城开发的政策目标

英国于第二次世界大战后的大规模新城建设成为西方国家建设新城的楷模，很多国家的大城市都纷纷效法英国新城的一系列做法。

1. 英国

(1) 政策目标

英国新城建设的主要政策目标是建设一个“既能生活又能工作的、平衡和独立自足的新城”。这里的“平衡”有三层含义：① 指总人口中要有相当数量的本地就业人员；② 新城的工业岗位不能是单一性的，以防止经济上的过分依赖性和单一企业造成垄断；③ 新城的阶级及阶层应该是混合型的，要能吸收不同层次的人来居住和工作。“独立自足”的含义是指新城应有商业、学校、影院、公交、教堂等生活设施，要能给居民提供工作岗位。新城能否“独立自足”和能否达到“平衡”是密切相关、相辅相成的两个方面。就业人口和居住人口的“平衡”是“独立自足”的不可或缺的充分必要条件。

需要强调的是，英国战后的疏解中心城市人口和产业及改善生活和工作环境的目标，并不仅仅是通过开发新城来实现的。要实现既定的目标，中央政府强调必须贯彻新城开发政策，同时实施绿带（Green Belt）建设、工业布局控制及老镇扩建政策。中央政府强调，只有同时实施这四项政策，才能快速改善城市环境。

（2）主要原则

英国的新城开发，无论从其规模或在其他方面作分析比较，与一般城市并没有特别显著的不同。英国大多数新城都是根据一般的城市模式建立的。不过，与一般城市相比，也有若干方面的原则差异：① 新城是由官方委任的开发机构，即新城开发公司统一规划和实施开发的；② 新城必须与中心城市保持一定距离，且选用地价较低的农业用地，而不允许选用建成区边缘地带的土地，而一般的普通城市开发，往往占用建成区边缘地带的土地；③ 新城开发不以赢利为目的，但以市场化方式来运作，新城开发公司拥有土地出售、转让、租用等权利；④ 新城强调配套和自给自足，力求居住与工作岗位的平衡。

第二次世界大战后的新城建设与霍华德的田园城市建设之间的显著不同点在于，田园城市仅仅由霍华德私人组织开发，而新城是作为官方政策推进的一项开发行为。因此，两者之间在土地获得、开发机构组建和开发运作等方面有明显的差异。此外，新城与田园城市之间的另一点不同是，在田园城市的范型中有农业区，而根据1946年的《新城法》，并不需要在新城外围设置农业区。

2. 法国

法国及巴黎的新城建设计划，是建立在1965年的SDRAUP战略规划提出的全法国及巴黎地区的区域平衡发展政策基础之上的。根据地区平衡政策，优先投资建设的地区有三类：第一类为规划所确定的巴黎地区的新城，第二类为8个平衡区内的中心城市和郊区中心，第三类为位于巴黎盆地内的一些城市。新城建设的目标有四个方面：第一是组织集中的住房和服务设施建设，并提供就业机会；第二是必须减少上下班的通勤量，减轻交通负担；第三要创造一个真正"自给自足"的城市，其衡量标准就是就业和住房的平衡，在提供住房的同时，要提供相应的服务设施，要尽快建成一个有规模的市中心；第四要为城市规划和设计提供试验场所。[①]

3. 美国

美国1968年通过的联邦政府援助新城开发的《新城开发法》和1970年的《住

① 北京市城市规划管理局科技情报组.城市规划译文集2：外国新城镇规划［M］.北京：中国建筑工业出版社，1983.

房和城市发展法》，对新城建设提出了如下的具体目标：① 新城要充分利用现有的小城镇和农村居民点的开发潜力，并且通过改建老城市，促进城市郊区有秩序地发展；② 新城必须对不同收入的家庭成员提供居住和就业的机会，从而避免不同经济水平和不同种族的人群的两极分化；③ 新城还必须保持和提高城市的自然环境质量，提高城市建筑和景观设计的质量；④ 新城还应是个实验室，许多经济的、社会的和城市建设方面的革新创举都可在新城进行试验。

4. 日本

日本发展新镇的目标是试图控制大都市中心城市人口高度恶性膨胀，转移大都市中心城市过度集中的人口和经济活动，以解决都市发展超负荷、推进都市圈的形成，并带来更强经济活力的有益尝试。

5. 中国香港地区

港英政府于1973年推行的10年建屋计划，作为一项住宅建设计划，其目标是到20世纪80年代为180万人口提供适当的住宅。从此开始真正意义上的香港新市镇开发，也可以说，香港的新市镇发展是和香港的公屋发展互为一体的。其后港英政府决定在新界东部、西部及西北部，即本港的乡郊腹地，最初规划发展的三个新市镇，即沙田、荃湾及屯门，也是为了提供一大批质量较高的新住宅，基本目标：新市镇内必须形成良好的社区；住宅必须拥有完善的服务设施；提供充分的就业机会。

与英国新城的目标一样，香港的新市镇也是追求生活和工作的平衡。"从设计理念来讲，新市镇一起步，就强调均衡发展、自给自足，不仅为居民提供足够的居住设施、商业设施和康乐设施，而且还能为居民创造就业机会。这里的居民根本不需要离开新市镇。"①

由上述可见，在新城发展的基本目标上都大同小异，无非是接纳来自大城市中心区转移的人口和产业，提供充足的住房和就业机会。

3.3　新城开发的规模

就人口规模而言，战后的英国新城也与霍华德的田园城市不相同。田园

① 陈少波．新"星"拱明"月"——香港新市镇建设纪事(上)[N]．人民日报海外版，2002-10-29(5)．

城市的规模限于32 000人;《新城法》的规定是,新城平均人口规模应控制在20 000～60 000人左右;1946年中央政府连续发布的三份新城开发研究报告,明确规定了新城开发中的居住区开发的规则和新城的规模,即人口规模控制在30 000～50 000人。

新城在早期阶段以解决住房和缓解中心城市的居住压力的问题为主。第二次世界大战后建设的新城,其住宅户型小,各项指标低,人均用地也相应较低。新城的功能也较为单一,其公共设施主要满足基本生活需要为主,居民在文化、娱乐、教育以及就业等方面要很大程度上依赖中心城市。所以,早期的新城规模较小,一般不超过5万人。

但实际上,随后的新城在服务设施配套和提供就业上,许多新城的人口规模都远远超过了原先的规定。由于存在规模经济的问题,新城的规模逐渐增大,功能也日趋综合完善。国外后期新城的规模都普遍达到20万的人口规模,以使功能健全、相对独立,真正起到疏解中心城市人口和产业的作用,若干新城已达到40万～50万人口规模,已相当于中等城市的规模。

新城规模的大小还要视国家和地区的国土资源、环境容量、人口数量和密度分布,以及当地居民的生活习惯和经济发展水平等条件而定。英国的《新城法》中明确要求,在确定人口上限规模时必须考虑:① 新城住宅区的居民能方便地到达工业区、商业区和中心文化区,新城规模的确定必须考虑能合理有效地使用地方公共交通系统;② 新城能方便地联系周围农村地区,农村地区的居民能方便地到达新城中心;③ 新城能获取一般城市不具备的环境效益。

由于经济发展缓慢,西方国家的新城人口在20世纪六七十年代以后增长的速度逐渐减慢,甚至收缩,新城的规模达不到规划的原定要求,影响了新城的发展。例如,1965年法国的SDRAUP规划预计至2000年巴黎人口将达到1 400万人至1 600万人。但后来由于人口增长缓慢,将规划预测人口规模减至1 200万人,新城的规划人口规模也由80万人减到50万人。1975年修改巴黎规划时,又再度提出将新城的人口规模减到20万人。

比较分析各国的新城实例,可以发现各国新城的规模各不相同。其中,香港地区的新市镇的人口规模最大,建设密度最高,这与香港人多地少,不得不高密度开发有关,也与政府重视中低收入家庭的需求,以建设公共住宅为主相关;法国巴黎地区的新城规模次之;英国和日本的新城规模大都比较小,这是因为当地居民喜好独立式住宅,独立式住宅用地自然高于公寓式住宅用地,因此新城的人口密度相对较低。在英国,划分城市规模标准较低,25万人口以上即可为大城市,因此新城规模都设在20万人口以下,但实际上部分新城的建设规模趋于扩大。

表 3–2　各国典型新城建设情况比较一览表

国家/地区	新　城	中心城市	距离中心城市(公里)	人口规模(万人)[年份]	用地规模(公顷)	人口密度(人/平方公里)
英　国	伦　康	利物浦	22	10[2000]	2 935	3 407
美　国	圣查尔斯	华盛顿	32	7.5[规划]	3 197	2 346
法　国	玛尔–拉–瓦雷	巴　黎	10	24.65[1999]	15 200	1 621
日　本	千　叶	东　京	40	34[规划]	2 913	11 672
中国香港	沙　田	港　九	6	63.4[1999]	6 940	9 135

摘自陈恺龙,《新城建设研究——以上海为例》,同济大学硕士学位论文,2003.2

数据来源:

1. 陈秉钊编译.英国新城朗科恩(Runcorn)规划特点[J].城市规划汇刊,1982.
2. 刘健,马恩拉瓦莱(Marne-La-Vallee).从新城到欧洲中心——巴黎地区新城建设回顾[J].国外城市规划,2002.1.
3. 张敏.美国新城的规划建设及其类型与特点[J].国外城市规划,1998.4.
4. 刘德明译.日本大中城市周围20座新城简介[J].国外城市规划,1987—1990.
5. 香港规划署网站.

从表3–2可以看出,亚洲地区的新城的人口密度远远高于欧美的新城,这正是反映了各个国家或地区的总体人口密度和生活方式的不同。美国土地资源丰富,人口稀少,新城规模大多偏小,而且依赖于发达的高速公路和小汽车交通,城市布局分散,密度很低。法国的新城规模虽然大,但是占地面积广,所以密度就很低。相反,在地少人多的亚洲地区,诸如日本、香港地区的土地资源尤其稀缺,大城市人口规模大,中心城市的人口膨胀压力非常大,所以新城的规模必须较大,才能真正为疏解中心城市的人口压力起到作用。

3.4　新城思想的演进阶段

1. 英国

自1944年大伦敦规划提出在伦敦周围地区新建8个卫星城镇以接纳从伦敦疏散出来的人口和工业以后,至1974年,英国先后设立了32个新城。这些新城的建设目的各有所不同:在伦敦地区建新城的目的是疏解中心城市人口和产业,并创造良好的居住环境;在英国中部地区主要是解决工业经济衰败的问题;在其他地区则都是针对当地的特殊问题，如增加就业等。同时，新城的建设也经历了从第一代到第三代的规划理论和实践的演进。

（1）第一代新城

第一代新城主要指始于1946年的新城建设，到1950年基本结束，这是战后的恢复建设时期。这期间共建了14座新城。这一代新城建设的最根本目的是解决住房问题：一方面是为一些无房户提供住房，另一方面是使一些大城市的居民改变居住质量低劣的状况。

第一代新城一般有以下特点：① 规划规模较小；② 建筑密度较低，居住区平均密度约为75人/公顷，工业区白天人口密度约为125人/公顷；③ 住宅按"邻里单位"进行建设，各个邻里有各自的中心，各邻里之间有大片绿地相隔；④ 居住区和工业区等功能分区较为明显；⑤ 道路网一般由环路和放射状道路结合组成，放射状道路主要连接新城中心和各邻里中心，环路则连接各邻里中心，力求不造成新城中心的交通压力；⑥ 第一代新城在功能和空间上基本相似，较多考虑社会需求，强调独立自足和平衡的目标，对经济发展问题和地区不平衡等问题考虑较少。

第一代新城的规划理念在很大程度上源于韦尔温田园城市的先驱设计。这一时期的新城建设都与斯蒂文乃奇（Stevenage）新城（图3-9）有着类似的基本原则，即各功能的用地都独立安排。斯蒂文乃奇新城是战后新城运动下建立的第一个新城。它是一个单核心城市，其居住、工作和游憩等功能分区各自以农业带和景观区相互独立，有一主要道路的网络。工业区紧邻铁路布置在城市的另一边，与区域性的道路有便捷的联系。住房按邻里单位安排有各自的购物和服务设施。城市中心有商业、娱乐等建筑群，是新城社会活动和城市设计的焦点。第一代新城中较重要的还有克劳莱（Crawley）新城和赫默尔亨普斯特德（Hemel Hempstead）新城。

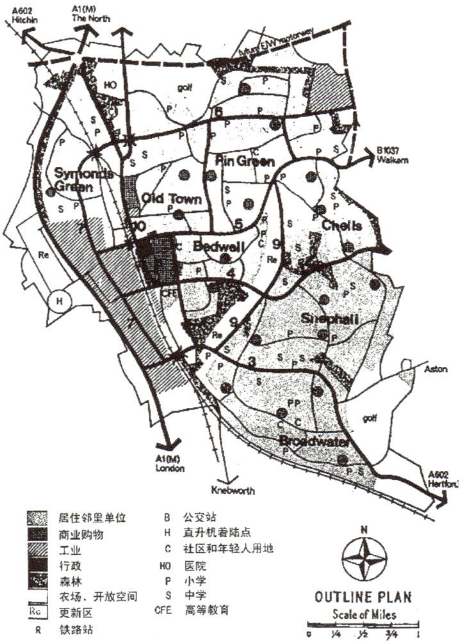

图3-9　斯蒂文乃奇新城规划，1950年

哈罗（Harlow）新城是为了解决伦敦"人口过剩"所建的第四个新城，与同期的新城相比，它有三个较大的不同

之处：① 大规模的景观空间与紧凑的建筑群形成鲜明对比；② 工业用地分散在二大三小的住宅群之间；③ 邻里概念被住宅群、邻里及邻里组团的层次概念所替代。（图3–10）

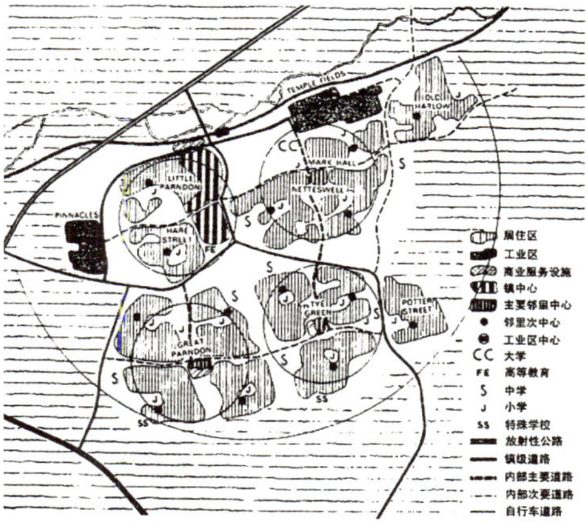

图3–10　哈罗新城规划

这一时期还建了一些有专门功能的新城，如科比（Corby）新城、纽汤（Newton）新城、埃克里夫（Aycliffe）新城和彼得里（Peterlee）新城等，这些新城因地制宜，规划结构各异。

随着英国战后经济的恢复，人口不断增长，人们对生活的要求也逐渐提高。相应地，第一代新城的一些缺点也逐渐显露，主要是：① 密度太低，建筑物分散，不但徒增了市政投资，而且缺乏城市的生活气氛；② 人口规模偏小，医院、学校、影院等公共设施的配置不足，或运营困难；③ 一些新城的中心区缺乏生气和活力。

（2）第二代新城

第二代新城一般指从1955年至1966年始建的新城，主要建设是在20世纪60年代。第二代新城的主要着眼点是改善公共交通，在一些新城设立了公交专用道路。

当时英国社会对新城的规划和建设有很大争议。争论的焦点是对大城市采取疏解政策还是采取发展政策，是把建设重点放在新城还是放在大城市的内部。大部分人认为，新城建设在战后的近二十年内是成功的，对当时人们迫切需要解决的住房、就业等问题起了很大作用。但建新城的最初想法，即把大城市的一部分人口、工业和办公设施疏散出去的目标，并没有真正实现。因此，这一期间放缓了建设新城的脚步，在20世纪60年代主要是完成了坎伯诺尔德（Cumbernauld）新城的建设。

针对第一代新城日益暴露的弊端，第二代新城在规划上比较注意集中紧凑，开发的密度加大，还淡化了邻里的概念。在布局中，尽量使居住区与新城的中心区便捷联系。第二代新城一般有以下特点：① 城市规模较第一代新城要大；② 开发密度较第一代新城要高；③ 更多地注重城市景观设计；④ 城市用地功能分区不如第一代新城分明；⑤ 淡化了“邻里”的概念；⑥ 在建设目标上，不再是单纯地为了吸收大城市的过剩人口，而是综合地考虑地区的经济发展问题，把新城作为地区经济的增长点；⑦ 应对私人小汽车的增长，道路交通的处理较为复杂。

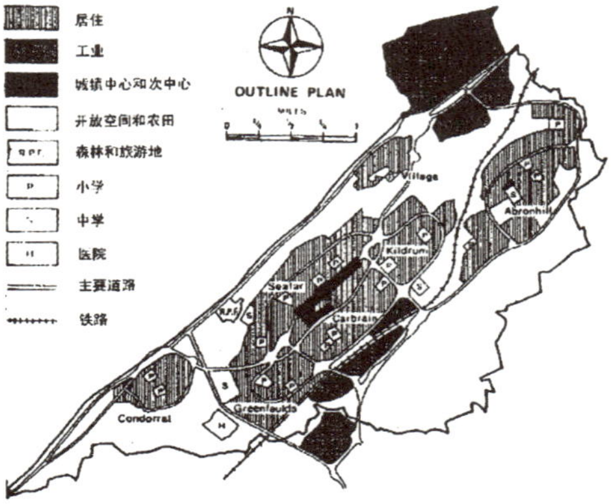

图3-11　坎伯诺尔德新城规划，1960年

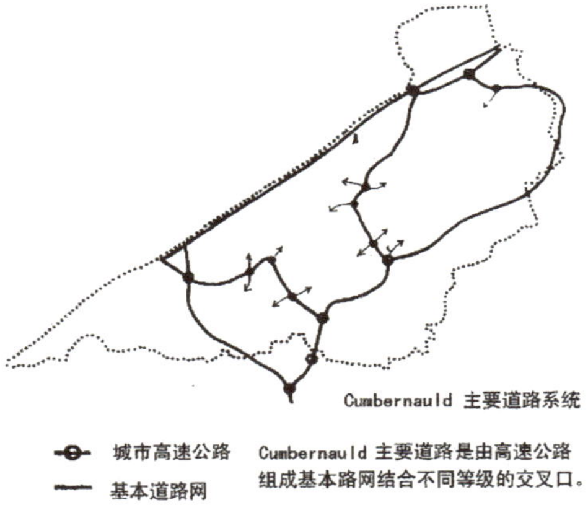

图3-12　坎伯诺尔德新城主要道路系统规划，1960年

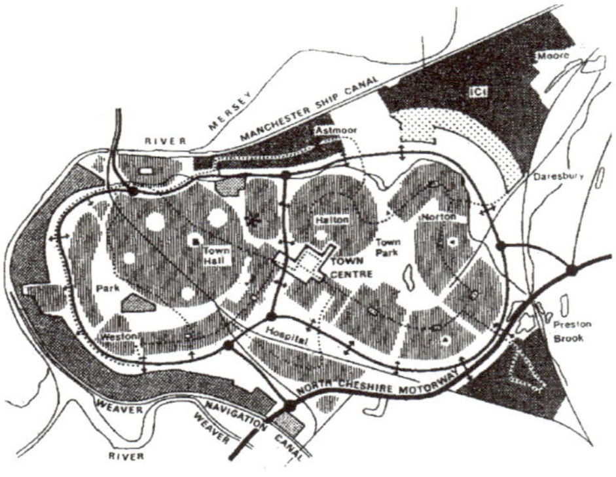

图3-13　伦康新城规划，1967年

坎伯诺尔德新城，作为第二代新城的一个代表，规划设计上有较全面的突破（图3-11，图3-12）。这座新城中心区的主要建筑在形式上统一，使城市有一种整体感；此外还通过道路的层次性和独立的步行系统设计来解决交通问题，特别是适应了小汽车增加的现实。但是，在空间联系上过分依赖新城中心区，将使新城未来的拓展变得非常困难，坎伯诺尔德新城也有这方面的问题。所以坎伯诺尔德之后的斯克尔莫斯泰尔（Skelmersdate）新城、雷迪奇（Redditch）新城和特尔福德（Telford）新城等，又回到了低密度、单核心的城市模式。

不过，第二代新城在很多方面较以前还是有很大发展的。例如，第一代新城的那种严格的功能分区被弱化；对城市环境景观及景观设计的重要性更为理解和重视；对交通系统的考虑更加成熟；不再机械地处理邻里等级；鼓励社会交流。雷迪奇新城和特尔福德新城的规划还提出了在当时颇具前瞻性和挑战性的问题，即关于新城原有中心区的改造和复兴问题。

（3）第三代新城

第三代新城一般是指从1967年起建设的新城，大致止于20世纪80年代。伦康（Runcorn）新城规划被认为是第三代新城规划的先驱，它的主要思想是公共交通和私人交通的平衡使用。那时的一些新城已和老城一样，面临着公共交通不足的问题。伦康新城的解决办法是设立一个“8”字形的快速道路交通系统，城市中心位于“8”字形的交叉点上，形成居住开发的骨架（图3-13）。其后的实践证明了这种规划处理是非常有效的，也证明了城市交通的处理方式是规划成败的一项重要因素。基于不同的交通考虑，欧文（Irving）新城和克雷甘文（Craigavon）新城又回到了较早的理想规划模式，即带状城市；而华盛顿（Washington）新城则回到了网格状的道路形式。

位于伦敦和伯明翰之间的密尔顿·凯恩斯（Milton Keynes）新城属于英国第三代的新城，也是最晚开发建设的新城，是英国规模最大的新城开发项目。新城初建当时原有人口4万人，规划人口规模为25万人，2002年的实际人口规模为20.9万人。当时的密尔顿·凯恩斯新城规划希望创建一个具有相当大灵活性、可根据经济发展变化进行调整的新城，因而所需要的不是终极式的蓝图规划，而是一种结构型和策略型的、能创造各种机会和为自由选择留有充分余地的规划。

较之20世纪70年代以前的新城，第三代新城首先在功能上有了进一步的发展，设施配套进一步完善，远非是作为中心城市郊外的住区；其次，较大规模新城在一定程度上可促进中心城市的经济发展，如密尔顿·凯恩斯与伦敦、伯明翰等大都市在空间上和功能上有互补关系，其发展的影响是相辅相成的；再者，第三代新城预留了大量土地，为今后的城市产业结构转型和可持续发展提供了空间上的保障。

英国的新城在建设过程中，总体呈现出以下一些发展趋势。

（1）战后30年，新城建设的人口规模不断扩大

第二次世界大战后初期建设的第一代新城，最初设定的规模只有3万～6万人。比如，斯蒂文乃奇的最初规划人口仅6万人，但随后就不断扩大，至1966年已经达到10.5万人。第二代新城的规划人口一般为8万～10万人。第三代新城的规划规模就更大了，基本上达到了一个功能完整的城市规模，比如，密尔顿·凯恩斯新城最初的规划人口是25万人，1977年调整为20万人，2002年的实际人口规模为20.9万人。

英国新城规模的扩大，一方面是因为战后全国人口的大幅度增长，另一方面是中心城市内的大规模旧区改造。因此，新城不仅需要应对新增人口的压力，也需要安置因内城改造而迁出的大量人口。新城规模的逐步趋大是有利于新城发展的。首先，规模扩大会产生集聚效应，容易吸引更多居民和企业前来安居乐业，有利于新城的发展和稳固。其次，较大规模的新城，在经济上更有能力建设较大型的商业、文化等公共服务设施，既便利居民生活、丰富新城文化，也可创造新的就业岗位。再者，随着新城规模的不断扩大，创造了良好的投资环境，不仅吸引了工业，而且科研、办公等行业也纷纷入驻新城，使得新城的功能更趋向综合平衡。

(2) 基于老镇的基础进行建设的新城逐渐增多

第一代新城的规划基地范围内,原有的人口数量一般都很少。然而到了第二代新城,选址一般都是靠近拥有1万~3万人口的老镇,规划时的本地人口基数显然比第一代新城的要大得多。而第三代新城的原有基础更具规模,基本上是在较大规模的老镇基础上规划开发的,其原有的人口和建成区规模甚至已经远远超过一些已发展成熟的早期新城。比如,彼得博罗(Peterborough)新城的原有人口是8.1万人,北安普敦(Northampton)新城的原有人口是13.3万人,沃林顿(Warrington)新城的原有人口是12.33万人,中兰开夏(Central Lanceshire)新城更是在3个老镇的基础上建设的,原有的总人口规模为23.45万人。

按照1946年的《新城法》,由新城开发公司建设的新城,即使是在老镇的基础上改建、扩建,也都称为新城。在老镇的基础上建设新城,有很多优势。首先,可以利用原有的服务设施、基础设施以及相关的服务人员和管理人员等,因而可以避免一些"新城的困境"(New Town Blue)①。其次,老镇的旧区改造任务也可在新城建设中得以解决,可以说是一举两得。再者,原有老镇的工业将可以得到进一步的发展,有利于促进区域经济的发展。

需要说明的是,英国的早期新城,尤其是伦敦周围的8个新城,基本上只是作为大城市的"疏散点"来考虑,用于接收大城市迁出的产业和人口。应该说,当时的英国政府还没有意识到要注意平衡全国的经济发展,战后一段时期的新城建设和政府投资基本上都是集中在英格兰的东南部。而在20世纪60年代后建设新城时,就较多地考虑了不同区域的经济平衡发展问题。比如,中兰开夏新城的建设明确地提出了要把发展经济与疏解利物浦和曼彻斯特的城市人口相结合。苏格兰的5个新城,在规划中都是被赋予了"经济增长点"的职能,希望通过它们来推进苏格兰的区域人口空间重构,以及重组区域经济。

2. 美国

美国新城的概念和发展情形涵括了从附属于大城市的卧城到职能健全的独立新城的各个发展阶段。20世纪60年代以来新建的新城有的是大城市周围的卫星镇,有的是独立的城镇,也有的是大城市内部的城中之城。按其性质来说,有的纯属卧城,有的有少量工业,也有的以大学和研究机构为中心,还有的是以有色人

① 北京市城市规划管理局科技情报组.城市规划译文集2:外国新城镇规划[M].北京:中国建筑工业出版社,1983.

种聚居为主。结合新城建设，还进行了各种新技术实验，如把新的交通体系、高速铁路引入城内等等。

以纽约为例，其城市发展经历了由城市化到城郊化的道路。在迅速城市化的过程中，居住缺乏、环境恶化、交通拥挤等城市问题接踵而来，都成了纽约城市建设和市政当局急需解决的问题。调整城市发展战略，从城市化向城郊化方向转移是纽约解决城市问题的有效途径。这个转移分为三个阶段：第一阶段，居民迁移到郊区，20世纪50年代到60年代是居民外迁的高潮期；第二阶段，在纽约郊区城镇建立大型购物中心等商业网点及将工厂企业搬到郊区，从而使城市中心的功能发生了巨大的变化；第三阶段，在纽约周边郊区基础上建立具备居住、购物、娱乐等城市功能的新城镇。从形态密度和生活方式来看，美国新城的发展演进基本是由城市化向城郊化转移和郊区城镇网络的完善与延续的进程。

3. 中国香港地区

香港的新市镇可分为三代，除了开发时间的先后外，其划分的标准主要是规划理念上的区别。

(1) 第一代新市镇

20世纪70年代初开始建设的沙田、荃湾和屯门，被认为是香港的第一代新市镇。在所有的新市镇中，荃湾的人口最多，目前已经逼近80万人，沙田新市镇现有人口约为64.1万人，屯门的人口也将近50万人。

沙田火车站地区是沙田新市镇的中心地带，集交通中心、购物、娱乐等综合公共服务于一体，火车站与“新市镇广场”连为一体，“新市镇广场”是一个超大规模的商业建筑群，里面不仅商铺鳞次栉比，而且食肆星罗棋布，此外还有多家电影院。出了这个建筑群便是汽车总站，公共汽车、出租车和小巴可把乘客带到新市镇的每个角落，往西便是沙田政府，而往东则依次是法院、图书馆、大会堂、酒店、博物馆和公园。

沙田地区原是城门河的河谷，在规划中依托城门河设计成带状发展的格局。把整个新市镇分为东西两部的城门河作为沙田休憩系统的中枢，设置了公园、长廊、自行车径和其他康乐设施，可说应有尽有。全港闻名的大医院——威尔斯亲王医院也坐落在沙田，为新市镇的居民提供高水平的服务的服务。这个新市镇里还建有一所大学——香港中文大学。全港最大的赛马场也坐落在城门河畔，每当赛马日，这里总是人声鼎沸。中小型的工业厂房主要集中在新市镇的火炭区。

(2) 第二代新市镇

20世纪70年代末期，港英当局发展起了第二代新市镇的建设，扩展到了元朗、粉岭/上水、大埔。作为原有的墟镇，这三个新市镇都有悠久的历史和根深蒂固的传统。其中，大埔的大埔墟，已经有几百年的历史，而元朗邓家祠堂的历史更可追溯到宋代。

第二代新市镇仍然注重于创造良好、完善的居住环境，但是它更强调保持原有的、自然的乡村环境，因为其选址都结合了古老的墟镇。由于从改建、改善及扩展原有的传统墟镇而来，第二代新市镇的规模较有限，所能容纳的居住人口相对较少。如今，大埔的人口约为28.3万居民，粉岭/上水的人口已经超过24.6万居民，而元朗约有17.7万居民。

在尊重历史背景和改善居住环境之间，当局还采用了一种新的做法，即除了大量兴建“公屋”之外，还在当地专门划出乡村发展区，帮助原居民建设“丁屋”①。这些房屋可自住，也可出租。

第二代新市镇也强调均衡发展，希望在区内解决居民的就业问题，所以都留有工业土地。大埔有香港的第一个工业村，元朗有两个大型的工业区。

（3）第三代新市镇

不管是第一代还是第二代，它们的发展都有一定的基础，而第三代的新市镇——将军澳、天水围和东涌，则几乎全部是从零开始建设。

与早先新市镇的更重要的区别在于，第三代新市镇不再刻意强调自给自足。因为前两代新市镇的发展经验显示，新市镇内的工业区并不能满足区内居民的就业需要，不少人仍然每日通勤——住在新市镇、工作在港九。尊重这一现实，第三代新市镇在规划和建设中减少了工业用地。由于大量居民需要在区外就业，新市镇与外界的交通联系显得格外重要。

第三代新市镇的建设从20世纪80年代初开始启动。其建筑形态上的最大的特点就是向高空发展，成片的住宅楼拔地而起，犹如“水泥森林”。高层高密度式开发，其容积率高达10，而在其他新市镇最多为5至6。

高空高密度发展令第三代新市镇在用地规模有限的条件下能够容纳更多的居民。将军澳的规划目标是从现在的31.1万人增加到约48万人；天水围则将从20万人逐步增加到30万人；起步不久的东涌，最初仅有2万多居民，而未来的目标则是容纳32万人。

① “丁屋”大致上指以下两类情况：第一类是政府从官地中拨出适合土地，以新批地形式批出（因官地有限，近年已不再见到这种丁屋批约）；第二类是原居民自己提供适合的农地，再申请建屋牌照（俗称“丁牌”）的方式出现（这种为目前最常见的）。根据1972年的丁屋政策，原居村民是指年满18岁的男性村民，其父系必须源自1898年已在政府认可的乡村定居的居民。同时，申请人必须以前不曾获得政府任何建屋优惠。根据丁屋政策，土地必须坐落于认可乡村的300呎范围内，或在“发展审批地区图”或“分区计划大纲图”的“乡村用途区”（即V ZONE）内，方会被考虑。

3.5　新城建设的发展趋势

1. 英国

（1）20世纪40—50年代

英国战后所建的新城大多以居住功能及建设住宅为主要任务，乡村地区开展大规模的农村贫民窟清除运动（Rural Slum Clearance，指对农村地区大面积的未经规划、并缺乏基础设施的棚户区的清除），经清除后的土地，即可为中央政府统一购买，作为新城开发的用地。其中有些新城是为了振兴地区经济而设置的，比如为吸收投资而开辟新城，或为开发矿区而设立新城。

这一时期的大规模新城开发，对于中央政府而言，其意义在于：第一，有计划的新城开发纠正了战前英国很多城市不经规划任意扩张建设的混乱局面；第二，新城开发在理论和实践上都符合了中央政府大规模推进战后重建的意图；第三，新城的开发实践，为大规模的开发建设活动提供了一整套经验。

战后兴起的新城建设热潮一直延续到20世纪50年代。20世纪50年代保守党重新执政后，修订了新城开发政策，不再将新城开发看作是个别规划师的提议和作品，也不再仅仅依靠私人财团的资助来建设新城；而是把新城开发纳为一项国家策略，纳入长期的开发计划之中。在保守党执政期间，除了投资开发新城外，还采取了其他措施来重新配置人口，包括疏解大城市人口。

（2）20世纪60—70年代

20世纪60年代，伦敦又一次提出了大伦敦发展规划。鉴于20世纪40年代的大伦敦规划并没有解决伦敦人口和经济的过分集中问题，新的规划提出了建立更强有力的反磁力中心的主张，进一步强调了区域性中心城镇的作用。新的大伦敦发展规划由1964年的《东南部研究》、1967年的《东南部战略》和1970年的《东南部战略规划》组成。规划的中心思想是，在伦敦的若干辐射轴上，建设规模足够大的8个“反磁力”中心，以有效地解决伦敦中心城市的拥挤问题，同时也避免人口和经济活动过度分散而导致经济效益的下降，以及对周边农村地区的过度冲击。到这时，英国对区域性中心城市的功能和作用的认识已较为完整和成熟。英国的城市化建设从此走上了规范化发展的道路，各地的新城不断涌现。

这个时期的新城建设，基本上仍是采用伦敦地区的新城建设理念，即注重功能的自我平衡、社会平衡，以及改善环境。但这一时期开发的新城，其规模大大增加了，最大的达到50万人口，已相当于英国的大城市规模。

20世纪70年代后期，由于经济形势的变化，英国的主要城市都出现了不同程度的衰败。英国的城市政策也发生了变化，即从疏解大城市的人口和工业，转向了协助大城市复兴内城经济。尚存的新城开发也不再局限于大城市的外围地区，而是扩充到整个区域范围，城市规模也显著扩大。

（3）20世纪80年代及以后

由于整个经济社会条件的变化，英国政府在20世纪70年代后期宣布了停止新城的规划和建设，在20世纪80年代已不再有新城建设计划，即政府不再拨款建设新的新城，但对现有新城的功能和物质性调整一直在进行，其后的开发由私人开发公司来进行。从随后20多年的发展来看，政府主导的新城建设行为确是停止了，但新城仍在发展。在当年的“新城”①中，除了要有基本的公共和社会基础设施之外，还增建了更为完善的生活服务设施和文化娱乐设施，如大型文化娱乐中心。在土地规划和管理方式方面也注意适合大规模的住宅开发及大型办公建筑和工业的发展。最重要的是，其城市功能着眼于促进整个大都市区的经济发展。有些新城已不再是附属于大城市的卫星城，而是变成了独立的城市实体。它们的基础设施完善、公用事业齐全，交通区位条件优越，具有较佳的投资环境，有发展的潜力。密尔顿·凯恩斯新城就是一个最好的例子。

新城计划是战后英国所实施的最成功的城市政策之一。总体而言，英国的新城社区在经济意义和社会意义上都是较为成功的。新城的诸多方面被认为是城市规划设计和城市研究的范型。几代新城的规划理念和开发实践都有可供借鉴之处。特别是密尔顿·凯恩斯新城，它是英国最成功、规模最大的新城之一，创造了较为独立平衡的社区，为未来的大规模城市开发提供了多方面的经验。至20世纪末，英国居住在城市的人口已达90%，其中约23%是居住在政府规划和建设的各种不同规模的“新城”内。

20世纪80年代以后，在英国虽然已不再开发新城，但对新城的热衷和研究一直没有停止过。有的学者在对新城经验的诠释中，突出了新城的社会意义；有的将“可持续发展”的观念融入了新城的内涵，进而提出了“新社区”（New Settlement）的规划概念。新社区具有多重含义、内容广泛，是集生活、工作、休闲娱乐为一体的综合区域；新社区重提一百年前霍华德“田园城市”的思想，将农业也纳入到规划考虑的范围，这是一种对城市聚居模式的新探讨。

① 这时的新城，早已纳入正常的地方政府管理，在相当程度上已与其周边的城市化地区融为一体。

英国20世纪末的城市政策，重点在城市复兴，但新城开发的一些理念和运作方式在新的历史条件下仍具有意义并得到了借鉴。

（4）未来新城发展的重点

英国的新城在一个较短时期内发挥了重要的作用，取得了辉煌的成就，尤其为战后英国200万选择居住在新城的人口提供了住宅、就业和公共设施，并且为整个区域的可持续发展创造了机会和条件。目前的英国政府部门对于新城当前和未来发展的总体见解主要有：

① 新城多为低密度开发，导致小汽车过分依赖和公共交通的衰落。尤其是后期的新城，例如，密尔顿·凯恩斯新城的居民依靠公共交通运输系统的比例不高，大约是总通勤人口的10%，大多数人以私人交通工具至伦敦及伦敦市郊工作。

② 一些新城中心区逐渐衰败，失去了往日的购物吸引力。需要新的规划来创造高质量的公共空间，并改造老化的街区，增加休闲娱乐等公共设施，以恢复和提升中心区的活力。

③ 新城的人口结构虽然不足以影响全国，但某些年龄阶段的人口集中，需要增加相应的社会设施，尤其要应对社会老龄化这一问题。

④ 各座新城的经济社会需求各不相同，但它们几乎都存在着大量失业、急需提供经济型住宅等的衰落社区的问题。新城开发公司提供大量住宅已经过去，但如今重又需要更多的经济住房（Affordable Housing）开发，应该扩大已有的新城规模以适应住房需求。同时，还应该积极创新设计。新的规划设计应该保证足够的社区设施和公共空间，而不能再仅仅依靠现状设施，同时还应建立良好的管理和保证长期的资金投入。

⑤ 新城委员会从新城开发公司接手过来的新城，其住宅区和购物中心区都存在着严重的管理方面的问题。这些主要是因为新城的雷德朋（Radburn）设计的整体化与土地的私人拥有和使用的矛盾引起的，贫穷、不安全的邻里及公共设施欠缺的购物中心等常常引发有害社会的行为。

⑥ 英格兰联盟（England Partnership，简称EP）选址的大量开发中，有些是具有国家或区域战略性意义的投资，而那些不具有战略性的开发应该转交给当地政府去负责，以便于他们能有效地实施地方发展战略。同时，在这些点的战略选址上也应给予地方政府尽可能大的控制和管理能力。英格兰联盟（EP）是一个国家机构，在地方政府具体实施开发时则可提供顾问支持。

⑦ 在投资方面，诸如伦康新城这样的较大规模的新城，因为受益于欧洲基金和其他更新计划的资助，能进行明显优于其他城镇的更新改造。但是在英格兰地

区的22座新城中仅有5座新城符合获得“邻里更新资金”的条件。因此，建议修改符合获得“邻里更新资金”的标准，以有利于其他小规模的城镇也能符合条件而获得资助。

⑧ 新城用于维护和管理的资金往往不足。当年新城开发公司所建起的住宅和公共设施，以及面积广阔的绿化环境和开放空间都是需要不菲的费用来维护和管理的，而且现在还面临着更全面的改造更新压力。一般的费用不足以有效地解决新城当前急需解决的特殊问题，即使给予新城一些平衡补贴也不能产生足够的效果。新城开发公司撤销后，英格兰联盟（EP）并没有和当地政府合作以提高新城改造和更新的工作效率，而是只在乎土地买卖中的最大收益。新城的加税使得地方政府损失大量销售收入，因此有必要修正加税政策，以保证地方政府的财力和其他城镇一样。同时，需要重新调整新城的资产负债情况。原来的新城债务管理和资产支配由新城开发公司、新城委员会和英格兰联盟（EP）决定的方式已经不适应发展。当地政府对于新城开发公司移交过来的资产债务应该重新审核，以便于当今的新城改造和管理。资产审核应该全面考虑社会、经济和环境的综合效益，考虑城市管理的效率和长期再投资的需求。

⑨ 英国的新城建设已步入成熟阶段，政府最近发表的新的可持续住区计划（Community Agenda）——一个科学合理的、平衡全面的、可持续的社区规划，其主要目的在于解决已有的经济住宅短缺，尤其是新城内住宅供需不平衡和选址问题，以保证土地的可持续利用。新的可持续社区议程应该建立在新城的建设基础和实践经验之上。

自新城开发公司解散，新城回归地方政府管理后，新城已进入更新改造的阶段。为了解决新城所存在的普遍问题和单个新城的特殊问题，中央政府和地方政府，以及英格兰联盟（EP）通过制定地方规划（Local Plan），对新城的未来发展提出因地制宜的政策和措施。

2. 法国

要疏解巴黎市区过分集中的人口，改变东西部严重的不平衡状态，使巴黎市区和周围地区都能形成相互平衡的城市单元，为居民创造良好的生活环境，不仅需要建设新城，还需要对郊区进行统一规划。

1976年7月1日，法国政府批准的“大巴黎区域城市发展引导规划”明确提出：除了在郊区建设5个新城外，在近郊还要建9个城市副中心；为了保护和发展远郊农业和森林用地，将郊区划分成5个自然生态平衡区，在这5个生态平衡区内

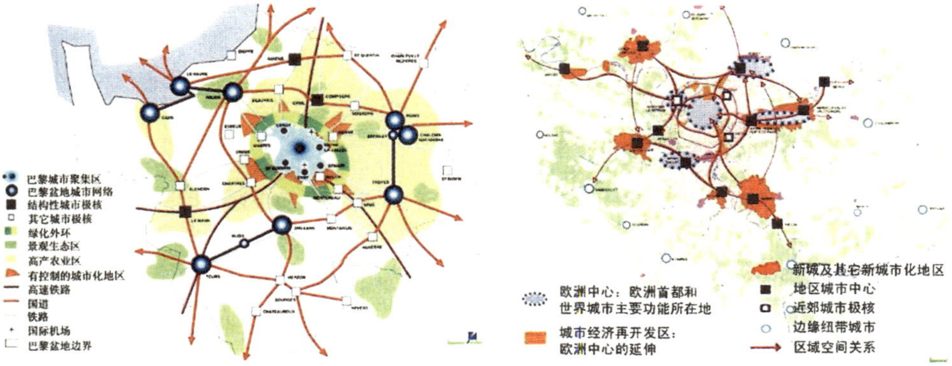

图 3-14　SDRIF 规划，1994 年

图片来源：吴良镛，等.京津冀地区城乡空间发展规划研究［M］.北京：清华大学出版社，2002.

要发展 16 个以中、小自然村为基础的小城镇，以保护自然环境和保存农村特色。在这个规划中，对上述这些地区规定了具体的建设原则和方针；此外，还确定了城市优先发展地区的建设方针和政策。这些规划政策对巴黎以后的新城建设具有一定意义①。

1994 年的《法兰西岛地区发展指导纲要》(*le Schéma Directeur Régional pour l'Ile de France*，简称为 SDRIF 规划)(图 3-14)提出通过牵制，而不是组建，来有效控制城市蔓延。SDRIF 规划为了应对世界范围内城市间竞争日益激烈的挑战，从更大的区域角度来分析巴黎地区的空间布局，提出通过建立“多中心的巴黎地区”和推进合理的、可行的和可持续的区域发展来提高区域整体的吸引力和竞争力。

法国的“中心多极化”发展优先考虑改变公共交通网络的布局，改变大部分交通集中在巴黎的情况，促使交通网络遍及巴黎中心城市以外的次要地区。②法国关于城市网络和既定目标的区域都市政策的最初框架是在 20 世纪 90 年代产生的，旨在提高大城市的竞争力及加强小城镇之间的联系和相互依赖性。这些纲要的目标是应对两极化所带来的负面影响，鼓励建立多极化的城市体系。1999 年的区域规划和可持续发展框架法案确认了该政策。

尽管新城的建设过程中遇到了一些困难，但从城市发展的战略意义上来说，新城的建设促使了巴黎地区的人口在较大范围内均衡分布，在提供就业岗位和提

① 北京市城市规划管理局科技情报组.城市规划译文集 2：外国新城镇规划［M］.北京：中国建筑工业出版社，1983.

② Jean-Peirre Dufay.法国城市规划文件中的中心多极化，2002.09［C］.IFHP 天津大会.

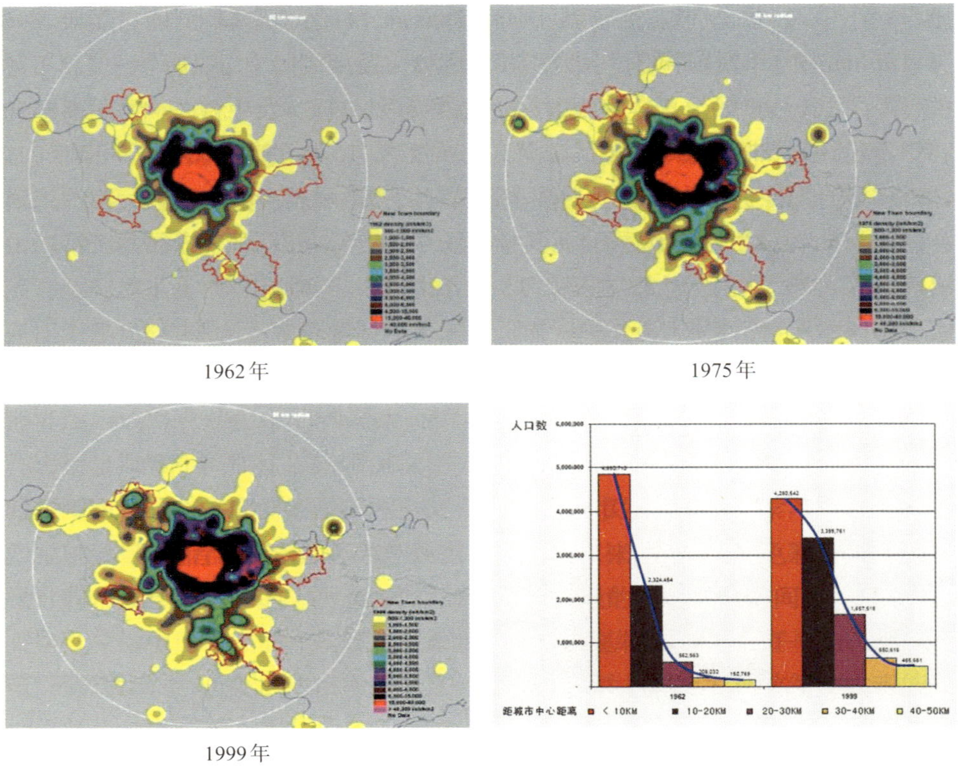

图3-15　大巴黎人口空间分布的变化

图片来源：Chreod Ltd

供城市服务设施等方面也取得了一定程度的成功。在空间上表现为(图3-15)：中心距城市中心10公里范围内的核心区人口数降低，而10～50公里范围内的人口则有不同程度的增加。巴黎城市人口的空间分布由集中走向疏解，人口分布的级差正在逐步缩小，人口空间分布逐渐均衡。

3. 美国

20世纪50—60年代，美国为了控制城市盲目向郊区扩展，新城建设提上了日程。20世纪的美国，其郊区的新城建设虽然在社会、经济和管理方面形成了一个框架，但由此又产生了土地使用和交通方式等方面的新问题。

第二次世界大战后城市急速扩展，以低密度平房和小汽车交通为主体的近郊发展给城市带来了交通拥塞、空气污染、土地浪费、内城破坏等问题并使邻里观念淡薄。自20世纪80年代以来产生了几种以矫正这些城市病为指向的探索，包括由安德雷斯·杜安伊(Andres Duany)与伊丽莎白·普拉特·赞伯克(Elizabeth Plater Zyberk)提出的传统的邻里区开发(Traditional Neighbcrrhood Development,简称TND)和由彼得·卡尔索普(Peter Calthorpe)倡导的公共交通导向的邻里区开发(Transit Oriented Deve1opment,简称TOD)。这些实践就其理念而言有很多相类似的地方,统称“新城市主义”(New Urbanism)。

作为一种以再造城市社区活力的设计理论和社会思潮,“新城市主义”于20世纪80年代末期在美国兴起,是对被忽视了近半个世纪的美国社区传统的复兴。1993年的“新城市主义大会”(Congress of the New Urbanism)抨击了1933年的《雅典宣言》,其基本理念是从传统中发掘灵感,并与现代生活的各种要素相结合,重构一个被人们所钟爱的、具有地方特色和文化气息的紧凑性邻里社区。尽管“新城市主义”在新型社区的设计和开发中已经进行了较为成功的尝试,尤其是影响了郊区的新社区开发形态,但目前在美国并没有被广泛视为适于主导未来社区发展的模式。

4. 中国香港地区

香港政府开发的9个新市镇各处于不同的发展阶段。最初的3个新市镇已差不多全部完成开发。第二阶段的3个新市镇,即大埔、粉岭/上水以及元朗,工程始于20世纪70年代后期,现已接近完成阶段。最后发展的3个新市镇,即将军澳、天水围及东涌的开发工程还在积极进行之中。香港新市镇的发展不仅历时久、规模大,而且耗资巨。目前,9个新市镇的发展总面积超过110平方公里,已经投入数百亿港元资金用于公共开发。

预计到2011年,香港的人口规模将超过800万,因此必须物色新的发展地区。特区政府目前正研究将古洞北、粉岭及洪水桥开发为新一代市镇,这些新市镇都以铁路交通为骨干,环境富有特色。按规划,预计香港还需建设供450万人口居住的住宅。由于新市镇的开发,香港的城市布局已呈多中心发展。所有的新市镇都以高速公路和轨道交通与城市中心连接。根据规划,最终所有的新市镇都将有轨道交通的联系。

新市镇建设在吸纳人口和提高市民居住水平方面是成功的,但并未能实现分散经济活动的期望。新市镇发展过程所面对的各种问题,包括人口结构的不均衡、居住与就业地分离的矛盾等,已经引起各方的关注。在《香港2030——规划远景与策略》中已经提出了这些问题,拟通过征求各界的意见,集思广益,寻求最佳的解决办法,以使新市镇的建设保持长久的发展势头。

3.6　新城建设的技术创新

1. 环境保护与景观设计

新城建设都高度重视环境保护，采取措施避免环境污染。

首先，通过绿带对建设区进行严格控制最先是在大伦敦地区使用的重要手段。1938年，英国颁布了《大伦敦环城绿带保护法》(*Green Belt Act*, 1938)，确定在伦敦市区周围保留2 000余平方公里的环城绿带用地，绿带宽度为13～14公里，其中除部分农业用途外，不准建造工厂和住宅。1944年的大伦敦地区规划确定的建成区外圈的绿带宽度为16公里，占地面积5 780平方公里。至20世纪50年代，大伦敦的环城绿带政策被推广到英国的其他地区。但是到了20世纪80年代，英国政府迫于国家及地区经济发展形势的压力，为了全面鼓励经济开发，调整了空间发展政策，一些高精尖类型的企业项目被容许布置在环城绿带中。但总体而言，在新的开发的冲击，既定的城市隔离绿带基本都得到了保全。

严格保护重要的自然地点、原始森林保护区还有沼泽地等是新加坡政府一直不遗余力的紧要任务。新加坡是一个平坦的小岛，地形没有变化，因此，新加坡岛中央的一片高自然度的地区，就显得特别珍贵，在进行国土规划时，把这一个高自然度的地区，划设为永久保护区。布基山自然保护区是地狭人稠的新加坡岛上永久保护区中面积最大的一片森林地，不仅提供给高度城市化的新加坡人一个接近大自然的去处，而且提供给野生动物及植物一个最后的栖息空间。这片森林对新加坡的生态体系有深远的影响，同时也是新加坡岛的水源保护区。在面积只有750平方公里的新加坡国土中，为了保存这块150平方公里的永久保护区，这1/5的国土绝对没有住宅区、高冷蔬菜、采矿、水力发电等开发，就是纯粹的大自然。

又如，法国的凡德勒伊(Vaudreuil)新城多年来一直在法国"无公害城市"的环境保护运动中起先驱作用；英国的特尔福德新城在选址时，充分考虑了废弃地的利用，开发公司采用了一系列的措施来开发利用废弃地；英国的沃林顿新城开发时，将现有的污染工业全部迁走，并组建了由开发公司的代表、地方当局和地方供水局、公共卫生监察员、工程师、规划师、警察等组成的工作队。

1970年为欧洲保护年(European Conservation Year)，北爱尔兰地区的克雷甘文新城开展了环境研究，提出了在新城建设过程中保护自然环境的问题，结果使得这一新城增设了大面积的湖区。这不仅有利于环境保护，也提供了休闲娱乐场所，促进了新城开发。

新城总体规划决定的城市外观虽然完全不同于无规划的老城市杂乱形象，但由于新城景观还不成熟，主要是各类两层居住、偶尔插有高层，各种空间围合形成场所感。新城建筑的表达虽然对比明显，但缺乏老城镇的那种建筑和空间的丰富亲切感，而且偏低的建设密度和点睛式的高层建筑其形象往往显得单调。出于新城总体规划的意图，在中心地段将众多大体量的建筑布置在一起形成公共空间，可使新城中心成为一个功能上和视觉上的景观焦点，这种与工业化、标准化、大生产相对应的现代主义手法，并没有充分重视设计的重要意义。

图3-16　韦尔温田园城市的中心轴线，2002年

在一部分新城中，景观设计相对得到了重视和发展，向来视景观为次要设计元素的传统观点在一些新城规划中有了较大的改变。以韦尔温田园城市为代表，它源于田园城市的概念，即把农业开放地带作为城市的组成部分，将自然景观引入城市，摒弃工业革命带来的机器化的冷漠。韦尔温田园城市的中心是由草坪和树木形成的轴向空间景观，周边的建筑景观由精心布置的草地、树木和篱笆等辅助（图3-16）。虽然城市的密度偏低，城市的感觉被淡化，但它的景观质量及人性化设计还是值得称道的，显示了景观设计在整体城市设计中的重要性。

城市城市规划中的城市形态主要是以土地来表达的，而土地的特性既是功能上的，也是美学上的组织城市结构的决定性因素。设计不仅是要解决不同性质的土地使用功能的合理组织的问题，更是要创造有区别于其他城市的个性。

基于地形的大规模景观设计的概念也可以哈罗新城的设计来说明。哈罗新城位于斯托特河河谷，铁路和公路使城市成半圆形。东西两边的农业区以自然的河谷相连，城市中心为焦点。其他的河流以自然状态存在，并以开放空间相连，形成一个连续的景观面，并区别于建设区。景观区与建设区相互影响，城市中心位于高地上，从公路上看，有一个视觉的焦点，并形成独特的轮廓线（图3-17，图3-18）。

新城的建筑布置充分利用了自然地形，住宅群、步行街、服务设施与绿地组合在一起，协调一致，使城市空间丰富生动。例如，法国的塞尔基-蓬杜瓦兹新城和玛尔-拉-瓦雷新城的自然地形起伏较大，规划师和建筑师利用地形取得了丰富和

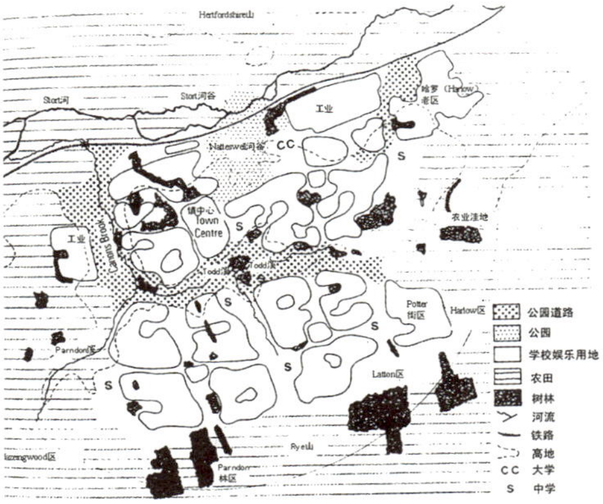

图3-17 哈罗新城土地利用图

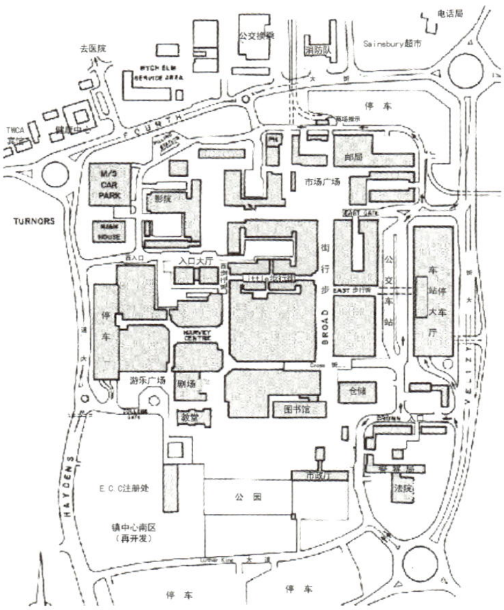

图3-18 哈罗新城中心区平面图

图片来源：Frederick Gibberd, Ben Hyde Harvey, Len Whte and other contributers. Harlow: the Story of a New Town [M]. Publications for Companies, Great Britain, 1980.

生动活泼的环境效果；而在埃夫利新城则是用垂直规划的手法，创造人工地形，与阶梯式住宅一起组成富有层次感的空间。

2. 步行街区和人车分流

1943年崔帕爵士（Sir Herbert Alker Tripp, 1883—1954）在他的《城市规划与道路交通》（*Town Planning and Road Traffic*, 1943）一书中对城市交通增长的危险作了敏锐的分析，批判了当时的道路交通系统，提出一系列交通模式：步行路线与机动车路线在必要时完全分开；道路仅为专用功能建造；在一些地方，特别是商业步行区被划分为步行区，其中机动车辆的进入完全与步行者所用的道路和空间分开①。

在新城的发展过程中，日益增大的交通压力也导致了交通事故的增加。为此在许多新城中都采取了将步行道和机动车道分隔的措施，即实行人、车分流和机、非分流；同时开辟专门的步行道和自行车道系统；在市中心或商业购物区设置禁止机动车辆通行的“步行区”。新城中心区以通用商业街的传统模式由辅助道路和停车场围合而成步行核心区的改革开始逐步被人们所熟悉，即通过禁止车行交通进入核心区，有可能形成一系列不同功能的城市空间，而它们的户外开放空间相互连接，内部可以通过空间的延续性联系获得。

① 仲德昆.英国城市规划和设计[J].世界建筑，1987(4).

斯蒂文乃奇新城率先设置了市中心步行街区，即皇后大街（Qweens Way）。科比新城的中心区，则采用以机动车道为城市轴线，在其两侧分别设置带步行街区的购物区和连排商店。对于新城中心的行人、私人小汽车和公共交通之间的联系和矛盾，自坎伯诺尔德新城首次采用分层次立体设计而得以解决以后，其他城市开始纷纷效仿。这个设计的基本手法是在一个多车道的道路骨架上，建设架空的建筑及广场等步行平台，建筑之间及各层之间用电梯、坡道、台阶等连接，用立体的方式解决建筑使用功能与交通流线之间的矛盾。

1959年以后，新城居住区的道路系统设计大量地采用了雷德朋体系的设计方法。根据雷德朋原则，在住宅区内，住宅的前院通常与步行小道相接，而机动车道和车库通常设在住宅的背面；在新城的商店、学校和其他室外游戏空地等人流集中区，一般都设有步行道，尤其是儿童游戏场所远离交通性道路，与公路的主要出入口分隔开来；人们可以通过步行天桥或地下步行通道来穿越主要的机动车辆道路。例如，英格兰北部地区的华盛顿新城，采用全封闭式的快速机动车道路系统；而在市区内设置了完整的步行道系统，可以步行到达各社区的中心、商店、学校和公共汽车站。这样就大大减少了交通事故的发生率。

在公共交通领域方面，法国的快速轨道交通技术在世界上一直处于领先地位，运用在中心城市与新城之间，非常有效地解决了地区性的交通问题。此外，埃夫利新城试用了电动公共汽车，还大力研究随叫随到的两用交通工具，即既能在某些特定线路上自动运行，又能在一般道路上行驶。

3. “新城市主义”

（1）基本概念和原则

- 缘起

“新城市主义”于20世纪80年代末期在美国兴起，其基本理念是从传统中发掘灵感，并与现代生活的各种要素相结合，重构一个被人们所钟爱的、具有地方特色和文化气息的紧凑性邻里社区。

- 基本原则

新城市主义者基于一个十分简明的原则：社区的规划与设计必须坚持公众价值比私人价值更重要的原则[①]。具体来说，首先，邻里中心应当由公共场所来界定由地方的商业服务等公共设施所形成的活跃空间。其次，每个街区都应当有不同

① ［美］彼德・盖兹编著.社区建筑［M］.张振虹，译.天津：天津科学技术出版社，2003.1.

的住房类型和土地使用方式，充分考虑兼容性和灵活性以便于必要时能可容易地改变功能。再者，用地布局、街道组织和建设密度都应当有助于使步行、自行车、公共交通成为代替私人机动化交通方式的选择。还有，建筑物不应该仅仅是与周围环境不相关的摆设，而是应该与街道、公园、绿地、庭院和其他开放空间保持一贯的联系性，并有助于空间或界面的限定。

（2）设计理念

"新城市主义"所倡导的未来社区的理想模式是：紧凑的、功能混合的、适宜步行的邻里；空间组织合理的用地功能分区；能将自然与人工的社区环境结合成一个可持续发展的整体功能化和艺术化的走廊。邻里、分区和走廊是"新城市主义"社区的基本组织元素。

- 理想"邻里单位"理论

20世纪30年代由佩利提出的"邻里单位"理论被"新城市主义"发扬光大，并重新归纳了一个理想邻里的基本设计准则：① 有一个被公共空间明确界定界限的邻里中心，并由具地方识别性的市政和商业设施来引导；② 具最优规模，即由中心到边界的距离为1/4英里（约0.4公里）的空间；③ 居住、购物、工作、教育、宗教和娱乐等各种功能活动能达到一个均衡有效的交织使用；④ 将各种不同使用功能的建筑和交通建立在一个相互联系密切、组织高效的街道网络之上；⑤ 公共空间应该和周边的建筑有机结合，而不是互不相关的，公共空间和公共建筑的安排应优先考虑。

- 分区

建立在高度专业化必将带来高效率的观念基础之上，明确的用地功能分区一度被奉为经典教条。但随着信息革命和环境技术的发展，严格的功能分区思想已经被逐渐摒弃，在土地使用中允许多种功能活动来兼容支持，用地功能分区按照与邻里结构相类似的方式组织；有清晰的边界和尺度，有明显特征的公共空间，有专门的步行系统，并通过公交系统与外围的区域发生联系。

- 走廊

走廊是既连接又分隔邻里与功能分区之间的载体。在郊区化模式中，走廊仅仅是保留在细分的功能地块和商业中心之外的剩余空间；但"新城市主义"将其视作具有塑造景观特色的连续的城市元素，由与之相邻的功能分区和邻里所界定，并为它们提供出入的路径。

（3）公共交通导向的邻里区开发

彼得·卡尔索普的"交通引导开发"，即TOD，利用了运输与土地使用之间的一个基本关系，将开发集中在沿轨道交通线和公交网络的结点上，把大量人流发生点设置在距公交车站很近的步行范围内，鼓励更多的人使用公共交通。一个TOD社区即是一个围绕公交车站将功能密集交织在一起的社区。

首先，最靠近车站的将是零售业区、服务商业区、办公楼、餐馆、健身俱乐部、文化设施和公用设施，它们使一个TOD社区的居民无须利用私人交通工具，就能很方便地从事工作、购物、娱乐等各种活动。其次，在商业区附近，有小规模的适于单身、学生和老人等的双联房、联排房和公寓，也有独立式住宅。再者，住宅尽量布置在公园等公共空间周围，社区设施（如托儿所、教堂、学校或会所）也就近设置，赋予人性化和个性化设计，以强化各种公共设施和公共空间在社区生活中的重要性。

TOD强调土地混合用途，并以公共交通优先为规划原则。居民距离社区中心或公交车站不超过600米，或10分钟步行路程；公交车站之间的距离在0.8～1.6公里；车程不超过10分钟；区内汽车时速不能超过25公里，内部服务性道路路宽不超过8.5米。卡尔索普的TOD规划经常包括自社区中心或车站区向外的放射形街道。他主张，放射形街道可以提高居民的交通效率，因为这些街道缩短了与社区中心的距离，并在设计上加强了中心区的清晰感与个性特点。此外，居住开发密度是25～60户/公顷，接近车站的地区内商业用地不少于10%，社区中心1.6公里范围内仅设置一些便利设施，不再允许设置其他商业中心，以避免一些不必要的商业竞争。尽量减少有污染的地下排水系统，尽量保留天然沼地。

卡尔索普认为，在理论上，2 000套房屋及9万平方米的商业区、公园、学校和托儿所可以被很好地安排在车站周围400米的步行范围内，或大约48公顷的范围中。① 相比较之下，在相同的地区中，典型的市郊开发商可能只会兴建720套独立式住宅。

TOD将不仅出现在新开发地区，还会出现在城市内部填充式发展区或重建地区，后者将会由汽车优先转化成行人优先。卡尔索普为波特兰（Portland）、萨克拉曼多（Sacramento）和圣地亚哥（San Diego）所做的规划中所提出的TOD原则是："都市TOD"直接位于主要的公交线路上，因此适合创造工作机会和高密度的功能开发，如办公、零售中心和高密度住房。②

① 彼德·卡尔索普.步行者手册：郊区发展新战略[M].参见《步行者的手册》.纽约普林斯顿建筑出版社，1989.11.

② [美]彼德·盖兹（Peter Katz）编著.社区建筑[M].张振虹，译.天津科学技术出版社，2003.1.

（4）传统的邻里区开发

传统的"邻里区开发"，即TND，是由安德雷斯·杜安伊与伊丽莎白·普拉特·赞伯克提出的，它包含更为精细的设计规则，而且相比较卡尔索普的TOD，可根据各地情况有更多的变化。但是，TND不像TOD一样强烈地植根于地区规划和公共交通重要性的信念中。TND类型的规划在很多方案中被提出来，有风景旅游区海滨镇和佛罗里达的温索尔、再开发的购物中心（马萨诸塞的玛实比）、活动房屋地区（亚利桑那梅萨的罗丝维斯塔），还有传统的市郊地区（马里兰盖德斯堡的肯特兰）。[①]

TND的重点在城市设计，而不是城市规划。这些"传统邻里区"有以下特征：基本地块的大小为从16到80公顷不等，半径不超过400米，使得其中大多数的房屋都处在街区公园的3分钟步行范围内，以及中心广场或公共空间的5分钟步行范围内；街道间距是70～100米；周围有绿带；邻里内有多种类型的住房和居民，分别适合不同的家庭类型与收入群体；土地使用多样化，设置会所、幼托、公共汽车站和便利店等；区内道路两旁都有人行道；每条街道都有各具特色的行道树；公共建筑布置在人流集散点；住房的后巷被关注为设计的重点。由一组组的邻里组成村庄，各村庄间都由绿化带分隔和由主要街道联系。城镇则可能是由几个村庄或邻里组成，并有各种商业设施和公共机构。学校一般位于几个邻里聚集的地方，服务于村庄或更大范围地区的商业、娱乐和市政设施等一般沿主要街道设置，并带有公共空间。

"新城市主义"自20世纪80年代末期在美国兴起后的10多年，已有了大量的实践，其中较有影响的开发项目或作品包括：位于佛罗里达州的倍受称赞的海边旅游小镇——海滨镇；洛杉矶内城的复兴规划；被誉为"进步的建筑"的亚利桑那州机动家庭村庄；德克萨斯州国家级的最大的城市更新住宅项目；不列颠哥伦比亚为12 000人所建的可持续性"社区"等。

"新城市主义"较为成功地尝试了一种新型社区的设计和开发，在一定程度上影响了美国郊区的新社区开发形态。但是，由于北美的住房消费者仍是喜爱独立式住宅，因此在美国并没有被广泛视为适合于主导未来社区发展的模式。

"新城市主义"的实际设计标准和执行操作还不能完全与北美地区的法规框架相匹配。例如，各地城市的总体规划方案和土地使用规划仍然不鼓励功能不同的土地使用混在一起；美国许多消防部门所要求的街道宽度要超过"新城市主

① ［美］彼德·盖兹（Peter Katz）编著.社区建筑［M］.张振虹，译.天津科学技术出版社，2003.1.

义”的建议宽度；另外，“新城市主义”未被很快普遍采纳的原因还在于房地产市场高度细分所对应的土地使用分类适用性（如独立式住宅用地、多户住宅用地、零售用地、办公用地和仓库用地等），每一种类别都有其不同的运作方式及市场、行业组织和融资来源。

新城市主义并没有完全解决大都市开发中的一些基本问题，仅仅是在局部或地区内小范围地考虑了生态问题，至多也只是局部缓解了美国日益尖锐的经济与社会分歧。现代社会邻里淡薄的观念不会因建筑形式而改变。新城市主义所谓的扩大获得住房的机会仅仅是针对社会中上层阶级，对于低收入家庭和有特殊需要的群体，还需要政府有另外的解决方案才能获得住房。新城市主义的建设项目往往只是强调形态模式，而非规划的本质，许多新的开发项目往往只是很肤浅地运用新城市主义的设计手法作为一种促销手段。

新城市主义者的美好创意和期望也并不能完全在设计实践中体现，因为社区在使用中会出现各种阶层的使用者和各类型的社区组织。虽然邻里开放空间是公众的，但由私人业主协会来控制，社区的各种设施，如幼托、教堂和会所等是否人人都可以使用；业主合作体系能否为社区的内聚力提供更强的基础，各种问题都悬而未解。

4. 新城与轨道经营的结合

世界上诸国的新城发展始终和轨道交通息息相关。

以日本为例，其新镇的开发离不开私营铁路线的延伸，便捷的轨道交通服务导致了房地产业和著名百货商店、连锁店等相继跟进，在新镇拓展中发挥了互动的作用。

在日本，轨道交通与房地产的综合开发策略，是20世纪20年代初期，由Hankyu铁路公司在大阪地区（Osaka-Kyoto area）首先采用的。由于这种综合开发策略取得了巨大的成功，被铁路公司在东京及日本其他地方广泛地采用。理想主义的“田园城市”理念被发展成为一种赢利性的商业投资方式。对私营铁路的经营者而言，修建铁路不仅能从为城市居民提供交通服务中获利，也是房地产开发的重要商机。

日本及东京的区域轨道交通服务网主要是由私人投资，而日本政府则赋予轨道交通公司在轨道附近土地上的开发专营权。私营铁路的建设，带动了与铁道交通主业相联系的房地产开发，以及零售业、公共汽车运营业等的发展。由于日本政府对铁路的票价有控制，为了保证私营铁路的活力，政府立法规定私营铁路公司可以开展多种经营。其中Tokyu、Odakyu、Keio、Seibu等经营东京西部铁路线路；Tobu经营北部铁路线路；Keisei经营东部铁路线路。统一进行土地利用与铁路建设规划以及基础设施配套，然后出售部分土地以补偿配套费用，其余用于自行开发。这就是日本城市建设中著名的“土地重整”过程。

通过铁路与沿线土地综合开发的方式，以铁路带动土地开发，以土地开发培育铁路客运的客源。阪神、阪急电铁公司也都发展成了多元化经营的产业集团。它们除了铁路事业外，涉足的产业还有：地面公共交通、房地产、商业、旅游业、文化设施、游乐设施等，此外还对外投资。铁路主业带动了其他兼业，兼业支持了铁路主业。

日本政府允许私营铁路公司的兼营业务可分为：① 交通运输业：公共汽车服务；出租汽车；汽车租赁；货运卡车；航空；船运；货运；包装配送；车厢制造等；② 房地产业：建造、销售、住房租赁、办公楼、旅馆、建筑设计、工程设计、园林工程；③ 零售业：百货商店的建筑和运营、超市连锁经营、车站销售亭、餐饮服务专门商店等；④ 休闲和娱乐业：风景旅游胜地、休闲所的建筑和运营、娱乐公园、棒球运动场、多功能电影场、时装俱乐部、高尔夫球场，旅行社的运营。

私铁公司东急集团（Tokyu Corporation）由一家久负盛名的房地产公司与拥有规模铁路路线土地的其他公司合伙组成。该公司非常成功地在郊区综合经营轨道交通与沿线房地产。比较有名的新城开发项目是多摩花园城市“Tamaden-en Toshi（Tama Garden City）Development Project”，该项目被认为是日本私营企业最成功的土地开发项目。多摩花园城市位于东京西南郊，距离东京15～35公里。该处原来是丘陵带，人烟稀少，规划建成占地5 000公顷，人口50万的新城，同时建设一条新的地铁线多摩花园城市线30公里。1998年，该项目获得日本建筑学会和日本建设部颁发的新镇建设优秀奖。与此同时，东急也成为日本最成功的财团之一，1988年Tokyu集团总收入是31 000亿日元（约合200亿美元）。

在铁路公司的运营收入及利润中，房地产开发往往占有相当高的比重。由于铁路公司经营房地产，使融资信誉度提高。日本利用铁路车站区的空间开发百货商店、办公大楼、住宅等，被称为“车站文化”。

以新加坡为例，新加坡地铁又叫大众捷运系统，始建于1988年。目前地铁线路总长约91公里，有49个车站，东西及南北纵横两条主干线将机场、码头、商业中心和居民聚居的新城镇连接起来。加上即将通车的长达20公里的东北线地铁，和已经运行的几条轻轨辅线，新加坡环城地铁交通网已初具规模。在面积仅600多平方公里的小岛上建设世界级的交通网络，它既需要先进的基础配套设施，还需要有科学严谨的管理和完善的服务。

以捷运为主的交通方式是新加坡建设的最成功经验之一。新加坡在 1968 年根据地理情况和现实情况，决定新加坡的捷运路线。之后，沿着捷运路线两旁建设高密度的房子。所以说，新加坡的总体规划就是由五条高密度的城市化的走廊，捷运的车站是新市镇的邻区中心。所以，土地规划、人口密度和捷运，需要同时考虑。

新加坡陆路交通管理局为利用地铁创造更多的价值制定了发展策略，目的是使有限的土地发挥最大的经济效益。新加坡的做法是，在地铁站的周围先圈一大片绿地作为预留地，绿地外围则发展高密度的住宅和购物中心以及公交换乘站等。若干年后地铁周边地区发展起来，那块预留地的价值就会相当可观，政府可以从中获得最大的收益。此外，通了地铁，房产必然升值。政府在发展新的住宅小区时要统筹考虑交通线路的规划。根据新加坡建屋发展局提供的资料显示，在即将开通东北地铁线所在的榜鹅新镇，新建组屋（政府补贴的经济适用房）的认购率高达 80%，同期其他地方的组屋销售率只有 30% 左右。

总之，新城在公共交通、环境保护、数据信息处理等方面成了新技术的试验场所，尤其是信息数据在新城的城市建设和城市生活的各个领域里得到了日益普及的推广应用。

3.7　小　　结

新城在英国出现后，世界各国纷纷仿效，伴随着城市化的发展，新城运动几乎发展成为一个全球性的运动。但是，新城运动有着很强的地域特点，很难一言而蔽之，没有人能给新城运动下一个绝对的定论。从另外的角度看，许多国家确实受益于英国新城运动的宝贵经验。事实表明，世界上有越来越多的国家或地区效仿英国的做法，通过建设新城来解决城市化过程中遇到的大城市发展问题。

长期以来，大规模的城市化被理所当然地认为是社会进步的前提。专业化、现代化的经济发展曾给大城市带来了经济效益的扩大和社会文明的进步。但是，无限制扩张也带来了诸如用地紧缺、房价高涨、交通阻塞、环境污染、犯罪率高、社会秩序混乱等“城市问题”，且这些问题伴随着大规模城市化而日益严重。即使投入巨额资金来拯救因政策的失误而导致的社会问题，也是无法从根本上解决问题。在不发达国家，现代化进程中面临着大量剩余农村劳动力进入大城市，以及因此而产生大量的肮脏、贫穷、犯罪、闹事等问题。

在一定程度上，那些交通联系便捷的郊区城镇确实的可以克服诸如环境卫生不佳、居住拥挤等城市弊病。新城至少可为大规模城市化带来的上述问题提供了部分的解决之道。尤其在发达国家，一个格局合理、规模适中、技术可行的新城能有效地缓和大城市的困境。新城能有效组织一个新中心，引导有序发展，并借以充分利用现代技术，避免产生以往的城市问题。新城作为一种寻求发展的框架有许多细节问题值得探讨，在下一章将继续讨论新城建设的各方面问题。

无论如何，新城确确实实为成千上万的人们改善了居住环境，也促进了大城市的旧城改建。从另一方面来看，新城还只能是为少数人服务，大城市内的城市问题并没有得到完全解决。所以，不少国家或地区政府后又不得不兼顾或转向大城市本身，希望在现有城市内部解决城市问题。

新城在其他西方诸国的发展有着本质性的不同。美国在郊区有很多依靠小汽车交通的“卧城”；加拿大和澳大利亚的新城多半是为矿山、石油化工、林业等为大型工业服务的生活基地；瑞典新城以其典雅的建筑形式和先进的快速轻轨交通而闻名于世。

第三世界国家的新城发展，其目的和后果往往十分复杂。一方面，新城改善了当地人民的生活质量；另一方面，相当部分的新城以削弱乃至消灭本土文化为巨大代价。因为没有尊重当地人民的生活方式，结果常常事与愿违，不单大量地浪费了资金，也违反了国情。

附1 斯蒂文乃奇新城的开发建设及其未来发展①

直到第二次世界大战前，斯蒂文乃奇一直是赫特福特郡（Hertfordshire）的一个安静的小镇，大约有6 000人口。战争结束前的1944年有过扩建计划。

由于与伦敦及北部城市有着便利的交通联系，斯蒂文乃奇被认为是理想的新城选址点。刘易斯·斯尔金（Lewis Silkin，当时任城镇与国土规划部部长）曾评价道："斯蒂文乃奇将在短时期内闻名世界。世界各地的人们将会慕名而来，观看这个国家的人民为了他们的新生活而进行了怎样的建设。"②

1. 概况

斯蒂文乃奇新城是1946年8月1日《新城法》（*New Towns Act*, 1946）正式出台之后第一个建设的新城，规划完成于1946年11月。原先只是一个小集镇的斯蒂文乃奇，地处通勤交通的要道，规划目标是建成一个有25平方公里面积，人口达6万，有6个邻里住区的新城。斯蒂文乃奇新城是为了配合伦敦中心城市的疏解政策，接纳从伦敦疏解出来的产业和人口而设置的。当初规划人口为6万人，其后规划人口规模曾有过扩大或削减。1977年4月，政府决定把规划的人口规模定为8万人。根据2001年的人口普查报告，斯蒂文乃奇新城目前的实际人口规模接近8万人。

斯蒂文乃奇新城位于伦敦以北30英里，靠近M25轨道和高速公路，并在三个主要机场的近距离范围内，即伦敦的卢顿（Luton）机场、斯坦斯特德（Stansted）机场、希斯罗（Heathrow）机场。新城的产业主要有电子、照明工程、航空航天、信息技术、制药和财政服务等。

---

① 资料来源：斯蒂文乃奇政府的官方网站，除图片个别说明外。

② 原文为：Stevenage will, in a short time, become world famous. People from all over the world will come to Stevenage to see how we here in this country are building for the new way of life.

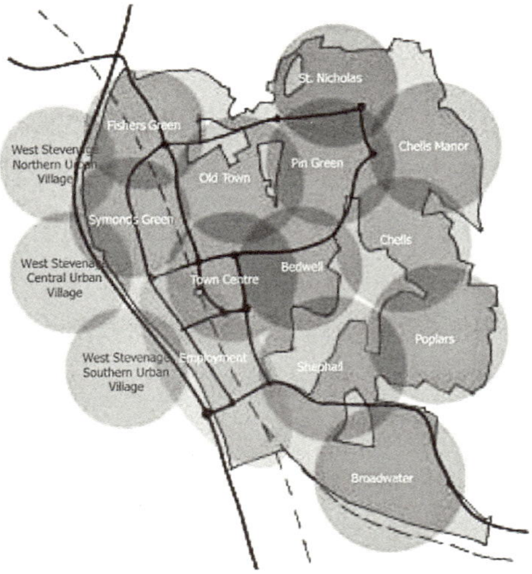

附图 1–1　斯蒂文乃奇新城城市邻里结构

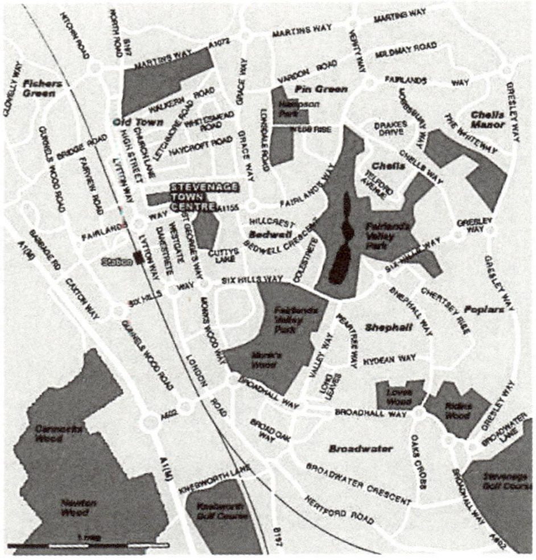

附图 1–2　斯蒂文乃奇新城平面，2000 年

最初斯蒂文乃奇新城按规划分为6个邻里住区，每个邻里单位的规划人口为10 000～12 000人（附图1–1，附图1–2）。按规划各个邻里都设有学校、健身设施、商店、社区中心和教堂等。开发建设的顺序为老镇（Old Town）、贝德维尔（Bedwell，1952）、布罗德沃特（Broadwater，1953）、希泊霍尔（Shephall，1953）、切尔斯（Chells，1966）和平格林（Pin Green，1966）。其后又增建了切尔斯曼纳（Chells Manor）、跑普勒斯（Poplars）和费契斯格林（Fishers Green）。新城内的学校均匀布置，每个邻里有一处商业中心，有小学2～3所。各个邻里都有主要道路的联系，并间隔有大片绿地。

斯蒂文乃奇新城的工业区主要布置在新城的西部，与生活区之间隔有铁路，在新城的东北角也有小部分工业。工业门类比较多，能提供不少就业岗位。工业区的规划结合了地形条件，设计呈多样化。

整个新城的开发一直由斯蒂文乃奇新城公司（Stevenage Development Corporation）负责，直到1980年转交给斯蒂文乃奇地方政府当局（Stevenage Borough Council）。

2. 住区布局

斯蒂文乃奇新城的最大特色是它的住宅布局。住宅布局的指导思想是既统一而又多样化，追求宁静安全，不受交通干扰。布局上采用了人车分行的雷德朋原则。例如，1966年建成的切尔斯邻里内的埃尔姆格林居住区和平格林邻里内的费尔兰居住区都应用了改良后的雷德朋人车分行原则。在长方形的居住用地上一般沿周边布置住宅，住宅朝外面对步行道，背后则有汽车库、小广场和一条道路。例如，埃尔姆格林居住区，基地呈长方形，东西两侧有两条南北向的主要道路，之间有几条东西向道路连接，并由这些东西向的道路引出尽端路，深入到宅前路。

这种住宅布局较为安全且美观，环境幽雅。在英国的许多城镇都采取类似的住宅布局手法，一般都避免较长的行列式住宅和长而笔直的道路，而是采取弯曲的道路，尤其是尽端路。住宅布置在尽端路周围，道路旁边设置广场或利用一块集中草坪，把住宅布置在其周边。即使是不规则的地形，也可以用类似的手法，将住宅的主要面朝外，花园向内围合一块集中的绿地或广场，连接尽端路。这种手法一直延续至今，成为花园住区的一种经典设计手法。

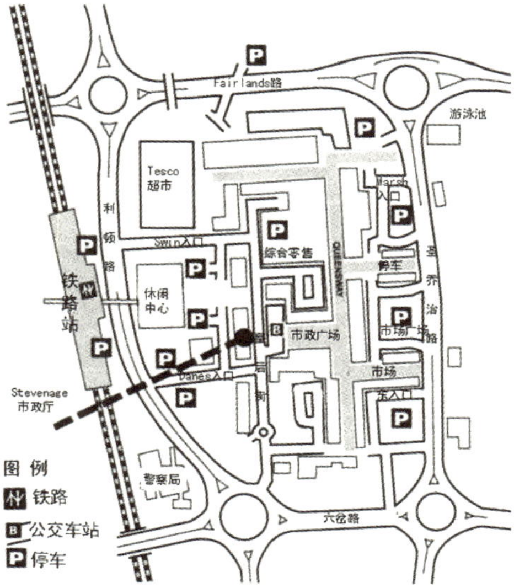

附图 1–3　斯蒂文乃奇新城中心区平面，2000 年

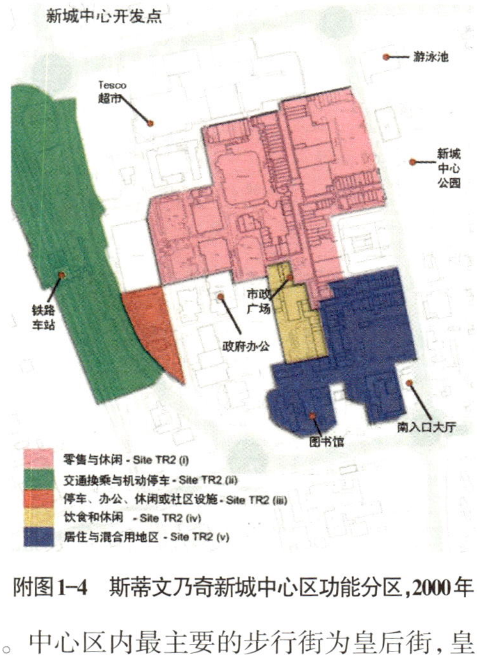

附图 1–4　斯蒂文乃奇新城中心区功能分区，2000 年

3. 新城中心及步行街区

斯蒂文乃奇新城的中心区是英国现代城镇中第一个禁止机动车辆进入的步行街区。步行街区是战后英国城市规划建设中的一项卓越的贡献。最早期的步行街区还有考文垂（Conventry）的中心区。

斯蒂文乃奇新城的中心区呈长方形，由交通干道围合（附图 1–3，附图 1–4）。中心区内最主要的步行街为皇后街，皇后街的西侧有一市政广场，广场中间有喷水池和钟楼，广场边上有公共汽车站。皇后街因 1959 年英国女皇在市政广场喷水池前为钟楼揭幕而命名纪念的。坐落于市政广场的平台上有一个主题为“兜风”（Joyride）的雕塑，是一个母亲和孩子玩耍的铜像，由雕塑家弗兰塔·贝尔斯卡（Franta Belsky）创作，并由女皇的叔叔大卫·波伊斯·里昂（David Boies Lyon）于1958年揭幕。

南北向的皇后街分出两条东西向的步行街。步行街的两边多是二三层的商店，一般店前多有连续挑檐。

铁路从新城的西侧切过。1976年建成的高架步行走廊跨越干道利顿大街（Lytton Way），进入艺术和文化休闲中心（Art & Leisure Center）。

中心区南部主要是政府办公大楼、图书馆、医疗中心、警察局等。新城中心自1961年以来陆续建成了歌舞厅、滚木球场、青年中心、艺术与体育中心、超级市场、电影院等。

4. 新城中心区的面临问题及重建计划

斯蒂文乃奇新城早先的规划建设充满了活力和亮点，它确立了满足各种商业活动、市民活动和社会功能的中心区发展模式，其建设的成功和魅力确实吸引了人们不断迁入新城并引以为荣。但是，现今的斯蒂文乃奇新城和当年其他新城一样，面临着不可避免的衰败，急需更新改造。

20世纪50年代建成之后，斯蒂文乃奇新城的中心区几乎没有更新过，城镇形象日益破败，涉及了工作、生活、商业等各种活动场所。这就需要对现有的功能和布局作全面的更新，为现在和将来的投资做好规划和准备。在以服务经济为导向的经济环境下，商业投资者不再仅仅关注那些合适眼前利益的地块，他们开始以有潜力的城镇中心区和服务设施为投资目标，以满足客户需求来获取更多的利润。同时，斯蒂文乃奇新城中心区的更新改造不仅要满足当地居民的需求，而且要考虑到前来购物或参观的周边城镇居民的需要。所以，斯蒂文乃奇新城中心区的更新重建不仅是为了维持新城中心区的活力，而且是为了整个城镇以及周边地区发展的利益。

2002年，斯蒂文乃奇地方政府（Stevenage Borough Council）和英格兰联盟（EP）委托EDAW公司做了中心区重建战略计划（Stevenage Town Center Reganeration Strategy）。该计划旨在创造一个充满活力，集购物、休闲、办公、市民活动和居住等多功能的城镇中心。

首先，要提高公共活动质量及交通服务的便利程度，这不仅将成为积淀新城历史的资本，而且在激烈的竞争中和尝试中会变成最活跃的、可持续的活动场所。其次，期望通过新的零售和休闲功能开发来提高现有中心区的活力，使斯蒂文乃奇新城将成为地区购物的首选地。新购物中心将成为独特的、充满活力的和高质量土地混合使用的中心，休闲活动的增加将使夜生活成为新的经济增长点。再者，居住、工作或是游览的功能也将会得益于这里公共交通系统的改善。火车站和汽车站的整合将提高各自的服务水平和容量，而且积极改善私人汽车的停车状况，同时调整步行和自行车使用的模式，使其合理化。再者，以高质量、管理完善的公共区域为日间参观和购物活动及夜生活创造良好的环境氛围。更新后的中心区将在各个时段都能服务于各年龄段的社会群体。再者，重建计划将使新的建设与现有社区的条件相整合，并提供高质量和较高密度的居住环境。最后，要通过对中心区重点地段的再开发，创造新的工作机会和促进消费；同时还要提高环境质量和各项设施水平。

5. 斯蒂文乃奇新城中心区更新计划

（1）斯蒂文乃奇新城中心区更新计划编制的背景

第二次世界大战后，为了配合伦敦中心城市的疏解政策，接纳从伦敦疏解出来的产业和人口，在伦敦周围先后建设了一批新城。斯蒂文乃奇新城最初的规划面积为25平方公里，计划在20年后人口达到6万人。整个新城由一系列的自我平衡（Self-Contained）的住区邻里构成。邻里内设有学校、康乐设施、商店、社区中心和教堂等。邻里之间有道路相联系，并间隔有大片绿地。联系伦敦市与北部地区的东海岸铁路主线以及公路A1线从新城西侧切过（附图1–5）。中心区位于新城西侧紧邻火车站。工业区主要布置在新城的西部，与生活区之间隔有铁路（附图1–6）。

斯蒂文乃奇新城的建设基本上实现了其规划之初的既定目标。通过价格相对较低的住宅、较为齐备的公共设施以及良好的自然环境等吸引了从伦敦疏解出来的一部分人口，对于缓解伦敦的城市拥挤问题及战争导致的城市无序发展问题起到了一定的作用，就其规划理念而言，斯蒂文乃奇新城也是一个成功的典范。通过组团式的布局，使各级公共设施具有良好的可达性，在方便使用的同时减少了交通问题的产生。

如今的斯蒂文乃奇新城是一座用地规模为25.32平方公里、人口为79 790人的成熟城市。1998年，斯蒂文乃奇新城的净附加价值（Gross Value Added，简称GVA）[①] 为9亿英镑，占到整个赫特福特郡的8%，人均GVA达到11 777英镑，

① 附加价值（Value Added），即所生产的商品的价值与生产它们所使用的材料和供给的成本之间的差额。

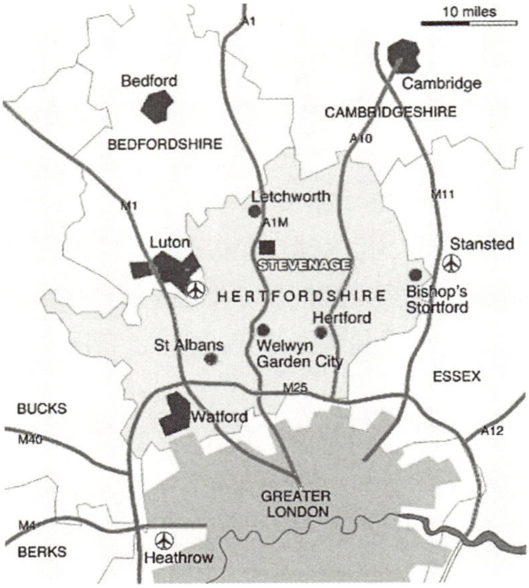

附图1-5　斯蒂文乃奇新城区位图

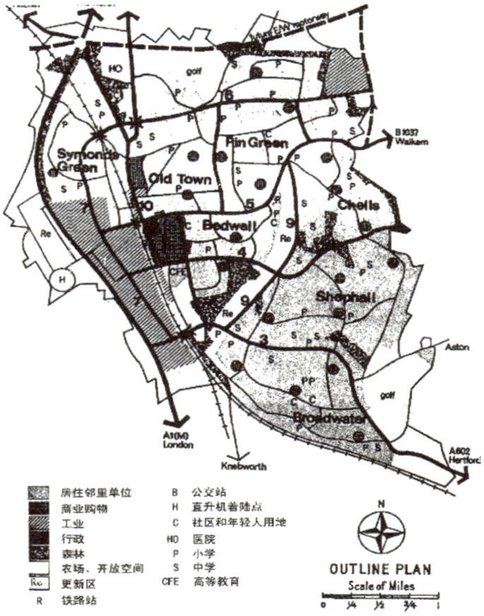

附图1-6　斯蒂文乃奇新城规划，1950年

高于赫特福特郡的平均水平。许多知名的大公司特别是高新技术类的大公司如MBDA（Minority Business Development Agency）、阿斯特里厄姆（Astrium）、葛兰素（Glaxo Smith Kline）等在斯蒂文乃奇新城投资落户。

斯蒂文乃奇新城的中心区的设计模式在英国新城中心最具代表性，它在英国新城中心中首次采用了禁止汽车行驶的步行街区形式。中心区用地呈长方形，由交通干道围合，步行交通与汽车交通完全分开。中心区内设有一条南北向的步行商业街（皇后街）（附图1-7），向东有两条支路。步行街的两侧布置有2层和3层的商店，店前多有连续挑檐，商店背面与车行道路连接。步行街西侧有一个市政广场，广场西侧设有公共汽车站。1976年建成的高架步行交通走廊跨越干道（利顿路，Lytton Way），进入公共汽车站以西的艺术休闲中心。中心区南部主要是政府办公大楼及图书馆、医疗中心、警察局等（附图1-8）。20世纪60年代，由于小汽车交通的发展，在南北干道上增设了高架道路，以便减少过境车辆对中心区的干扰。

与大多数的新城一样，今天的斯蒂文乃奇新城中心区也面临着城市更新的问题——由于新城作为一个整体是在较短的时期内建成的，在经历了半个多世纪之后，城市物质空间环境的过时和老化现象已经十分明显：当初建造的许多基础设施已经不堪重负，城市空间缺乏生机，城市中心区的形象已经越来越不能与其作

附图 1–7　斯蒂文乃奇新城皇后街步行街空间

附图 1–8　图书馆和医疗中心

为区域性的商业与休闲娱乐中心的功能相匹配。尽管在最近几年里也曾投入相当的资金进行市场、广场、西大门区（the Plaza, Westgate and the Forum）的建设，但是这些努力相对于整个中心区的普遍衰退而言，无疑是杯水车薪。而且由于缺少一个明晰的整体发展战略，这些项目往往只着重于项目本身，而无助于解决中心区的结构性矛盾。

人们通过铁路或公路到达新城，首先看到的是一个缺少活力的新城中心，这将大大降低新城对于投资的吸引力。此外，由于中心区无法提供一些较高质量的商业、休闲设施，相当部分的高薪阶层人士不愿在本地区居住。目前斯蒂文乃奇新城的劳动力的受教育水低于赫特福特郡的平均水平。

有鉴于此，斯蒂文乃奇地方政府（Stevenage Borough Council）和英格兰联盟（EP）决定共同制定中心区的更新计划，以指导中心区未来的发展。在经过广泛的意见征集与修改之后，更新计划在2001年10月获得地方执行委员会（Council's Executive Committee）的通过。更新计划之后，又相继出台了规划导则（Supplementary Planning Guidance）、公共空间改善计划（Public Realm Enhancement Strategy）等作为补充。

（2）斯蒂文乃奇新城中心区更新计划的主要内容

斯蒂文乃奇新城中心区更新计划首先明确其战略目标为：“创造一个富有活力的新城中心——中心内商业零售、休闲、办公、行政、居住等功能互为补充，各得其所；中心区内具有高质量的公共空间环境和显著改善的交通服务；延续新城独特的历史传统，成为一个安全的、可持续的、成功的、具有竞争力的场所。”具体的更新计划主要从土地使用、交通组织和城市空间三个方面展开。（附图 1–9，附图 1–10）

① 土地使用功能的整合

中心区内的土地使用功能主要包括零售商业、休闲服务、办公和居住等（附图 1–11）。

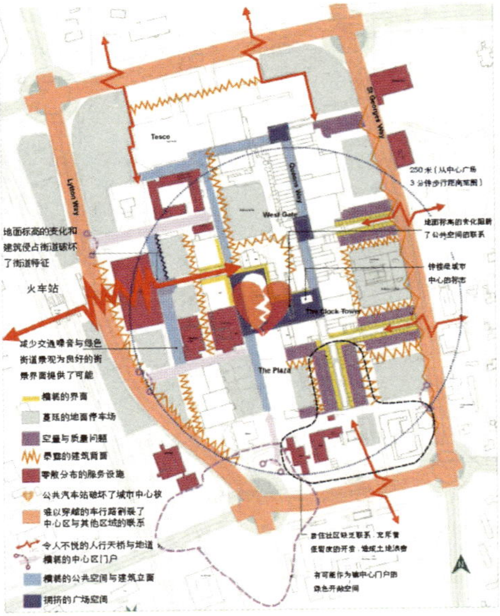

附图1–9　斯蒂文乃奇新城中心区现状存在问题分析

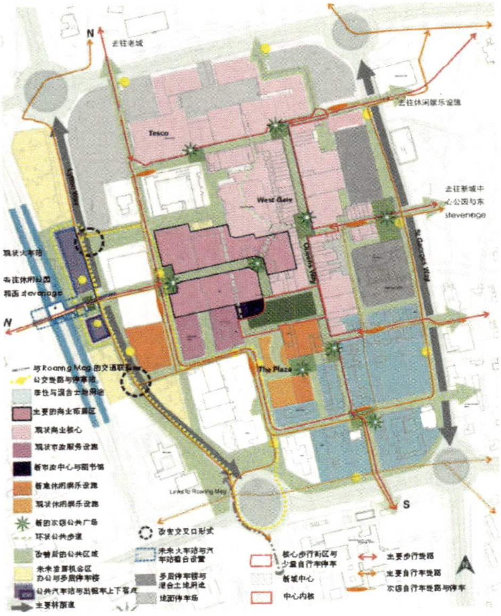

附图1–10　斯蒂文乃奇新城中心区更新战略

附图1–11　斯蒂文乃奇新城中心区零售商业街

零售商业主要集中在中部皇后街两侧，以150～200平方米中小型商店为主，目标群体主要定位在低中档消费。由于种类少档次低，加上周边其他城市在积极地引进高端零售商业与娱乐休闲设施，斯蒂文乃奇新城作为区域性商业休闲副中心的地位正在受到威胁。

中心区内有一些品质较高的休闲及公共活动设施如图书馆、博物馆等，但分布较散，彼此之间缺乏联系，使用起来很不方便。在中心区外火车站的西面有一个集中的22英亩(约8.9公顷)的休闲公园，里面有12厅电影院及夜总会、酒吧和餐馆等各种设施，但与中心区之间的联系并不密切。现有的一条步行通道需要穿越大片的地面停车场，极大地降低了其吸引力。

中心区内大的酒店设施仅有宜必思(Ibis)一处，而在中心区外沿A1公路线分布有一些酒店，但除了业务上的往来以外，这些酒店的客人们通常不会到中心区来观光或消费，因而对中心区零售商业的促进作用有限。

办公用地主要分布在西南近火车站处，但办公空间整体质量不高，空置现象比较普遍。据调查，邻近中心区的租金水平大约为15～16英镑/平方英尺，而中心区内底层商铺上的套间办公室租金仅为6～8英镑/平方英尺。

中心区内南门附近还分布有少量的居住用地，一定程度上避免了中心区在夜间变成空城的现象，提高了中心区的安全性。但是，现状居住用地的整体开发密度偏低，土地使用效率较低，而且居住社区之间缺乏有机的联系。

总体来说，中心区的各类设施的标准偏低，各使用功能之间缺少平衡，从而使得中心区的整体效能不能得到充分的发挥。针对于此，中心区更新计划以“创造充满活力的商业和休闲环境”为导向，提出在新城中心拓展商业休闲设施的类型并提升其质量，以强化其区域购物休闲中心功能。计划在中心区建设一个中心百货商店，并以其为主体，整合现有的商业设施，为消费者提供多样化的、丰富多彩的购物环境。新的商业零售拓展区集中在皇后街西侧，通过新的步行街的建设与火车站之间形成良好的衔接，成为进出新城中心的大门，同时也将皇后街和市政广场有机地联系起来。在市政广场的南侧规划新的休闲娱乐设施用地，并充分考虑与现状休闲娱乐项目的结合，以期形成富有魅力的整体公共空间。此外，计划还提出新增酒店和针对小型企业的写字楼等设施，在南部设置居住混合区域，实现居住、办公、酒店等的混合开发，形成对于零售商业及休闲娱乐活动的有益补充。

② 交通组织的进一步完善

- 步行和自行车交通

作为第一个步行商业区，斯蒂文乃奇中心区的步行购物环境独具魅力。同时，发达的自行车网络将新城中心和新城的其他地区相连接。但是，与中心区内部的步行环境形成鲜明的对比，中心区周边的交通环路对于步行和骑自行车的人而言，是一道极不友好的屏障。中心区外的人们需要跨过环路才能接近中心各类公共服务设施，而所有进出市中心的步行通道，无论是天桥还是地道，都缺少精心的设计，视觉形象较差，人们能够明显地感到小汽车的优先地位（附图1-12）。如从火车站到市中心区，就需要通过长长的高架步行通廊，穿越利顿路、艺术休闲中心和停车场等方能到达，对于坐火车造访斯蒂文乃奇新城的人们来说，无疑会留下一个极为枯燥乏味的“门户”的印象（附图1-13，附图1-14）。因此，尽管环路对于疏导中心区的交通起到了十分重要的作用，但也在很大程度上制约了中心区面向周边区域服务的外向型功能及与周边其他地区的联系。

为了鼓励步行与自行车交通，中心区更新计划提出打破环路的阻隔，通过改善步行通道的质量，使环路由以小汽车为主导的道路环境向对步行者友好的更具

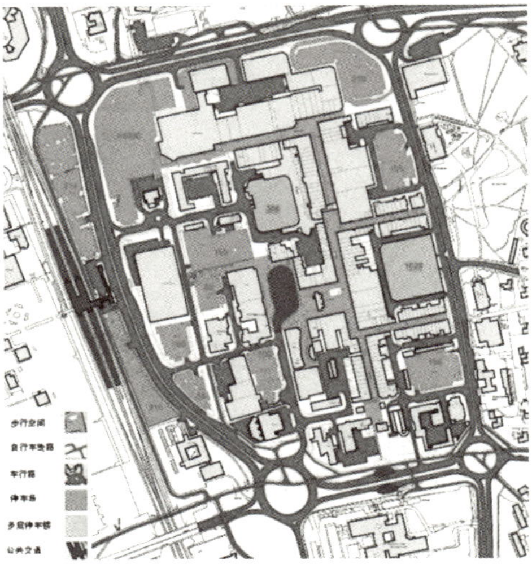

附图 1–12　斯蒂文乃奇新城中心区现状交通组织示意

附图 1–13　斯蒂文乃奇新城环路下的地道

附图 1–14　联系火车站与休闲中心的步行天桥

活力的街道环境转变。另外，考虑到环路的西段利顿路（Lytton Way）的现状为双向 6 车道，而车流量却只有理论通行能力的 1/3 左右，计划在不影响通行能力的情况下将其缩减为双向 4 车道，释放出的空间可以供新的汽车站使用，以及作为停车广场等（附图 1–15）。

更新计划还考虑了新的东西和南北向自行车线路，同时，在城中心设置自行车停车场（附图 1–16）。

- 公共交通

斯蒂文乃奇新城与伦敦市有着方便的交通联系。但是斯蒂文乃奇新城现有的火车站的规模较小、设施标准较低，站台上只有短短的雨篷，遇到恶劣的天气，乘客们只能挤在狭小的空间里候车。目前，火车站已经面临着大东北铁路公司[①]（GNER, the Great North Eastern Railway）要将其降级的问题。这对于斯蒂文乃奇新城今后的发展将极为不利。中心区内邻近市政广场的公共汽车站是斯蒂文乃奇地方公交服务的枢纽，目前处于超负荷运转的状态，用地紧张（附图 1–17）。根据赫特福特郡的发展规划，将于2011年新增3 600套住宅，远期甚至可望达到5 000～10 000套，主要通过开发斯蒂文乃奇的西部地区来实现。显然现有站址已经无法满足斯蒂文乃奇新城居民未来的公共交通需求。

---

① 提供联结英格兰与苏格兰之间大约1 000英里的城间铁路服务。

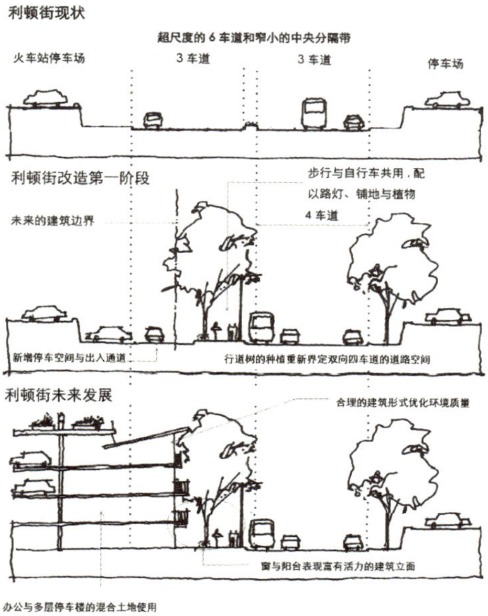

附图 1–15　斯蒂文乃奇新城 Lytton 路现状断面与近远期改造建议

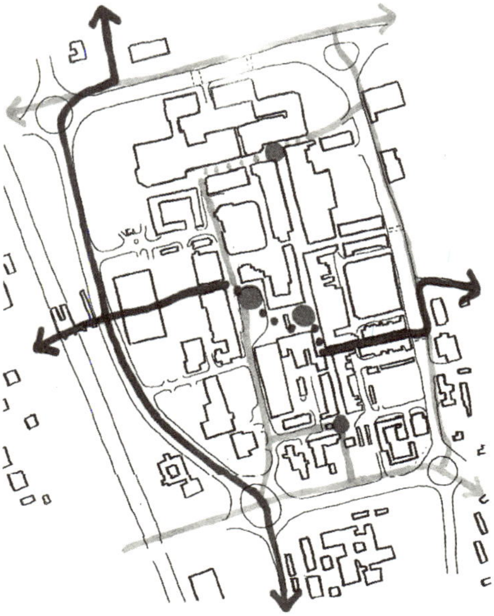

附图 1–16　斯蒂文乃奇新城中心区自行车出入联系示意

附图 1–17　斯蒂文乃奇新城中心区现状公交车站

为了改善公共交通的服务质量，中心区更新计划提出搬迁现状公共汽车站，与火车站进行整合开发，建立一个多种交通方式的换乘枢纽，这样不仅可解决汽车站用地紧张的问题，而且通过土地置换提高了中心区的土地使用效率。此外，汽车站与火车站的整合使得零距离换乘的实现成为可能，有助于提高公共交通的吸引力，同时为斯蒂文乃奇火车站保住其作为主线上重要车站的地位创造了条件。计划将换乘枢纽的开发分为两个阶段。第一阶段整治站前广场，搬迁汽车站；第二阶段改善火车站的形象，使其更具标识性和吸引力，同时在换乘中心北部和南部建设多层停车楼。

- 停车场

中心区现状大约有 6 200 个停车泊位，大多为地面停车，仅有 1 416 个车位为多层停车库的形式。大量的地面停车场造成了土地资源的低效使用（附图 1–18），同时，也模糊了市中心的场所感，比如从圣・乔治路（St Gorge Way）路和市场路

附图1-18　中心区大片的地面停车场

附图1-19　斯蒂文乃奇新城中心区市政广场

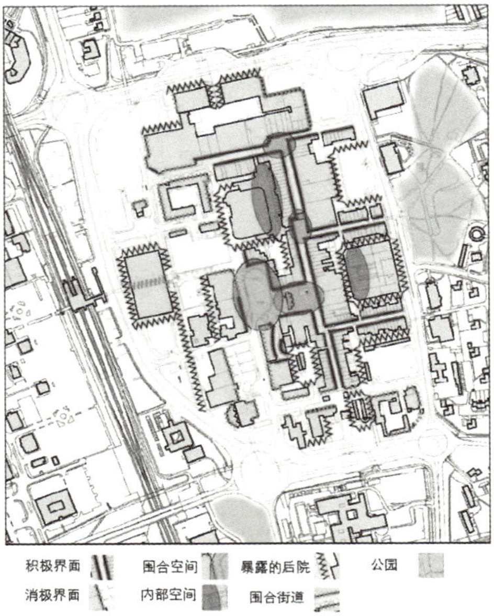

附图1-20　斯蒂文乃奇新城中心区现状空间环境

(Fairland Way)路到达市中心往往都是直接从环路进入停车场，缺少明确的场所标识感。

中心区更新计划鼓励现状地面停车场向多层停车楼以及其他用地功能转变，以提高土地的使用效率。同时，建立合理的价格政策，保证停车楼在经济上能够自给。未来沿圣·乔治路的路边停车场将逐步被改造。

③ 城市公共空间质量的提高

斯蒂文乃奇新城中心区的城市公共空间曾经独具魅力，街道、广场和建筑物的布局都是经过精心设计的。市政广场上矗立着新城的标志——著名的钟楼，该区域已经被确定为历史保护区(附图1-19)。然而，由于缺乏投资以及各开发项目之间缺少联系等原因，城市公共空间正在逐渐失去旧日的光彩。首先是许多旧建筑的外墙亟待整修，目前的视觉景观较差；第二，中心区出入口的形象也有待改观；第三，由于最初的规划较少考虑建筑物与外围道路之间的关系，目前从环路上看市中心，视觉景观效果较差，大多是一些服务性后院和地面停车场(附图1-20)，几乎没有建筑物的正面面向环路；第四，公共活动空间的夜间安全性较差。

针对这几方面的问题，斯蒂文乃奇新城中心区更新计划提出了相应的对策：一是整修现有的破旧的建筑立面和建筑本身，以显示一个干净、具有吸引力的形象(附图1-21)；二是对现状

现状皇后北街景观

通过高质量的街道家具、铺装、灯光和拱廊的整体设计创造吸引人的购物环境

现状政府大楼

对外观进行公共艺术处理后的政府大楼

改进的要素

舒适的长椅　　不规则的可供休息的底座　　可回收的垃圾箱

街道照明　　铺地　　植栽　　富有艺术性的指示牌

附图 1-21　斯蒂文乃奇新城中心区改善示意

中心汽车站加以再开发，即将现状公交站址作为新的零售设施开发计划的一个组成部分，通过重新开发，从而将现状具有强烈历史特征的市政广场向西延伸。这有助于将核心区敞开，使新城中心具有较好可读性。三是建立完整的公共空间网络系统。通过零售商业街和广场构成网络系统的核心，改善自行车道、人行道、路灯、街道家具和植栽等的细部设计，注重建筑物的尺度与道路宽度的适应，强化街道空间特征。四是改善公共空间界面，通过土地使用性质的改变、建筑立面的改造、绿化的遮蔽等措施，提高从外围道路上看到的市中心的视觉景观质量。

④ 斯蒂文乃奇新城中心区更新计划的开发安排

根据开发的计划框架，斯蒂文乃奇新城完成整个中心区更新计划需要20年的时间，分3个阶段进行：第1—3年主要是通过重新粉刷、辅助性修缮及必要的重大修建等手段改造沿市政广场和皇后街的建筑形象，同时通过灯光照明、铺地、绿色植物、公共艺术品等的改善提高现状公共空间环境质量；第4—8年为第二阶段，主要是完成百货商店的开发建设和汽车站的搬迁（附图1-22）；8年之后进入第三阶段，开发南部地区居住和休闲混合区域及利顿路两侧，拓展火车站换乘枢纽，并考虑环路外围的开发。

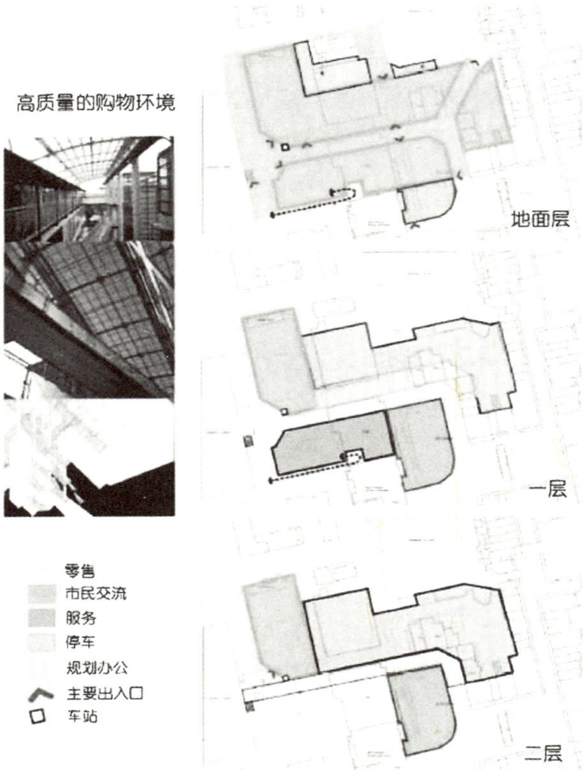

附图1-22　斯蒂文乃奇新城购物中心建设工程图

（3）结语

斯蒂文乃奇新城中心区更新计划针对现状的土地利用、交通组织和公共空间三个方面的问题，提出了目标明确的改进措施：土地利用方面强调混合用途以及各种功能之间的互为补充，以期提高中心区的整体效益；交通组织方面本着可持续发展的理念，巩固TOD的发展模式，试图通过道路环境的改善以及换乘枢纽的开发，改善公共交通质量，鼓励步行和自行交通，进而减少小汽车的使用；公共空间方面充分重视公共空间的视觉景观质量，并将公共空间作为一个有机的组成部分与建筑物进行整体考虑，形成富有吸引力的空间环境。

作为对中央政府提出的“城市复兴”和“社区更新”(Neighborhood Renewal)两项政策的积极回应，斯蒂文乃奇地方政府希望以中心区更新计划为契机，推动整个新城地区的经济发展。但是，计划能够在多大程度上付诸实施并取得成功，却是一个值得思考的问题：首先，斯蒂文乃奇新城所在的区域并不属于英格兰东部地区的三个优先发展区域之一，缺少充裕资金将是斯蒂文乃奇新城更新面临的首要难题；其次，从目前的发展状况来看，斯蒂文乃奇新城离自我平衡的目标仍旧很遥远，每天大约39%的就业人员需要到伦敦以及其他地区上班。更新计划提出要提高大力零售商业及休闲服务设施的档次与规模，而斯蒂文乃奇新城内部是否有足够的内生需求来支持这些设施的开发则有待观察。

附2　多摩新镇开发实例[①]

1. 背景

20世纪50年代后期，随着经济的快速发展，东京都的人口急剧膨胀，因而产生了在多摩丘陵一带建设一座较大规模新镇的设想。多摩新镇的开发计划在1965年得到批准，由东京都政府、都市公团和东京都住宅供给公社三方主体遵照《新住宅街市地开发法》和《土地区划整理法》的规定，分区域共同承担开发，而且是新开发和再开发同时进行。1965年制定了多摩新镇的建设规划，1966年正式开始建设。

最初的规划面积约为3 016公顷，规划人口约37.3万人，人口密度为136人/公顷。在多摩新镇"新住宅市街开发事业区域"(面积为2 568公顷)的范围内，土地使用的构成为：住宅面积占47%，道路面积占15.9%，公园和绿地面积占11.3%，教育设施面积占10.4%，商业和服务业设施面积占3.7%，其他公共福利设施面积占11.7%。

1975年11月，根据《西部地区开发大纲》的要求，必须保证新住宅区的建设同保护自然环境相结合。1986年，根据修改后的《新住宅街市地开发法》，新镇的发展目标调整为建设工作居住平衡的都市。

2. 概况

(1) 区位

多摩新镇位于东京都新宿副都心的西南方向19～33公里处，离横滨市中心西北部约25公里多摩地区的丘陵地带，东西长14公里，南北宽2～3公里，

---

① 多摩新城的数据和图片来源：多摩新城网站，http://www.tama-nt.com/

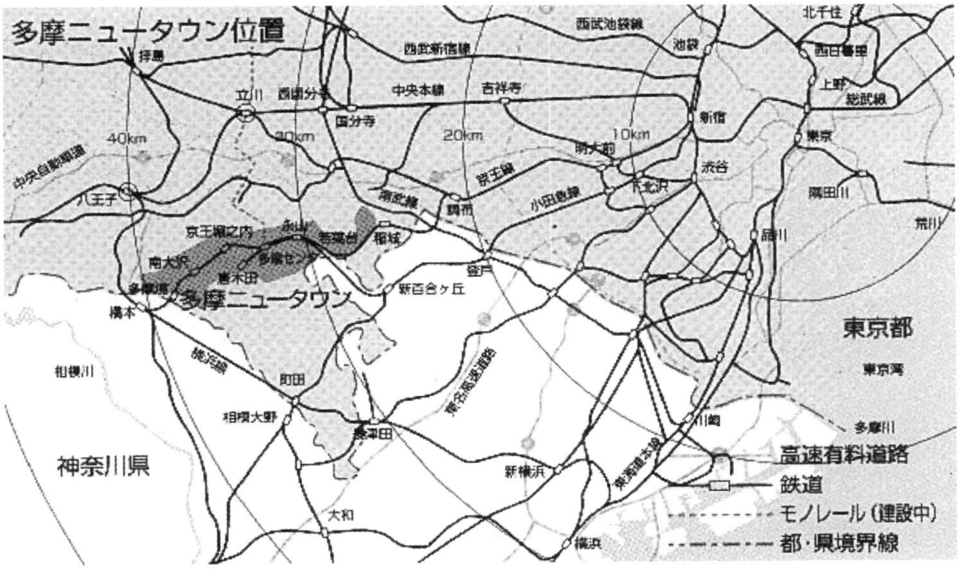

附图 2–1　多摩新城区位图

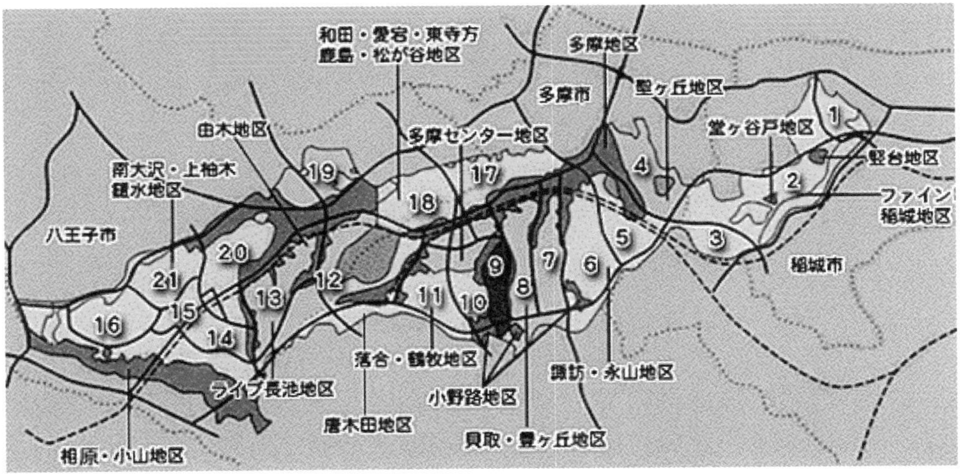

附图 2–2　多摩新城开发主体示意图

包括东京都的多摩市、稻城市、八王子市和町田市的一部分，是日本最大的新镇（附图 2–1）。

（2）开发模式

多摩新镇建设既有的新区开发（新住宅市街开发事业区），也有旧区改造（土地区划整理事业区），由多个开发主体同时进行开发（附图 2–2）。

附表2-1　多摩新镇开发主体一览（地名保留日文标注）

<table>
<tr><th rowspan="2"></th><th colspan="4">开　发　主　体</th></tr>
<tr><th>都 市 公 团</th><th>东　京　都</th><th>东京都住宅供给公社</th><th>三方合作开发</th></tr>
<tr><td rowspan="8">新住宅市街开发事业区域</td><td>5、6住区（諏訪・永山地区）</td><td>17、18住区（和田・愛宕・東寺方・鹿島・松が谷地区）</td><td rowspan="8">9住区（落合地区）</td><td rowspan="8"></td></tr>
<tr><td>7、8住区（貝取・豊ヶ丘地区）</td><td rowspan="7">14、15、16、20、21住区（南大沢・上柚木・鑓水地区）</td></tr>
<tr><td>10、11住区（落合・鶴牧・南野・唐木田地区）</td></tr>
<tr><td>多摩センター地区</td></tr>
<tr><td>4住区（聖ヶ丘地区）</td></tr>
<tr><td>1、2、3住区（ファインヒルいなぎ）</td></tr>
<tr><td>12、13住区（ライブ長池地区）</td></tr>
<tr><td>19住区</td></tr>
<tr><td rowspan="4">土地区划整理事业区域</td><td rowspan="4">稲城堂ヶ谷戸地区</td><td>多摩地区</td><td rowspan="4"></td><td rowspan="4">稲城竪台地区</td></tr>
<tr><td>小野路第1、2、3地区</td></tr>
<tr><td>由木地区</td></tr>
<tr><td>相原・小山地区</td></tr>
</table>

附表2-2　多摩新镇事业面积及人口计划

<table>
<tr><th colspan="3" rowspan="2">区　　分</th><th rowspan="2">面积</th><th colspan="2">人口（人）</th><th rowspan="2">摘　要</th></tr>
<tr><th>都市计划人口</th><th>居住人口</th></tr>
<tr><td rowspan="6">新住宅市街地开发事业（都市计划决定区域）</td><td rowspan="4">新住宅市街地开发事业认可（承认）区域</td><td>东京都</td><td>738.4</td><td>96 500</td><td>73 700</td><td>14～18、20、21住区</td></tr>
<tr><td>住宅・都市整备公团</td><td>1 437.5</td><td>174 700</td><td>143 400</td><td>1～8、10～13、19住区</td></tr>
<tr><td>东京都住宅供给公社</td><td>49.7</td><td>10 500</td><td>8 600</td><td>9住区</td></tr>
<tr><td>小计</td><td>2 225.6</td><td>281 700</td><td>225 700</td><td></td></tr>
<tr><td colspan="2">新住宅市街地开发事业未认可（未承认）区域</td><td>114.0</td><td>21 900</td><td>15 000</td><td></td></tr>
<tr><td colspan="2">小计</td><td>2 339.6</td><td>303 600</td><td>240 700</td><td></td></tr>
</table>

续　表

区　　分	面积	人口(人)		摘　要
		都市计划人口	居住人口	
土地区划整理事业(都市计划决定区域)	644.1	60 200	58 200	
合　　计	2 983.7		298 900	

附表 2-3　多摩新镇规划面积和人口数(2002.10 为止)

分　　区		面积(ha)	规划人口(人)	现在人口(人)	现在户数(户)
新住宅市街开发事业区域	东京都	738.4	96 800	48 627	17 140
	都市公团	1 437.5	174 700	93 601	32 983
	东京都住宅供给公社	49.7	10 500	6 339	2 335
	小计	2 225.6	282 000	148 567	52 458
土地区划整理事业区域		666.5	60 200	46 517	22 574
合　　计		2 892.1	342 200	195 084(57.0%)	75 032

附表 2-4　多摩新镇开发构造与实施者

都市基盘的整备	新住宅市街地开发事业(宅地造成、公园、绿地整备、道路整备等)	东京都、住宅・都市整备公团东京都住宅供给公社
	土地区划整备事业(宅地造成、街道整备等)	东京都、住宅・都市整备公团市、组合
	关联公共设施整备(道路整备、河川改修、流域下水道等)	东京都
住宅的建设	都营住宅・都民住宅的建设	东京都
	公团住宅的建设	住宅・都市整备公团
	公社住宅的建设	东京都住宅供给公社
	其他(优先分让等、户建住宅、民间集合住宅)	

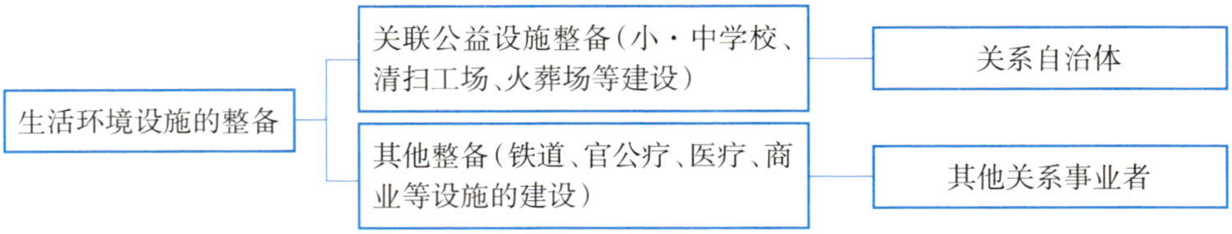

（3）布局特点

多摩新镇的建设，在布局上有若干考虑（附图2–3）。首先，多摩新镇以居住功能为主，同时兼具商业和文化的功能，目的在于将东京都的单一集中型结构改为多中心结构，把多摩新镇建成为东京都两级结构中的次级核心；其次，多摩新镇距离东京市区不远，便于上下班通勤，以铁路与公路的联合运输方式来共同承担通勤量；再者，多摩新镇位于丘陵地带，可以充分利用地形设置公用设施，并积极保存现有绿地系统，可与娱乐设施有机结合，以及采取高低错落、疏密有致的不同建筑密度区，创建丰富的空间景观。

（4）铁路与道路交通

多摩新镇与东京都中心的交通联系有“京王”和“小田急”两家私营电气化铁路（附图2–4），这两条铁路线几乎平行从新镇中心通过。“京王电铁”从京王多摩川车站到多摩中心车站（京王相模原铁路线），“小田急电铁”从新百合丘车站到多摩中心车站（小田急多摩铁路线），这两条铁路分别于1974年10月和1975年4月通车。

多摩新镇的道路系统中包括以下几种道路：新镇干线道路、地区干线道路、近邻住区干线道路、近邻住区道路和步行专用道路等。多摩新镇与周围地区由新镇干线道路联系。新镇干线道路和地区干线道路连接新镇内各个近邻住区、车站和地区中心。新镇近邻住区内有近邻住区干线道路、近邻住区道路和步行专用道路。车行道和步行道采取分离措施。在交通比较拥挤的地方建设立体交叉道路和人行步道桥，以免发生交通事故。新镇干线道路宽度为28～36米。其他各级道路和步行专用道路的宽度，则根据各个地区街道具体情况采取不同的标准。

（5）居住和绿地

根据规划，在多摩新镇的新住宅建设区范围内设置了23个近邻住区。平均每个近邻住区（附图2–5）规划面积为100公顷左右，住宅户数约3 300户，人口约12 000人。每个近邻住区是一个独立的单位，原则上有一所初级中学、两所小学、两个幼儿园、两个保育院，设有诊疗所、商店、邮局、图书馆、储蓄所、体育设施和儿童公园等。几个近邻住区集中在一起组成一个地区。

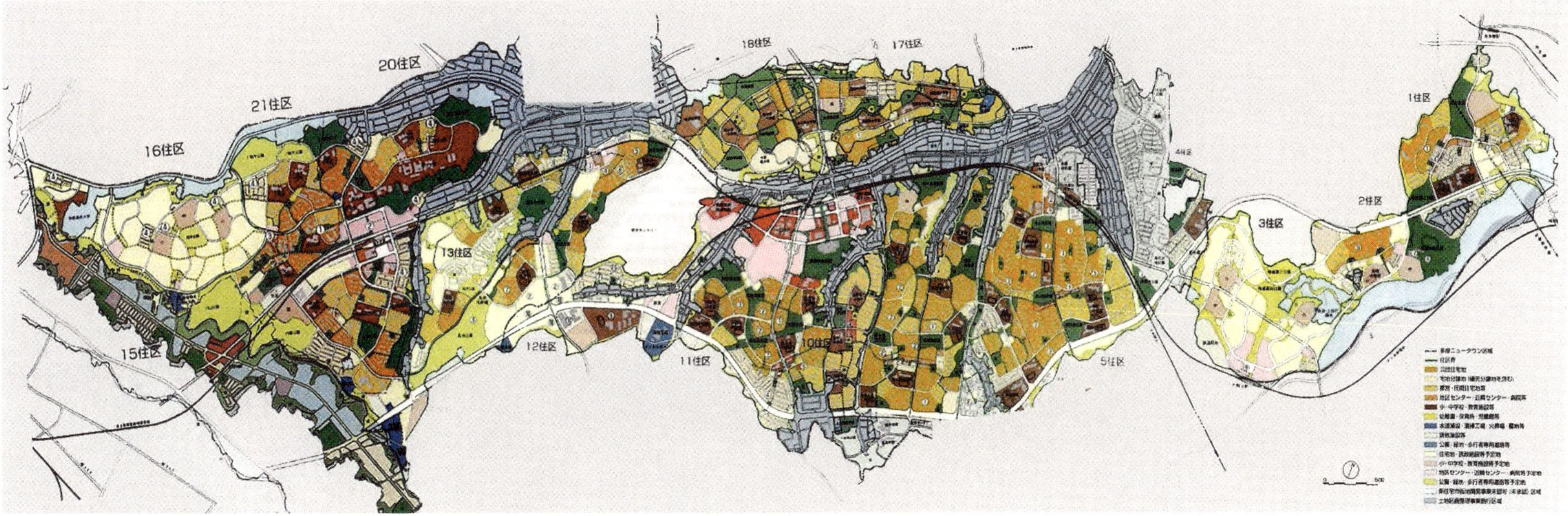

附图2-3　多摩新镇平面规划图

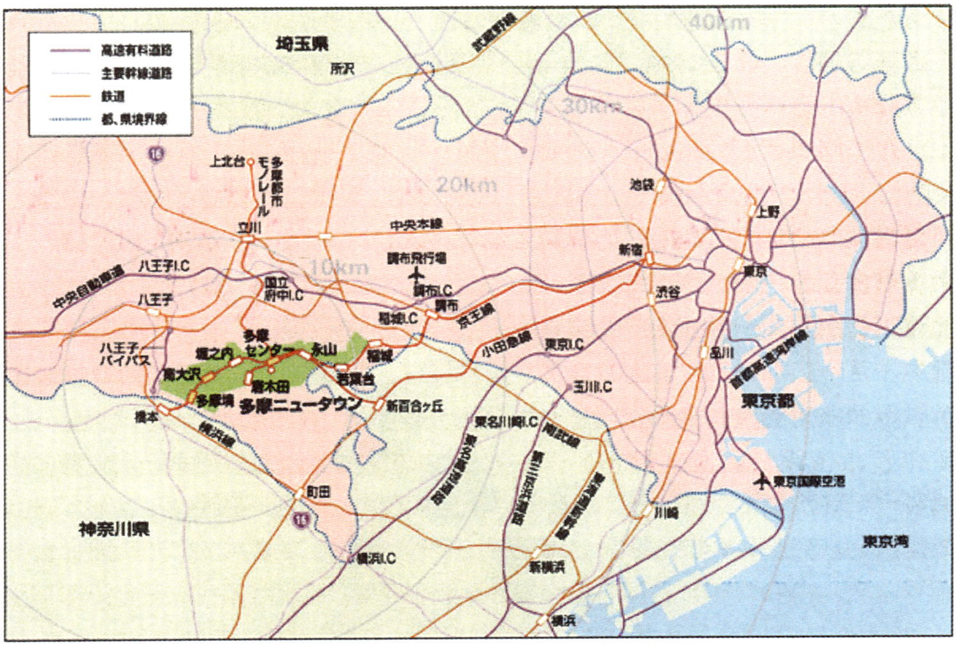

附图 2-4　多摩新镇区域交通图

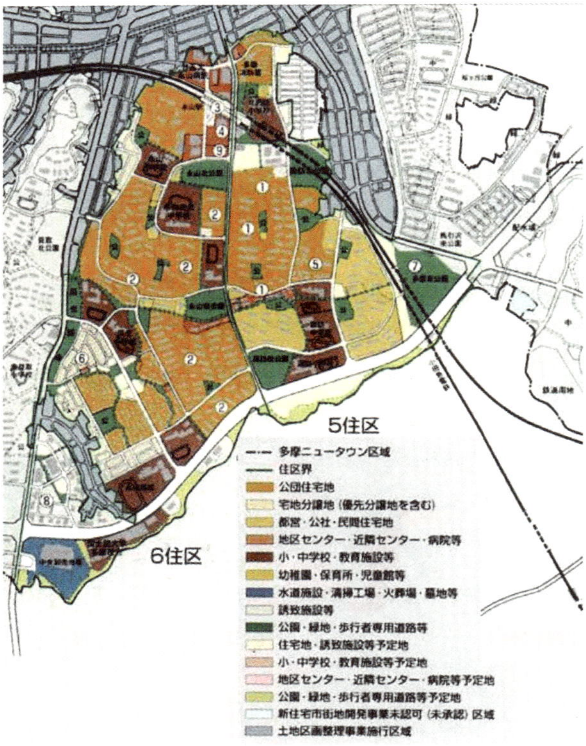

附图 2-5　多摩新镇 5、6 号近邻住区土地利用现状图

近邻住区的住宅根据地形采取行列式均匀布置方式，重视日照和朝向，保留自然景观，建筑与周围环境相协调。高层和低层住宅占30%，中层建筑占70%。

每个近邻住区内设置儿童游戏场、儿童公园和一二所近邻住区公园。二三个近邻住区设置一个地区公园。多摩新镇中心附近设置中央公园和古迹公园。新镇规划中规定了要保留自然地形和优美的景观，以及开辟各种绿地，如利用道路坡度和步行道路两旁进行绿化等。近邻住区内的道路系统布置较为自然灵活，多采取自由式布置方式。绿化的步行专用道路系统把各住宅片区同近邻住区中心，幼儿园、学校和公园等连接起来，在与汽车道路相交的地方设置人行步道桥。

附表 2-5　多摩新镇规划土地利用平衡表

<table>
<tr><th colspan="3"></th><th>面积(ha)</th><th>百分比(%)</th></tr>
<tr><td colspan="3">计划面积</td><td>2 892.1</td><td></td></tr>
<tr><td rowspan="11">新住事业决定区域</td><td colspan="2">合　　计</td><td>2 225.6</td><td>100</td></tr>
<tr><td rowspan="4">1. 公共用地</td><td>小　　计</td><td>859.4</td><td>38.6</td></tr>
<tr><td>道　　路</td><td>421.7</td><td>18.9</td></tr>
<tr><td>公园绿地</td><td>432.9</td><td>19.5</td></tr>
<tr><td>其他公用设施</td><td>4.8</td><td>0.2</td></tr>
<tr><td colspan="2">2. 住宅用地</td><td>785.6</td><td>35.3</td></tr>
<tr><td rowspan="4">3. 公益设施用地</td><td>小　　计</td><td>519.4</td><td>23.3</td></tr>
<tr><td>商业业务</td><td>77.6</td><td>3.5</td></tr>
<tr><td>教育设施</td><td>212.6</td><td>9.6</td></tr>
<tr><td>其他公益设施</td><td>229.2</td><td>10.3</td></tr>
<tr><td colspan="2">4. 特定业务设施用地</td><td>61.2</td><td>2.7</td></tr>
<tr><td colspan="3">土地区划整理事业区域</td><td>666.5</td><td></td></tr>
</table>

(6) 新镇中心

根据多摩新镇的总体规划布局，多摩新镇中心位于多摩中心车站区。它是整个新镇的中心，在这里集中建设商店、银行、企业、事务所、政府机关、学校、研究所、公共福利和文化娱乐等各种设施。在多摩中心车站前面和中心部分最便利的地方，划定为零售商业和企业混合区；在它的两侧设置娱乐区，事务所、企业、政府机关等公共设施区；与南侧绿树成荫、花草繁茂的中央公园邻接的地区，规划定为文化设施区。

多摩中心用地面积共61.22公顷，其中商业、企业、政府机关、公共福利和文化娱乐等各种设施占地18.62公顷，道路、广场、停车场、车库等占地30.87公顷，公园绿地占地11.73公顷。

多摩中心地区公共设施总建筑面积为483 980平方米，其中商业设施的建筑面积占全部设施总建筑量的42.9%，企业和事务所占21.2%，娱乐设施占13.7%，文化设施占4%，政府行政管理机构占12.4%，医疗保健设施占3.5%，市政设施占2.3%。此外还设有中央医院，建筑面积137 000平方米。

在这个中心地区，为了保证行人步行的安全，采取人行和汽车完全分离的道路体系。在整个中心设置步行专用道路，形成独立的步行道路系统。在站前广场中心地段兴建了约18 400平方米的两层广场，上层为步行专用道路，宽度40米，长度约300米，从车站广场前直达中央公园，与两侧商业设施等相连接。下层设置公共汽车终点站、出租汽车站等设施。

此外结合各个街区的用途和特点，设置商业衔的步行专用道路和林荫路，在步行专用道路与汽车道路相交的地方，设置人行步道桥。汽车停车场可以停放约1 800辆汽车，多层停车库能够容纳4 000辆汽车。

3. 多摩新镇和私营铁路开发

多摩新镇是由日本私营铁路参与开发的最大和最成功的新镇。该新镇的开发是东京私铁公司的前身田园城市开发公司所倡议。该公司受霍华德田园城市理念的影响，并认为铁路不是点之间的联系，而是铁路沿线房地产开发走廊形成的机遇。

多摩新镇在未开发前的1955年，当地人口仅3.1万人。22公里长的铁路“花园线”于1966—1984年陆续建成，铁路造价合1.6亿美元，其中一半由商业银行贷款，另一半由日本建设银行融资。53个合作者通过土地重整获得49平方公里土地，大部分原有土地拥有者为农民，他们信任铁路公司能为他们营造高质量的生活社区，因为该铁路公司前身是田园城市公司，已经成功开发了一些田园城市社区，所有合作公司均将开发权通过规划方案，全权授予铁路公司，这在当时是一种史无前例的筹建新镇模式。

多摩新镇由新镇中心和居住区所组成，在沿花园线的19个车站附近开发，沿铁路2公里范围的土地均得益。东京私铁公司将一部分土地售给住宅公团和私人住宅开发商；铁路公司也有房地产开发机构，通过房屋出售获利。

为了吸引大学、医院、图书馆、警署、政府机关、消防、民办学校等机构，东京私铁公司以优惠地价供地。随着新镇的发展，私铁客流量至1994年达72.9万人次/日，公共汽车客流量达8.3万人次/日。其两个车站实行综合开发，拥有百货商店（私铁公司经营）、大超市、小高层的办公楼、旅馆、银行、邮局、文娱休闲（包括体育俱乐部）等多种设施。从车站至各邻区，有放射性步行道相联系，配合以赏心悦目的林荫道和公共汽车，体现了以公共交通为主的规划原则。新镇内小汽车交通比重不大，据1988年的数据，使用小汽车与轨道换乘的比例仅占6.1%，而利用公共汽车换乘的达24.7%，其余则都是使用自行车和步行。

1988年东京私铁因此获得营造组织及日本建筑师学会的新镇计划优秀奖。为了精益求精，东京私铁公司计划增加研究和教育的综合体，并开发若干商贸工业园区，全部配备光缆和智能集约建筑，使多摩新镇从卧城转化为高效、多样化、有活力和多功能的信息社区。

附3 中国香港地区的新市镇及市区大型新发展计划[①]

自从新市镇发展计划于1973年展开以来，香港发展了九个新市镇，以应付人口的增长，并借以分散挤迫市区内的人口，从而改善本港的居住环境。新市镇发展计划展开时的目标是在荃湾、沙田及屯门三个首先发展的新市镇内，为180万人提供居所。当时香港的人口约为420万，现时人口约为680万。

拓展署：新界拓展署于1973年成立，负责推行新市镇发展计划。1986年，新界拓展署与当时的市区拓展处合并，成为拓展署。合并之后，拓展署除负责新市镇发展外，还负责港岛及九龙的地区工程管理和大型新发展计划。拓展署现时由总办事处和五个分区拓展处组成。拓展处均由处长掌管，其工作由副处长以及专业人员队伍及顾问工程师协助处理。

各分区拓展处的工作是确保各新市镇和乡镇的发展能够与市区大型新发展计划互相配合。发展新市镇的基本概念是尽可能提供一个均衡和设备齐全的小区，这包括基础建设、小区设施及基本需要。以乡镇而言，政府重进行改善工程、提供所需的基础建设及小区设施，以及实施乡村防洪计划。市区大型新发展计划则提供新土地，以应付人口的增长、分散市区现有的人口，以及供建设或改善设施之用，以便重建残旧的市区范围。各项发展计划在功能、环境及美化方面的事宜，都会获得优先考虑。

新市镇发展：九个新市镇可划分为三代。首三个新市镇荃湾、沙田和屯门的发展工程于20世纪70年代初期动工；大埔、粉岭/上水及元朗属第二代新市镇，于20世纪70年代后期动工建设；最后三个新市镇将军澳、天水围和东涌/大蚝的发展工程则于20世纪80—90年代展开。九个新市镇现时的整体人口约320万，计划人口则约为410万。

① 全文来源：《新市镇及市区大型新发展计划》，香港拓展署，2004.1。

荃湾（附图3-1）：荃湾新市镇包括荃湾、葵涌及青衣岛，总发展面积约2 400公顷。现时人口约77.2万。到2012年，人口预计将达81.6万左右。

香港的货柜码头均设于新市镇内的葵涌区。位于青衣东南的九号货柜码头，现时仍在兴建中。首个泊位已于2003年7月投入运作，而整个货柜码头将于2005年建成。正在施工或计划中的大型公路工程将进一步扩大和巩固主要道路网。重整后为八号干线一部分（前为九号干线的部分）的青衣至长沙湾段及五号干线石围角至柴湾角段余下路段的建造工程正在进行。

近期通车的九广铁路西铁，为来往新市镇与市区的居民提供另一项便捷的集体运输设施。

沙田（附图3-2）：20世纪70年代初期的沙田，是一个只有3万人居住的乡镇，时至今日，沙田已发展成人口约64.1万的大型新市镇。沙田新市镇（包括马鞍山）的总发展面积约为2 000公顷，主要由吐露港填海造地而成。

沙田往九龙的对外连接道路有狮子山隧道、大埔公路及大老山隧道；往新界北部有吐露港公路；往西贡有西沙路；往荃湾则有城门隧道。重整后的八号干线（前称九号干线）沙田至长沙湾段现正兴建中。

当局已在2001年年初动工兴建T7号主干路，以期在2004年年中完成。该

1983年

1988年

1998年

附图3-1　荃湾新市镇

1960年

1973年

2002年

附图3-2　沙田新市镇

条主干路会绕过繁忙的马鞍山市中心，连接现有的马鞍山路及西沙路。沙田岭隧道及引道是重整后的八号干线（前称九号干线）的一部分，工程已在2002年11月展开，将于2007年竣工。此外，连接沙田岭隧道及引道的T3号道路计划已在2003年3月展开建造工程，亦会在2007年完成。

屯门（附图3-3）：屯门新市镇位于新界西部，发展主要集中在青山湾填海区及青山与大榄山之间的谷地，总发展面积约为1 900公顷，现时人口约48.5万。到2012年，人口估计将达53.5万左右。

屯门西南部建有内河货运码头，作为香港与珠江三角洲之间货柜和散装货物的集装中心。另外，特殊工业用地填海工程已经完成。为配合因这些发展而增加的交通需求，龙富路（青山山麓绕道）已经通车。

近期通车的九广铁路西铁，为来往新市镇与市区的居民提供另一项便捷的集体运输设施。

大埔（附图3-4）：大埔从前是一个旧式墟镇，现时有居民28.2万人。发展计划全部完成后，预计人口将增至接近28.3万。大埔新市镇的发展面积约为1 270公顷，发展包括公共及私人房屋，以及所有必需的辅助基础建设及社区设施。

白石角发展区占地118公顷，位于中文大学以北。当局计划在发展区内

1978 年

1979 年

1997 年

1988 年

2002 年

2002 年

附图 3-3　屯门新市镇

附图 3-4　大埔新市镇

1983年

1988年

2002年

附图3–5　粉岭/上水新市镇

兴建一个科学园，以及住宅、康乐设施和高等教育的扩展设施。科学园将分三期发展，首期工程已于2000年动工，并已于2002年年中落成。其余各期将于2008年或之前分期完成。

继汀角路船湾至大尾督段的扩阔工程于2001年年底完成后，接驳至大埔工业邨的余下一段汀角路改善工程亦正在进行中，工程预计在2005年完成。

粉岭/上水（附图3–5）：粉岭和上水与大埔一样，以前是旧式墟镇，现有居民约24.6万人。发展计划全部完成后，人口将增至26.9万。

粉岭/上水的总发展面积约780公顷。梧桐河大型防洪工程已于1998年年底分阶段展开。在2003年年中，工程已大致完成。

元朗（附图3–6）：昔日元朗亦是一个旧式墟镇，现已发展成为另一个新市镇。该区现有人口17.7万，预计到2012年人口将增至20.6万左右。

元朗新市镇第16区第1期的道路及渠务工程已经完成，而第13及14区的工程亦已在2002年年底展开，预计在2006年年初完成。锦田河上游及牛潭尾集水区的河道治理工程仍在进行。新田东面主要排水道及元朗排水绕道的工程计划亦已分别在2002年10月及2003年1月动工，并预计于2005年及2006年竣工。近期通车的九广铁路西铁，为来往新市镇与市区的居民提供另一项便捷的集体运输设施。

天水围（附图3-7）：天水围占地约430公顷，从填平后海湾对开的低洼地带而成。初期发展区面积为220公顷，现已建有房屋，供约20万人居住，并具备各类主要基建和小区设施。轻便铁路支线及连接新市镇和主干道路网的新道路，使来往元朗、屯门及市区各处更加方便。

预留区占地210公顷，工程已于1997年年中展开，预计于2004年年中完成。天水围的人口预期会逐步增加，到2012年将达28.9万左右。

近期通车的九广铁路西铁，为来往新市镇与市区的居民提供另一项便捷的集体运输设施。

将军澳（附图3-8）：将军澳新市镇现时的人口约31.1万，计划人口约达48万。将军澳的总发展面积约1 005公顷。

在对外交通方面，将军澳新市镇有宝琳路、清水湾道、将军澳隧道及在2002年8月通车的地下铁路将军澳支线。规划中的对外连接道路有西岸公路和设有分隔车道的坑口道/清水湾道。

将军澳工业位于佛堂洲以北。郡当局已开拓了约95公顷具备公用设施的土地，作为发展高科技工业或需要大幅土地的工业之用。佛堂澳约104公顷土地将会用作进一步发展工业及容纳有潜在危险的设施，而该区的填海工程已大致完成。

1978年

1995年

2000年

附图3-6　元朗新市镇

旧貌

1992年

2002年

附图3-7　天水围新市镇

1977年

1988年

2002年

附图3-8　将军澳新市镇

有关将军澳进一步发展的可行性研究在2002年7月展开，预计于2004年年底完成。研究的目的是为将军澳的进一步发展制订全盘计划，并且改善整个新市镇的设计，以期把将军澳新市镇提升为一个四通八达、朝气勃勃、具独特都市设计和优越居住环境的新市镇。

东涌/大蚝(附图3–9)：位于北大屿山的东涌和大蚝现正分期发展为一个新市镇。发展计划第1期的建造工程已于1997年竣工，为东涌建成一个有约2万名居民的小区，以支持位于赤鱲角的香港国际机场。第2期发展工程已于2001年完成，为大约6.7万名居民提供居所。第3A期的填海工程已于2003年年初完成。这个新市镇依靠北大屿山快速公路及高速的机场/东涌铁路，与香港其他地区连接起来。

新界东北及新界西北发展计划：就新界东北和西北进行的规划及发展研究已经完成，研究确定了下列发展的可行性：发展位于新界东北的古洞北(占地497公顷)及粉岭北(占地192公顷)为新发展区，以期分别容纳10万和8万人居住，以及发展位于新界西北的洪水桥(占地450公顷)成为一个可容纳人口16万的新发展区。日后如有发展需要，当局就会展开这些新发展区的发展计划。

城市发展区(附图3–10)：在中环及湾仔填海计划下增辟的土地乃用作

1992年

1996年

2002年

附图3–9　东涌/大蚝新市镇

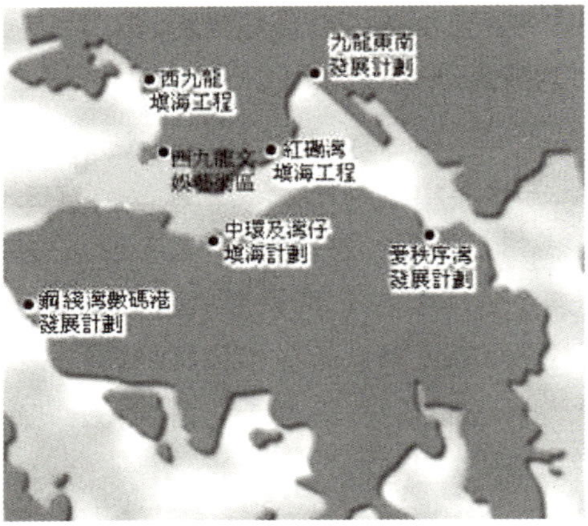

附图3-10　香港市区大型新拓展区

兴建重要运输连接路、机场铁路香港站及香港会议展览中心扩建部分。中环填海计划第1、2期及湾仔填海计划第1期已经完成。

中环填海计划第3期已于2003年2月展开。鉴于近期公众对在维港填海的关注，湾仔发展计划第2期现正进行检讨。这期工程连同中环及湾仔填海计划其他各期工程，将会提供所需的土地，以便沿港岛北岸兴建连接中环与港岛东部的重要连接路和铁路。

爱秩序湾填海计划提供约28公顷土地，作私人楼宇发展、公共房屋发展及其他用途。基础建设工程已于1999年1月动工，并已于2003年年底完成。

港岛南区钢湾的数码港项目占地线24公顷，现正进行发展。连接数码港北部及沙湾径的北面通路现正兴建中。新通路将于2004年年中建成，以配合数码港的发展。

西九龙填海计划提供约340公顷土地，用作兴建重要交通干线、商住发展，以及地区和区内小区设施。目前的人口约为5.5万，预计到2012年增至约10.3万。全部填海工程已于2003年年中完成，而余下的道路及渠务工程正顺利进行。

政府选定了西九龙填海区南端一幅面积约40公顷的优质海旁土地，计划邀请私人机构进行发展，把这幅土地建成一个汇聚艺术、文化、商业及娱乐设施的世界级文娱艺术区，以提升香港作为亚洲文娱艺术中心的地位。西九龙文娱艺术区内建有一个外形独特的天篷，将会覆盖大部分发展区。该天篷部分以透明物料制造，旁边敞开，使区内多种不同的土地用途浑然一体，并为户外的表演及休闲活动营造一个舒适的环境。西九龙文娱艺术区的西部为文化设施区，设有主要的艺术及文化设施；中部为零售及娱乐中轴区，设有购物及娱乐设施；东部则为高层发展的商业门廊。政府期望工程可在2006年展开，以便核心文艺设施可于2010年开始分期投入运作。

九龙东南发展修订计划的整体可行性研究已于2001年9月完成。计划发展共413公顷土地（包括旧启德机场的280公顷土地及133公顷的填海土地），为约25万人提供居所，创造约7.5万个职位。九龙东南发展计划的规划会以方便行人往来、辟设景色优美及易于到达的海滨、发展旅游业及休闲活动、提供铁路为主的基础设施及保护环境作为发展方向。建议的计划需在维港大规模填海，而鉴于近期公众对在维港填海的关注，当局正就这项计划进行检讨。

旧启德机场北面停机坪范围内的地盘平整工程预计于2004年展开，以提供沙田至中环铁路线的车厂用地。

第4章 我国的新城规划与建设

20世纪50年代，我国从苏联引进了整套的规划理论和方法。这种规划模式是与产品经济和集中统一的计划体制，与平均主义、福利型的生活设施标准，以及与大型工业项目为主体的建设方式相适应的，它的主要特征是以有利于生产为准则、重视功能分区。这种传统计划经济体制下城市的发展是由政府控制的，其积极的一面是能主动地进行计划和规划，并按规划设计实施。

第二次世界大战后，西方新的规划理论也传入了我国。在1946年后的“上海市都市计划蓝图一、二、三稿”（图4-1）中，应用了有机疏解、卫星城市等规划理论和手法。在20世纪50年代初，著名建筑学家梁思成与规划学者陈占祥也提出了以“有机疏散”理论为指导来规划北京市，并在此基础上通盘考虑京津冀的空间秩序，完成大北京规划。但由于种种原因，我国城市规划的理论研究与创新实践方面曾长期裹足不前，导致了城市发展中的一系列问题。

此时，我国的诸多大城市，包括北京、上海、沈阳等曾经建设过一批卫星城，当时是基于产业空间发展的需要，将一些大型企业分散布置在大城市中心城市的周边。这些工业卫星城主要是根据工业项目发展的需要，统一投资，配套建设工厂区、居住区，以及各项公共服务设施。居民多为大型企业的职工及其家属，绝大多数是在国家统一安排下迁居到卫星城的。一般而言，这一时期的卫星城，规模较小，工业门类单一，设施配套亦无法齐全。因此，我国这些在特殊历史背景下建立的卫星城，虽有明确的政策目标，但对居民的吸引力较低，在很大程度上要依附于中心城市，在疏解中心城市人口和产业方面所起的作用极为有限。

至20世纪末期，在经济全球化及我国改革开放不断深入的背景下，我国的经济、社会和城市化已呈现出了发展持续、快速的势态，而大城市的人口和经济社会活动过度密集已给城市的运行造成了巨大的压力，原有的城市结构若再不改变，就会成为城市发展的束缚。因而，拓展新的城市发展空间，优化城市结构，缓解老

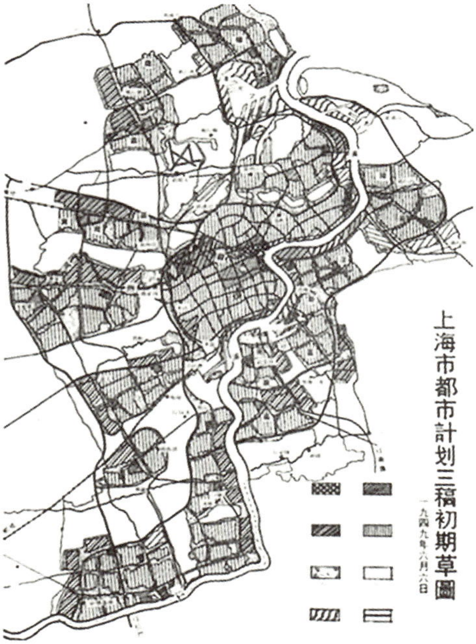

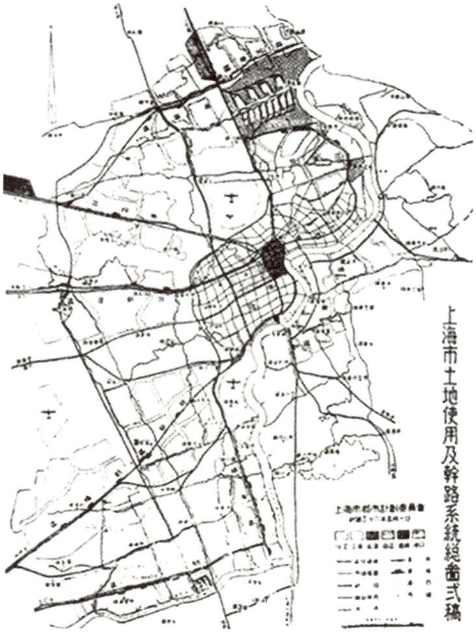

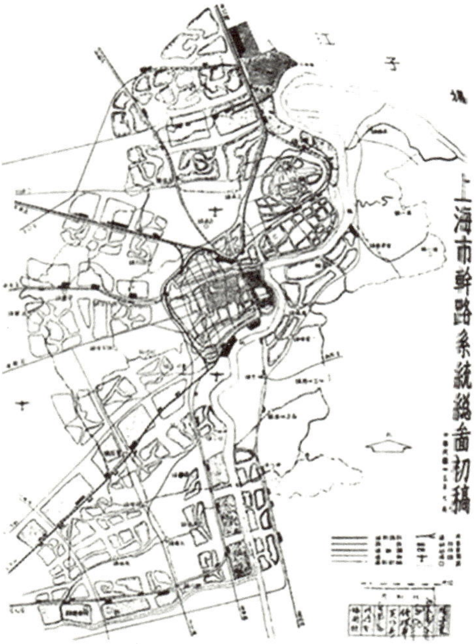

上海市的都市计划三稿

抗战胜利后，当时的上海市政府明确由工务局负责都市计划工作。民国35年（1946）1月设立技术顾问委员会，同年3月成立都市计划小组。在编制都市计划中，采用“有机疏散”、“快速干道”和“区域规划”等新的城市规划理论，拟成《大上海都市计划初稿》。8月正式成立上海都市计划委员会。民国37年2月编制了《大上海都市计划二稿》。二稿完成后二年中都市计划委员会会议商讨，征询各方意见，开展研究工作。民国38年6月完成《上海市都市计划总图三稿》初草说明和总图，仍然采用“有机疏散”理论。

上海都市计划从区域规划入手，以“有机疏散”为目标，使居住地点与工作、娱乐及生活上所需的其他功能保持有机联系。当时市中心区约80多平方公里（为全市面积的9.6%）内集中居住了300万人（为全市人口的3/4）。这种过度集中畸形发展必须通过发展新市区与逐步重建市中心区同时并举的方针，向新市区“有机疏散”。一都市生活为标准，形成50万～100万人的市区单位。市区以下，由16万～18万人的市镇单位组成。每个市镇均有工业用地，而工业与住宅等用地有500米绿地隔离，主要干线也设在隔离绿地内。市镇发展范围控制在30分钟的步行距离以内。市镇单位由10～12个“中级单位”组成。每个中级单位约1.2万～1.6万人，设商业中心及市民游憩设备。中级单位由3～4个“小单位”组成。小单位以小学校为中心，约4 000人左右（当时小学学龄儿童约占12%，一个学校约480名学生，故小单位为4 000人左右）。

图4-1　上海市都市计划蓝图壹、贰、叁稿

图片来源：《上海城市规划志》，1999年城的人口增长压力，提升城市的综合竞争能力，已成为目前大城市规划中的关键课题。一些大城市采取了建设“新城”的方式来拓展城市空间，使得产业和人口能够合理布局，一方面是为了转移中心城市的人口，疏解中心城市的人口和产业集聚压力，起到分流的作用；另一方面是引导郊区城市化的集中发展，并期望对可能涌入中心城市的人口起到“截流”作用。有别于20世纪50年代的工业卫星城，现阶段的这些新城具有更大的规模及综合的功能，因而更具自我“平衡发展”的可行性。

本书以北京、上海为例，来说明我国从早期卫星城到目前的新城发展。

4.1 北京从卫星城建设到新城规划

1. 发展概况

1953年，北京市委提出了《改建与扩建北京市规划草案的要点》；1957年，在苏联专家的指导下，北京市制定了《北京市城市建设总体规划初步方案（草案）》，其中提出了在城市布局上采取“子母城”的形式；在发展市区的同时，规划了昌平、（昌平）南口、顺义、门头沟、通县等40多个卫星镇。1958年8月，北京市委决定对已上报的上述方案（草案）进行若干重大修改，在修改稿中正式提出了“分散集团式”的城市布局原则。为与“分散集团式”的布局原则相适应，“对当时的冶金、机械、化工、纺织等的60个工业项目的选址，有了与发展卫星城相结合的考虑”。但由于项目分布在郊区31个点上，过于分散，结果不甚理想。这一思路和建设雏形与后来的卫星城规划和建设有一定的联系。①

1982年的《北京城市总体规划》提出重点建设燕化、通县、黄村、昌平4个卫星城。1984年，《北京市加快卫星城建设的几项暂行规定》出台。

后来，随着市区膨胀的压力迅速增大，以及郊区、郊县经济发展的推动，对建设郊区卫星城的认识又有了发展。1993年经国务院批复的《北京城市总体规划（1991—2010年）》中，明确了要建设14个卫星城。这14个卫星城中的10个为区县政府所在地城镇，它们分别是通州、大兴黄村、顺义、房山良乡、门头沟门城、昌平、怀柔、平谷、密云、延庆，以及房山区的老区城所在地房山，北京经济技术开发区所在地亦庄，另外2个为昌平沙河和丰台长辛店。昌平卫星城含南口、埝头、昌西，怀柔卫星城

① 本节资料和数据来源：周文斌.北京卫星城与郊区城市化关系研究[J].中国农村经济，2002(11).

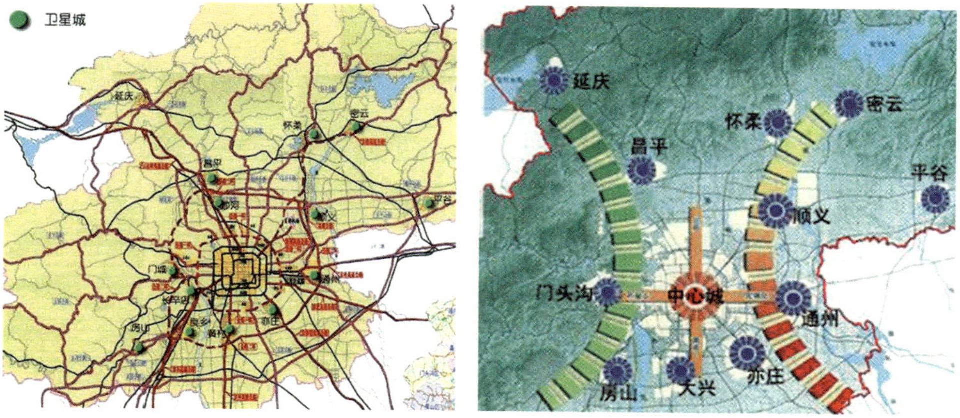

图 4–2　《北京城市总体规划（1991—2010 年）》卫星城规划，《北京城市总体规划（2004—2020 年）》新城规划

含桥梓、庙城，顺义卫星城含牛栏山、马坡，房山卫星城含燕山石化地区（图4–2）。

在1990年代初，14个卫星城的建设用地总规模为157平方公里，常住人口108万人。至1998年，建设用地总规模达到了202平方公里，常住人口130多万人，其中非农业人口占80%以上。到2000年年底，除了房山（含燕山石化地区）外，其他13个卫星城都在区县域总体规划的指导下，完成了规划的编制和修订工作，其中的延庆、怀柔、通州、良乡、长辛店、沙河、密云7个卫星城的规划已经由北京市人民政府批准。14个卫星城的用水、治污等基础设施正在建设或已建成。

（1）产业支撑逐步增强

房山（含燕山石化地区）、长辛店、沙河、亦庄等卫星城因为产业集聚，已经或正在形成以工业为主的产业基地。北京经济技术开发区所在地的亦庄卫星城的前景很好，与中关村科技园区一起已经形成高新技术企业孵化和成果转化基地。大部分卫星城在1998年时已都呈现了“二、三、一”的产业格局，而昌平、通州、黄村、密云等已形成了“三、二、一”的产业格局，第三产业增加值占到GDP的50%左右。市、县级开发区和工业区的建设，正在成为卫星城的强有力的产业支撑。

（2）在区域中的辐射力和带动力不断加大

作为区县政府驻地的一些卫星城，不仅是各自区域内的政治、经济、文教中心，而且对周边地区的经济辐射和带动作用也在不断增强。其他一些卫星城在区域中也发挥了重要作用。例如，位于亦庄的北京经济技术开发区，这几年高新技术产业的飞速发展，带动了周围亦庄、鹿圈、马驹桥等乡镇的经济增长，同时还解决了一部分农业剩余劳动力的就业问题，促进了整个地区基础设施和社会服务水平的提高和环境的改善。怀柔与周边6个小城镇的放射性公路在1999年年底已全部建成,从而大大加强了卫星城和周边地区的联系。怀柔、平谷在撤县设区后,区域城镇化的步伐将会加快,辐射力和带动力也将进一步增强。

(3)教育、卫生水平不断提高

居住用地建设在文化、教育、体育、卫生等设施水平的差别是卫星城与中心城市的主要差别所在,因此,提高这些方面的水平是增强卫星城居住吸引力的主要途径。为此,卫星城纷纷与名中学、名医院等联手,迅速有效地、经济地提升了卫星城的设施水平和文化品位。例如,黄村兴涛社区与北京四中联合办学,迅速增强了本地社区的入住吸引力。

2. 存在问题

北京的卫星城虽然在20世纪90年代以后有了较快的发展,但总体上来说,还处在起步阶段,而且出现了一些必须引起重视的问题。未来10年将是卫星城加速发展的时期。为了更好的发展,必须正视并力图解决这些问题。

(1)缺乏政策指导和协调

卫星城的规划、建设只有大框架,没有具体的政策和有力的协调。有些卫星城的边界和范围至今尚未划定,也没有卫星城单独的统计口径和完整的统计资料,给管理、研究等都带来诸多不便。

(2)各卫星城功能分工不明显

一些卫星城在经济发展和城市形象上缺乏特色,存在经济上低水平重复建设和城市建设中忽视保护城镇自然环境和历史文化特色的倾向。

(3)交通联系薄弱

与中心城市之间的安全、快速、廉价、大容量的交通网络尚未形成。一些到远郊居住的居民,仍然要到市区就业、就学等,每天往返于市区和卫星城之间,这不仅增加了交通负荷,还加大了居民的疲劳程度,降低了工作和生活的效率;同时,中心地区的压力也未得到应有的缓解。目前,虽有郊区公交车在运行,但运行时间长,车况差,路况也有待改善,不能满足市区与郊区之间的通勤需要。

(4)建设质量有待提高

卫星城的可持续发展问题没有引起足够的注意。人均建设用地过大,市政配套跟不上,环境质量低等都是郊区城镇普遍存在的问题。教育、卫生设施的水平亟待进一步提高,居住环境和社区环境需要进一步改善。由于卫星城的文、教、体、卫等社会服务的水平和方便程度与市区存在相当大的差距,出现了一些已迁往卫星城的居民又回迁市区的现象。

（5）政策门槛过高

土地政策和户籍政策过严过死。例如，在户籍制度方面，规定本市农民进入小城镇“必须购买二居室以上的商品房”，而外地人不论进京的愿望多么强烈，只能高成本进入小城镇，即现在所谓的中心镇，而进入卫星城更是难以实现。

（6）管理体制有待理顺

目前卫星城建设的管理体制还不顺，管理水平不高。有的卫星城同时跨几个管辖区域，区域内有中央和市属大企业，需要较高层次的协调，而这种协调机制目前尚未建立。比如，规划中的长辛店卫星城由长辛店、云岗2个办事处和长辛店、王佐两个乡镇共4个平级的单位分别管辖；房山卫星城由房山镇和燕山办事处管辖。

由于上述种种问题的存在，使得卫星城的发展受到了制约，不能充分发挥分担中心城市功能的作用。例如，各卫星城共规划建设了20多个开发区和工业小区，其目标之一就是要吸纳从市区搬来的企业，但事实上迁来的企业并不多。目前市中心地区仍存在不少占地面积大、污染扰民、能耗高、附加值低、经营粗放的企业，三、四环路以内的工业产值仍占全市工业总产值的很大比重。

3. 历史小结

加速卫星城的建设是北京郊区推进城市化的突破口。然而，卫星城建设并没有在郊区城市化中赢得应有的战略地位，这主要有以下几个方面的原因总结：

（1）指导思想

由于二元经济的思维定式根深蒂固，小城镇和卫星城被人为地分割为二元的农村和城市，且将两种不同的经济社会形态用两种不同的管理体制和管理手段来管理。其实，一般小城镇与卫星城，尽管它们的功能不同，但都是京郊城市化的主体，都是区域经济社会发展的增长点。所以，指导思想首先要有突破。

（2）管理体制

正是在二元思想的阻滞下，农委将卫星城看成“城”，而农委管农村建设只能管小城镇，管不了卫星城；建委说卫星城在“郊”，城市建设只管中心城市的1 040平方公里。市政府对卫星城的管理实际上处于不落实的悬空状态。另一方面，也有人认为14个卫星城各有其主，所在区、县政府可以自行管理。目前，各区、县自行建设、管理有其必然性和好处，但弊端也是明显的。既然是北京的卫星城，就意味着它们必须纳入北京的整体城镇体系，需要接受更高层次的协调和管理，体现全局性的发展目标。

（3）发展政策

有些人认为，如果卫星城实施小城镇政策，集聚的产业和人口不仅是来自中心城市的，还有来自农村和外地的，可能会影响卫星城发挥分担中心城市压力的功能。实际上，这种担心是不必要的。其原因：一是卫星城有很大的容纳量和发展空间；二是在中心城市和卫星城之间还有规划建设的10个边缘组团；三是分担中心城市的功能和成为区域经济中心，两者之间不仅不矛盾，而且是相得益彰、相互促进的。

4. 发展趋势

北京的卫星城建设在全国的城市建设中有一定的特殊性，北京的14个卫星城中有10个是县政府和区政府所在地，既与其他地区的小城镇有同样的政策。比如，关于户籍政策，2000年中央11号文件明确要求：“凡在县级市区、县人民政府驻地镇及县以下小城镇有合法固定住所、有稳定职业或生活来源的农民，均可根据本人意愿转为城镇户口”，同时理所当然也是建设的重点，《中共中央关于国民经济和社会发展第十个五年计划的建议》中也明确指出，农村城市化“要把发展重点放在县城和部分基础条件好、发展潜力大的建制镇，使之尽快完善功能，集聚人口，发挥农村地域性经济、文化中心的作用”。

北京大多卫星城已经形成了区域性的引力点，实际上已经成为经济增长、社会发展的极点。如前所述，14个卫星城中有10个是区县城。区县城在区域经济社会中的重要性由来已久。北京市区、县的情况也大致如此，区县城基本上是本区、县的经济首位镇，它们对农民进入的吸引力远远大于其他小城镇。不以卫星城为发展的重点，在实践中可能会分散用力，都难以产生规模效应。早期乡镇企业和工业小区的分散发展就是明显的例证。而城镇建设如果遍地开花，有更强的不可逆性，影响的时间更长，副作用更甚。

北京腹地不大，16 800平方公里的市域面积，山区就占62%；2000年年底常住人口1 382万人，远郊10区、县440万人，其中，城镇人口为140万人。也就是说，仅从本市地域现有人口看，不考虑未来的人口增长，即使全部进入城镇，也只有300万人。按照一般的规律，每个卫星城的人口规模为20万～25万人，14个卫星城吸纳总量可以达到280万～350万人，这是一个相当大的容量。因此，与其均衡发展总体规划中确定的14个卫星城，不如选择一部分有条件的卫星城，加以重点建设，并适时调整规划规模，培养综合性的城市功能，最终应是建设成为具有独立性的郊区“新城”。

5. 新城规划

（1）城市总体结构

国务院常务会议已原则通过《北京城市总体规划》(2004—2020年)。[①]

新的总体规划的一个重大突破是按照统筹区域和城乡发展的要求，对北京空间布局做了重大调整，改变过去“单中心”的发展格局，构建起“两轴—两带—多中心”城市空间结构(图4-2)。即完善“两轴”，包括继承和发展北京传统城市中轴线，完善长安街及其延长线建设，保障首都职能和文化职能的发挥；沿通州、顺义、亦庄等地强化“东部发展带”，疏导首都经济的产业发展方向；沿大兴、昌平、延庆等地整合“西部生态带”，创建宜居城市的生态屏障。同时，建设中关村高科技园区核心区、奥林匹克中心区、中央商务区等多个城市职能中心。以此为基础，规划引导形成“中心城—新城—镇”的市域城镇结构。目前规划了通州、顺义、亦庄等11个新城，将承担疏解中心城人口和功能、带动区域发展的功能。

“两轴”：一是南北中轴线，二是长安街东西延长线。其中南北中轴线是北京几百年都城史以及北京历史文化长期发展留下来的重要文化遗产，这条中轴线最能反映北京空间布局的最高境界。这条中轴线北部目前已经到了奥林匹克公园，南部到了永定门。长安街延长线则是共和国成立50多年来一个典型的历史文化缩影。它几乎承载了北京市所有的功能，从政治、经济到文化。

“两带”：北起怀柔、密云，沿顺义、通州东南指向廊坊和天津的“东部发展带”，以及北京西部山区以及延庆、昌平等连线的“西部生态带”。其中，“西部生态带”主要是考虑了北京的“人居环境”。“西部生态带”既是北京的生态屏障，又联系了延庆、昌平、沙河、门城、良乡、黄村等，可以实现以生态保护为前提的调整改造，各级城镇主要发展高新技术、高教园区等环保型产业，为北京建成最适宜人居住的城市奠定基础。“东部发展带”的提出是对北京空间结构的战略性调整。通过顺义、通州、亦庄等重点新城的规划和发展，实现空间战略性转移，疏导新北京产业发展方向，把城市的一些功能从市中心转移出来。

“多中心”：在市区范围内建设不同的功能区，分别承担不同的城市功能，以提高城市的服务效率和分散交通压力，如CBD、奥运公园、中关村等多个综合服务区的设定。中心城市内8区的功能简介如下。

---

① 参考《京华时报》2005年1月22日。

东城：行政中心兼顾商务。东城区作为首都北京的中心城区之一，是重要的政治活动区、繁华的商贸服务区、资源丰富的文化旅游区和方便舒适的办公居住区。在未来的发展中，要突出文化特色、环境特色、现代化特色和国际化特色。

西城：金融心脏脉动天下。国家政治中心的主要载体，国家金融管理中心，传统风貌重要旅游地区和国内知名的商业中心。

崇文：文化体育孕育商机。北京体育产业聚集区，都市商业区和传统文化旅游、娱乐地区。

宣武：传媒大道筑巢引凤。国家新闻媒体聚集地之一，宣南文化发祥地和传统商业区。

朝阳：中外经济驱动CBD。国际交往的重要窗口，中国与世界经济联系的重要节点，对外服务业发达地区，现代体育文化中心和高新技术产业基地。

海淀：高科古蕴比翼齐飞。国家高新技术产业基地之一，国际知名的高等教育和科研机构聚集区，国内知名的旅游、文化、体育活动区。

丰台：总部基地吸引巨贾。国际国内知名企业代表处聚集地，北京南部物流基地和知名的重要旅游地区。

石景山：娱乐休闲渐成新宠。城市西部发展带的重要节点，是城市综合服务中心之一，同时也是文化娱乐中心和重要旅游地区。

（2）新城释义

新城是北京“两轴—两带—多中心”城市空间结构中两个发展带上的重要节点，在原有卫星城基础上，承担疏解中心城人口和功能、集聚新的产业、带动区域发展的规模化城市地区。

发展目标：按照新一轮《北京城市总体规划》的要求，规划建设的11个新城将充分依托现有卫星城和重大基础设施，建设成为相对独立、功能完善、环境优美、交通便捷、公共服务设施发达的健康新城。

发展策略一　重点建设东部三城：根据城市经济发展的趋势和区域联系的主导方向，重点发展东部发展带上的通州、顺义和亦庄3个新城。3个新城应成为中心城人口和职能疏解及新的产业集聚的主要地区。

发展策略二　发展注重轨道交通：积极发挥基础设施的引导作用，采取以公共交通特别是轨道交通为导向的城市发展模式，建立以公共交通为纽带的城市布局及土地利用模式，促进新城的理性增长。

发展策略三　高品质增强吸引力：高品质、高标准建设新城的教育、文化、卫生、体育、社会福利等公共服务设施，提高新城吸引力，促进新城发展。

发展策略四　各城之间分工协作：发挥市场机制和公共投资的作用，合理确定各新城的发展模式和开发强度，积极引导各新城地区的分工与协作，形成城镇协作单元，合理高效配置资源，统筹区域发展。11座新城的功能简介以下。

通州：古运河区再建新景。重点发展的新城之一，也是北京未来发展的新城区和城市综合服务中心。引导发展行政办公、商务金融、文化、会展等功能。是中心城行政办公、金融贸易等职能的补充配套区。

密云：生态旅游先保水源。北京东部发展带上的重要节点，是北京重要的水源保护地，也是国际交往中心的重要组成部分。引导发展科技含量高、无污染的都市型工业，以及旅游度假、会议培训等功能。

大兴：生态公园亮相南郊。北京未来面向区域发展的重要节点，在北京发展中具有重要的战略地位。引导发展生物医药等现代制造业，以及商业物流、文化教育等功能。

房山：磨盘柿子争上奥运。北京面向区域发展的重要节点，引导发展现代制造业、新材料产业（石油化工、新型建材），以及物流、旅游服务、教育等功能。

昌平：康陵庆陵完成抢修。重要的高新技术研发产业基地，引导发展高新技术研发与生产、旅游服务、教育等功能。

怀柔：服装企业拉动发展。北京东部发展带上的重要节点，国际交往中心的重要组成部分。引导发展会议、旅游、休闲度假、影视文化等功能，平原地区可发展科技含量高、无污染的都市型工业、现代制造业。

延庆：康西草原大幅扩建。国际交往中心的重要组成部分，联系西北地区的交通枢纽，国际化旅游休闲区。引导发展都市型工业，以及旅游、休闲度假、物流等功能。

门头沟：滨河广场增加绿地。西部发展带的重要组成部分。引导发展文化娱乐、商业服务、旅游服务等功能。空间上以现有建成区为基础调整优化，提升品质。

顺义：借力空港发展物流。东部发展带的重要节点，北京重点发展的新城之一。引导发展现代制造业，以及空港物流、会展、国际交往、体育休闲等功能。

亦庄：由区变城产业转型。东部发展带上的重要节点，北京重点发展的新城之一。引导发展电子、汽车、医药、装备等高新技术产业与现代制造业，以及商务、物流等功能，积极推动开发区向综合产业新城转变。

平谷：京平高速招商融资。北京东部发展带上的重要节点，是京津发展走廊的重要通道之一。重点引导发展都市型工业和现代制造业，以及物流、休闲度假等功能。

4.2 上海从卫星城到新城的建设

1. 发展概况①

20世纪50年代初，上海在市区边缘先后开发了8个工业区和一批工人新村，之后上海就不断向近郊区扩展。为贯彻国家“充分利用、合理发展”上海的工业基础的方针，适应工业布局和结构调整的需要，1956年，上海市当时的规划建筑管理局提出了建设卫星城镇的设想。1957年12月，上海市党代会决定在上海周围建立卫星城镇，以分散一部分工业企业，减轻市区人口过分集中的压力。1958年，国务院先后两次批准，将江苏省所辖的宝山、嘉定、川沙等10个县划归上海市，从而为卫星城的规划和建设提供了条件。同年，由当时的上海市城市规划勘测设计院对上海、宝山、嘉定、金山、青浦、松江等县的10多个城镇进行建厂条件调查研究，根据尽可能靠近河道、铁路及原有集镇，有供电、给水等条件，并与市中心有适当距离（25～30公里）的选点原则，规划新型工业卫星城。

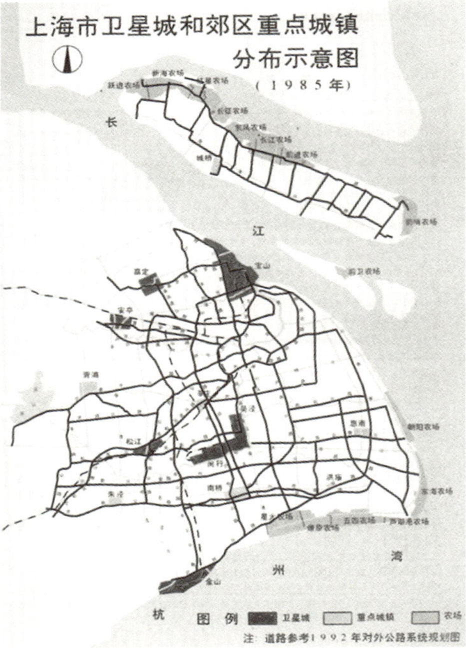

图4-3 上海卫星城镇和郊区重点城镇分布示意图，1985年

图片来源：《上海城市规划志》，1999年

至1959年年底，上海先后规划和启动建设闵行、吴泾、安亭、松江、嘉定等5座以某项工业为主体的卫星城。同时，对市区内的几百个工厂进行了调整，将其中一部分迁至郊区。依靠新建和迁建企业带动卫星城的大规模建设，并吸引市区人口的郊迁，使得上海市的城市布局发生了重大的变化。20世纪70年代，上海又相继规划建设了金山卫、吴淞-宝山两个卫星城。这先后7座卫星城的建设，为20世纪80年代之后的上海城市建设及郊区发展打下了

① 本段资料来源：《上海城市规划志》，1999年。

良好的基础，并积累了丰富的经验。

除了卫星城外，上海市在规划中还确定了一批重点发展镇。1982年起，莘庄、青浦、朱泾、南桥、惠南、城桥等6个城镇、30个建制镇及部分集镇开展了总体规划的编制工作，以使城镇建设在规划的指导下有序进行。

改革开放也推动了农场经济及农场的城镇化。1981年开始，上海市农场局对各农场场部按城镇建设的要求进行全面规划，使其有计划地向城镇转型，成为有别于一般城镇的特殊类型的城镇（图4-3）。

1986年，国务院批准了《上海市城市总体规划方案（1985—2000）》。规划中，明确了上海市由中心城、卫星城、郊县小城镇、农村集镇4个层次构成层次分明、协调发展的城镇体系。根据这个规划：上海郊区设7个卫星城，环状分布于上海远郊；有30个建制镇和154个乡集镇，遍布郊区10县；另有15个农场集镇，分布于城市边缘的沿江和滨海地带以及崇明岛北部。一般卫星城与中心城（市区）相距20～40公里，个别为70公里；县城之间相距20～40公里；县属镇之间相距10～15公里；农村集镇之间相距5～10公里，彼此以公路网有机联结。

表4-1　上海卫星城发展概况

镇　名	主要产业	距人民广场(km)	1985年		1990年		2000年五普人口(万人)
			人口(万人)	用地(km^2)	人口(万人)	用地(km^2)	
闵　行	机　电	32	9.2	11	10.65	20.7	14.01
吴　泾	化　工	25	1.8	4	2.52		2.71
嘉　定	科　研	33	6.4	7	7.00	7.6	9.01
安　亭	汽　车	40	1.1	3	2.70	5.0	4.12
松　江	机床轻工	40	7.3	7	8.20	7.3	16.39
金山卫	石油化工	70	7.3	12	10.00	10.0	12.89
吴淞宝山	钢铁港口	20	17.7	42	24.00	44.8	43.11
合　计	—	—	50.8	86	65.07	95.4	102.24

数据来源：上海市公安局、规划局，《上海城市规划志》，1999年

2000年五普人口数据按照新行政区划划分，统计范围与原卫星城实际边界不完全相符，其中：

- 闵行人口包括华坪街道和碧江街道人口；
- 吴泾人口为原吴泾街道人口；
- 松江人口包括松江镇、松江新城区和松江工业区三部分人口；
- 吴淞人口包括吴淞镇街道、海滨新村街道、友谊路街道、泗塘新村街道和通河新村街道人口；
- 金山卫人口包括石化街道和金山卫镇人口。

20世纪90年代，为适应改革开放的新形势，以及改造建设中心城的需要，上海市又作了重大区划调整，即：撤销嘉定县，成立嘉定区；宝山县和吴淞区合并，成立宝山区；闵行区和上海县合并成立闵行区。同期在上海市城市规划设计院编制的新一轮上海城市总体规划方案中，提出了市域城镇体系由主城、辅城、县城和集镇4个层次构成。吴淞-宝山、闵行-吴泾这两座卫星城分别调整为宝山、闵行辅城的分区，嘉定、安亭卫星城成为嘉定辅城的两个分区；青浦城、松江城、金山卫、南桥城、惠南城、城桥城为上海郊区6个县城。至1995年年底，各县城依据新一轮总体规划的要求编制或调整了各自的总体规划。

2. 存在问题

原先的卫星城经过40多年的运作，确实为上海的工业发展作了很大的贡献。但限于当时的经济条件、政策背景和建设目的，卫星城建设中也存在着种种不足。

（1）社会问题

上海卫星城经过几十年的建设并没有起到疏解中心城人口的实质性作用。虽然，建设工业卫星城是上海整体经济的发展战略的重要组成部分之一，但由于工业卫星城主要是围绕重大工业项目的建设，配套形成的“单位型”城镇。卫星城的建设目标只是发展大型重点企业，不够注重社会结构的平衡和完善，使得卫星城在社会发展方面一直处于滞后状态。

由于各个卫星城的支柱产业各有特色，虽然避免了重复建设，但也导致各卫星城的工业门类过于单一，各类产业难以平衡发展；再者，由于单一的生产性质导致了人口结构的不平衡，男女比例的失调。这种不平衡的性别结构妨碍了卫星城的健全发展，尤其是产生青年男女的婚姻问题，不少人由于婚姻困难要求调离卫星城。而且，由于将大部分投资用于生产建设，对住宅和生活服务设施等建设不够。迁入卫星城的居民希望享受较高的分配住房标准，以及获得良好的居住环境，但实际上卫星城的住房条件并没有达到理想的状态。

此外，卫星城和中心城的交通联系较差，居民的出行极为不便。由于迁入卫星城的居民一般是企业职工和他们的直系亲属，他们一旦迁入了卫星城，其与中心城的原有社会联系就会被大大削弱，这是一个很大的社会问题。这种被削弱的社会联系带来的社会问题是多方面的（表4-2）。这些居民往往在卫星城上班，而家庭在中心城。由此导致需要通勤或因照顾家人去中心城的居民数量占到了绝大多数；同时，住在卫星城的职工以会晤亲友和购物为目的去中心城的居民数量也占了相当一部分（图4-4—图4-6）。

表 4-2　卫星城职工去中心城情况抽样调查，1985 年

卫星城	与中心城的距离(km)	家庭成员户口所在地	去中心城的目的								
			回家	会晤亲友	购物	学习	文娱	工作	照顾家人	散心	其他
闵　行	32	闵　行	10.51	24.87	21.03	4.87	3.85	10.77	16.67	4.10	3.33
		中心城	45.09	7.29	4.19	5.39	1.93	2.02	32.21	1.15	0.73
松　江	40	松　江	12.89	17.01	16.24	10.02	1.29	12.89	17.27	0.79	11.60
		中心城	38.63	9.80	10.23	3.85	3.71	0.53	21.41	5.61	6.23
金　山	70	金　山	19.71	26.44	21.15	2.88	0.00	11.06	11.54	5.29	1.93
		中心城	32.49	8.12	11.45	2.80	6.26	8.79	22.37	7.19	0.53
平均值			26.55	15.99	14.05	4.97	2.84	7.68	20.25	4.02	4.06

数据来源：1985 年同济大学对闵行、松江、金山卫星城的职工抽样调查

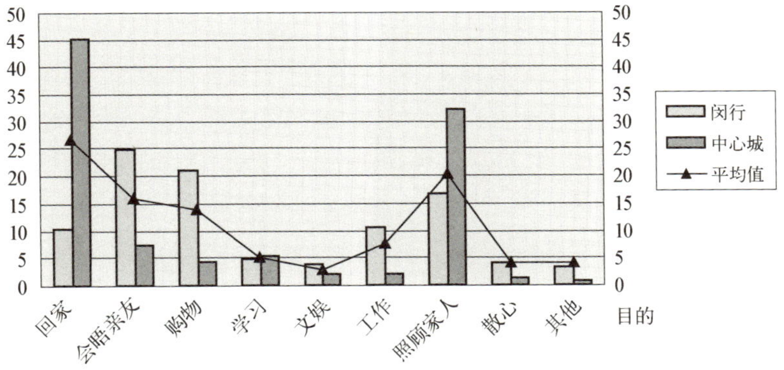

图 4-4　卫星城职工去中心城情况抽样调查(闵行)，1985 年

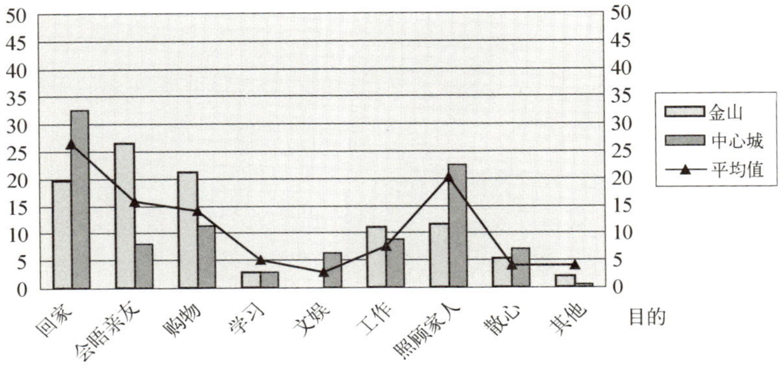

图 4-5　卫星城职工去中心城情况抽样调查(金山)，1985 年

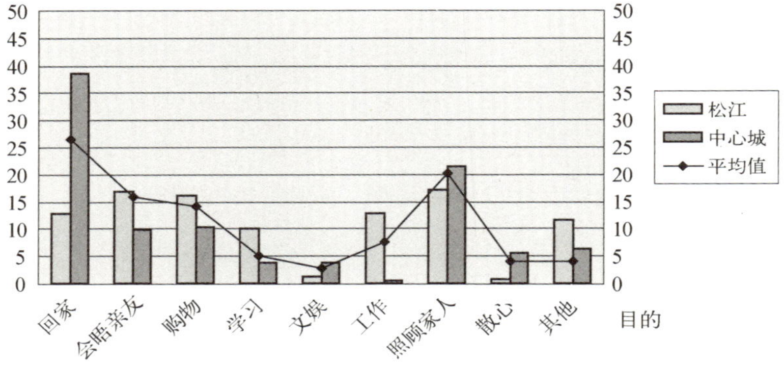

图4-6　卫星城职工去中心城情况抽样调查(松江),1985年

(2)服务设施问题

至1990年,上海的卫星城规模还相当小,小规模的城镇建设使得在设施配套上很难发挥规模效益,卫星城不能完全地自给自足和独立发展,在很大程度上要依赖中心城。正是由于商业、文化、生活、服务、市政、交通等各类设施的不齐全,使得卫星城的企业不得不千方百计地靠自己去解决职工多方面的社会生活问题,导致一个企业往往是一个"小而全"的"单位型"社会。这样的发展方式,既使得企业包袱沉重,严重影响企业的生产效率,又使得卫星城的公共事业难以全面平衡地发展。

据同济大学于1985年对三个卫星城所做的抽样调查,卫星城的居民普遍对商业服务和交通设施表示不满意。其中,对菜场和出租汽车最为不满意,对菜场的不满包括供应的数量、品种以及服务的质量和价格;比较不满意的为火车站和饮食店;此外对医疗及体育设施的质量和数量也颇为不满。由于卫星城的居民要在交通出行上承担额外的支出,所以总体而言,居民认为落户卫星城与住在中心城相比较是不经济的。

(3)交通问题

卫星城由于规模较小,产生了一些与一般小城镇类似的问题。比如,内部公共交通难成气候,运营状况较差。由于卫星城居民的主要社会联系还是在中心城,联系中心城的外部交通虽然有少量的公交线路到达,但公交的服务水平和运营效率都比较低下。联系卫星城和中心城的交通方式主要是依靠企业各自的班车,定时往返于企业和中心城。

从表4-3和图4-7可以看出,除了金山卫星城由于距离中心城比较远,所以相当一部分居民选择使用火车之外,其他卫星城的居民均是主要使用厂车回中心城;其次是使用公共汽车。大量的职工及其家属需要经常往返于中心城和卫星城之间,甚至是天天如此，可谓奔波劳累。即使是全家都搬迁至卫星城，由于探亲访友、购物、娱乐等需要，也得经常来回往返于中心城和卫星城之间。这种频繁的往返通勤不仅给职工和企业造成了不便和负担，也大大增加了中心城和卫星城之间的交通压力。

在1990年前，中心城和卫星城之间的道路状况较差，公共交通运营很薄弱，因此难免出现班次少，候车时间长，行驶速度慢，车厢拥挤等不利状况。落后的交通条件人为地扩大了卫星城和中心城之间的时间和心理距离。

表4–3　卫星城职工回中心城使用交通工具情况，1985年

卫 星 城	与中心城的距离（km）	交通工具使用比例%			
		厂　车	公共汽车	火　车	其　他
松　江	32	66.58	31.42	1.29	0.71
闵　行	40	70.66	22.37	3.46	3.51
金　山	70	46.14	18.81	34.24	0.81
平均值		61.13	24.20	13.00	1.68

数据来源：1985年同济大学对闵行、松江、金山卫星城的职工抽样调查

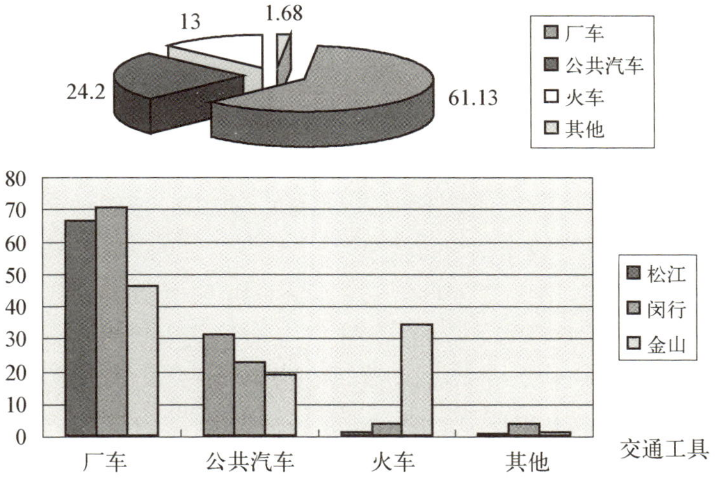

图4–7　卫星城职工去中心城使用交通工具情况

3. 历史小结

上海卫星城建设的历史成败褒贬没有一定的结论，但对卫星城建设中出现的各类问题进行分析，可以得出不少有助于未来建设的宝贵经验。

（1）根据国内外的经验，如果继续以"卫星城"模式来建设上海这样的大都市郊区的新城镇以优化区域空间结构，其目标定位太低。从"卫星城"建设转向"新城"建设势在必行。应从大都市发展的需求出发，在大都市区域协调发展的框架内明确新城的发展目标，通过合理科学的整体规划来确定新城的功能定位。

（2）应全面提高新城建设的物质标准，以增强新城的独立性和吸引力，提供明显优于中心城的生活环境和居住条件，包括住宅标准、环境质量、住房价格等；同时，还应该提供健全的各项服务设施，组织完善的公共交通网络。因此，相对卫星城而言，新城的规模较大，并达到一定的门槛规模以发挥规模效益，新城才有可能建设高档次及大型综合化的公共设施，为新城居民提供更高质量的物质生活和精神生活环境。

（3）在注重新城的综合配套及最大程度的自我独立性的同时，绝不可忽视新城与中心城之间的大容量交通设施建设。不仅与中心城要有快速交通干线联系，各新城之间也应有便捷的交通联系，以避免把过多的交通量引入中心城而导致循环反复的一系列城市问题。

（4）新城在吸引中心城人口和产业迁入的同时，还应该吸纳从广大农村地区进入城镇的城市化人口，并保持合理的人口和产业结构，从而更有利于新城的长期稳定发展。区域的工业化与城市化是一个统一、互动的过程，不应人为地将中心城、新城与郊区城镇的发展割裂开来。

（5）新城的开发模式应该与我国现行的行政体制和经济体制相适应。新城开发由政府主导，公共开发要先行。同时，要运用市场机制，使投融资市场化、多元化，积极引导民间和社会资本参与新城建设。

4. 新城建设

跨入新世纪，上海城乡经济和社会发展明显加快，郊区发展进入到了一个全新的阶段。上海的郊区在早期卫星城的基础上，有计划、有重点、有时序地建设规模较大、功能综合、发展相对平衡的新城。

2001年5月国务院正式批复《上海市城市总体规划（1999—2020年）》。这一规划按照城乡一体、协调发展的方针，确定了以中心城为主体，形成"多轴、多层、多核"的市域空间布局结构，其中"多核"即为中心城和11个新城组成的城镇空间体系。上海城镇体系的完善将以郊区新城的兴起为标志，以具有"反磁力吸引"的中等城市规模及功能为主要特征；城镇等级规模趋于合理分布，职能趋于明确分工组合。新城建设将起到完善城市功能、调整城市空间结构、优化产业布局、疏解中心城人口的重要作用。

21世纪的上海将实施以新城和中心镇为重点的城镇化战略，通过重点突破、有序推进，努力构筑特大型国际中心城市的城镇体系。新一轮城市总体规划确定宝山、嘉定、松江、金山、闵行、青浦、南桥、惠南、城桥、空港和临港新城等共11座新城，规划新城的人口规模为20万～30万人左右，近期重点建设有良好基础的松江新城。[①]（表4–4，图4–8）

表4–4　上海市市域城镇体系（1999—2020年）

	范　围	数目	人　口
中心城	外环线以内	1	800万
新　城	宝山、嘉定、松江、金山、闵行、惠南、青浦、南桥、城桥、空港新城、临港新城	11	每个新城人口规模一般为20万～30万人
中心镇	朱家角、泗泾、周浦（康桥）、奉城、枫泾、堡镇、南翔、罗店等集镇发展而成的小城市	22	每个中心镇人口规模为5万～10万人
集　镇	从现有建制镇（170个）适当归并而成的集镇	80	每个集镇人口规模为1万～3万人
中心村	是在合理归并自然村居形成的现代化农村新型社区		每个中心村人口规模在2 000人左右

资料来源：《上海市城市总体规划（1999—2020）》

根据市政府《关于推进上海郊区城镇规划编制工作的指导意见》，到2020年，上海市域范围内要形成城乡一体、协调发展的城镇布局，形成与现代化国际大都市相匹配的郊区城镇功能和基础设施框架，形成以人为本的郊区社会发展体系和特色城镇风貌，形成可持续发展的、人与自然和谐的郊区生态环境。

“十五”时期，上海将重点发展“一城九镇”[②]，即松江新城和朱家角、罗店、安亭、高桥、浦江、奉城、枫泾、周浦、堡镇等9个中心镇（图4–9）。

（1）一城

松江新城：位于上海西南，松江新城示范区占地22.4平方公里，东边为景观河道，南边建设行政中心，北边建设大学城以及交通枢纽站。其中松江新城西南1平

① 最近上海市对部分新城的规划人口作了大幅度的提高，近期重点建设的新城数量也有了增加。
② 最近，“一城九镇”的“一城”，即松江新城，扩展为“三城”，即松江新城、嘉定新城、临港新城。

图 4-8　上海中心城和 11 新城分布图

图 4-9　上海一城九镇分布图

方公里将被建成具"英国"特色的高档住宅区，老城则保留历史文化名镇的风貌，形成"一城两貌"①。

（2）九镇

安亭：位于上海西部与江苏交界的嘉定区的安亭新城被设计成具"德国"风格的小镇。这里已经是一个初具规模的汽车城，规划用地4.69平方公里，居住人口6万～8万。

罗店镇：位于宝山区，沪北的一个老镇。正在开辟一个具有北欧"瑞典"特色风貌的新镇区。整个新镇区规划面积2～3平方公里。目前正在培育以高新技术和生物医药为基础的产业基地。

朱家角镇：整个镇区规划常住人口5.5万人。其中0.68平方公里为古镇区，保持明清风格，而另外的3.5平方公里将体现具有中国特色的现代化风格。整个朱家角将以旅游为发展的定位。

---

① 对于上海"一城九镇"引入外国风情的问题，学术界有强烈的不同意见。笔者认为，避免目前国内城镇建设的"千城一面"现象，使城镇有自己的风貌特色，这是正确的，但应提倡原创性及结合地域文化和自然条件。

奉城镇：位于上海南部的奉贤区东部，这座已有600多年历史的江南古镇将引入“西班牙”的风貌特色；到2005年，城镇规模将达到8平方公里，总人口7万。并成为上海奉贤东部地区的经济文化中心。

高桥镇：有着800年历史的高桥，将被建成有“荷兰”特色的港口重镇，镇中心区正在建设大型居住区“荷兰新城”。

枫泾镇：是一座有800年历史的古镇，位于上海西南浙江与上海的交界处，在被定位为“北美”风格的小镇。枫泾的方向是发展为一个商贸集镇。

浦江镇：镇域面积100.6平方公里，常住人口11.85万，目前是上海市郊面积最大的一个镇，新镇的开发则力图能够具有“意大利”的风情效果。

周浦镇：在浦东新区南端，素有“浦东十八镇，周浦第一镇”之说。周浦镇区规划面积拓展到21平方公里，常住人口6万，成为南汇县的经济重镇。

堡镇镇：是位于崇明岛上的小镇，将有4.7平方公里的新建城镇生活区。

郊区城镇规划是关系上海和郊区未来发展的大事。目前，以安亭中心镇、松江新城启动建设为标志，共有六个试点城镇开展了规划建设。据了解，上海市将借鉴试点城镇的经验，确立“城乡一体化、规划一盘棋”的思想，高水平、高起点地编制完成城镇规划，勾画出具有现代化国际大都市特点的郊区城镇发展新蓝图。

上海市政府《关于推进上海郊区城镇规划编制工作的指导意见》指出，未来的城镇要从分散布局转变为集聚建设、组团布局；城镇功能从单一的居住功能，转向培育综合功能；发展方式从无序走向有序、低水平转变为高水平；并拥有便捷的交通网络，一流的生态环境，以及完善的市政、信息、社会和灾害防御等公共设施和服务。具体要点为：

（1）环境优美。在郊区未来的版图上，这些城镇都是环境质量一流的“生态岛”。在新城、中心镇和一般镇的区域内，森林覆盖率、镇区绿地率均大于30%，城镇人均绿地大于10平方米。生活垃圾分类收集、分类处理，实现减量化、资源化、无害化。每个新城拥有独立的分类收集设施、运输设备和生活垃圾处理厂，为所在区（县）的整个行政区域服务。中心镇建有垃圾分拣功能的生活垃圾中转站，一般镇建有生活垃圾收集、中转、运输设施。

（2）交通快捷。郊区城镇拥有完整的公路网络，与市域轨道交通站点、市域高速公路网络合理衔接，各城镇主要功能区的机动车，能在15分钟内驶上高速公路。同时，提倡“绿色交通”：设置各种明显的交通指示标志，建立完善的无障碍系统。新城的城区内路网实行人车分流、机非分流、快慢分流，并建有完善的公交系统，完整的非机动车交通网。

（3）居住舒适。新城新建的商品住宅，建设容积率控制在1.0以内，以多层、低层为主，严格控制高层住宅；中心镇、一般镇新建商品住宅，建设容积率控制在0.8以内，以低层为主，适当控制多层住宅，禁止建设高层住宅。新建居住区必须按照一辆一户的标准，设置机动车停放场所，独立式住宅区按1.5辆一户的标准，设置机动车停车位。

（4）生活方便。郊区城镇的公共服务设施一流，其完整性和先进性，与中心城市等同、甚至优于中心城市的标准。宽带接入网和移动通信网覆盖率，都达到100%。新城拥有专业电影院、文化馆等文化设施；包含标准体育场、综合健身馆等综合体育健身中心；还有现代化寄宿制高中等教育设施。中心镇和一般镇，建有综合性文化中心、游泳馆、训练房、健身广场等文化、体育设施。每个新城和中心镇，都有一至两座大型综合超市。城镇卫生院逐步改制为社区卫生服务中心，并有养老、疗养、康复等福利机构。

4.3 新城开发的现况分析

城市空间演变的不断发展一方面是为了实现和突破持续更新的经济社会目标的空间手段之一，另一方面也是城市社会经济目标不断获得实现的空间表现之一。本节主要从城市空间演变的发展需求出发，根据新城形成的机制不同，结合案例说明，着重分析目前国内若干比较典型的新城类型及其问题所在。需要说明的是，新城绝不是个别因素促成的，而是多因素综合作用下并为了解决若干城市问题及实现一定的社会经济目标而采取的城市发展政策之一。

1. 城市结构调整形成的"新城"

（1）内城改造促进城市新区发展

市场经济下，原来的城市用地方式若不能充分发挥土地经济效益，内城更新改造就势必引起用地的功能置换。获得内城置换的城市新区不仅延续了内城原有的城市功能，并为了适应城市的新发展，提升和创新了城市功能。其中较为普遍的有两种情况，一种是城市中心区更新改造，另一种是老城厢地区保护和更新。

比如，城市老中心区在市场经济条件下区位优势突出，众多商家投资竞争，地价提高，所以在城市新一轮的规划和发展中，原来的企业、居住区、非营利性的公共设施等，甚至是政府机构，纷纷外迁至原来位置相对较偏及地价较低的新区。

由此而来，这些外迁设施势必带动一大批相关的产业在新区及其周边兴起，逐渐形成生活、就业兼备的“新城”。

又如，老城厢地区一方面人口密度非常高，城市设施滞后，环境状况每况愈下；另一方面老城厢地区往往是原有的城市主要功能区之一，其聚居形态、布局结构和建筑特色具有较高的历史保护价值，是不可多得的历史见证。在新的历史发展阶段，需要加以保护和功能调整。因此，政府往往选择原先发展密度较为稀疏的新区来安置从老城厢疏解出来的人口和产业，由此形成安排老城厢迁出安置的“新城”。不得不说的是，我国不少城市搬迁内城的人口和产业仅仅是为了获得可以新的开发空间，而没有很好地保护和更新具有历史保护价值的老城厢地区。

这一类“新城”在由于有相应政策的支持，其公共设施和市政基础设施都能配套完善，环境状况相对较好，居民能安居乐业；新城的中心区位因为得到开发商的青睐，人气较为旺盛。但只是以新区来置换内城拥挤的问题，并不是根本解决之道。长此以往，原有的城市问题会越摊越大，因为城市扩张的土地是有限度的，而我国城市化的进程还需要很长的阶段，现有城市可以扩张的空间限度远远不能承载人口的增长。

案例——宁波东部新城

宁波城市的形成和发展经历了从三江口到出海口，继而到滨海的空间形态演变。随着经济社会的发展，小汽车进入家庭，交通方式的多样化和交通条件的改善，宁波城市的发展已经处在一个从向心集聚转向离心分散的转折时期，特别是杭州湾大通道和城市快速交通干道的建设，宁波城市呈现出强烈的外向扩展趋势（图 4–10）。

宁波市最新一轮的城市总体规划确定三江片以三产和生活居住为主，适当发展高科技或无污染的工业。三江片以余姚江、奉化江、甬江为发展轴，沿江形成市级行政中心、商业中

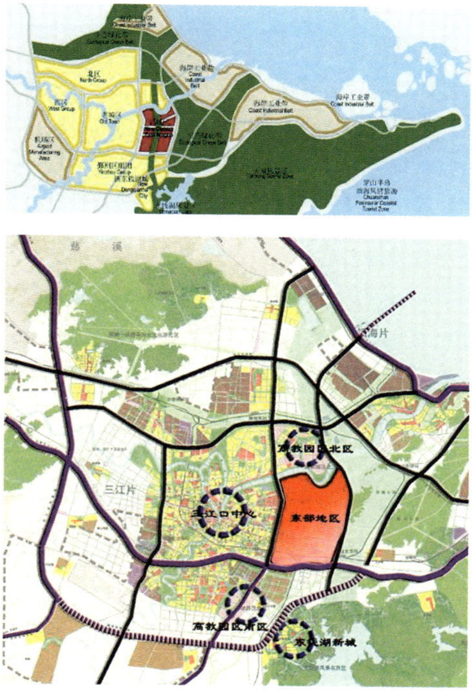

图 4–10　宁波东部新城区位图

心、商务中心、文化中心和教育基地。城市内环以内以古城保护和旧城改造为主；中环以内发展第三产业及生活居住；中环与外环之间发展无污染的城市工业及生活居住。

为开拓城市空间，缓解旧城压力，疏解老城区的人口与产业，置换城市中心区的部分原有功能，完善城市功能，需要及时选择战略性的发展空间，而东部地区具有较理想的条件。三江片近期重点向东发展，通过行政中心的东迁，调整东部包括科技园区的用地结构，完善东部地区的功能，可形成20万～30万人口的新城区。

规划建设东部新城是拓展宁波城市发展空间的现实选择，是提升宁波在长江三角洲地区战略地位的重要举措，力争成为“长三角南翼经济中心”，也是解决因城市功能过于集中老城区而带来的诸多问题的有效途径。东部新城作为老城功能和人口得以疏解的最直接的先导地域空间，将和老城一起通过合理的功能划分和匹配，形成协同集成、综合互济的城市整体空间布局结构，与以三江口为核心的老城区一起，形成“一城二心”的总体空间格局。东部新城将按照新城与老城融合共生、生态与经济平衡发展、居住与就业相互促进的原则建设，具备三大功能，即承接老城的部分功能，缓解老城的人口、住宅和交通压力，弥补老城公共设施的不足，逐步解决城市化中的各类城市问题，降低旧城更新成本；引导城市人口、产业集聚，创造一流的居住、工作和社会文化环境；拓展城市发展空间，为宁波提供新的经济增长点，促进城市可持续发展。

因此，未来的宁波城市将从以三江口为核心的单一中心的空间结构逐步发展为多中心的网络式结构，三江口保留商业中心功能，余姚江两岸发展文化带，北仑发展成为港口物流中心，而东部地区作为宁波的一个“新城”，将成为金融流通、技术信息、交通网络、公共活动的枢纽与桥梁，并成为宁波经济发展的中枢，即：行政中心功能；科技中心功能，技术中介基地；商务中心功能；信息、博览功能；生态休闲与生活居住功能（图4-11）。

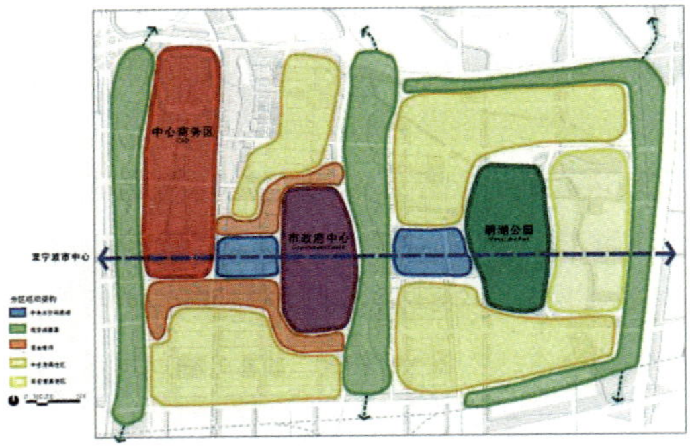

图4-11　宁波市东部新城规划结构图

图片来源：宁波市规划局

（2）城市结构拓展而新增城市组团

城市化进程中，城市的发展呈现出从数量到质量的变化与提高，从功能单一到多样化、综合化，再到职能化分工；城市的空间结构与用地结构也由封闭式向开放式演变，呈现出从单中心向多中心及复合组团式结构的转变。大城市，尤其是那些在中心区有大面积老街区的大城市，为了避免或减弱单中心聚焦带来的负面效果，在总体规划中都不再局限于单一中心的城市形态，而是向“开敞、多核”或“组合城市”的空间结构发展，同时积极引入城市外围的自然开放空间。这时，除了城市原有的中心城建成区外，其余的建成区凭借自然地形，或由道路、绿化等分割，或依原有的发展基础，逐渐成长为具有多功能的组团级“新城”，并发展和完善自己的中心区。

这一类“新城”作为多中心或组团模式发展的大城市的新组团，可以极大地增强所在城市的规划建设用地的选择性，作为新的核心还可能担当城市“副中心”的职能。不过，其发展需要强有力的规划管理；否则，各组团各自膨胀，相互蔓延成片，就会造成功能的混乱及出现新一轮“摊大饼”的局面。

案例——无锡滨湖新城

无锡市根据“集中、集聚、集约”的原则，分类指导，有序推进，构筑“多中心、开敞式”的城市空间发展格局，“做强、做大、做优、做美”中心城市。无锡中心城是长江三角洲北翼的经济中心之一，是区域交通枢纽和国内外著名的旅游胜地（图 4-12）。无锡市实施将自然山水引入城市内部的“生态城市、山水城市”的发展战略；第二产业向外转移，推动旧城更新和城市外延扩展及有机疏散；以中心城扩展带动边缘区空间整合，实现城乡协调发展；开辟滨湖公共绿色开场空间，塑造滨湖城市特色。

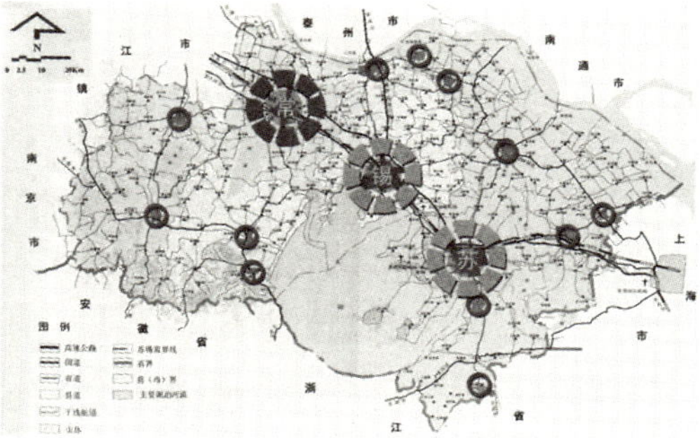

图 4-12　苏锡常都市圈结构图

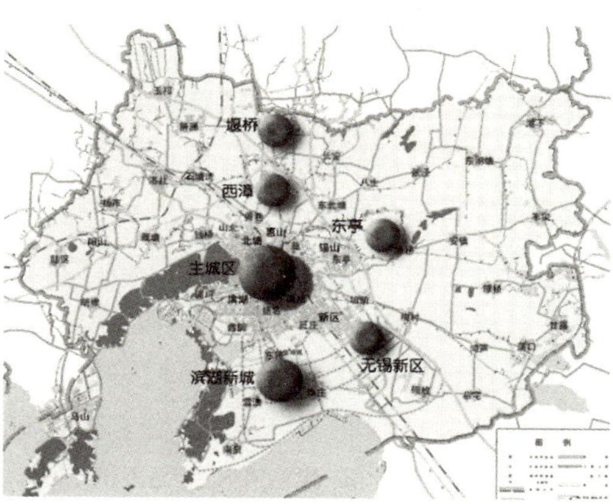

图 4-13　无锡中心城规划结构图

无锡市的中心城以“一主一副四组团”来布局（图 4-13），体现“山环、水绕、湖滨城市”总体格局。其中“一主”指中心城市，是传统的城市中心；“一副”是指南部的滨湖新城;"四组团"即指相对独立的无锡新区、东亭、堰桥、西漳。各组团之间以山地、林地、水体等自然空间要素相互分隔。组团之间、组团与中心城市之间以快速交通廊道相互联系。以此构成的无锡中心城总体框架有利于强化城市与山水、人与自然的亲近,可以依托丰富的自然资源和深厚的历史文化底蕴来进行城市建设。其中,集"山、水、城、绿"等环境要素于一体的滨湖新城可充分展现无锡城市的独特景观魅力,创造出现代滨湖城市的鲜明特色。

无锡市城市总体规划确定了建设特大城市和湖滨城市的目标要求,明确提出城市发展的重点是向南推进,建设滨湖新城。滨湖新城依山傍水,自然条件优越,地质条件好,具有广阔的发展空间。滨湖新城的建设目标是拓展新的城市发展空间,缓解老城的人口增长压力。滨湖新城将是集居住、商业、娱乐、教育、科研、旅游和工业于一体的新城区。而且,滨湖新城要承担未来无锡中心城的副中心功能,体现城市南拓及提升城市功能的目的,因而滨湖新城的规划功能具有综合性。伴随着环太湖大道、大学城等重大项目在南部地区的选址建设,无锡城市的南拓序幕已经拉开。

2. 城市在郊区拓展形成的郊区"新城"

(1) 城市有计划地在郊区发展

目前,我国的一些大城市明显地出现了城市向郊区拓展的现象。由于城市内部人口和经济活动过度集中,而且地价日益抬升。随着内城"退二进三"的城市用地调整,工业项目根据政府的政策性安排或自身发展的需求而迁往在郊区。同时,政府为了解决更多的住房问题和安排就业,大量的住宅建设趋于向地价较低的城市边缘区迁移。拥有私人交通工具的富裕阶层则看好郊区的良好环境,选择在郊区生活。开发商们也看好这块市场,纷纷在郊区的交通干道沿线,利用便利的交通条件,投资开发各类楼盘。同时,边缘区邻近的中小城镇也逐渐扩张,并受中心城的吸引,两者的边界逐渐模糊,混为一体发展。

其中,中心城市边缘的居住区可视为城市中心区建设用地沿交通干线的蔓延,与城区基本没有绿化分隔,以普通的多层、高层住宅为多,居民则主要是通过公共交通到市中心区就业或活动;边缘区之外的郊区居住区则较多为高档次的物业区,建设标准高,环境质量好,居民多依赖小汽车出行。

这一类"新城"虽然交通区位较为优越,但由于生活和就业较难以平衡,大量人口在城郊之间通勤,加大了城郊之间的交通负荷。同时,城市郊区的建设用地一圈又一圈地向外摊,城市在"永远是个大工地"的环境中无休止地长大,"城市病”并没有能够得到合理有效的解决。同时，城市郊区呈圈层式的无休止蔓延和无序发展，不断吞食郊区城镇原有的优质农田、菜田、果园，造成城市环境的持续恶化。

案例——上海宝山新城

宝山新城是上海新一轮城市总体规划所确定的新城之一，它的基础是上海市的原有卫星城——吴淞-宝山卫星城。解放初期，宝山新城所在的宝山县属江苏省管辖，1958年划归上海市，同年横沙岛和北郊区并入，县域向东向南延伸，东缘至横沙岛东侧海岸，南缘至广中路、大连西路和走马塘一线，以前划出的江湾、殷行、吴淞和大场重归宝山，面积扩大为443.64平方公里。1960年划出吴淞镇及蕰藻浜以南长江路两侧成立吴淞区，1964年吴淞区并入杨浦区。1980年以后因宝钢建设的需要，在上海市人民政府宝钢地区办事处基础上，重新成立吴淞区，城厢镇和吴淞、淞南、庙行、月浦、盛桥等乡的一部分划归吴淞区。1988年1月，经国务院批准，撤销宝山县和吴淞区建制，建立宝山区。

宝山作为上海市新一轮总体规划确定的11个新城之一，是上海市要着力建设的近郊城区。从宝山区多次变动行政管辖的历史沿革来看，宝山区与上海的中心城发展有着时空上的紧密联系。而且从整个市域的新城分布来看，宝山新城与中心城在空间上最为紧贴。尤其是地铁一号线向北延伸的实施，更促使宝山新城和中心城呈一体式发展（图4-14）。随着上海北翼地区的不断开发，在用地布局及交通体系上，宝山新城的空间范畴将越来越难以界定。

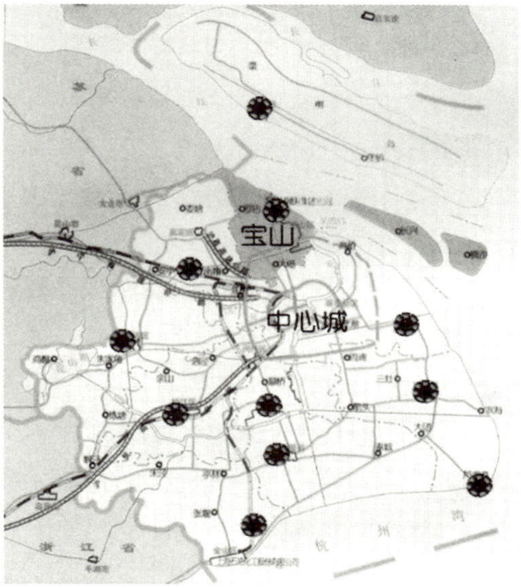

图4-14　宝山新城区位图

新一轮总体规划确定的宝山新城规划范围为：东起黄浦江、长江，西至高压走廊，南抵环北大道，含吴淞街道，北至富锦路、月罗公路，共约52.8平方公里。建设目标是：到2020年，要全面建成与上海国际大都市相适应的郊区新城和“水上门户”；形成与中等规模城市相适应的经济规模和综合实力；形成功能齐全、布局合理、市容面貌优美、基础设施和社会服务设施配套齐全的城区发展格局；形成经济、社会、生态环境的可持续发展框架；积极配合宝山钢铁基地建设，服务全市并带动全区域的发展。

(2) 无计划地开发郊区大型楼盘

1990年代中期，房地产开发领域近年来呈现出一种新的趋势，即一些有实力的开发商，越来越倾向于在郊区进行大型楼盘开发。例如，广州、深圳等一些开发商纷纷提出“居住郊区化”的理念，打出“新都市主义”的创新旗帜。这种“居住城”，类似于新城发展过程中曾出现的“卧城”形式，一些人很推崇的“新都市主义”理念亦十分类似于美国的“新城市主义”理念。

居住郊区化的内容主要有：① 以市场份额为核心的新的营销理念。居住郊区化是对居住文化、消费模式的细分，是房地产供求发展的一种必然趋势。② 居住郊区化需要一个渐进的过程，即居住郊区化的实施需要有一些前提条件，比如便利的交通设施，规模大、上档次的居住小区，消费者有一定的经济实力，居住小区有突出的个性特点及有较大的价格吸引力等。

基于对居住郊区化的极其低密度和分散化的反思，新都市主义倡导的居住模式的最根本优越之处，在于形成城市资源交汇的中心地带，将现代人的时间、交通成本缩至最短，形成最具个性、时代性、广泛性和效率性的居住形态；新都市主义主张，任何居住区的发展都应采取紧凑方便、适于步行的邻里街区形式，这样的地区应有清晰界定的中心和边界；新都市主义的居住区有三个要素：生态性、经济性和产品的高品质性。

案例——广州郊区楼盘

在居住郊区化和新都市主义的理念指导下，广州郊区楼盘的实践已创出了不少成功的项目典范。1990年代中期的广州番禺“丽江花园”、“碧桂园”等就是其中的例子。“碧桂园”的目标客户是“白领成功人士”，为广州居民认同居住郊区化理念奠定了基础。广州的“奥林匹克花园”、“华南新城”、“星河湾”等大型楼盘的相继推出，使广州居住郊区化渐成势头。

据统计，广州市周边地区用地规模在500亩以上的已建成或正在建设的大型楼盘有20多个，其中以番禺区的“华南板块”最具代表性。华南板块的楼盘小者近千亩，大者数千亩的超级大盘有八个之多。华南板块八大地产商开发楼盘面积分别为：星河湾，800 000平方米；锦绣香江花园，2 670 000平方米；广州雅居乐，2 330 000平方米；祈福新村，4 330 000平方米；南国奥林匹克花园，750 000

平方米；华南新城，3 000 000平方米；华南碧桂园，1 730 000平方米；广地花园，1 066 000平方米。这些大盘的开发商都曾有过优秀的业绩，品牌形象好，且实力雄厚。华南板块的规模、起点、开发理念、价值定位、营销方式等给我国地产业带来了巨大的冲击。

继2001年的“中国楼市看广东，广东楼市看华南”之后，2002年广州一些实力房地产商又开始在广园东进行“造城运动”，除了碧桂园凤凰城1万亩的楼盘之外，还有香江集团在新塘镇征地530万平方米的广园东锦绣香江花园，珠江实业在从化市太和镇、神岗镇圈地800万平方米建设的珠江凤凰城；合生创展也在天津购地18 000亩（相当于12平方公里）……相比之下，华南板块楼盘又是“小巫见大巫”了。

广州郊区大盘的出现是开发商追求投资利润最大化的结果，是房地产市场中供求因素的变化所致，具体表现在：

（1）政府实行住房的市场化和停止实物分房的改革后，社会对住宅的需求量大幅度增加，而且加入WTO、申奥成功等因素也刺激了房地产的需求。

（2）广州经济保持着持续高速的发展，提高了房地产的有效需求。2003年，广州人均GDP达到47 953元，按现行汇率计算，达到5 795美元，正处于住宅消费的发展期，房地产业与经济的互动性强，城乡居民收入不断提高。近年来，汽车价格逐年下降，拥有私家车的阶层不断壮大，市民择居的空间范围日益趋大，档次也不断提高。

（3）居民的居家理念已由过去有家可居发展到追求健康、环保、舒适、安全的现代居住理念。郊区以其优美的自然条件越来越受到置业者的青睐，大型综合小区由于具有较为齐全的生活设施，完善的物业管理服务，较为优雅的室内外活动环境，越来越受到广大置业者的认可。

（4）政府对公共基础设施建设力度加大，特别是广州地铁三号线和内环路、环城高速路的建设，使城区与郊区的时空动态距离大大缩短，使人们在城中工作、郊外居住成为可能。广州周边地区大型楼盘物业的购买者中的相当一大部分人是在广州中心城市工作的。可以肯定地说华南板块的出现在很大程度上得益于近年来广东省委、省政府和广州市委、市政府已经进行或即将进行的“小变”“中变”“大变”与“碧水蓝天”工程及地铁、快速路网络等基础设施的建设。

（5）中心城中难有大面积空地可用，开发商在郊外较易取得面积大、地价低的房地产项目用地，从而能开发出成本低、具有价格竞争优势的大型楼盘。据粗略测算，一些开发商在郊外取得的房地产项目的土地成本大大低于中心城的土地成本,开发郊外大型楼盘对开发商而言存在较丰厚的投资收益空间。

可以预见,郊区大型楼盘开发的驱动条件在今后一段时期内仍将存在并有所发展,因而郊区大型楼盘的开发热潮在今后的一段时期内仍将会持续。但从长远看,随着政府加大对供地总量的控制及推行熟地招标拍卖制度,楼盘大型化的趋势将会有所减弱。

郊区大盘是近年来房地产业出现的亮点和热点,对刺激房地产市场,改善人民的居住条件和促进区域经济发展起了积极的作用;而且规划、设计易于体现特色,比较容易展现规划师和建筑师们的创新思维和投资者的发展设想;建筑布局较为灵活,环境建设易于上规模、上水平;集聚效应强,具体表现在人才、土地、建材、设备等方面;有利于管理和降低成本,相对容易引发消费者的置业欲望。

以数十公顷面积为单位的地盘一般在大城市的中心地区是找不到的,这些地块只能分布在城市的远郊,而城市的远郊往往是城市建设管理尚未延伸到的地方。在这些还未进行全面规划和开发的远郊地区,基础设施(如道路、上下水、供电、电信管网等)和公共设施(如学校、医院、大型购物场所、大型体育和文化中心等)的建设条件往往不成熟,更谈不上完善。其根本的症结在于政府主动控制郊区开发的局面,缺乏有远见的发展理念,即使开发商在最初有这样或那样的设计理念,但众多的楼盘毫无章法地放在一起,有如一盘乱沙。所以,开发商在这些没有进行过整体布局规划和大市政配套的土地上进行大规模开发,必然会出现这样或那样的问题。现实中比较突出的矛盾有以下几点:

(1) 超能力圈地

由于郊外用地价格较低,加上当地政府引进项目和发展房地产业的心情迫切,一些开发商出于效益考虑不顾自身的投资能力而大面积圈地,加之各种可预见或不可预见的原因,其结果是出现土地大量闲置的现象。

土地储备是未来开发之需,但是会有资金占用周期,过度圈地不仅会加大资金占用量,还会影响公司即时的净资产回报率,所以,总的资产负债率不宜超过60%,而目前国内房地产公司的平均资产负债率大于80%,广州房地产前30强的平均资产负债率达到了70%,进行土地储备的能力是极其有限的。

(2) 违背政策取得用地及销售,造成不公平竞争

郊区大型楼盘多为经营性房地产项目,根据国家和广东省的有关政策规定,经营性房地产项目的用地必须从有形土地市场中以公开竞投的交易方式有偿取得。但有关调查发现,部分郊外大型楼盘的用地取得仍然采取协议出让方式,没

有经过竞投程序；或是采用改变工业用地的用途而获得房地产开发用地，而须补交的地价款采取协商方式，以“暗箱”操作，既没有采取公开竞投的形式，交易价格也不公开；有些项目的土地出让金未按出让合同如期缴付便开发建设及销售物业；或以解困房、福利房、安居房等名义低价取得用地后，违反政府有关规定，以市场价非定向公开销售。

（3）造成政府规划管理部门的被动

在没有进行过规划的地区，大面积地推平土地搞房地产开发或者说是搞“居住城”建设，必然会造成政府规划管理上的被动和困难。诸多开发商分割了土地，各自为政地进行开发、建设，其结果，只有各个小区内部的“布局合理”，而没有整体的基础设施和公用设施的“合理布局”，更形不成功能和布局合理的“城镇区”。不少热门大盘，看起来其实是一个个“大观园”，大墙内园林规划精心雕琢，欧洲风情弥漫，保安严密监视，服务周全；而大墙外由于城镇化速度跟不上，脏乱差，荒凉冷僻，城不像城、乡不像乡，各式各样的乡镇企业夹杂其中，与超级楼盘极不相称。如果每个开发小区都在建成之后再补总体规划，势必造成政府规划管理部门和开发商双方的被动局面。对具体承担规划任务的设计单位来讲，完成此项补救任务也是有相当难度的，就是勉强完成了，在实施中也会出现不可估量的资源浪费或不合理现象。如华南板块的建成区之间的生态隔离带、生态农业隔离区等规划构想一直难以实现就是最好的例证。

（4）功能的单一化，造成城市营运管理的不合理

大规模、大面积、各自为政的“居住城”建设，势必造成该地区城市功能的先天性不足。每个地盘都背靠背地构思、规划、设计和建设，这是规划管理失调的根本原因之所在。对于每个地盘来讲，其内部的布局相对比较合理，但从城市整体的角度看，功能布局仍可能是不合理的。在若干平方公里的土地上，只建住宅，不考虑政务办公、社会团体的办公用房，不考虑经商铺面房和适合于设置在住区内的工厂、企业用房，不建设大型和高档次公共服务设施，这就意味着，居住在该“居住城”的居民，只能获得楼盘管理服务，而得不到政府和社会服务；能有一个好的居住环境，但享受不到城市生活的活力和多样性；在其附近觅寻不到求职的工作岗位，只能到远离住地的城市中心去就业，因而增加城市交通的压力。这样的城区，其运营系统是不合理的，这也就意味着城市规划和城市管理的失效。

（5）开发商处于被迫配套“公建”设施的状态，造成许多后遗症

大规模、大面积的“居住城”建设，没有配套设施是不行的。由于没有总体规

划的统筹及城镇的依托，开发商被迫在"公建"配套上增加投资，但其投资效益却难以保证。基础设施和公用设施的建设一般是政府主导的行为，其建设必须在总体规划的指导下进行。在没有总体规划的土地上，政府不可能首先将各项基础设施和公用设施建起来。在学校（含幼稚园、小学、中学、职业教育等设施）、医院（含门诊部、专科医院、综合医院）、服务（文化、体育、购物）、公用（含供水、污水处理、邮电）等设施不配套的地区建成的住宅，居民入住后会发现种种不便，矛盾和争议会不断出现。开发商为了促进商品房的销售，及平息居民的意见，就要对"公建"的配套进行"自我完善"。完善这些设施的投资，会进入开发成本，进而分摊到消费者的头上，这是不合理的。在商品房销售期间，开发商对这些学校、医院、服务等公用配套设施的管理一般来讲是会比较认真负责的，但待楼房售罄之后，还能不能持之以恒地保持投资及支付运转费用，则是很难预料的。在各个居住区内，有的公用设施不是面对全社会，只是面对本住区内部服务，如果人气不旺，也难以保证开发商的投资效益。学校、医院如果经营不当，或是由于生源、病员不足等问题造成亏本，开发商也不可能将此包袱背到底。最后，很可能还是要把这个"包袱"甩给政府。

例如，广园东碧桂园凤凰城社区建设以"公共空间"代替了"配套"，在城市郊区一大片土地建设住宅小区，围墙内的住宅、公园、商业、会所、诊所、学校等设施一应俱全；一条"私家路"连接市政公路，发展商提供穿梭巴士接送居民往返市中心。但咫尺范围之内政府的配套设施重复建设，比如医院、学校、体育馆等，不但造成资源浪费，而且增加业主负担。

（6）各自为政的交通系统，将降低城市的运营效率

郊区楼盘的道路系统在围墙内各自为政，没有总体规划的统筹协调，城市公共交通系统很少介入其中。为解决购房者出行的需求，开发商势必要自营公共性通勤交通，当然也会有不少住户自己买车。无论是何种方式，这些交通工具的利用率都不会太高，它对社会资源（道路、汽车、油料等）的消耗量都会远远超过合理布局的城市公交系统。这些过量的消耗又会产生过量的污染；同时，人们出行时间的增长也是对个人时间资源的浪费。这些都是不符合可持续发展原则的。

3. 基于郊区某项大型建设的新城

（1）以一大型综合性项目建设为契机，逐步配套完善

城市发展过程中，不可避免地会产生一些大型项目，比如总体规划决定的海

港、空港等重大基础设施项目、政策扶持的“高新区”“大学城”等。这些大型项目一般都是城市的重点工程，规划设计、投资建设等各个环节都有较好的保障。由于这些项目占地大、投资大、建设周期长，配套内容多，一般选址在城郊，而且这些项目建成后，能提供大量的就业岗位，并形成与之配套的居住区，因而以大型项目为中心的特定“新城”随之崛起。常见的有工业新城、科教(大学)新城、海港新城等。

这一类“新城”由于有城市的重点建设项目为依托，政府比较重视。但也有一些重大工程是主观意志追求政绩的产物，缺乏科学论证，盲目开发导致浪费。

案例——上海临港新城

2002年3月13日国务院正式批准在位于杭州湾的洋山岛建洋山深水港，作为上海国际航运中心的核心枢纽港，这个深水港共60个泊位，一期工程5个泊位于2004年动工。

这项深水港建设分为洋山港区、跨海大桥、临港新城三部分。按照上海市城市总体规划，其中的临港新城与洋山深水港区配套，通过芦洋跨海大桥的连接，成为集装箱枢纽港的陆域集疏运基地，承接洋山港区面向大陆的各项经济流量并向广大腹地扩散，同时为港区的发展和建设提供充分而完备的后方基地服务。上海市领导要求把临港新城建成“21世纪一流的现代化的港口城市”。

根据上海市城市总体规划和城镇体系规划，临港新城的开发建设以洋山港区为前沿，以上海市域为依托，充分利用其优良的地理位置和广阔、低廉的土地资源进行综合开发(图4-15)。临港新城建设的主要目标是建成集疏运、仓储、临港加工业、金融贸易、商业服务、居住、旅游娱乐等为一体的，具有世界一流水平的港口经济贸易区和国际物流中心；成为具备综合功能的、具有东北亚枢纽

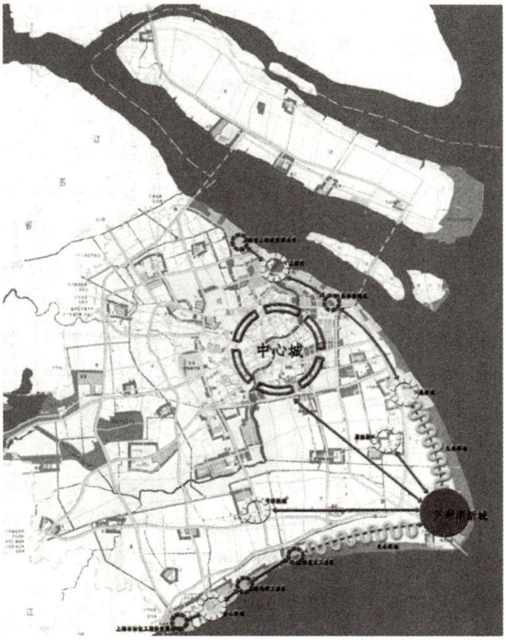

图4-15　临港新城区位图

港地位的海港城市。

临港新城的性质决定了它的建设和功能定位必须要满足上海国际航运中心建设的需要，并随着上海国际航运中心建设的步伐和发展需要来不断调整和完善。

（2）以传统小城镇为基础，逐步升级换代

当特大城市、大城市的发展压力在不断增大，城市在不断扩张的同时，一些自然条件优越、经济基础较好、交通便利，且位于大城市近距离辐射范围内的传统小城镇，凭借自身优势，吸收来自大城市的人口疏散和产业扩散，同时，也吸纳由农村流向大城市的部分劳动力。这既减缓了大城市的人口和就业压力，又扩大了自己的规模。一旦这些小城镇的发展跨过某个门槛，对其城镇的规模、性质、职能等应有新的定位。国内外不乏将原小城镇扩建为新城的事例。

这一类“新城”的发展基础较扎实，而且能有效地解决大城市问题。但有些小城镇的建设是自发的、往往缺少规划引导和管理控制。在同一经济区域内，小城镇由于受到大城市的辐射影响，盲目发展极易造成产业结构单一和重复建设。

值得一提的是，面对发展机遇，小城镇居民既欢迎经济增长带来的就业机会，但又不认同增长给小镇带来的变化。无论是当地居民，还是从城市搬来的居民都希望小镇保持原有特色。因此，如何在城市化发展过程中使这类“新城”保持传统小镇的文化特色已是一个紧迫的课题。

案例——上海松江新城[①]

松江是具有悠久历史的文化名城，古称华亭，别称有云间、茸城、谷水等，有着深厚的文化底蕴和丰富的旅游资源。松江秦时设镇，唐天宝十年（公元751年）置华亭县，后改称松江县，元朝升为松江府。早在明代，松江已成为全国棉纺织业的中心，其时松江的黄道婆、丁娘子声名鹊起，棉纺织品行销全国乃至日本等海外地区，历史上曾有“衣被天下”和“苏（苏州府）松（松江府）财赋半天下”之美誉。松江是上海历史、文化的发祥地，上海开埠前，松江是上海地区政治、经济、文化中心，有“上海之根”之誉。在上海市的新一轮城市总体规划中，松江被确定为重点发展的新城。松江位于上海西南部，距上海市中心30公里。

松江新城有着良好的地域条件，黄浦江流经这里，沪杭高速公路、沪杭铁路、同

① 资料来源：松江新城政府网站

三高速公路把松江新城与市中心、浦东以及江浙两省紧紧地连在了一起，尤其是上海轻轨R9线的建成，进一步提升这座新城的可达性（图4-16）。

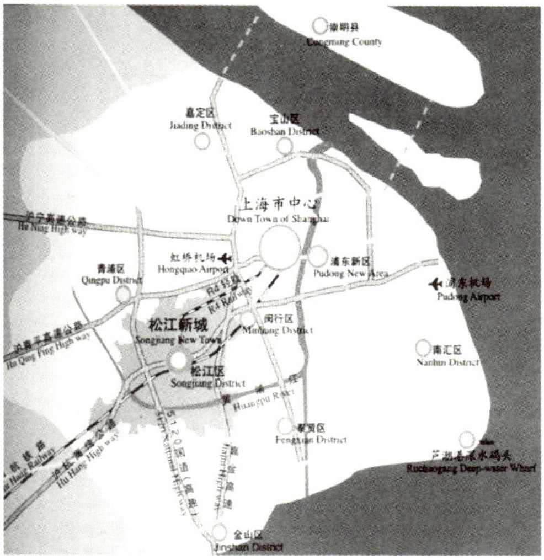

图4-16　松江新城区位图

松江的史前文化可追溯到6 000年前，是上海地面文物最为丰富的地区，有“唐宋元明清，从古看到今”之誉。松江的著名景点有远东第一大教堂的天主教堂和佘山天文台（我国最早的天文台）；有2处全国重点文物保护单位——唐陀罗尼经幢（上海最古老的地面建筑）、北宋兴圣教士塔（方塔）；还有西林塔、修道者塔、元清真寺、明照壁、夏允彝夏完淳父子墓、陈子龙墓等一批文物保护单位。

根据松江新城总体规划，以沪杭高速公路为轴，在北部建设具欧陆风貌的松江新城，在南部老城区着力保护和恢复古城风貌，体现明清建筑风格，使“一城两貌”相得益彰。目前已修缮重建庙前街、长桥街等老街。通过保护老市河两岸古宅民居和十里长街上的塔桥楼亭，修缮岳庙、西林寺、清真寺等文化遗产，体现古城的历史神韵。

上海“十五规划”提出了构筑特大型国际经济中心城市的城镇体系，及重点建设“一城九镇”战略构想。而松江新城便是其中的“一城”。

根据总体规划，松江新城分两期开发。近期开发土地面积36平方公里，人口规模30万，其中位于高速公路北侧的22.4平方公里是全部新建的核心区，计划2005年年底初步建成。远期开发地域扩至60平方公里，人口规模达到50万，边界限东起洞泾港，西至油墩港，南起沪杭铁路，北至规划的花辰路。

附4　新城中心区规划设计探索

1.　新城规划设计思想的演化

新城的起源

现代意义的新城建设，源自19世纪末英国人霍华德所创导的“田园城市”理论和实践。霍华德在英国亲自主持建成了莱奇沃思和韦尔温两座田园城市。二次大战后，出于经济政治等多方面的考虑，且明显受“田园城市”理论和实践的影响，英国政府把新城建设纳入国策，目的在于疏解人口和产业，并使人民有好的居住环境。因而在“物质性规划”的层面，英国新城运动的侧重点是强调对建筑与环境质量的严格把关。

新城在英国出现后，世界各国纷纷仿效，成为大城市和国际经济中心城市建设的重要组成部分。新城的发展，是一个动态的过程，从最初的新城到目前的新城，无论规划设计理念还是建设的内涵都已发生了深刻的变化。

新城规划思想的演进

英国的新城在总体规划设计的思想上，经历了几个阶段性的变化。早期的规划受韦尔温田园城市的影响很大。斯蒂文乃奇，是新城运动下第一个建立的新城，是单核心城市，它的居住、工作和游憩等功能地块用景观带来细分，各自独立。有一个主要道路的网络。工业紧邻铁路线布置在城市的另一边，与区域性的道路有便捷的联系。住房按邻里单位布置，有各自的购物和服务设施。城市中心设有集中的商业、娱乐等建筑群，形成新城空间设计的焦点。

坎伯诺尔德，所谓第二代新城的第一个规划设计，它的主要贡献在于：通过道路分层次和独立步行系统的设计来满足小汽车增长的需求。在设计上也有新的探索，即同一层次住房的建筑形式统一，以获得一个整体的城市形象。坎伯诺尔德之后的新城,如莫斯泰尔、雷迪奇和特尔福德等的设计又回到了低密度为特征的城市模式。第一代新城的那种严格的用地功能区划被弱化,并更深刻地意识到景观是一项重要的设计因素;对交通系统的考虑也更加成熟。

1966年的伦康新城规划被认为是第三代新城的先驱,它的规划理念是基于公共交通和私人交通的平衡使用。那时的新城已和旧城一样面临着公共交通不足的问题。伦康的解决办法是形成一个“8”字新的快速交通系统,城市中心位于交叉点上,形成居住片区开发的骨架。这一时期的新城规划将交通作为规划中的一项主要因素。

新城的住宅与社区环境

英国的新城建设中,第一代新城大多建筑密度偏低,与拥挤的大城市形成鲜明的对照。后来的新城建设中,居住密度渐渐加大,以便创造一个紧凑的,以步行系统为主的生活环境。第一代新城中的邻里单元十分明确,居住区呈极强的内向性。每个小区都把学校、操场、诊所、社区中心等全部放在邻里单元的内部,而后期的新城则朝着相反的方向发展,充分强调社区的外向性和新城与整个城市体系的有机结合。此外,历代新城中有一个贯穿始终的要素,那就是新城周围总有一条绿化带。

新城中心区的规划设计

许多新城中心采取多样化的方式将其建设成为城市生活的焦点。比如克劳莱、哈罗和斯蒂文乃奇等新城的中心,都建成了为地区服务的商业购物中心,并大量开发办公街区。建筑的大体量、空间的多样化和人流的聚集使城市的中心感得以显现。新城中心区的规划设计概念的改变反映了购物形式的改变,以及人们对商业街功能的看法的转变。

早先的新城中心是基于一种通用商业街的传统模式。多年来,由辅助道路和停车场围合而成的步行核心区概念逐步被人们熟悉。通过禁止车行交通进入核心区,有可能形成一系列不同功能的城市空间,而户外开放空间相互连接,通过空间的延续性联系来组织各项活动。

传统的大城市中心区,尤其是经济发达的大城市中心区往往集中了大量的金融、贸易及其他各类机构的办公总部,一般通过快速交通来联系城市的其他区域,这样的中心区也就是常说的“CBD”(商务中心)。它们一般没有居住功能,周围的住宅区也是规模有限,感觉得到的只是办公楼和停车楼,建筑是冷冰冰的,街道没有人情味。

20世纪50年代以来，小汽车交通蓬勃兴起，中产阶级家庭纷纷搬迁到郊区。因为郊区地价低廉，到处都有高速公路和停车场，商场超市、贸易中心、办公总部也逐渐转移至郊区，传统的"CBD"模式在一定程度上受到了挑战。与传统相比，现代城市中心区的规划设计概念，在于提倡用地紧凑，提倡区内以步行为主，提倡不同的街坊具有不同的特色，主张多元功能和混合功能。其规划设计的主要特点归纳如下：

（1）以公交为主

小汽车交通需要大量的、造价昂贵的高速公路系统。同时，兴建大量的小汽车停车场也需要空间和资金，且势必削弱市中心的紧凑性。所以，目前，西方发达的主要城市都在严格控制进入市中心区的小汽车数量，并大力投资公共交通，尤其是大容量的轨道交通，提倡公交优先。

（2）多功能混合

市中心区应该具有多功能或混合功能，并建有一定量的居住和相应配套的商业和文化娱乐设施。这不但可以更有效地利用空间，为步行者提供便利，更能增加城市中心区的活力和亲和力。最好的市中心区往往是由很多个各具特色的名街名坊组成。每个街坊都有其主要的功能，并兼容其他功能。

（3）人性化的城市设计

市中心区为各种商业、社会、文化活动提供场所，因而是吸引人流的地方，因此，步行系统在市中心区占有特殊重要的地位。街道断面、公共空间、广场绿地、各项公共设施等的规划设计都应体现"以人为本"的原则。

（4）完善的绿化景观环境

完善的绿化系统能增加城市的魅力，创造丰富的环境空间。凡是具有水域的中心区，城市设计时应充分利用水面的优势，市中心区的岸线往往可以改建成为有多种功能的公共空间。

2 广州新城概念规划的概况①

规划背景

新世纪的中国，在加入WTO以后，整个国民经济正在加速融入全球经济。在这一大背景下，广州市拉开了新一轮发展的帷幕，确立了"积极推进经济与社会信息化，提高工业化水平，加快城市化、市场化、国际化进程，增强城市综合竞争力，

① 本处关于广州新城概念规划的背景和要点描述，是基于同济大学课题组的咨询成果报告。

将广州建成真正现代化城市”战略目标。与此同时，番禺、花都撤市建区，为调整广州城市发展的空间结构，优化土地资源和产业的配置提供了新的契机。为实现城市发展战略目标，配合城市空间结构的调整，基于国内咨询，广州市政府于2000年10月组织编制了《广州城市建设总体战略概念规划纲要》，确立了“南拓、北优、东进、西联”的长远空间布局取向，其中南拓成为广州未来城市拓展的重点。广州新城的规划和建设则是南拓战略中的重要一环。

广州新城开发建设的目标和功能定位应当在广州城市整体发展的战略层面上来考察，而不应就新城论新城。广州新城的开发建设就其本质而言，是在新的时代背景下完善广州城市功能的应对，因而新城的功能定位和发展战略应当立足于广州城市整体发展所面临的机遇和挑战。

城市性质

本规划将广州新城的功能定位为广州大都市的“副都心”，需要指出的是，这里称之为“副都心”是为了有别于一般意义的城市“次中心”，前者强调分担城市主中心的部分职能，而后者则强调服务城市某一地域、是城市第二等级的中心。广州新城的副都心职能主要表现在以下三个层面。

珠江三角洲的创新中心——广州新城的定位应当把握整个珠江三角洲区域发展转型的机遇，充分利用广州市丰富的智力资源，在原有高等院校、科研机构和高科技企业的基础上，结合北部的大学城发展，建成为区域的创新中心。

省、市政府行政管理副中心——广州新城则可以成为省、市政府部分机构及行业管理等准政府机构外迁或新选址的理想位置。一方面，而新城的优越地理位置、现代化的便捷交通联系，特别是宽带网等现代信息技术的发展和应用，使其完全有条件承担作为区域行政管理副中心的职能；另一方面，一部分政府机构的进入对于广州新城的建设不仅具象征意义，而且会产生巨大的带动作用。

南部都会区的整合中心——从地理位置、交通联系和发展趋势来看，广州新城应当成为南部都会区的整合调控和综合服务中心，发挥承上启下的作用，推动南部都会区的整体协调发展。

因此，广州新城的城市性质可描述为：“以区域创新中心为目标，以政府管理功能为依托，集物流、交易、生产服务，以及中、高档居住、旅游休闲和都市工业功能为一体的综合性世纪新城。”首先应当明确广州新城的功能必将是综合性的，是广州大都市的副都心，这是区域发展面临的挑战和地区发展的基本趋势所决定的。在体现城市性质的功能构成当中，服务全局的功能具有主导性。

空间发展策略

基于合理性原则和可持续发展原则提出广州新城的空间发展策略。新城规划区内空间布局策略要点是:(1)沙湾水道以北,为新城发展的主要地区;(2)沙湾水道以南,作为大广州南部的主要结构绿带而加以控制;(3)海鸥岛,低密度开发,成为以高档居住与休闲度假相结合的功能区。

这一新城规划空间布局策略的本质是,在规划结构上避免"一江两岸"式的跨越河道连片的发展格局,取而代之的是"一极两翼"的组团式规划结构。其中,"一极"即指新城中心区。规划将研发、管理、贸易、生产服务等新城的主导功能安排在莲花山水道与沙湾水道"Y"形交叉形成的东南向三角地带,形成功能高度集中的极核空间,其中最南端的半岛以生产服务、金融贸易、商务会展等功能为特色;北侧临莲花山水道安排行政管理、公共文化、媒体传播等功能;西侧围绕中心绿地安排研发创新及物流、交易等功能。东翼以海鸥岛为主体,其中北端结合莲花山旅游组团安排休闲度假功能区,南端结合珠江主航道,依照珠江口整体景观组织的要求,安排主题公园等娱乐功能,中部地区主要安排高档居住用地。西翼指极核空间向西北形成的以居住功能为主体的区域,它包括:两个以轨道交通为依托的居住功能组团,以莲花山为主体的旅游功能组团,以珠江主航道为依托的加工工业组团,以现有工业、居住为基础的综合性组团。

3 广州新城中心区规划设计的构思

规划容量

根据人均用指标和新城中心区各项功能用地在整个城市中所占比重,并设以相应的开发强度,可计算出广州新城中心区需要的用地规模和开发容量。由于新城中心的功能服务范围不仅仅是广州新城及广州城市,而是涉及珠江三角洲,甚至是广东及华南地区。合理预测和留有余地,能保证未来城市发展的各项设施配套与平衡。为了发挥新城作为大广州副都心的职能,规划新城中心区公共设施用地占新城总用地的比例应略高于一般城市。

规划设计理念

城市中心区设计理念和规划目标必须借助中心区的功能布局与空间结构形态设计来体现。

(1)综合性的城市功能

适度的城市功能分区对于城市的持续发展是合理和有效的。但过分强调城市的功能分区，各个功能区单一化将造成城市缺乏活力及居民生活、工作的不方便。本规划方案摒弃这种机械的功能分区的做法，以用地功能的适当混合来营造城市中心区的生机与活力。具体表现在适当分散办公机构、兼容商住区等。

（2）设立标志性轴线

轴线是城市公共建筑群的组织手段，轴线关联的地区形成带状的公共空间，并有助于形成城市中的标志性地区。世界各地的中心区规划经验表明：城市中心应拥有闻名遐迩的名街、名广场、名园；拥有宜人而便捷的步行网络；拥有适宜举行多种艺术展示活动的空间；拥有多功能、混合性的商住建筑群；拥有令人赏心悦目的都市风光与公共水域。

轴线是城市空间形态的结构要素，在初始的规划设计中，就应考虑轴线与整体布局的关联性。国内外不少较具有影响力的城市设计实践都是建立在对轴线的充分运用上的，例如巴黎、华盛顿、堪培拉、巴西利亚、北京、深圳等。轴线体现了一种人文景观，建构在不同地域文化基础上的城市轴线，理应反映城市的历史文化内涵与对现代文化意象的表述。

广州新城中心区规划以轴线

附图 4-1　广州新城用地规划概念图

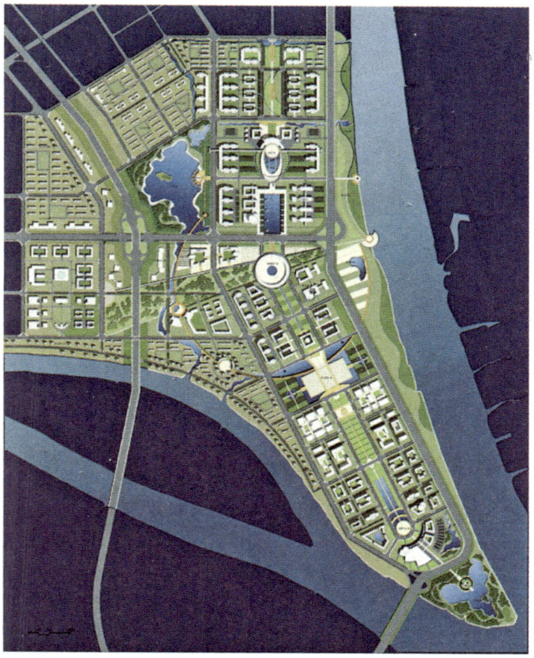

附图 4-2　广州新城中心区规划设计概念图

作为组织城市空间的重要手段，以此来组织城市中心的功能与空间序列，以形成整体、有序的城市结构。通过轴向物质空间的建构，与自然景观系统形成强烈的视觉对比，创造出可容纳市民多种户外活动的公共空间序列。轴线的设计以广州城市的历史发展态势为设计基础，充分反映珠江流域历史、文化、社会、经济发展进程，通过应用当代的语汇来诠释城市设计的主旨和理念，在轴线上体现多层次的空间序列和造型概念，重点刻画珠江沿岸展示面，以及重点标志性建筑。

（3）建构多重城市网络

相应于城市中心区的行政办公、商业、文化、娱乐、展示、休闲、服务、居住、交通等多项功能，新城中心区的城市设计要推进建构多重城市网络。① 公共设施网络，为各种活动提供必要的物质环境设施，以保证各种活动的有效进行。设施的配套还必须考虑到服务全市的规模与等级。② 生态网络，以地域的环境要素为基础，追求一种自然化的景观，与公共设施网络的叠合，是凸显城市风貌特色的有效手段。③ 交通网络，是城市有效运营的基础，必须建设便捷、安全、舒适的交通网络。④ 空间网络，是展示、认知城市的重要手段，通过序列化、网络化的城市空间将城市各功能单元有机地组织起来。⑤ 社区邻里网络，它的完善具有社会稳定的积极意义，要从社区层面和邻里内环境两个层面出发，建设完善的社区服务设施，以及生态化的，序列化的交往空间。

规划布局

（1）功能设置

广州新城中心区应是以行政办公、商贸、金融、信息、流通、文化艺术、休闲娱乐等功能为主体，兼容适量高档居住地的综合功能区，具有巨大的开发潜能。功能的综合性要体现社会、经济、环境效益的和谐与统一。新城中心区是新世纪规划建设的城市中心区，应提供满足高品质、高效率的城市公共活动和市民社会交往以及经济活动所必要的设施。

根据中心区的综合功能以及全市公共设施配置规划，在中心区相对划分行政办公区、文化艺术区、商贸金融区、商务会展区、滨江公园、信息科技园区、中央公园、商住混合型社区等八大功能区，以及滨江绿化岸线景观区，以此布置来发挥新城中心区的综合功能。

（2）轴线设计

广州新城的主轴线主要有串联行政办公区、文化艺术区、商贸金融区、商务会展区等主要功能区，兼功能、景观、结构于一体的南北向绿轴和连贯珠江及其支流两条水系，穿插于中央公园和信息科技园、行政办公区和文化艺术区的东西向绿楔轴，它们共同构成中心区的功能景观框架。

南北轴是中心区的功能、结构、景观主轴。以北部的行政办公区为起点，从北往南依次为市政府办公楼群、市民广场、文化艺术区，文化广场（兼地铁疏散广场）、商贸金融区、商务会展区及滨江公园为结点。南北轴串联的地域最能体现中心区的标志性，强调构图的对称感与秩序性。北部的行政办公楼群，以向南环抱的形态实现与市民广场开放性的空间联系。这条轴线长达6公里多，主体为各主题广场、大面积绿化，与连续的水体相辅相成，并与途经的公共建筑相互辉映，局部有大型的标志性建筑隔断，但保证人行交通连续，以求创造一种亲和的氛围，体现人文景观与自然景观的融汇。轴线在南端进入会展中心，通过具有节奏感的建筑围合和滨江公园绿化放大节点，形成视觉焦点。

东西绿楔作为轴线将联系和加强滨江两岸线的绿化景观，有机整合中央公园和信

附图4-3　中心区中轴线（南北轴）景观意象图

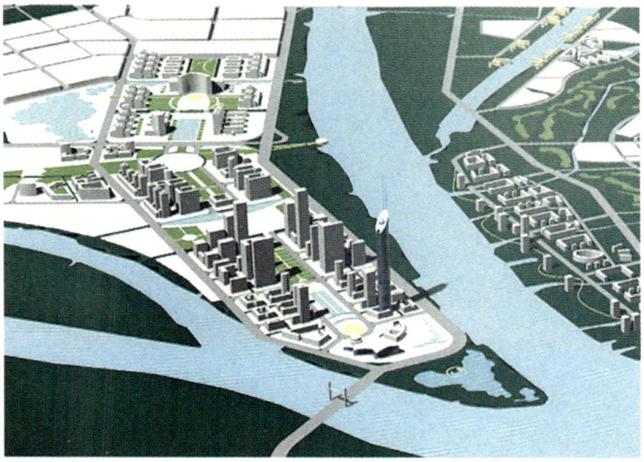

附图4-4　沙湾水道景观意象图

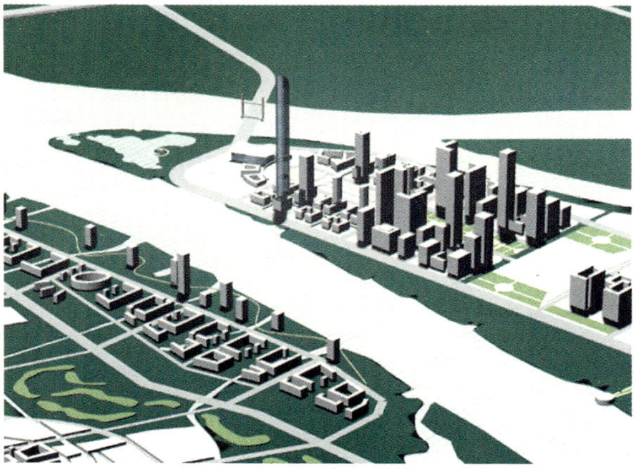

附图4-5　莲花山水道景观意象图

息科技园、行政办公区和文化艺术区等功能区的绿化和广场空间。这条轴线长约2.5公里，通过绿色景区与蓝色水域的结合凸显中心区的生态园林特色与地域景观特色。绿楔在不同的功能地块有不同的公共活动和绿化环境特征，和沿线的主要公共建筑有密切的人行交通联系，具有对社会开放的流动特征，形成极具特色的标志性空间。

道路交通系统

（1）道路系统

广州新城中心区的道路系统规划承接广州市总体规划和广州新城概念规划的总体路网是市区道路系统的重要组成部分。道路系统的规划要求能满足新城中心区与其他功能区以及广州城与其他区域的联系，并具有向南发展的态势；充分考虑道路交通的可达性，保持交通的畅通；考虑与江河、绿地和海鸥岛的协调关系。在此基础上，形成顺应地形的方格网状路网系统，大体呈三纵二横的基本格局。

中心区道路主要有高速公路、快速路、主干一级、次干级和支路五级。其中，高速公路、快速路、主干一级基本承接广州市总体规划的道路系统规划，次干道连接各功能区块，支路为功能区块内部道路。

（2）步行系统

为塑造高品位、富有特色、人文氛围浓郁的城市形象及适应旅游、游憩活动的需求，结合公共设施聚集带、景观展示空间及绿化系统，规划设立步行系统。步行系统基本线路主要有沿南北向绿轴、东西向绿楔、沿江绿带和以文化艺术区为中心联系周边功能区的主题广场的圆形步行街。由于中心区的道路等级较多，因此在道路交叉口处理上，尤其是在步行交通与其他快速路的相交点，应注重人性化的设计，如建立多层次的步行系统，以构成安全、舒适的步行环境，体现对步行交通行为的关怀与鼓励。

（3）广场

中心区的广场布置主要结合南北向绿轴、东西向绿楔和圆形步行系统，以及地铁沿线。其中，南北轴沿线的广场分别与各功能区相配套，以强化中心区的整体景观，突出标志性，形成中心区的系列景观；东西向绿楔所含广场主要结合各公共建筑的功能和活动需求，考虑人流聚集和分散的交通状况，形成功能性广场，满足相应的公共设施的日常功能和公共活动的需求；圆形步行系统则在南北轴和东西向绿楔的公共区域，围绕文化艺术区，串缀其他各功能区的节点，形成主题性广场，可以结合各节点服务对象和功能的不同，设置不同主题和各具特色的广场。

绿地系统

强调绿地与生态是本规划的特色之一。充分凭借中心区两边邻江的地理优势，通过对现状内部水系的整理，连贯珠江的莲花山水道和沙湾水道，以中央公园为中心，以南北向绿轴和东西向绿楔为主支，构成绿带水系网络，以此为基础形成绿地系统。

中心区的绿地系统由公园绿地、滨江绿带、防护绿带、广场绿地以及单位绿地组成。其中，中央公园、滨江绿带及滨江公园为大面积绿化，轴线绿化和绿楔为带状绿化，以此扩大绿化的纵、横向扩散空间，并把珠江水景和城市绿轴融会在中心区；防护绿带指沿道路两侧规划的具有防止交通噪声干扰、绿化道路功能的绿带，以乔木为主；广场绿地指广场上的各种绿化，具有多种层次与形态，乔木、灌木、草地、花卉相结合；单位绿化指公共建筑组群内或社区内部的绿地，具有改善和美化小环境的功能。

特色塑造

广州新城中心区的发展应该强调城市的综合效益，对自然资源加以有效地管理、使用和保护，规划为不确定的未来提供富于弹性的设计时，要保留地方特色，发扬历史文化。城市设计要考虑的特色包含两个层次：

（1）自然景观层次

尊重自然环境要素，包括珠江水道、莲花山水道和沙湾水道，以及海鸥岛、中心区东南半岛；维护和强化城市的山水格局；确保城市主要视线走廊的通达和新城风貌的完整，尤其是珠江沿岸景观界面的整体性、丰富感和标志性；通盘考虑珠江、中心区半岛和海鸥岛等自然地形、景观资源和视觉效果；为人们提供赏心悦目和极富特色的绿化景观和亲切怡人的公共水域。

（2）精神文化层次

继承与弘扬历史文脉，源远流长的珠江是广州的母亲河，将赋予新城以生机与活力。新城中心区的规划要充分考虑南域文化艺术的历史渊源和现代城市的相互融合。提炼华南地区和珠江流域特色的空间与建筑的精华，结合现代功能需要，整合处理具体的空间格局、街坊院落和建筑风格，形成与广州城市的整体风貌一致且具有现代气息的基调。

其中，南北轴沿线的各功能地块，尤其是文化功能和商业功能的街坊，借助轴线上的绿化和水体等景观，开辟为别具特色的“名店名坊”。东西向绿楔由于与周边的公共建筑有着功能上和空间上的紧密连续性，可以与各公共建筑共同开发，各公共地块建成对外开放的“名家名园”；拥有多时段的文化娱乐活动，保持中心区持续的生机和活力；安排适量的高档次住宅，分布在沙湾水道沿岸和中央公园的北面和西面，与行政、文化、商业等性质的公共设施用地紧密咬合，增加中心区的人气和亲和力。以此增加城市的凝聚力，丰富市民生活，提高市民自豪感。

参考文献：

1. Hazel Evans (edited), Peter Self (introductioned). New Town — the British Experience [M]. The Town and Country Planning Association, London: Charles Knight & Co. Ltd., 1972.
2. 张捷，赵民．新城运动的演进及现实意义——重读《新城——英国的经验》[J]. 国外城市规划，2002(5).
3. 胡刚，姚士谋，房国坤．“新城市主义”的理论与实践在我国的创新[J]. 规划师，2002(4).
4. 陈荣．在理想与现实之间——关于城市规划理论的推想[J]. 规划师，2000(6).
5. 叶贵勋，等．上海与国内外大城市指标的比较研究[J]. 规划师，2000(2).

附5　厦门城市总体发展格局及海湾新市镇建设的探讨

我国进入快速城市化进程以来，新城开发的热潮已持续了一段时期，尤其是大城市为了解决快速发展中接踵而来的城市病，以寻求城市发展中的一块净土，纷纷建立“新城”。

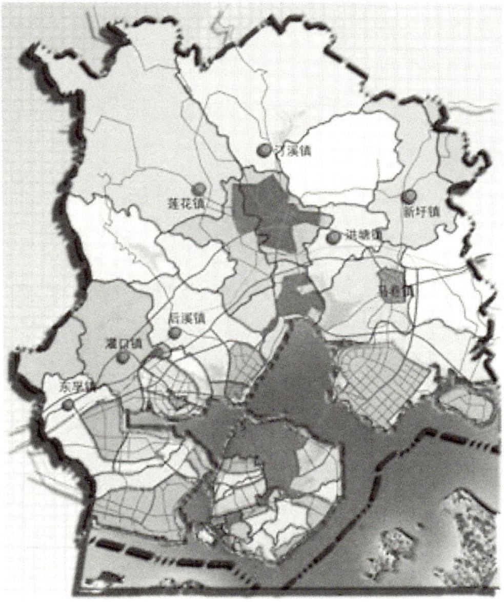

附图5-1　厦门市域示意图

新城思想起源于19世纪末英国霍华德倡导的“田园城市”理论。新城在英国出现后，世界各国纷纷仿效，伴随着城市化的发展，新城运动几乎发展成为一个全球性的运动。发展至今，新城在不断实践中有了更深刻的内涵，而且各国结合自己的国情，更丰富了新城的实践内容。“New Town”一词在各国也各有定义。本文借鉴新城的理念，结合厦门市的实际条件，讨论厦门新市镇的建设问题。

1. 厦门城市发展的概况

20世纪80年代以前的厦门城市主要集中在岛内老城区和鼓浪屿，岛外则主要集中在杏林和集美。进入20世纪80年代后，厦门城市的空间拓展进入了史无前例的快速扩张阶段。在本岛，城市建设由铁路以西迅速向铁路以东拓展，使本岛东部面临着严峻的大规模开发压力。2000年年底，厦门本岛人口规模已经达到了107.7万人，厦门规划区城市人口规模达到了132万人，大大超过城市总体规划关于近期102.5万人口的目标。

然而，岛外的开发建设明显落后于本岛，普遍未能实现城市总体规划的发展要求，尽管杏林和集美一直处于不断拓展和完善的过程，新阳和海沧于1980年代以后得以开发建设。2000年年底，厦门市城市规划区内的岛外近郊城镇人口规模仅达22.4万，远远小于总体规划确定的43.5万的人口规模。

厦门岛内岛外在城市拓展建设中的日益不平衡发展已经对厦门本岛的环境资源保护造成了严峻的局面，并严重制约了厦门从"海岛型城市"向"海湾型城市"转变的战略目标的实现。

2. 厦门发展新市镇的必然性

厦门市要实现从"海岛型城市"向"海湾型城市"的历史性转变，最重要的策略性措施之一就是跳出本岛、沿厦门湾有计划地规划和建设若干新市镇。厦门新市镇的发展有其必然性。

福建省、厦门市城市化进程加快

以大城市为中心的区域发展模式将继续把发展大城市尤其是中心城市作为推进城市化的战略重点。随着户籍、土地、就业、市政建设、社会保障、城镇管理等方面制度改革的进一步深化，以及鼓励人口向城镇集聚，越来越多的产业和人口将向大城市集聚。厦门作为沿海地区与福建省的其他沿海城市一样还要承接一部分内地人口迁入。产业和人口大规模地向大城市集聚，现有的城市必然要向郊区扩展。实现"截留"和"疏解"，建设"新城"无疑是一种必然的选择。

城市居民生活水平的提高将促进城市郊区化的发展

据研究，当一个区域人均GDP达到4 000美元时，郊区化住宅将成为工薪家庭的消费对象，郊区城市化的速度随之大大加快。随着我国加入WTO，私人交通工具的价格将不断下降。同时，政府对基础设施投入力度加大，交通条件也将日益改善，轿车进入一般家庭指日可待。另外，市中心可供房产开发的土地越来越少，房价越来越高，对岛外高质量住宅的需求必将随之而升。

产业的合理布局也要求加快岛外城镇的建设

随着城市服务功能的增强,第三产业的发展,厦门本岛的用地功能必须进一步优化,新的产业将主要布置在岛外,岛内一些工厂企业也要通过土地置换而向岛外转移。岛外的建设必须相对集中,配套完善。采用合理的规划手法和有效的开发模式是至关重要的。

3. 国际经验的借鉴

新城建设并不是单纯的物质性建设或房地产开发活动。国际上的新城运动对我国的大城市建设及厦门当今的城市建设有着诸多启示。重构城市原有发展框架,以有机疏解的发展模式在更大的地域内寻求城市功能和空间的解决之道,是新城理论和新城运动的基本启示。

以公共政策为指引、公共开发为导向

以英国为例,战后的新城建设首先是为了一定的社会政治目标,新城建设具有社会性的目标,是战后最早的国会立法内容。新城开发也是大都市区域整体发展战略的组成部分,由于是为了实现特定政策目标的手段,所以要以公共开发为导向。英国新城完全是在政府的决策和计划下,由政府资助的新城开发公司,联合私有企业,在当时成立的城乡规划部指导下建立起来的,从而避免了一些传统都市的弊端。

英国的新城虽然是根据传统城市模式建立的。但是,它在城市开发上的一些具体做法,以及城市布局与传统城市相比还是有差异的:新城的人口规模增长相对较为缓慢;新城开发是由新城开发公司统一规划实施的;新城地理位置根据要求必须与中心城市保持较远距离;选用地价较低的农业用地,而不允许选用大城市建成区边缘地带土地;新城开发不以赢利为主要目标,新城开发公司拥有土地出售、转让和租用权;新城强调自给自足,每一社区力求自我平衡居住与就业。

随着信息产业的发展,郊区与城市之间固有的土地差价,由市场引导的城市居住和就业功能郊区化推动传统都市的中心商业区功能转移,形成与传统都市形态相异的边缘城市。这种边缘城市或是基于传统郊区城镇而拓展的新城市,或是围绕一个强有力的经济增长点,如一个综合商业购物中心、机场、大学或其他大型建设项目,在原有城市向外蔓延的区域内发展起来的新城市。

我国处在市场经济建立的初期,法制建设还很不完善,新城的选址和开发更需要强有力的政策指导,而不能过于依赖甚至迁就市场力量。宏观上,在大城市

附图 5–2　1981 年本岛城市建设现状

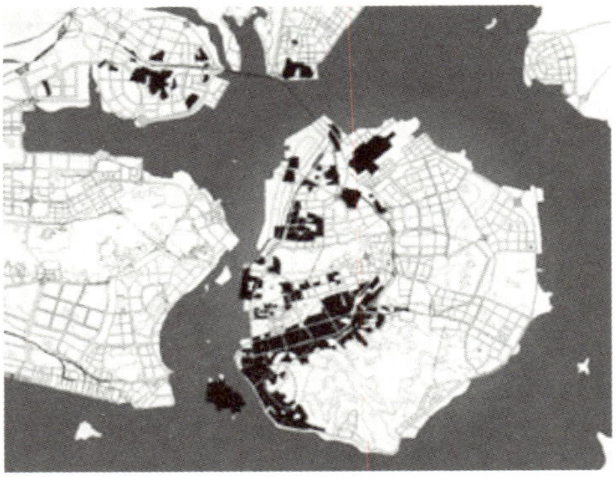

附图 5–3　1985 年城市建设现状

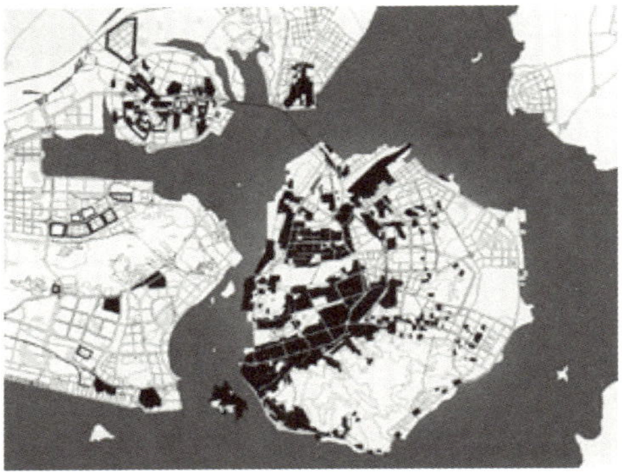

附图 5–4　1991 年城市建设现状

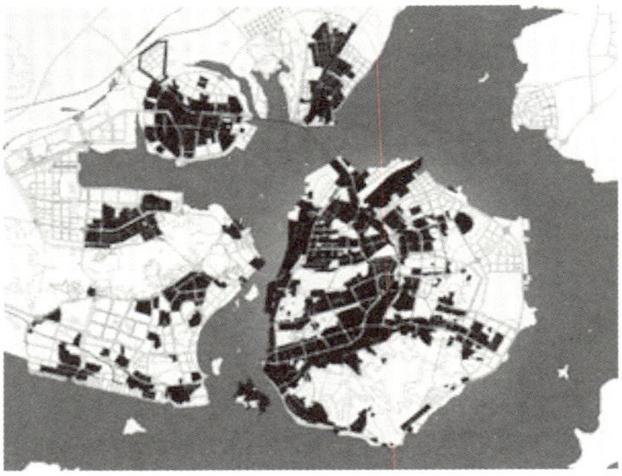

附图 5–5　2000 年城市建设现状

附图 5–6　闽南金三角区位图

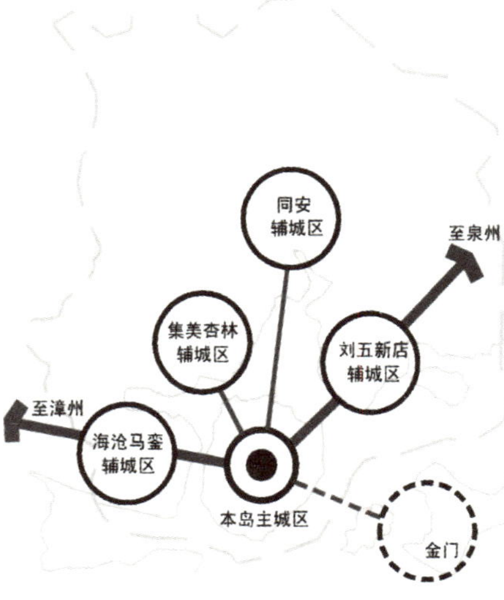

附图 5–7　厦门市城市结构规划示意图

和新城之间、在各个新城之间，要有区域性的战略规划来协调；微观上，要以新城发展规划的制定和公共开发为先导，要有统一且目标明确的开发执行主体，从而能够主导市场经济条件下的多元开发活动。

搞好配套设施，以大容量公共交通带动新城开发

新城建设中要配套建设好基础设施及学校、图书馆、体育馆等公共设施。国外许多特大城市除了在市中心和郊区发展公共汽车、地铁、有轨电车外，还建设速度快、容量大、污染低的市郊铁路，以加强与新城的联系。如东京市郊铁路日平均客运量为4千万多人次。在斯德哥尔摩，开发新区的时候，地铁是个先决条件，地铁不通，就不能开发新区。新加坡、香港等地的新市镇开发也都是以轨道交通来带动的。

平衡各方利益，体现社会公平

新城是一个功能俱全的城市实体。它应该避免产生像大中城市的种种社会问题。市场经济下城市规划核心问题是空间资源分配的社会公正。因此，需要平衡各方利益，体现社会公平。要在官方的正式规划途径外，开辟非官方的协商渠道，运用咨询、讨论、交流、参与等措施，广泛吸收各种利益集团（包括政府、部门、社团、企业等）参与规划的制定和决策，以适应现代日趋多元化的社会利益格局。

4. 厦门城市未来发展的总体格局

厦门城市总体规划已确定了城市空间向岛外拓展，从“海岛型城市”向“海湾型城市”的战略转变。虽然本岛东部尚有有限的可建设用地，但这是关系到本岛长远发展和功能提升的不可替代的土地资源，具有战略价值。另一方面，本岛人口规模已经大大超过规划的控制上限。据抽样调查，厦门居民也已意识到本岛不应继续拓展建设用地。因此，从保护和合理利用本岛东部的土地资源的原则出发，应避免本岛建设用地规模的继续大规模扩展。

岛外建设用地的拓展由于首先要考虑加强与漳州和泉州的区域合作趋势。其中西部的海沧、嵩屿和马銮等原有城镇组团已经有了初步发展；东部主要有马巷及新店、内厝和大嶝等城镇，其中大嶝镇近年来对台小额贸易非常活跃；杏林和集美是岛外最早开发建设的功能组团，已经具备一定规模，功能仍需完善，但相对缺乏有规模的可建设用地；大同镇位于市域市政走廊的西北侧，在经历长期发展后已经具备一定的发展规模和基础，主要为周边村镇服务和引导周边地区的聚集发展。

基于厦门市城市人口、产业有机疏解和确保市域生态环境质量的原则，建议

采纳"一主四辅、两翼突出；众星拱月、海湾城市"的城市总体空间格局。

(1)"一主四辅"：即厦门本岛(含鼓浪屿)为厦门市主城区(即中心城市)，同时整合岛外的新旧市镇，设置四大辅城区，即海沧马銮辅城区、刘五新店辅城区、集美杏林辅城区、同安辅城区。在岛外四大辅城区综合安排城市功能、统筹各项开发建设，使厦门市最终形成由"一主四辅"五大功能区共同构成的组合型特大城市的空间布局。

(2)"两翼突出"：即在岛外四大辅城区的开发建设过程中，应特别强调东西两翼的海沧马銮和刘五新店为重点建设的两翼，通过这两个新市镇的重点建设来带动厦门城市功能的提升和完善。

(3)"众星拱月"：即新市镇环绕中心城市布局的空间形态，规划根据经济地缘理论和区域一体化原则，并考虑现实和潜在的因素，将金门纳入厦门的城市空间布局中。

(4)"海湾城市"：指随着厦门城市空间布局的逐步完善，厦门将形成在九龙江口、西海域和同安湾(未来包括厦门东侧水道)沿线城——海交融的"海在城中、城在海上"的海湾城市空间布局形态。

5. 厦门市海湾新市镇开发的策略

在科学确定城市的总体发展战略和空间格局的基础上，还要制定合理的新市镇开发策略。

合理控制各岛外新市镇的开发规模，防止蔓延成片

厦门今后要积极推动岛外新市镇的规模化扩展，撤并一般小集镇，引导农村二、三产业及非农人口向新市镇集中，并避免人口向本岛的过度集中，相应促进各新市镇的城市综合功能发展。同时，应合理控制好发展规模，岛外新市镇的人口规模控制在30万左右较合理，具体应根据每一新市镇的实际情况和条件作适当调整。其中海沧马銮的人口规模约为40万，集美杏林的人口规模约为25万，严格控制岛外其他一般城镇的发展规模。同时，各新市镇之间的海湾和绿地应严格保护，目的在于防止相互蔓延成片，造成海湾圈层式发展的局面，继而又重蹈各种城市问题。

尽快建立大容量快速公共交通系统，促进岛内疏散和岛外发展

厦门之所以形成岛内岛外的不均衡发展，很重要的原因是岛内外交通联系的非常不便。其中依托厦门大桥的杏林、集美的发展相对较快，海沧大桥建成后，海

沧和新阳也抓住机遇获得了较大的发展。因此，要加快岛外建设，迫切需要建立起大容量公共交通系统，着重加强环海湾各新市镇之间的交通联系以及岛内外的联系。要一方面促进岛外新市镇发展，另一方面疏导岛内交通，应避免过分地将岛外交通引入本岛内，加重本岛的交通压力。

科学引导人口、产业和设施的平衡，保障社会稳定

随着城市扩展，新市镇将吸引和加快就业岗位流动，在各新市镇形成了各自平衡的经济组团，就业岗位逐渐集中在几个焦点即“增长极”上。但居住的分散化和就业岗位的集中化明显不一致。新市镇的企业应将岗位和就业的平衡作为一项基本原则，另一方面，新市镇的大量住房建设也有助于吸引人口，进而提供就业岗位所需的人力资源，促进企业发展。

随着新市镇的不断开发，人口和就业之间的互相平衡将会越来越难，因而从长远看，新市镇更应该兼顾既引进新技术，又建立吸纳过剩劳动力的就业市场。新市镇的岗位与设施的平衡也应符合区域发展的总要求。新市镇应该在寻求更大的就业机会的同时减少通勤需求。同时，尽量保护这种就业机会，新市镇的居民应该拥有大量的就业机会和社会设施，但应同时满足一定区域内的专业化分工。

积极保护自然环境，创建生态型新市镇

得益于厦门独特的“海、山、湾、岛、湖”的自然构成，为厦门由岛内向岛外有机疏散的城市发展模式提供了具有生态学意义及依据的框架。未来厦门中心城空间结构，可呈“本岛中心城市＋岛外新市镇”的格局，而且新市镇的发展可体现理想的模式，即各新市镇不相互联片，而是通过湿地、山体、林地、水系、田园等自然生态体系永久性地相互分隔，与城市绿地系统融为一体。要对规划中确定的农业保护地、水源保护地、组团隔离用地、旅游休闲用地和自然生态保护用地等严加保护。全面积极的保护旨在创建环境优美的生态型新市镇，将厦门建成一个清新美好的现代化生态型城市。

参考文献：

1. Hazel Evans (edited), Peter Self (introductioned), New Town — the British Experience [M]. the Town and Country Planning Association, London: Charles Knight & Co. Ltd, 1972.
2. 同济大学—上海财经大学—上海大学 联合课题组，厦门市城市概念规划研究咨询，2002.7.

第5章

新城规划与建设的国际比较

新城的规划与建设总是和各国的经济社会发展紧密相关，是一定发展阶段的城市发展模式，具有典型的时代阶段性和政策目的性。为了能更好地从世界各国或地区的新城发展建设中汲取经验，找到适合我国新城发展的道路，有必要对各国或地区的新城规划与建设作系统的分析和比较。以英国为主要参照，从功能布局、住宅和社区建设、公共设施和中心区设计、道路交通组织和运作机制等多方面，比较了法国、美国、日本、中国香港地区[①]的新城规划与建设，并对各方面的比较分析结果加以小结。

5.1 功能与布局

1. 英国

（1）总体布局

英国战后所建的新城，尤其是大伦敦规划（图5-1）的成功实施，将英国的新城开发事业推向了一个新阶段。

传统的英国城市布局，往往以集中的形式布置城市主要的公共建筑，然后以这些公共中心为焦点，向外辐射交通性干道。但是，当私人拥有的汽车数量增加后，大量的私人交通拥入中心区，这就是引起中心区拥挤的主要原因。为了改变这种不合理的中心放射式布局，使城市的交通拥挤减少到最小程度，新城采用了与传统城镇完全不同的布局方式，其主要特征是分散组团。

① 进行“国际比较”的各国或地区中，中国香港地区由于其特殊的经济社会制度和历史原因，作为国际部分进行比较。

例如，英格兰中部的彼得博罗（Peterborough）新城，用地呈蝴蝶型，其规划采用霍华德的田园城市的基本手法，在新城内分设几处“田园城”，用绿带连接成一体，每一个“田园城”都有自己的中心，内部再分成几个居住区，基本上能就地平衡就业、居住和购物。对原有的市中心加以保留，在城市的几何中心处再设一个中心城（Central City），作为新城的核心。城市中心与各“田园城”组团分别有直接的联系。

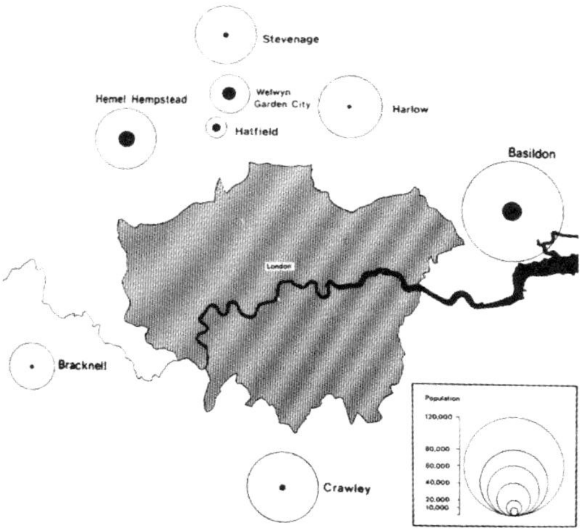

图5-1 大伦敦规划中伦敦周围的8个新城

新城的内圈表示原有人口规模，外圈表示规划人口规模。

资料来源：Frederick Gibberd, Ben Hyde Harvey, Len Whte and other contributers, Harlow: the Story of a New Town, Publications for Companies, Great Britain, 1980.

又如，密尔顿·凯恩斯（Milton Keynes）新城也是采用分散的布局方式，把产生较大交通流的医院、大学、工厂等分散开来，主要是布置在市区边缘；将一些无污染的小型工厂安排在居住区里，从而使整个新城的交通量较为均匀。

又如，华盛顿（Washington）新城的交通干线都不贯穿市中心，采用了一种格网状（Grid Mesh）的道路系统。一些能引起大的交通流量的设施，如商业区、中学、医院等，分散均衡布置在城市的各个部位，使居民能就近便利地进入。

大部分新城在规划中将工业用地分作几处分散布置，尽量布置在城市边缘地区，以避免货运交通穿越新城中心区，以及避免就业人员早晚的往返通勤过分集中。例如，坎伯诺尔德（Cumbernauld）新城还将本地交通与过境交通相互分开，使居住区和工业区内发生的地方交通有一个专门的通行空间。

（2）就业和布局

新城建设的基本原则之一就是在新城内就地平衡居住与工作，而不仅仅是建造住宅而成为中心城市的郊区住宅或卧城（Sleeping Town）。新城开发公司的主要任务之一就是吸收一部分工业及商业企业来新城落户。

那些已建成多年的早期新城则进一步扩大新城规模，提供工业用地，以增加本地的就业岗位；而新开发的新城则设立就业中心，提供就业服务。在大城市的劳动部门也设立了新城就业登记处。新城还向已婚妇女等特殊人群提供合适的就业岗位。

能否促使大城市的企业迁往新城，是关系到能否吸引中心城市居民到新城安家和就业的大问题。所以，新城开发公司通常先修筑好道路等基础设施，划定工业区。根据地方的环境，统一建造各类规模的工业厂房，厂房的形式允许多变，但企业一般较欢迎标准化厂房。采用长期出租或短期租赁的方式。也有企业自行购买土地和自行建造厂房。为了吸引各类工业企业，新城管理当局还制订了许多优惠政策。比如，可以优先向进驻的工业企业的雇员提供住房，且所提供的工业用地及各类房屋的价格较中心城市的要低得多。

一般而言，在新城开发期间，至少有半数的工业和商业开发项目是私人企业投资的。私人资本在新城的加工业项目和商业开发中起了重要的作用。新城还通过与机构投资者的联系来吸引私人投资。这种机构投资者包括养老基金会（Pension Founds）等金融机构（Financial Institutes）。这类机构有专门的咨询专家，可向新城提供开发、引进项目等方面的技术咨询，以及向新城引荐各类投资开发项目。①

新城开发公司还注重新城社区内工业结构的平衡，避免工业单一化而影响到整体新城的经济稳定性和导致地方文化的单调呆板。因此，新城逐渐趋于引进多种工业，以提供各类不同的就业岗位，例如，斯克尔莫斯泰尔（Skelmersdale）新城，距利物浦市约14公里，建于1961年，仅仅在五年内就引进了金属制造、电子、制药、塑胶等工业。

新城还大量吸收科研技术性产业。例如，在英国北部，距格拉斯哥（Glasgow）城15公里的东基尔布莱德（East Kibride）新城、距离爱丁堡（Edinburgh）市14公里处的利文斯顿（Livingston）新城，都为苏格兰政府有关机构提供科研基地。

当时的中央政府指定了全国工业分布政策。工业部在具体执行中央政府的政策时，也优先考虑将相应的工业项目放在中心城市周围的新城。此外，新城还吸引政府的办公机构，为此许多中央所属的办公机构也迁往了一些新城。

2. 法国

（1）产业与居住

巴黎新城的布局与英国在伦敦地区建的新城不完全相同。英国为了控制伦敦城市的规模，在中心城市以外的若干距离范围内，选择某些被认为是适当的地点建设新城，在新城设置有一定规模的工业、住宅及其他设施，以吸引大城市的产业和居民入住，使之逐步形成自我平衡的新城镇。然而，法国则从研究大城市的

① 北京市城市规划管理局科技情报组.城市规划译文集2：外国新城镇规划[M].北京：中国建筑工业出版社，1983.

矛盾出发，旨在解决巴黎中心城市第三产业无限膨胀的困境，将新城作为整个大城市地区的一个磁极，在开始规划时就确定要将中心城市内的一些事务所、行政机关及服务设施等吸引出来。所以巴黎的新城在规划建设过程中，注重采取适当的布局，建设有规模的各种设施，以便增强对于第三产业的吸引力，从而产生一种可与巴黎中心城市相抗衡的力量，以实现巴黎大城市地区的整体平衡。

巴黎新城的具体位置，是在巴黎地区总体规划布局的框架内确定的。具体的新城选址考虑到河谷地区的自然风景保护要求，主要选择在地势较高地区发展新城，同时可以有利于改变巴黎地区东、西部的工作和居住的严重不平衡局面为原则，以便促进地区内部的各自平衡。

在西部，为了避免鲁昂（Rouen）和勒阿弗尔（Le Harve）这两个港口地区的人口过分集中，以及考虑到江河沿岸与河谷会遭到破坏，因而选择在塞尔基–蓬杜瓦兹（Cergy-Pontoise）地区发展新城。在南部，确定向特拉坡（Trappes）高地发展，在沿河两岸的高地里–奥朗日（Ris-Orangis）和高尔伯衣（Corbeil）之间，以及默伦–塞纳尔（Melun-Senart）北部地区的空地范围内选择新城建设的用地。在北部，考虑到戴高乐机场，而没有设置新城。在东部，工业发展比较缓慢，又是主要风景区，仅在玛尔–拉–瓦雷（Marne-La-Vallee）南部高地的空地建设新城。总体而言，选址既要避免其后的建设过于分散，又要有助于巴黎地区东部和西部之间的平衡发展，最后确定了在巴黎郊区建立5座新城①，即塞尔基–蓬杜瓦兹（Cergy-Pontoise）新城、玛尔–拉–瓦雷（Marne-La-Vallee）新城、圣–康旦–伊弗里尼（Saint Quentin-Yvelines）新城、埃夫利（Ivry）新城和默伦–塞纳尔（Melun-Senart）新城（图5–2）。20世纪70年代前后，5座新城的建设相继启动。这些新城与巴黎主城之间保持一定隔离，但距巴黎市中心一般都在30公里以内。

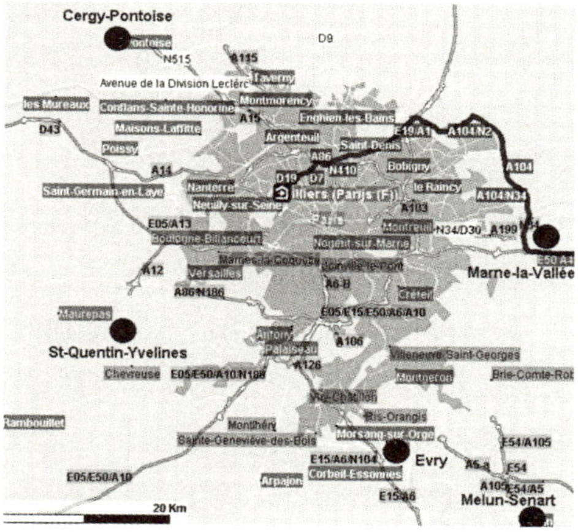

图5–2　1965年的SDRAUP规划提出的5座新城，同图3–7

（2）布局特点

巴黎的新城具有以下共同特点：① 新城中心距离城市中心（巴黎圣母院）较近，平均距离为25～30公里；② 新城都有良好的公共换乘系统，通过

① 北京市城市规划管理局科技情报组.城市规划译文集2：外国新城镇规划［M］.北京：中国建筑工业出版社，1983.

轨道交通与市区相连，快捷方便，但新城内部结构较为松散，内部交通主要依赖私人小轿车；③ 强调新城的就业功能，新城集聚了众多的商务、服务业、研发和轻工业等产业活动，成为巴黎大区新的增长中心，例如，在圣-康旦-伊弗里尼，金融、保险和房地产业的就业人数占了总就业人数的三分之一强，服务业就业更接近70%；④ 为保证职住平衡，增强新城吸引力，就近满足郊区居民工作需求和生活需求，新城功能较为综合，包括娱乐功能、研发功能、高等教育和职业教育功能，例如，玛尔-拉-瓦雷建有欧洲迪士尼乐园，为巴黎地区直接提供了1万多个就业岗位，又如，埃夫利建有欧洲著名的生物科技园，每座新城都有自己的大学和众多职业技术学院；⑤ 新规划的社区都以低层、低密度为特点，在规划建设中注重与自然环境综合，将天然水系或人工湖泊巧妙地组织进来，外围有绿带环绕，并与原有的城市化区域隔离开。

（3）功能布局

巴黎周围的新城与巴黎主城相比，由于人口的绝对规模较小，只能起辅助性的作用。但相比较其他国家的一般卫星城和新城而言，规模都要大得多。其规划的新城人口规模平均达到30万人，具有居住、就业、商业服务及文化娱乐等综合功能，以利于形成完善的生活服务和文化设施，并能提供各种就业机会，从而使新城更富生命力和吸引力。

在巴黎的新城建设中极力谋求就业、住宅和人口之间的平衡，不搞卧城和单一功能的工业城市，强调新城既要有工业，又有办公楼和其他公共设施，以便为居民创造各种各样的就业机会。一些资讯、通信、行政管理、文化、商业和娱乐等设施被安排在了新城的中心区，使得新城居民能在工作、生活和文化娱乐方面享有与巴黎老城同等的水平。同时，由于新城充分利用了郊区的自然景观资源，营造了优美的环境，能较之老城更具魅力。

巴黎周围的新城虽然力图避免采用传统的功能分区原则，但各种功能项目的布局还是遵循了相对集中或独立的原则。新城的总体规划对各项功能作了统一安排，主要功能集中布置在带状结构的轴线上，基本上都是沿着快速公路和铁路，以最大限度地利用巴黎的自然条件和特点，较好地保护绿地和农业用地，并协调现有的居民点网络（图5-3，图5-4）。

新城内大部分工业为没有污染或污染较少的纺织、食品、电子和印刷工业。大型工业企业一般布置在城市边缘；用地10～40公顷的小工业区一般靠近住宅区布置；仓库、市政设施和垃圾处理厂等沿铁路的特定区位布置。由于法国总体经济不景气，工业增长很慢，而且新城的投资环境相对欠佳，因此新城所能提供的就业岗位数量日益减少。

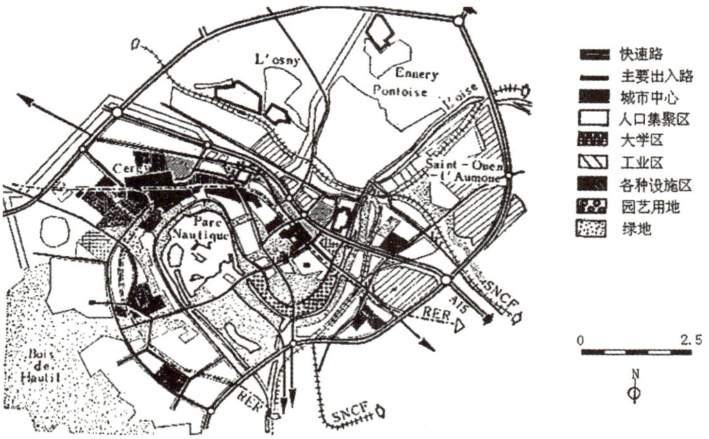

图5-3　塞尔基-蓬杜瓦兹新城规划结构图

塞尔基-蓬杜瓦兹新城位于瓦茨(Oise)河湾、蓬杜瓦兹省西部的高原上,距巴黎25公里。1966年开始规划,1970年着手建设,用地面积约10 000公顷,由几个原有的城镇组成,当时该地现状人口将近9万,规划发展到20万人口,是巴黎最早建立的新城。新城规划结构为马蹄形平面,围绕瓦茨河湾建成一个弧形城市。地形起伏呈阶梯形,布局自由活泼。在规划过程中,注意保护了原有的村庄,使新、旧居民点之间得到协调。新城规划有较明确的分区:中部是省政府中心区,西南部和东南部各为住宅区,东部是工业区,西部是新城第二中心区,同时利用瓦茨河湾建立一个游憩区(包括300公顷面积的公园和110公顷的水上公园)。

图片来源:北京市城市规划管理局科技情报组.城市规划译文集2:外国新城镇规划[M].北京:中国建筑工业出版社,1983.

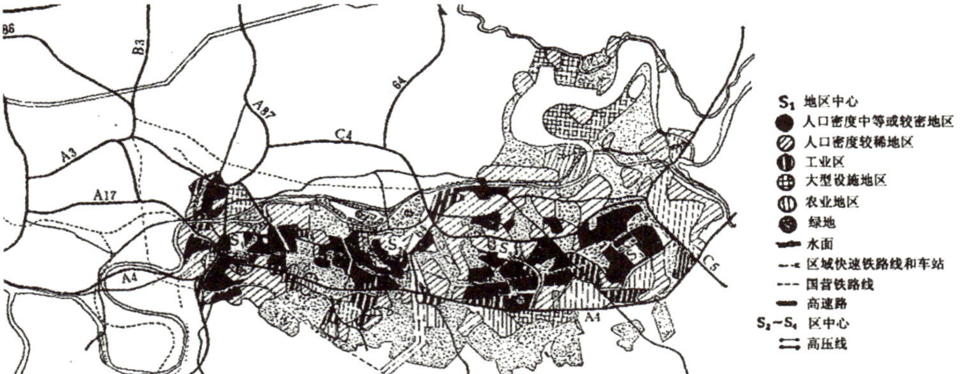

图5-4　玛尔-拉-瓦雷新城规划结构图

玛尔-拉-瓦雷新城离巴黎很近。它位于努瓦西-勒-格朗(Noisy-le-Grand)与巴黎之间,地处通往戴高乐和奥利机场的道路交叉口。该地区的位置很重要。选择在该地区建设新城的目的是使巴黎东部与西部能保持平衡。为了保持城市建筑和自然风景之间的联系,采取组群式分布方式,由城市自然界线将城市分成4块,每块容纳10万人左右,这个规模可以保持一个地区内的居住、工作和服务设施的关系较为协调。

图片来源:北京市城市规划管理局科技情报组.城市规划译文集2:外国新城镇规划[M].北京:中国建筑工业出版社,1983.

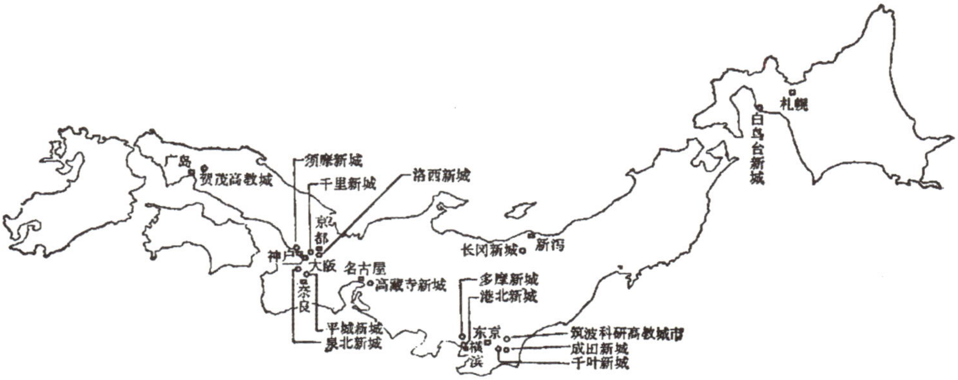

图 5-5　日本主要新镇分布图

图片来源：北京市城市规划管理局科技情报组.城市规划译文集2：外国新城镇规划[M].北京：中国建筑工业出版社，1983.

3. 日本

在日本全国，300公顷以上规模的新镇约有30多座，其中多数是依附于中心城市的居住社区，少数是有工业区的新镇，还有两座科研和大学城(图5-5)。

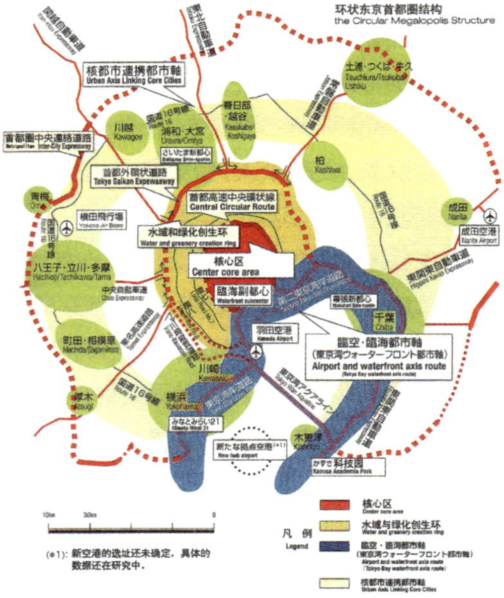

图 5-6　东京都环状结构图

图片来源：东京构想2000

东京、大阪和名古屋三大城市圈建设的大型新镇，距中心城市的距离各不相同：在东京都市圈范围内，新镇一般距离东京约30～50公里；在名古屋城市圈范围内，新镇距离名古屋约10～30公里；在大阪城市圈范围内，新镇距离大阪市20～40公里。由于市区或市区附近地区的地价很高，且拆迁量太大，因此大部分新镇选在地价较便宜的郊区和邻近的县，且新镇与中心城市之间以水系和绿环隔离。此外，新镇的选址与中心城市的人口、产业的集中程度，以及中心城市与外围地区之间的交通联系手段也有着密切的关系。凡是人口和产业集中程度高的、城市周围交通条件较好的大城市，其新镇的选址就离中心城市较远。因此，东京周围的新镇距离东京较远，一般都达30～50公里，最远的筑波距离东京都中心约60公里（图5–6）。

由于日本的大多数新镇是卧城，住宅用地占新镇全部土地面积的比重较大。新镇的规划设计，很重视配套建设公园、绿地、道路、商业、教育和医疗等各种设施。例如，千里新镇的土地使用的构成为：住宅用地面积505公顷，占总用地的44%；道路用地面积249公顷，占总用地的22%；公园和绿地面积274公顷，占总用地的24%；商业和服务业设施用地面积46公顷，占总用地的4%；其他公共福利设施用地面积76公顷，占总用地的6%。

4. 新加坡

将交通建设与新市镇建设同时规划、相互配套紧密结合的政策，可以说是新加坡国土规划中最关键的一个决定，只有在总体规划之下同时完成新市镇与捷运，大幅降低成本，并且确保新市镇与捷运的成功（图5–7）。

捷运直接抵达新市镇的商业中心，捷运直达的商业中心，确保了商机，商业中心的人潮，也确保了捷运的客源。有捷运与公车直达的商业中心，因为交通便捷，当然也成为供应新市镇居民休闲娱乐购物消费等各式各样需求的生活中心。商业中心通常有一到四个大型的旗舰百货公司，再搭配相当数量的小型商店，刚好

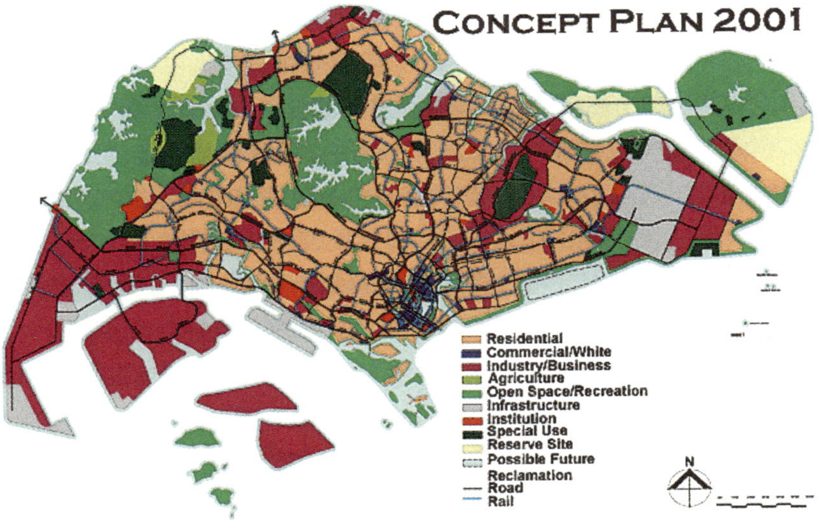

图 5–7　新加坡国土概念规划 2001

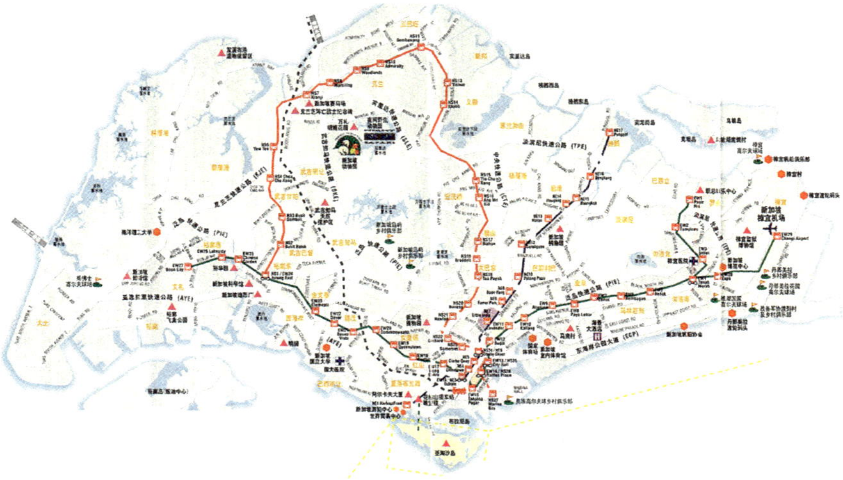

图5-8　新加坡地铁交通图

图片来源：新加坡城市再发展局官方网站 http://www.ura.gov.sg/

服务一般的新市镇约20万人口。商业设施与人口的数量，是相对应的。所以百货公司与商场的客源，其实是在规划之中的。

商业中心往外围一些就是办公区与无污染的工业区。每一个新市镇都提供了一定的就业机会，而不必每一个人都挤到城中心工作，所以就减低了道路的交通负荷。这样一个商业中心，新加坡人称为Town Center，也就是他们所谓的新市镇中心。其余地区就是纯粹的住宅区。每一个新市镇几乎都是用采用这种空间布局建设的。

5. 中国香港地区

1973年后，由于港英政府推行的10年建屋计划，大规模的新市镇开发真正开始实施。当时作为一项住宅建设计划，其目标是为180万人口提供适当的住宅。香港政府分别陆续建设了沙田、荃湾、屯门、元朗、粉岭/上水、大埔、将军澳、天水围和东涌共9座新市镇（图5-9）。随着新市镇的开发，香港开始向多核心城市演变，但维多利亚湾内侧的沿海地带仍然是中心商业区。

实现这个大规模的住宅项目，在新界的新市镇内必须提供一大批质量较高的新住宅，这不仅需要大量的土地，而且住宅标准也要适当，根据各方面的要求，确立了三个原则：新市镇内必须形成良好的社区；住宅必须拥有完善的服务设施；提供充分的就业机会。

新市镇建设呼应和推动了香港的经济发展。从20世纪60年代—80年代，香港实行的是以制造业为基础、出口为主导的经济发展战略，因此，必须以不断提供廉价劳动力为基本条件。新市镇的开发提供了大量廉价的公共住宅，使得劳动力价格保持较低水平，并且使劳动力的供应也保持了稳定。

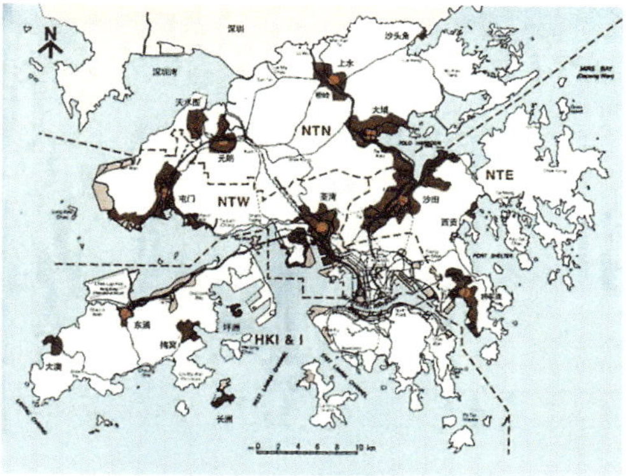

图5-9　香港新市镇分布图

图片来源：香港规划署

在新市镇发展过程中，当基础设施和交通网络建成后，民营的房产商也会挺进新市镇，进行住宅开发。事实上，除了经济衰退时期，对民营房产商而言，香港的土地永远供不应求。土地出售是政府收入的一个重要的来源，并且从20世纪80年代起房产业已是香港的一个主要产业。土地的供应因新市镇的开发而得以持续进行。

新市镇开发的另一个重要作用是使经济活动和主要的工业生产布局有了更大的空间。然而，香港新市镇工业用地的空置率很高。按最初设想，新市镇应是一个完全自给自足的社区；特别是要留足工业用地，为居民创造区内的就业机会。但是，随着内地的改革开放，及广东先行一步，香港制造业很快转移到了珠江三角洲地区及更为广阔的内地。这使得新市镇的最初部署不能奏效，不少工业用地一直空置，工业村的厂房也无人问津。此外，新市镇发展初期，交通成本高且不方便，工业厂家多不愿意迁入。因此，在香港经济转型的大背景下，新市镇发展到第

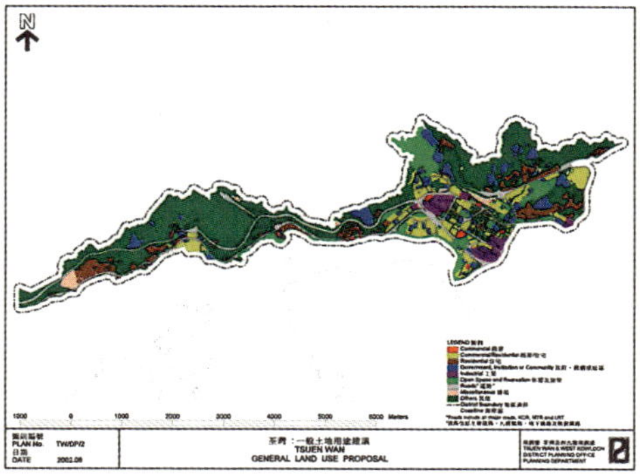

图5-10　荃湾新市镇一般土地使用建议

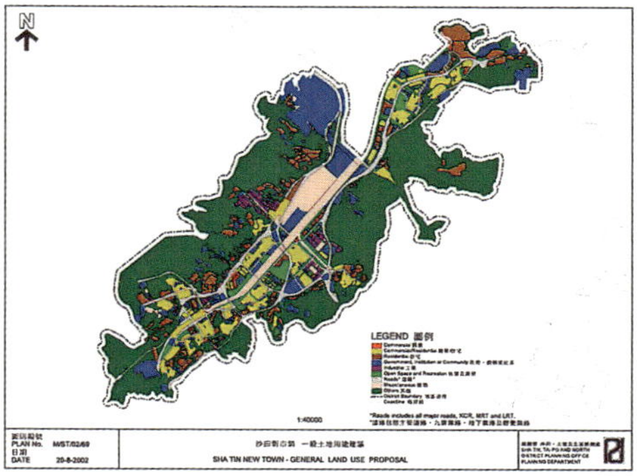

图5-11　沙田新市镇一般土地使用建议

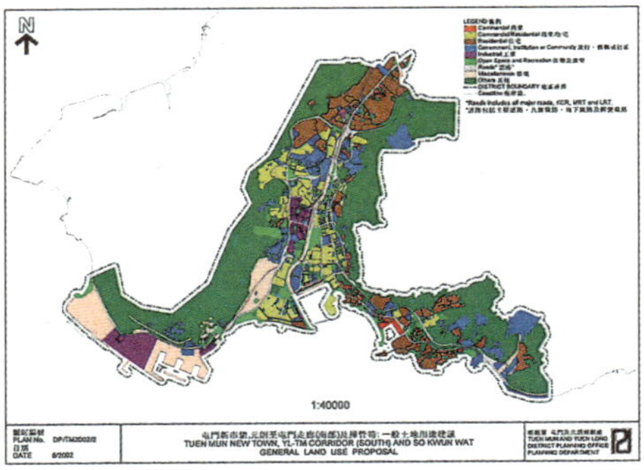

图5-12　屯门新市镇一般土地使用建议

图5-13　元朗新市镇一般土地使用建议

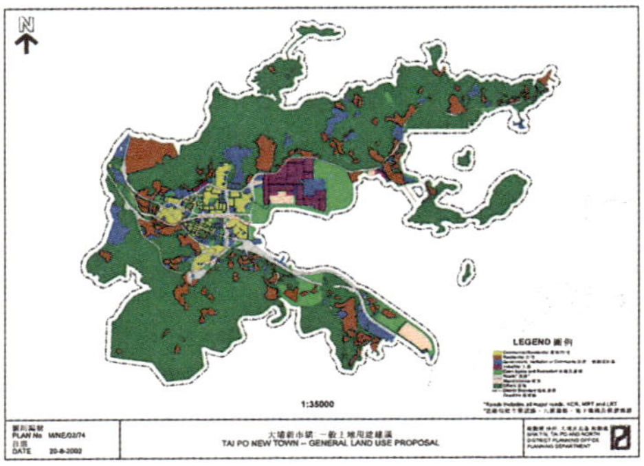

图5-14　大埔新市镇一般土地使用建议

图5-15　天水围新市镇一般土地使用建议

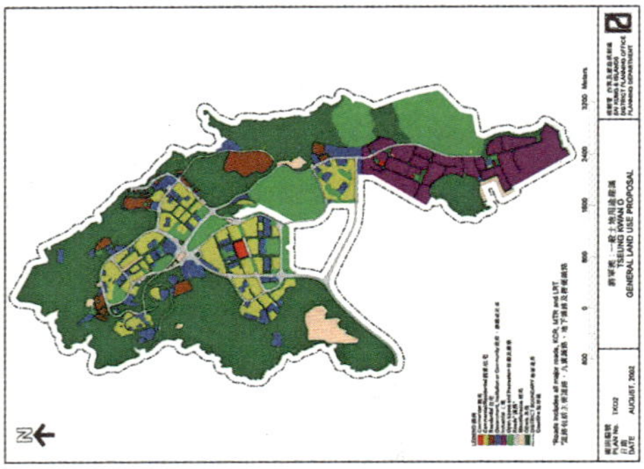

图5-16　将军澳新市镇一般土地使用建议

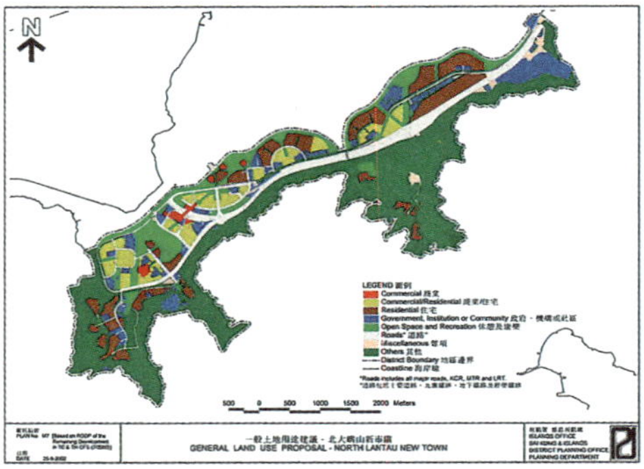

图5-17　北大屿山（即东涌/大蚝）新市镇一般土地使用建议

图片来源：香港规划署 2002.08

三代时，基本上不再在新市镇内规划配置工业用地。另一方面，对于高端的第三产业而言，香港的新市镇还没有足够的吸引力，还不能把高层次的商业活动从中心商业区吸引过来。因此，新市镇在全港经济的发展中，还只能起辅助的作用。

6. 国内外比较

新城建设是大都市控制其中心城市人口高度膨胀的有效手段之一。新城要吸引人口和产业，仅仅凭中心城市与新城之间的土地区位级差和政府的政策引导是不够的，关键是新城自身要具备较为完善的经济社会功能。

一般而言，吸引产业相对于提供足够的住房显得更为重要，对企业的吸引力是成功提供工作岗位、提高就业的关键。若新城没有就业岗位，许多人是不愿意搬迁来的。在英国，起先企业家们也不希望将工厂搬迁至设在环城绿带外数十里的地方。吸引企业去新城落户，需要的是信心和鼓励。战后经济的迅速发展和新企业获得低价土地及政府的各种资助，使得企业的发展有了信心和保障。随着总体规划的公布、市政道路的建设，使得工厂的对外联系有了保障。一些原先坐落在市中心的拥挤地区、缺乏发展空间的企业，都纷纷抓住迁往新城的机会，以求获得较大的发展空间。

新城如果自身没有产业，就业机会就会有限，就只能是依附于中心城市的“卧城”。例如，日本的新镇多为卧城，自身功能不健全，生产和生活服务不配套，其居民主要在中心城市上班和娱乐，因此对疏散大城市人口的作用不大；而且，日本的新镇在建设过程中，往往由于建设资金有限，一般先建设住宅，后配套市政和公共福利设施，速度十分缓慢，从而新镇与中心城市相比，物质文化条件的差别较大，缺乏吸引力。一旦新城不能实现功能的相对平衡，势必会产生新的通勤交通需求，使区域交通变得更为复杂。

随着经济社会活动与交流的日益频繁和网络化，新城的人口和就业之间的互相平衡越来越难，而且现代技术革命带来劳动力岗位和数量的变化，新城必须比过去更要适应产业布局分布与发展的需要。

新中国成立后，从卫星城到新城发展一直都是作为各大城市地方层面的事情，基本上没有能在区域层面统筹考虑。20世纪50—60年代，卫星城发展的选址主要是依托工业发展的布局，城市性质基本上都是工业卫星城。工业卫星城一般围绕某一大型工业项目展开建设和配套设施开发，居住人口主要为企业的职工及其家属。由于卫星城的企业性质单一，往往造成城市的功能、用地、社会结构、设施配套和社会文化特征等方面都显得单调呆板，因而往往缺少活力和魅力，客观上也只能依附于中心城市而存在。

随着城市建设的日益进步，我国城市扩张发展的规模之大和模式多样化都是史无前例的，建设新城的呼吁声日益高涨。近年来，我国的新城在功能布局上呈现出了一些明显的变化趋势。

我国当前的新城布局在总体上已具有从区域层面的高度来统筹安排的趋向，但是仍局限于作为城市总体规划中的城镇体系的空间安排，并没有真正从社会、经济和生态等方面体现新城本质的发展宗旨及发挥其应有的作用。将新城作为区域和城市总体发展战略中的重要组成部分是一个有待认识的问题。

新城建设对中心城市的发展格局的影响在国内外形成了截然不同的局面。

西方国家由于居民(特别是中产阶级)向往人口密度低、环境优美的郊区生活，因此资本和技术性项目也会较易被引往郊区，从而加强了郊区新城的开发力度，许多新城由此而成为具有复合城市功能的"新城市"，而内城活力却被逐步削弱。我国城市中心区的吸引力一直远比郊区大，在不断出现的郊区城市化过程中，内城没有出现空心化现象。在新城开发的同时，由于中心城市产业和用地结构的"退二进三"调整，商业、金融和办公等第三产业的不断崛起使得中心区更加繁荣。

有些西方国家在新城建设以后，很快面临内城衰败的严峻局面，其主要原因并不是内城物质空间结构的不完善或不适应，而是经济发展的结构性变化所带来的人口、工作岗位、投资的重新分布，有着全球经济格局变化的深层次原因。所以，一些老的中心城市面临的不再是增长和发展带来的压力问题，而是如何阻止人口和资本的外流及吸引人口和就业岗位返回城市的问题。而我国在新城建设的同时，还面临着经济高速发展过程中城市内部的物质老化和功能性调整等严重问题。许多老的中心城市面临着人口拥挤、布局混乱、土地配置效率低、交通拥挤、环境恶化、公共设施短缺及历史文化遭受破坏等诸多问题。因此，我国既要积极引导大城市人口和产业向新城疏解，亦要注重中心城市内部的物质性改造和功能性提升。

5.2 住宅与社区建设

建设新城的最初目的是吸纳从中心城市疏解出来的人口，提供住宅是新城开发的最重要任务。

1. 英国[①]

英国的各座新城都比较注重住宅的多样性，使居民有选择的余地。新城的住

① 本段部分参考：北京市城市规划管理局科技情报组.城市规划译文集2：外国新城镇规划[M].北京：中国建筑工业出版社，1983.

宅环境质量标准高、注重绿化和自然环境景观，但建筑单体建造较为经济。住宅的类型一般为小型的两层住宅、附有外廊和前后花园的平房；既有普通公寓，也有供出租的公寓。新城的住区设计较注重整体性，较多采用几何型手法，布局多样化；在组合上较紧凑，密度相对较高，以利于集约使用土地。总体而言，住区的设计已突破了传统的田园模式，较多地追求个性化和多样化，但在材料使用和建筑细部形式上的限制较多。

三代新城的住宅是在不断变化中发展的。第一阶段的英国新城规模比较小，密度也比较低，这种低密度的开发方式一方面是因为英国人喜好带有花园的独立式住宅，另一方面与第二次世界大战后英国住宅建设中反高层的趋势有关。随后，战后经济全面恢复，大城市人口爆炸性增长，住宅建设以数量、速度取胜，多建、快建、低造价、高密度建设，也出现了一批高层住宅，一度认为这是现代化城市的标志。因此，第二代、第三代新城的住宅密度有较大提高。各新城的住宅密度略有不同，大多数新城的建设密度较低，平均大约为15人/英亩（约37.5人/公顷）。密度偏低的原因之一是因为政府强调居住环境质量，要求在住宅区内大量种植乔木和灌木，使新城的建筑与自然环境融为一体。也有一些新城试行高密度的住宅区开发，以探索城市紧凑发展的布局形式。

英国民众的传统习惯或偏好是那种带花园的住宅，新城一直以低层独立式住宅开发为主。在20世纪90年代甚至将早先建造的一些多层台廊式公寓拆除，取而代之的是传统的独立式住宅。由中心城迁至新城的大部分住户，原先大多是住在伦敦市或其他大城市地区的公寓式楼房或其他环境拥挤的住房里。他们迁至新城的基本目的之一就是希望能获得属于自己的生活空间——带有花园及室外活动场所的独立式住宅。因此，新城的住宅开发一般都是以少建公寓式住宅为原则。例如，在利文斯顿和斯蒂文乃奇（Stevenage）等新城，公寓式住宅都只占10%左右，大量建造的是带有私人花园的独立式住宅。

住宅趋向于小型化，一般为一大二小三个卧室，当然也有多卧室的住宅类型供居民选用。在设计处理上确保住宅的私密性，各住宅在视野范围内，由绿化或其他景观予以屏障，以保证不会被直接窥视，且邻里之间一般不能直接两室相望。所以，住宅周围都建有院子，对住宅建筑形成部分封闭；各住宅之间保持一定的距离，或构成一定的角度；也有利用地形高低，使前后的居住单元错开。

在英国的新城中，大约有50%的住户通过购房或自建房屋而拥有房产。英格兰地区的新城，其住宅中的2/3是租赁房。开发公司和新城委员会采取一定的优惠政策，鼓励租赁户（Tenants）购买其租用的住宅。租户可以申请获得租金补偿。根据有关计划，租金的标准按照住宅的大小（Size）、类型（Type）、位置（Location）及环境的舒适程度（Amenities）而定。租户可以根据其收入和家庭开支申请相当数额的租金减免（Rebates）。在英格兰地区的新城中，住户收入的20%用于支付租金。苏格兰地区的房价较为低廉，对于需房户（Waiting List）有关方面也可以考虑给予优惠。此外还有其他方面的一些便利条件，如在房屋合作社（Building Societies Association）、政府、开发公司和新城委员会之间达成协议，联合提供住房抵押贷款（Mortgage Loans），以帮助新城的居民购买开发公司或新城委员会出售的房屋。

新城开发公司还经常以各类形式与购房者交谈，了解他们的需求，以改进住宅设计。在住宅的户型和外形设计上有多种类型可供选择，比如，新城提供一部分福利性质的住宅，以满足特殊需要的住户，诸如老年人或单亲家庭之类的特殊居民的需要。在所有住户中，这部分居民户占相当的比例。又如，为了平衡社会结构，稳定家庭关系，新城开发公司及各级地方政府鼓励老年人到新城居住，老年人一般约占新城人口的15%。提供给老人的住宅一般为平房和公寓，主要是考虑到老年人生活上的特殊要求，往往集中布置专为老年人设计的住宅组团，每一组团都设有管理人或服务人员，并设有公共房间、洗衣房和电视机房。又如，另一种需求量较大的特殊住宅是夫妻住宅，这类家庭的子女大都已离家自立，或者是刚刚结婚不久的夫妻家庭。这类住宅的形式是两个卧室、一个起居室，住宅的布局采用街区（Block）形式。

斯蒂文乃奇新城专门建设了一批提供给老年人居住的小公寓。通常这种住宅单元只有一个房间，带有独用的浴室和厨房。这类住房组团一般靠近商店、学校、酒吧和教堂，以方便老年人使用，并让他们感受社区的温暖，减少他们的隔离感和孤独感。哈罗（Harlow）新城甚至建有"祖母"公寓，提供给年迈的祖父母等老年居民居住。这类公寓房都有独立的套房和相应的服务设施。

2. 法国

法国新城，尤其是巴黎地区新城的人口密度低和良好环境，因而新城的特有生活环境吸引了大量现代化企业和尖端高新科技工业入驻新城。新城的居民的职业构成也因此以高中层的管理干部、高级雇员或是自由职业者为主，年龄结构较为年轻，需求的是比在中心城市更宽敞的住宅环境和更良好的居住条件。因此，新城提供的大部分是独户住宅，并有完善的商业服务中心和其他各种公共设施。

新城的居住用地可分为三级，即整体规划区、居住区以及住宅组群。新城的服务设施因此分为三级，分别是为整个城市和周围地区服务、为居住区服务及为若干住宅群服务。

在居住区规划中，根据与车站的距离远近，设定不同的住宅建筑密度分区。其中既考虑开发的经济因素，同时也考虑服务范围的合理性。例如，埃夫利新城采取的住宅组群规模为500～1 500户；居住建筑密度为每公顷50户，但位于居住区中心和铁路车站附近的，为每公顷80户。又如，玛尔–拉–瓦雷新城规划中把生活居住用地分成若干片，每片有4个居住单元，其中有3个单元靠近火车站。在离车站半径400米的范围内，住宅到车站的步行距离为5分钟，在这个范围内布置高

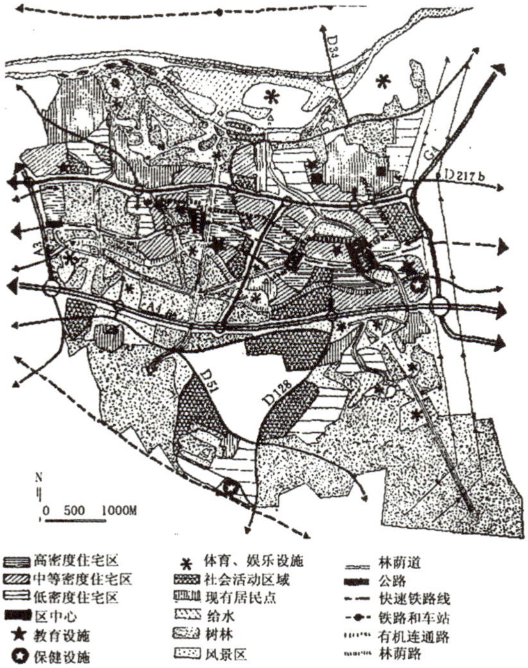

图5-18　玛尔–拉–瓦雷新城城市单元结构图

新城规划分成若干个结构单元，结构单元的内容为：约3 000～4 000公顷的用地，人口10万人至15万人，单元内优先考虑公共交通，车站影响范围划定为3个圈：第一圈服务半径400米，步行至车站只需5分钟，在此范围内可采用较高密度安排住宅；第二圈服务半径800米，步行至车站不超过10分，可采用中等住宅建筑密度；第三圈需要乘公共交通，服务半径超过800米，建筑密度可以比较低，在这里安排公共汽车交通网，可与邻接地区连接。结构单元内组织绿网，把公园、树林和水面组织在一起，由专供行人和自行车使用的道路连接，除供新城居民娱乐外，还吸引巴黎东部的居民。此外，在结构单元内安排没有污染的工厂或其他就业单位，并与住宅建在一起，形成一个整体。

图片来源：北京市城市规划管理局科技情报组.城市规划译文集2：外国新城镇规划[M].北京：中国建筑工业出版社，1983.

密度住宅区；在离车站800米的范围内，步行距离为10分钟，布置中等密度住宅区；在距车站800米以外的大范围内，规划的建筑密度相对最低，并设置公交线与铁路车站联系（图5-18）。

3. 日本

日本虽然是个人多地少、土地资源极其匮乏的国家，但其新镇的建设密度却远远低于同处亚洲的香港地区。这是因为日本国民喜好独立式住宅，加上日本的经济实力，导致了新镇建造了大量的独立式住宅，从而降低了新镇的整体建设密度。日本经济发达，科技先进，住宅建设水平属于世界领先地位，建设标准也高于亚洲其他地区。日本新镇住宅多为私人投资建设的独立式住宅，也有部分公寓式住宅由政府出资建设。根据统计，日本新镇中公寓式住宅用地面积平均占住宅总用地面积的40%，而独立式住宅用地面积占了60%。①

日本许多新镇是根据邻里等级概念来规划设计的。一座新镇一般分为近邻组——近邻分区——近邻住区——地区——城市这样几个等级。近邻住区是构成新镇的基本单位，是以儿童和主妇为主的日常生活圈范围。一般由3～5个近邻住区组成一个地区，由几个地区构成一座新镇（卧城）。

日本新镇中的住宅一般分为高层住宅、中层住宅和低层的独户式住宅三种。在一些新镇中，在近邻住区中心的周围地带，往往建设高密度的高层住宅楼，以便充分利用近邻住区中心的各种公共福利设施，在高层住宅楼外围建设低密度的中层和低层独户住宅。在住宅布置方面，注意利用富有变化的地形；以围合的方式布置住宅楼，在中间留出宽敞的场地或绿地，作为居民共同活动的场所。在住宅区中尽可能不出现穿越交通，以保持居住环境的安静。

在新镇建设中，很重视设置儿童活动场所、公园和绿地。例如，千里新镇在中、高层住宅地段，每200～300户设置一个儿童游戏场；在低层住宅地段，每50～100户设置一个儿童游戏场。在每个近邻住区设置一座近邻住区公园；每个地区设置一座地区公园，内部设有游泳池、划船湖泊及多种体育活动设施。在新镇边缘的绿地中，开辟露营场地和各种体育运动场地，供全体居民使用。

4. 新加坡

新加坡政府鉴于低造价住宅开发的前提，组屋的户型标准并不高。组屋有三

---

① 刘德明.日本大中城市周围20座新城简介[J].国际城市规划，1989(4).

房式、四房式、五房式和公寓式这几种类型，和我国国内的单元房差不多。三房式的组屋面积为65～70平方米，包括两间卧房和一间客厅；四房式面积为90～100平方米，包括三间卧房和一间客厅；五房式面积为110～120平方米，包括三间卧房，一间客厅，一间饭厅或者四个房间加一个客厅；公寓式组屋面积为140平方米，设施与五房式组屋相似，不过面积较大。组屋大厅小室，明厨明卫，由于气候炎热，居室尽量避免朝南。新加坡的午后常有雷阵雨，所以住宅大楼之间，设有长廊相联系，由一条长外廊组织10户左右的单元。

新加坡国宅的第一个特色，就是一楼挑空。一楼挑空使地面层视野开阔而且通风，这也可以确保二楼以上住户的私密性。一楼的空间，则可以提供作为社区活动之用。住宅区的垃圾处理，也很有创意，垃圾袋可以从每一楼的投入口放入，经过管道间，落入一楼的垃圾收集容器中，再由垃圾车运到处理场处理。管道间设有冲水设备，定时冲洗，以免垃圾袋破了之后带来的污染，这个收集垃圾方式对居民而言，非常方便。

5. 中国香港地区

1973年前新市镇起步之初，香港的总人口是400多万，如今是680多万，30年间香港新增了280万人口；而居住在新市镇的居民在30年前是50万，现在达到300多万，也增加了250万。这两个非常接近的人口增量数字，表明了这样一个事实，即30年间解决新增人口的居住，并没有以增加原有市区的密度为代价，增量人口几乎都被不断兴建的新市镇所吸纳。以大埔新市镇为例，30年前该地仅有2.5万多居民，如今已超过了28万，增长了10多倍。

香港由于人口规模巨大，而用地极为有限，所以集中式高层高密度开发住宅是香港一贯的精神，既符合香港的土地资源状况，也提高了各项设施资源的利用效率。三四十层的高层住宅在香港是随处可见，新市镇的人口密度达到了2 000～2 700人/公顷，远远超过欧美国家的新城。香港也有少量低层的私人住宅，一般分布在新城外围或山地上，高层的公寓式住宅布置在新城中心街区，形成空间上极为壮观的两极分化现象。

香港的房屋政策是由特区政府房屋局负责制定、统筹和监察。特区政府在1998年2月发表了“长远房屋策略白皮书”，目的是要帮助所有家庭获得合适且可以负担的住房，以及鼓励市民自置居所。这两个基本原则得到社会的普遍认同。政府在住宅建设中非常重视新城的均衡独立发展，顾及弱势群体的需求，开发体现社会的公正和公平。在解决中下层市民的居住条件方面，新市镇发挥了决定性的作用。在新市镇开发建设的房屋主要分为以下几类：① 公营房屋单位，也即通常所说的"公屋"[①]，用于政策性目的的供房；② 政府兴建后以较低价格卖给符合申请资格的收入较低者，即"居屋"[②]；③ 资助自置居所单位，即"私屋"[③]。据统计，至2002年年底，全香港30.8%的人口，约210万人居于"公屋"，公屋单元合计共68.45万个，37.54万个资助自置居所单元。以住户来统计，香港共有213万个住户，其中52.6%居于自置物业，42.7%居于租住单元，4.7%居于免租单元或雇主提供的住所。新城住宅的公私比例基本上为4∶6，相对比较下，早期新城的公屋比例较大，后期新城的私屋比例相对提高。

6. 国内外比较

为了最大限度地增强新城的吸引力和满足居民对住宅的需求，各国在新城的住宅建设中，对住宅类型、建设密度、户型标准、开发模式等方面的掌握多有所不同，这是反映了不同国家或地区的经济发展状况、新城建设的目标以及当地居民的生活方式和偏好。

---

① **公共房屋计划**：1953年为紧急救济和安置木屋火灾灾民而制定的、面向水火灾害或其他突发事件而急需安置或迁徙的居民的建房计划，也有部分是为在港住满一定年限（初期定为15年，后改为10年）的低收入者提供永久性住房。1973年房屋委员会成立，更加速了公共房屋计划的发展。至1988年，全港约有280万人从公共房屋计划（包括租屋、自置居屋和根据自置居屋贷款购置楼宇）中直接受惠。

② **居者有其屋计划**：从1978年开始，全面推行"居者有其屋"计划，采取以房屋委员会建房为主，与私人机构参建居屋相结合的方式，加快屋村建设步伐，逐步推行公屋住宅商品化、市场化。80年代，港英政府重新检讨公屋政策，并于1987年推出"长远房屋发展策略"：即"除继续提供公营的租住房屋外，房屋委员会亦着重提供置业资助，使较有能力的公屋租户及中低收入家庭能够自置居所"。1990年代以来，房屋委员会进一步调整房屋策略，更着重公屋资源的合理分配。据资料统计，1983—1993年，香港公屋建成量达426 512个单位。1997年7月香港回归祖国后，特区政府推出"八万五"政策，后来因亚洲金融危机等原因而中止。随后政府推出可租可买的公屋政策，近几年公屋的供应量明显提升，已由1998年的15 000个单位，增加至2001年的51 000个及2002年的34 000个，居屋的供应则越来越少。截至2002年12月31日，约210万人居住于公共租住屋村，而租住公屋单位的数目约为684 500个。截至2003年5月，已售出的居屋及私人参建居屋单位超过306 000个。在公营房屋居住的长者（60岁或以上）约有579 000人，占香港老年人口的58%。

③ **自置居所贷款计划**：由房屋委员会推行提一项计划，也是"长远房屋策略"的重要一环。该计划旨在资助中下入息家庭购买私人楼宇，借以鼓励居民自置居屋。根据该计划，现时公屋的租户和准租户可申请免息贷款购买私人楼宇，还款期长达20年。1988/1989年度共有贷款名额2 500个。此外，尚有32个财务机构参与此项计划，提供按揭贷款，与房委会的首期贷款互相配合。

香港房屋委员会于2002年12月20日正式通过新的"置业资助贷款计划"。新"置业资助贷款计划"旨在协助中下入息家庭在香港置业，合资格的家庭最高可获53万元的贷款，分13年摊还、利息全免；如果选择分20年摊还，贷款额则为39万元。合资格的家庭也可选择每月领取3 800元的按揭还款补助金，为期48个月，毋须偿还；单身申请人可获得贷款额或补助金额将减半。入息限额方面，两人至五人家庭的月收入及资产限额分别为23 000元和48万元。新的资助计划将从2003年1月2日开始接受申请，与此同时，原有的"自置居所贷款计划"将自动停止。房委会发言人说，房委会推行的新资助计划是为了配合政府稳定楼市的措施、减低政府直接参与物业市场，在无限期停售居屋后以更符合成本效益的贷款方式协助有需要的市民自由置业。

一般来说，新城的居住环境质量都较好，并拥有配套较中心城市更为齐全的社区服务设施，有较为充足的绿化和开放空间。从中心城市迁入新城的居民，其居住条件有了较大的改善。但是，新城也有多方面的欠缺。比如，一些新城的规模偏小，由于经济效益规模的门槛限制，新城的公共服务设施与中心城市相比较而言，规模相对比较小，服务种类也较少，因而缺乏消费吸引力。各国在新城建设过程中都曾努力解决或改善这些问题，以多样化的及能支付得起的住宅、良好的生态环境、充足的社区设施、便捷的交通等来提升新城的吸引力。

西方新城在建设初期的居民年龄构成“不平衡”是相当明显的，年龄结构中的突出段往往带来诸多社会问题，如就业和娱乐的压力，及可能引起的新城规模的突发性膨胀。因此，需要采取措施吸引不同年龄段的人口进入新城，以使新城社区能较平衡发展。后期的西方新城建设不再拘泥于早先企望的“阶层混合”的发展模式，而是让步于更实际的政策。因为改变新城的社会分层结构是不大可能的，但人际关系和社会和谐是可以通过政府、团体或个人的努力来达到的。

我国自建国后至20世纪90年代，城市住房都是由政府或单位统一建设，以某个大型企业为主或由若干企业共同组成的“单位型”住区在城市中具有相当的普遍性。“单位型”住区内的居住人口其就业性质较为单一，甚至同一。这种现象在早期的工业卫星城中更为突显。社会结构失衡与产业结构失衡同为工业卫星城所曾面临的突出问题。

随着我国的市场经济体制的确立，经济社会的迅猛发展和城市化的快速增长，以及以商业行为为主导的房地产业的兴起，给城市发展带来了很多机遇，同时也产生了一些不确定性。我国的新城建设处在起步阶段，由于经济转型，缺乏正确有力的指导，新城建设既取得了不少成绩，也出现了一些问题并可能成为今后的隐患。例如，我国的一些大城市郊区楼盘的不断开发缺乏总体控制和引导，导致城市的无序延伸，破坏了城市空间运作结构的良性发展。尽管大多数郊区楼盘在开发近期内会以生态良好的环境和独具匠心的设计吸引住房消费，但开发商总是以获取经济利润为首要目标。缺乏正确的理念指导和政府的宏观调控，这些楼盘的长期运作将会引发更深刻的社会问题。

而且，我国当前的新城建设由于中心城市并没有因为周边地区的兴起而有任何衰落，反而由于“退二进三”的产业结构调整得益于公共设施的集中发展而更加繁荣。因此，缘于历史形成的区位意识，近郊的大量住宅建设相对较适合普通的城市居民，而远郊则往往被崇尚良好环境的富裕阶层所青睐，往往导致新城的住宅建设呈现近郊平民化和远郊富豪化的两极分化现象。两者不仅在开发密度、绿化环境、设施配套、物业管理等建设上存在很大的差距，而且在空间上还间隔和混杂着原有中小城镇已经陈旧落后的大量住宅和公共设施。

我国现阶段新城的社会结构一般和楼盘的开发布局有较大关系。各楼盘的设计风格、环境品质等的差异导致开发成本和价格定位的不同，从而吸引不同收入的人群，不同收入的人群往往有不同的教育背景、文化素质、职业选择和消费倾向。而且，以某一大型项目配套建设的新城往往会还存在年龄结构偏年轻化、职业结构较单一化的倾向。倾斜的社会结构是社会问题和社会矛盾形成的主要因素之一。

5.3　公共设施与中心区布局

1. 英国①

（1）服务设施

英国的新城开发公司一般都很注意向当地居民提供足够的服务设施，以满足新城生活的需要。开发公司负责与相关的公司或机构协商，落实市政设施。在许多情况下，还对某些设施的建设提供资助。除了电信邮政等服务外，大部分的新城内有集中供暖和供热水。英国的铁路当局和地方汽车公司也分别为新城提供铁路和汽车等客运交通服务。新城都有自己的学校、医疗诊所，以及商业服务、文化娱乐等设施。政府很强调在开发居住区和工业区的同时，必须配套设置相应的服务设施，特别是要考虑年轻人和妇女的需要。

新城的公共中心、游泳场所、消防和警察服务等是由地方当局负责的，服务设施的建设费用来源于对当地居民的税收，影剧院等娱乐性建筑通常由私人股份公司负责提供。

（2）教育设施

在20世纪60年代末，新城内大约80%的居民是在45岁以下，60岁以上的老人仅占4%。新城建成后的初期，由于人口出生率相当高，显现出异常的年轻化，但逐渐会趋于平衡。正是由于当时的年龄结构年轻，在新城的初期，教育设施非常重要。

① 本段部分参考：北京市城市规划管理局科技情报组.城市规划译文集2：外国新城镇规划[M].北京：中国建筑工业出版社，1983.

因此，在新城开发的最初时期就十分强调教育体系的完善，包括提供适量的小学和幼儿园。例如：距伯明翰以西51公里的特尔福德(Telford)新城，建于1968年，人口 25万，距伯明翰以南约23公里的雷迪奇(Redditch)新城，建于1964年，人口约9万，两个新城的地方当局都建立了三个层次的综合性教育体系，均衡设置初级学校(学生为5～9岁的适龄儿童)和中级学校(学生为9～13岁的适龄儿童)，在每一个分区中心(District Center)设立一个高级学校(学生为13～18岁的适龄青少年)。学校都有设备齐全的体育设施和公共服务设施，并给所有受教育的儿童提供食宿。又如，哈罗新城还设有职业训练学校，设有工程训练中心。有些新城还设有大学(Open University)。

(3) 医疗保健

根据英国国家卫生局(National Health Service)和英格兰、威尔士地区卫生机构的规定，新城必须建立较为完善的医疗卫生和保健设施。新城的医疗机构必须经中央卫生和社会保障部审核批准方能开业。

新城的医院不仅为本地居民服务，还为周围地区的居民服务，有时也为其他的相邻新城提供服务。除了正式的医院外，在新城还设有保健中心，为居民提供就近服务。为了使新城有高标准的医疗和护理能力，政府提供了良好的医疗设备。新城的医疗卫生机构中还设有专门的服务项目，如理疗室、婚姻指导和家庭医疗指导。

例如：在利文斯顿新城设有两个容量为12 000病人的医疗中心，还设有区级医院；哈罗新城是第一个提供综合社区医疗服务的新城，还在工业区设有一个工业保健服务中心。

(4) 社会活动

在新城的社区形成初期，一些综合性的社会、政治团体或专业活动网络就开始在新城活动。其中，有的是通过开发公司的协助，有的是民间团体发起。诸如，学龄前儿童组织(Pre-school Play Groups)、国际扶轮社(Rotary Club)和皇家妇女自愿服务社(Women's Royal Voluntary Service)、民间信托社(Civic Trust)等都在各新城设立机构。社区内还设有各种俱乐部和旅馆，并向一些民间组织，如基督教青年会(the Young Men's Christian Association)等提供活动场。

新城的很多居民在工作和家庭生活之余，很热衷于参与各类社会活动。社区内都设有社区活动中心，使老年人、青年人和带孩子的母亲能就近参加各类活动。例如，华盛顿新城有18个居住区，每个居住区约有4 000居民，居住区内设有餐饮、酒吧和俱乐部，以及提供给本区居民活动的社区中心。有些新城还设有公共活动中心(Activity Centers),集中设置公共会议厅、商店和学校。

新城规划的一个特点是预留大面积的可开发土地,以后可根据需要进一步开发文体娱乐项目。在实践中,新城内一般有20%的土地为开放空间,人均开放空间约为40平方米。许多新城有游泳、划船、钓鱼活动及其他许多水上运动。例如,科比(Corby)新城的中心地带设有80公顷的湖面;伦康新城有游艇俱乐部,开展划船、动力船等比赛;克雷甘文(Craigavon)新城开发了11公里长的河谷地作为游憩场所,其中还包括占地48公顷的湖面;密尔顿·凯恩斯新城建有长达40公里的河道及游览区,河道从城北至城南,沿途连接城市的公园及各类娱乐设施。

(5)中心区

由于大多数的新城居民来自大城市,习惯于大城市的购物环境。在新城中,通常都设有大量的商业设施,同时在邻里层面也设有各种商店,以方便使用。主要的商业区,包括综合性的百货商店一般都是设在新城中心。许多新城通过多种措施将其中心建设成为新城生活的焦点,诸如斯蒂文乃奇、克劳莱、哈罗、坎伯诺尔德和韦尔温花园城市等,其城市中心都已成为地区的商业购物中心,吸引周边地区大量居民前来观光购物。此外,新城中心还通过大量开发办公街区,希望把中心区建成城市的视觉焦点;通过建筑的大体量、空间的多样化和聚集其中的人群,来营造城市的主要公共活动中心的氛围。新城中心的公共建筑包括:市政厅、法院、警察局、消防站、邮局,以及综合商业、娱乐中心、酒店、社区办公机构等;新城中心的大部分区域可以允许车辆进入,设有大型停车场。主要的商店和办公楼,以及酒吧、影剧院、舞厅及其他一些服务性设施通常是由私人机构提供的。新城开发公司通过创造有利条件来促进私人企业的投资和完成建设计划。

2. 法国

巴黎新城最大的特点是创建了功能综合的现代化新城中心区,把行政管理、商业服务、资讯产业以及文化娱乐设施等多项功能都综合安排在一个规模较大、功能齐全、设计新颖,并体现现代科学技术水平的新城中心区内。在其周围建有大量及多样化的住宅。即使在一个仅有几万人口的新城市中心,也可以设置相当规模的大学、商店和科研情报中心等。建设高标准、规模化的公共建筑,是为了使新城具有与大城市中心区相抗衡的能力,并使新城的居民在就业、文化娱乐和生活方面能享有与在巴黎中心城市相等同的水平。新城中心内部采用分层的步行街和广场系统，空间结构复杂。在中心区的规划中，充分考虑了实施的阶段性及各阶段的完整性。新城中心与巴黎中心城市有方便的交通联系，同时新城中心与新城各区之间也有方便的交通联系。

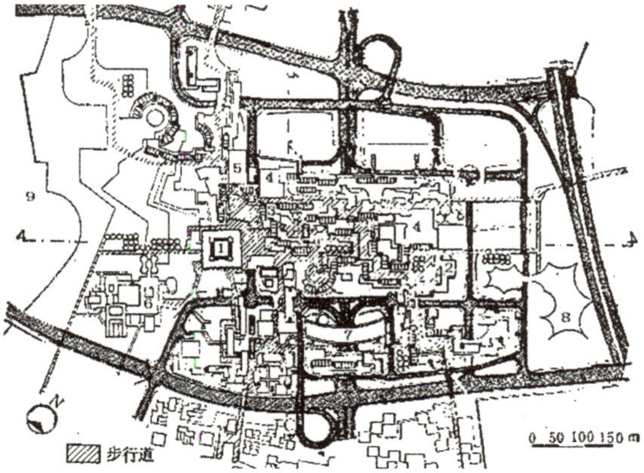

图 5-19　塞尔基-蓬杜瓦兹新城省府中心区平面图

1—省府；2—市府；3—文化中心；4—商业中心；5—游泳池-滑冰场；6—大学设施区；7—停车场-巴黎快速路；8—展览厅；9—城市公园

新城中心区的布置方法各有不同，有的采用传统老街的形式。例如，埃夫利新城将几千套住宅沿着中心林荫大道布置，底层开设各种商店和设置其他公共设施。有的则采用综合功能的建筑群体形式。例如，在塞尔基-蓬杜瓦兹新城的城市文化中心，将剧场、图书馆、音乐学院、青年活动中心和展览馆等设施都集中布置在一起（图 5-19）。

实际上，法国的新城在住宅和公共服务设施方面的建设不尽如人意，特别是中心区，规划要求规模大、公共设施配套项目齐全，建设进度非常缓慢，不能满足居民们日益增长的需求。

3. 日本

日本新镇根据新镇的邻里等级，即近邻组——近邻分区——近邻住区——地区——城市这样的概念，一般分为三级商业和服务业设施，即设置近邻住区中心，地区中心和新镇中心。近邻住区中心的商业和服务业设施，是根据近邻住区居民日常生活的需要设置的，服务范围限于为近邻住区居民每天购买日常生活用品。地区中心的商业和服务业设施规模和服务范围都比前者要大，可为几个近邻住区的居民服务。而在新镇中心则设置大型商业、服务业和其他各种设施，为整个新镇居民服务。

4. 新加坡

新加坡新市镇的成功，就在于大量的精确的整体规划，确保了必要的公共设施，而且创造了大量的开放空间。

新加坡的新市镇一般约 2.5 平方公里，约有 5 万户人家，20 万人口。新市镇最重要的概念，就是仔细预测这20万人口所需要的公共设施的项目跟数量，如公园、小学、车站、停车场等，然后配置在适当的位置。包括田径场、室内体育馆，健身中心等体育设施，是每个新市镇的标准配备。新加坡的住宅社区都规划了大量的开放空间，公园还有建筑物周边的绿地，以开阔的草皮与绿树为主，并提供了充分的嬉戏空间给小孩子与青少年游戏玩耍。进入社区，就看到一座立体停车场。早期的新市镇，停车空间都规划在地面，最近则设立体停车场。在新市镇中，一切都经过仔细的估算，每一部车子都有停车位，所以几乎完全看不到违法的路边停车。

一个有大概25万～30万的人口新市镇有一个城镇级的公园，这一级的公园，面积广达数十公顷。新市镇又划分成八九个小邻区，每个邻区里面至少有一个规模比较大的邻区级的公园，活动设施较为丰富，有足球场、健身设施等。邻区下面又划分成若干小区，小区里面又有个别的小绿地，以提供各项便利的游戏设施。针对不同的年龄层，如幼儿、儿童、青少年、带小孩的父母、需要安静的老人，各有各的去处，各有各的设施，而且设施的安全性与实用性，都面面俱到。新加坡的新市镇，在规划之初，早已将公园绿地划为重要目标，而且设计者对使用者的需求有很精确的掌握。在配置设施的时候，原来的自然景观，仍然能够保持良好，不会过度设计。

5. 国内外比较

新城的建设目的之一是为了改变原先大城市设施陈旧、环境恶化的困境。因此，为了新城吸引更多的人口来安家落户，并保持人们能享受和大城市一样甚至更优越的公共服务，无论是最贴近居民生活的社区便利设施，还是中心区的综合性公共设施，西方国家的新城建设从一开始就很注重各项设施的配套建设。更值得一提的是，大多数新城都较为关注社会弱势群体，包括妇女、儿童、老人等的生活需求，在社会公共服务方面为这部分群体考虑得较为周到。

我国城市建设的公共设施配建在相当程度上，计划经济时代的做法，即按指标配建公共设施配套迄今仍在沿用。规划师和建筑师也似乎习惯和依赖于这种固定的操作模式，无论自然条件的差别、风俗习惯的迥异、城市规模的大小和经济发展的快慢，包括用地指标和公共设施配建指标在内的一系列国标规范几乎成为放之四海皆准的建设标准。我国的新城集中在经济较发达的大城市密集地区，普遍存在人口密集和用地匮乏的矛盾，现行的指标规范与建立高质量高标准的人居环境显然是不符的。

新城的公共设施与岗位的平衡也应符合区域发展的总要求。新城的居民应该拥有大量的就业机会和充裕的公共设施，但应能在一定的区域内满足专业化分工的需要。充足的公共设施也将为新城提供相当一部分的就业岗位。新城的商业中心考虑到使用上的方便，并为周边居民服务，往往和交通枢纽结合设置。因为生活在新城不意味着完全都在那里工作。新城应该在寻求更大的就业机会和获得更好的生活服务的同时减少通勤需求，同时尽量保护这种机会。加强各居住点和公共设施服务点的空间联系，提高交通系统的通勤效率，减少因缺乏规划导致城市蔓延而产生的令人无法忍受的交通超负荷。

我国的新城缘于历史形成的中心城市和周边中小城镇的紧密的地缘和人缘关系，相互之间的社会、经济和人际联系是相当密切的。因此，两者的居住和就业人口也是很频繁地相互渗透往来，但是，交通设施落后和公共设施缺乏是薄弱环节。同时满足尽可能多的就业机会、更充裕的公共设施服务和通勤需求尽量最小化在我国的新城发展中显得更为需要。

5.4　道路交通组织

1. 英国

英国的交通基本上采取公共交通与个人交通相结合的模式，依靠组织严密的换乘联运体系解决繁忙复杂的交通。伦敦鼓励公共交通的发展，建设了完善的铁路和公共汽车线路网，城市边缘配有足够的停车场，市内公交车站站距短，换乘方便。这样就形成了私人小汽车连接家庭和铁路车站，铁路干线沟通新城、大伦敦地区和市中心，公共汽车连接地铁和铁路车站的完善体系。

(1) 私人交通

第二次世界大战之后的25年内，英国私人小汽车的拥有量大大增加，交通问题成为英国20世纪70年代面临的主要城市问题之一。在1950年，全国共有私人小汽车230万辆；到了1960年，私人小汽车增加到了550万辆；而到了1973年，私人小汽车更是猛增到 1 350万辆。在前后25年左右的时间内，英国私人小汽车增加了近6倍。一般来说，新城内的私人汽车量还要略高于全国的平均水平。据1970年的统计，距格拉斯哥城大约74公里处的格伦罗斯(Glenrothes)新城，有72%的居民拥有小汽车，而当时全国的平均水平为52%。

私人小汽车的数量猛增，给英国的各新城带来了许多难以解决的问题。首先，对城市道路而言，其关键问题都是如何解决道路的可承载容量无法满足日益增长的小汽车数量的问题。将工业项目尽量均衡分布在新城各部分，其规划意图是将高峰小时的交通量降低到最低限，以减轻对中心区的交通压力。再者，停车问题非常突出。私人小汽车的增长深刻地影响到住宅的规划布局，且住宅和道路的组织变得更具决定性作用。停车位或随住宅配置，或集中起来形成大停车场。

例如，1947年克劳莱新城刚建成时人口仅8.5万，小汽车停车位是按照1∶3设计的，即每三户人家设一车库。而到了20世纪70年代，小汽车拥有率大大高于规划指标，导致大约1/3的小汽车只能停在街道的两侧。

又如，1955年建设的坎伯诺尔德新城，距格拉斯哥城20公里，人口约10万，率先建造了多层停车场。此后，许多新城相继效仿。在许多新城，车库和停车场的设施配置率甚至高达140%，即按每户拥有1.4辆小汽车配套，每套住宅至少提供一个车库，且每两户还有一个室外停车空间。

（2）公共交通

新城中的公共交通和私人交通的比例主要受城市总体规划结构的影响。规划师试图用各种可行的方法，建立不同的交通体系，其目的是尽量避免一直困扰着中心城市的交通拥挤问题。在英国的部分新城中，十分强调提供有效的公共交通服务设施，以便解决交通的拥挤问题。

例如，伦康新城除了有普通的公共交通线路外，还设立有“快速交通（Rapid Transit）”线路。这类“快速交通”既能提供快速有效的客运服务，运费又相对便宜。但是，“快速交通”必须要与其他的道路尽可能地分隔开来，还必须与市区内普通公共交通衔接，构成客运交通体系。“快速交通”线每隔800米设一处车站，以服务于附近的居住区，大约是8 000个居民，规划目标是保证居民到车站的步行时间不超过5分钟，在工业区也设有车站，在大部分的车站附近还设有公共停车场。

（3）步行交通

不少新城的市中心地段都采用了步行街的规划方式，主要商业建筑则往往采用多层综合楼的形式。例如：斯蒂文乃奇新城市是第一个设置了市中心步行街区的新城（图5-20）。肯勃兰（Cwmbran）新城的商业中心，一层为11 150平方米的购物中心，包括超级市场和百货商场7 400平方米的办公室和健康中心，其他的多功能包括：图书馆、公共厅、旅馆、酒吧、餐馆等，分设在其他几层。中心大楼还有多个出入口与交通性干道相连接。在地下室设有5 000个车位的停车场，通过电梯可直达各层。步行者也可以在地面层直接进入购物中心，购物中心还利用连廊与周围的住宅区连成一片。又如，伦康新城的市中心主楼是由私人企业和开发公

图 5-20　斯蒂文乃奇新城中心步行街区

图片来源：斯蒂文乃奇政府网站

司共同开发的，具有综合性功能，设有各类商场、餐馆和酒吧，配有多层停车场（四层）及分层的公交车站，还有办公楼、地区警察局、法院等设施。

2. 法国

新城与巴黎中心城市之间有完善的公路和铁路交通联系网络。新城的道路网系统一般分成3级，即快速干道和一般干道、区级道路、支路。在主要道路的交叉口都建有立交。在新城中心都设有汽车站、火车站和地铁站。汽车交通和步行交通相分离。商业中心旁有多层停车场，按每1 000平方米商业面积配55个停车位的标准设置车位。在远景规划中还考虑了建设区域性的快速铁路（图5-21）。

新城内部的道路系统布局相当自由，与新城总体结构相一致，构成不规则的平面轮廓。居住区沿着交通干道布置。新城很重视公共交通建设，一半的客运量由公共交通承担；在新城中不但采用公共汽车，而且还引入了轨道交通（图5-22）。公共交通线路不与步行道、自行车道平面交叉，但公共汽车站设在汽车道和人行道的相交处。公共汽车站与公共中心结合，沿着林荫道布置。公共汽车站点间距为300米。

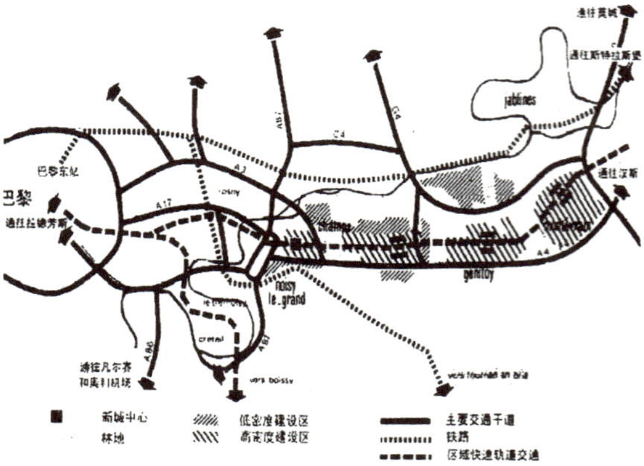

图5-21　大巴黎交通关系示意图

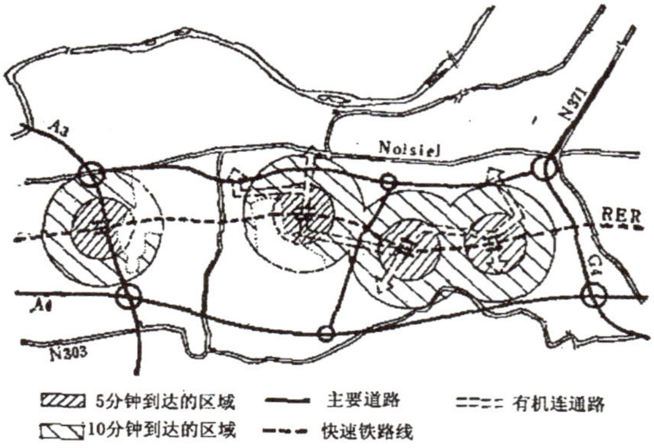

图5-22　公共交通半径服务示意图

此外，顾及私人小汽车的作用。停车场的定额标准为1～2个车位/户。对新城的外来人员停车，按0.1个车位/户设置。公共停车库为多层，设在每个地区的入口处，或设在步行广场的底下。

3. 日本

日本新镇的道路，除同其他城市相连接的城市间干线道路外，根据新镇的规划结构，一般分为新镇干道、地区干道、近邻住区干道、近邻住区道路和步行专用道路。新镇干线道路和地区干线道路把新镇内各个近邻住区、地区中心和车站联结起来。在近邻住区四周铺设近邻住区干道，其目的是禁止过境交通穿入近邻住区。在近邻住区内，对车行交通和步行交通一般采取分离措施。在新镇交通拥挤的地方，建设立体交叉或人行步道桥，以保证行人的交通安全。

日本在规划和建设新镇时，重视解决与中心城市的交通联系问题。从新镇通往中心城市，除了有公路干线以外，还建设轨道交通线路，以解决运送大量乘客的交通问题。

例如，在东京首都圈地区，多摩新镇与东京间修建了“京王线”和“小田急”两条快速铁路线。从多摩新镇中心直达到东京副中心新宿，约需35分钟（图5-23，图5-24）。

又如，在大阪地区，千里新镇与大阪市中心之间建设了北大阪急行电气铁路线；地区性的干线道路有中央环状线（50米），与大阪国际空港和周边的都市相连接；通勤的交通工具主要是地铁及京阪神快速（千里山）线。泉北新镇与大阪市中心之间有泉北高速铁路。

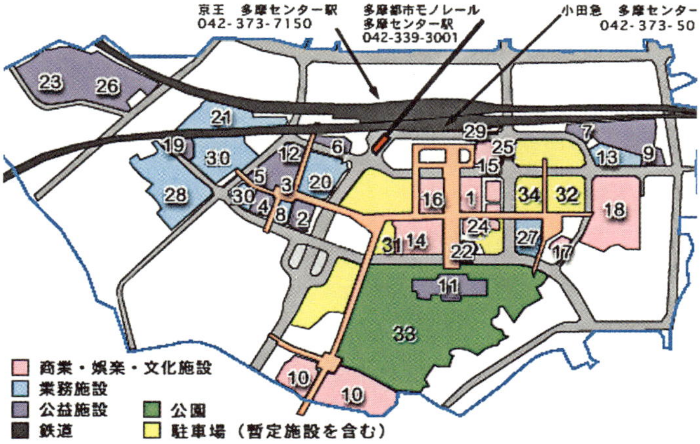

图 5–23　多摩新镇中心区示意图

图片来源：东京构想2000

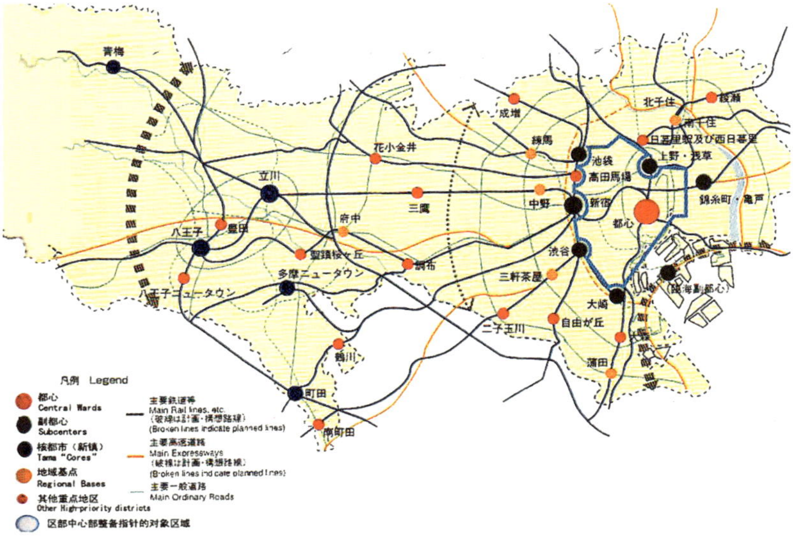

图 5–24　东京都区域示意图

图片来源：东京构想2000

4. 新加坡

新加坡南北约25公里，东西约50公里。在这小岛上，新加坡政府一共建设了十七个新市镇，离开市区的捷运，都采用高架，沿途视野开阔。新加坡的新市镇，与捷运系统相辅相成，没有一个新市镇没有捷运。进入新市镇后，车站设立在新市镇的中心商业区。出了车站下到地面层，人行道宽敞平坦，人车分离。公车站与捷运站不只是在附近而是公车站与捷运系统是整体设计，这在新加坡的新市镇，因为是整体规划，所以都是如此。公车站的设计非常通透明亮、宽敞大方，尤其是指示路标系统，字体大而且简单明了。公车抵达每个新市镇的住宅区，所以减少了私人汽车的使用和污染。

新市镇的四周，被快速道路所环绕。道路两侧的绿带，其实也是新市镇的隔离带。绿带一般宽达30米以上，而且隆起，再加上好几层茂密的乔木。在绿带内侧，根本听不到快速道路上的噪声。30米的绿带，同时创造了快速道路与新市镇的绿化景观，也确保了住宅区居民的安宁与安全。新市镇内有三个层级的道路系统，最外围的快速道路，新镇中心与各个住宅区之间的主要干道，以及住宅区内的道路，层级分明，决不相互穿越。这个层级分明的道路系统确保了新市镇的交通方便和住宅区内的宁静安全。车行速度由外而内，车速渐减，秩序井然。住宅区内，绝无大的交通干道，只有慢车道与人行步道。这一系列细致的规划设计手法，再加上严格的工程品质管理，新加坡的新市镇，终于成为城市规划教科书中的典范。

5. 中国香港地区

未来几年甚至十几年，香港在保持其国际都市多姿多彩、繁华面孔的同时，也会向世人展现她的另一面——一个繁忙、高效、巨大的工地。

香港政府投资兴建的基础设施工程主要集中在交通运输、港口、土地开拓、环境改善、科技和旅游业发展等领域。这些建设项目呼应香港现有的优势，建成后将进一步提升香港作为国际金融、贸易、运输、资讯、旅游、物流中心的地位，使香港在未来的发展中具有竞争力。随着这些重大基础设施项目的陆续建成，香港的投资环境将更加完善。这是既兼顾长远又注重短期效益的策略。

香港政府不遗余力地建设城市基础实施，尤其是四通八达的快速轨道交通系统建设，为新市镇的建设和运转提供了坚实的基础。香港大力发展公共交通，严格限制私人小汽车数量。政府积极改善公共交通，修筑地铁，提供大容量快速公交，建立了安全、有效、覆盖全地区的公共交通网。通过立法、重税严格限制私人轿车拥有量，对一些区域实行收费进入制。同时严格交通法规，强化交通管理，实现了人口密度大、道路狭窄情况下的交通畅通。

今后若干年内，在交通运输基础建设方面政府将投资约3 000亿港元（约合

360亿美元），其中的约2 000亿港元（约合256亿美元）将用于进行13项铁路工程建设（包括近期通车的地铁将军澳支线），约900亿港元（约合116亿美元）用于道路工程。

新市镇的崛起与交通网络的发展呈双向互动。30年前，连接港岛与九龙的海底隧道刚刚通车，连通九龙和沙田的狮子山隧道还只是单孔，而且“地铁”还在图纸之上。30年后，四通八达的铁路和快速公路网络已基本覆盖香港的港九中心城市和新市镇的联系。地铁的第6条支线也已于2002年8月通车，贯通了将军澳——香港第7个新市镇与港岛的联系。

轨道交通是既环保又具效率的公共运输工具，是香港客运交通的发展方向。优先发展轨道交通，使轨道交通成为香港运输系统的骨干是一项既定的政策。香港每年都会有一条铁路或铁路支线投入服务，新铁路将贯通香港东部、西北部的新市镇和港九市区。它们分别是：2002年8月投入服务的将军澳支线，2003年的西线铁路，2004年的马鞍山至大围线及尖沙咀支线，2005年的竹篙湾线及2007年的上水至落马洲线①。已动工的这五个铁路工程项目，将令本港的铁路网络里程在2007年年底前增加35%，超过200公里；并使铁路在本港公共交通系统中所占的比重由现时的31%增至39%。

此外，从2008年至2016年，香港还将建设五条客运铁路线和一条货运铁路线，分别是：① 后海湾线：连接西铁走廊与深圳西部正在发展的铁路；② 西部外走廊线：一条贯通香港岛、大屿山及新界西北部的新线，但须视乎大屿山日后的发展而定；③ 东西九龙线：为九龙东南部提供服务的新走廊，有助纾缓其他市区铁路；④ 第五条过海铁路：一条连接九龙与港岛北的过海铁路；⑤ 赤鱲角线：一条连接新界西北部西铁与新机场的铁路；⑥ 南港岛线：一条连接中环与香港南区的铁路，主要为香港仔及鸭脷洲提供服务。

这12条新铁路（表5-1）全部建成后，香港的铁路网络会延长至250公里以

---

① ① 地铁将军澳支线：于2002年8月18日通车的将军澳支线全长12.5公里，由蓝田伸延至将军澳，将这个发展迅速的新市镇连接到市区的运输系统。② 西铁：九广铁路公司正兴建一条全长30.5公里的新铁路，由西九龙伸展至新界西北部。这项工程将促进铁路沿线一带日后的发展。工程在2003年年底完成。③ 马鞍山至大围铁路线/九铁尖沙咀延线：马鞍山至大围铁路线将连接大围与发展迅速的马鞍山新市镇，全长11.4公里。至于九铁尖沙咀延线，则从目前的红磡总站伸延至尖沙咀梳士巴利道的新车站，全长1公里。工程预计在2004年完成。④ 竹篙湾铁路线：全长3.5公里，连接东涌线阴澳站与大屿山东北部的竹篙湾，为计划中的香港迪士尼乐园提供铁路服务。工程预计在2005年完成。⑤ 上水至落马洲支线：全长7.4公里，由东铁上水车站伸展至落马洲的新总站，将提供一个新的铁路旅客过境通道，以纾缓日益挤迫的罗湖过境通道。工程预计在2007年年中完成。

上。届时香港将会有超过80%的就业人士可通过轨道交通出行。

表5-1 香港“铁路发展策略2000”已规划之铁路网络扩展计划

项　　目	计划完成年限
1. 沙田至中环线(TDL/EKL/FHC)	2008—2011
2. 港岛延线(NIL & WIL)	2008—2012
3. 九龙南环线(KSL)	2008—2013
4. 港口铁路线(PRL)	2011
5. 北环线(NOL)	2011—2016
6. 区域快线(REL)	2016

资料来源:铁路发展策略2000,香港特别行政区政府,运输局2000

交通方面的重大建设还包括道路工程。未来10年,香港将投资1 000亿港元进行道路建设,使四通八达的公路运输网连结香港每一个角落。新的道路建设不但有助于缓解市区道路挤塞的情况,而且将为新界地区提供重要的连接道路,并增加新的口岸通道。主要的道路工程计划包括兴建深港西部通道及后海湾干线、中环湾仔绕道,以及包括昂船洲大桥在内的九号干线①。昂船洲大桥位于葵涌货柜码头入口对面,连接青衣与西九龙。昂船洲大桥在维多利亚港内的地位显著,大桥的跨度将超过1 000米,建造工程预计在2004年展开,2008年竣工。所计划的主要新道路工程总长超过50公里。

同时,香港特区政府计划投资20亿元港币连同其他机构资金,在新机场兴建媲美香港会议展览中心的第二会展中心。两个中心如同香港的双子星座,吸引、分担繁多的国际会议、展览,共同推进香港会展经济的蓬勃发展。

兴建占地3万多平方米的机场商贸港物流中心,并计划建造占地77万平方米的“东涌物流园”,可以使香港成为世界顶级的物流中心。

此外,香港特区政府未来5年将投资180亿元港币发展旅游新景点,保持香港

① ① 中环湾仔绕道及东区走廊连接路:全长4公里,连接中环至铜锣湾,其中包括一条长2.3公里的隧道。② 东涌道改善工程:介于井头至长沙一段6.2公里长的东涌道,将会扩阔成为单程双线分隔行车道。③ 深港西部通道及后海湾干线:横跨后海湾的双程三线通道,全长5公里,连接新界西北部鳌磡石和深圳蛇口,位于境内的一段长约3.2公里。深港西部通道经后海湾干线通往本港公路网,后海湾干线是一条全长5.4公里的双向三线分隔车道。④ 元朗公路蓝地至十八乡段扩阔工程:由现时双向双线扩阔至双程三线。⑤ 屯门公路重建及改善工程:重建及提升目前的屯门公路至快速公路规格及提供硬路肩。

作为世界最受欢迎旅游城市的地位，促进香港经济的发展……

上述工程只是香港未来基建计划中的一部分。随着这些重大基建项目的陆续建成，香港的投资环境将更加完善。“我们大力投资基建，要使香港在未来的激烈竞争中，具备赢取商机、创造财富的实力。”①

6. 国内外比较

重视道路交通建设和其他基础设施建设，是西方国家新城建设一贯的宗旨。首先，新城和中心城市保持有便捷迅速的交通联系；其次，提倡公共交通优先，即使在私人交通工具普及的西方发达国家，也以有效快捷的公交来解决交通负荷沉重的问题；再者，新城基本上都采取了公共交通和个人交通相结合的通勤模式，组成公路、铁路和城市道路，以及轨道交通、公交和小汽车互相结合的体系；再者，大容量的快速轨道交通是既环保又具高效率的公共运输工具，是大城市现代交通体系必不可少的重要组成部分。

我国的道路建设滞后于城市发展是长久以来存在的问题。早期卫星城与中心城市在经济社会上有很大的依赖性，但在空间联系上却极为窘迫，延伸至卫星城公交线路运营效率和服务水平都较低下，通常情况下的大多数人流通勤基本上依靠卫星城内各企业的通勤班车，但班车的通勤班次有限，间隔时间较长。

20世纪90年代之前，大容量的交通手段建设在我国基本上处于空白。即使近年来，北京、上海、广州、长春和大连五个城市已有轨道交通在运营，但是，起步已经相当落后。以上海为例，目前仅有16公里地铁，人均道路面积仅为2.9平方米，还不及东京的1/4，伦敦的1/6，纽约的1/12。

虽然近年来，我国的道路交通建设状况已经有了很大的改善，但还是属于落后状态。近年来，各大城市开始着力建设大容量的轨道交通设施，也还是明显处于被动状态。在新城建设中，中心城市和周边中小城镇的交通联系尤为重要，这是新城选址的关键因素之一。但是，我国的新城普遍公共交通设施落后，尤其是轨道交通缺乏先天不足，往往新城规划与建设在先，轨道交通设施被动在后。另有相当一部分新城或是城市郊区组团的规划与建设根本是基于小汽车模式开发，这将有悖于可持续发展，造成日后大量的社会生态等问题。

---

① 摘自：董建华（香港特别行政区行政长官）宣布参选连任第二任香港特首演说全文——《施政与时并进，强化竞争优势》，人民网 2001 年 12 月 13 日。

5.5 运作机制

1. 英国——政府主导，开发公司独立运作

英国的城市建设是政府主导下的开发活动，在城市的发展过程中非常注重社会效益和环境效益，政府的政策目标非常具体，有明确的要求和规定。

1909年的《住宅、城市规划法》(*the Housing Town Planning Act*, 1909)宣布英国的城市规划体系正式创立。根据1944年的大伦敦规划，在大伦敦周围要设置8个具有独立性的新城。1946年制定的《新城法》(*New Towns Act*, 1946)则以法律形式确立新城建设的方针和策略。根据1952年的《城乡开发法》(*Town Development Act*, 1952)，又确定了在大伦敦周围20座旧城的改扩建。20世纪60年代，伦敦制订了大伦敦发展规划，新的大伦敦发展规划由1964年的《东南部研究》、1967年的《东南部战略》和1970年的《东南部战略规划》组成。

新城具体开发运作则尽量采用市场的方式，运用市场经济规律。新城开发公司本身就是一个市场主体，尽管不以盈利为主要目标，但有财务约束，需要投资回报，要逐步归还贷款。土地出让和房产物业的出租、出售也是采用市场化的运作方式。

正是因为政策目标与市场化运作相结合，所以英国的新城建设在体现政府意图的同时，在商业意义上也是成功的。虽然开发初期阶段的支出远远大于收入，但从长期的收支来评价，英国的新城开发基本上都是有赢利的。

(1) 中央政府的管辖

1946年的《新城法》、1965年的《新城法》(英格兰、威尔士)以及1968年的《新城法》(苏格兰)都以立法的形式规定，中央政府的环境事务部部长有权审核批准新城开发计划。环境事务部部长可以根据全国的城镇分布现状和工业分布现状，决定新城的选址定点，所选的城址可能是农业区、也可能是集镇或村庄。同时，部长还有权组建新城开发公司去承担新城规划和开发的任务。

尚未正式决定在一个地区建设新城之前，中央政府必须与地方政府充分协商；开发计划还必须经由地区内的有关企业、组织及其他官方部门协商和讨论。中央政府为此还选派专职的规划视察员召集公众听证会(Public Local Inquiries)，规划视察员必须将公众的意见，以工作报告的形式上报环境部长。新城开发计划所涉及的用地，尤其是农业用地，在征购之前也必须与土地所有者协商。此外，政

府有关部门对开发计划进行审批；由于计划在执行过程中经常会发生变化，有关部门必须对这些变化加以掌握；政府有关部门对土地征用过程中的纠纷进行调解和协商；制定新城的产业发展政策，对工业布局进行指导。

（2）新城开发公司

1946年的《新城法》规定，如果中央政府通过充分协商、专门视察和公众听证等工作后，最终确认开发新城的选址，环境部长将颁布新城开发法令，明确规划用地，并组建新城开发公司。新城开发公司的成员由中央政府任命。

新城开发公司的领导成员是由一名主席、一名副主席和七名委员组成。七名委员中必须有商务管理（A Business Manager）、首席建筑师（A Chief Achitect）、首席工程师（A Chief Engineer）、物业管理（An Estate Manager）、公共关系官员（A Public Relations Officer），委员的任期一般为四年。此外，新城开发公司还雇佣规划师或规划顾问。上述人员还可分别雇佣助理官员和职员，每一开发公司的总雇员大约为300名左右。

新城开发公司建立后，必须完成整个新城的开发任务。新城开发任务包括：编制新城开发规划，征地、开发土地、管理土地、出售土地、建造房屋，提供供水、供电、供气等管线。新城选址一经确定，开发公司将依法获得开发新城所需的土地。土地的获得一般采用先协商后强制购买的方式。

新城开发公司的基本任务就是编制新城总体规划（Master Plan）和完成新城开发计划。新城开发公司必须向议会提交年度报告。

新城的总体规划的内容包括市中心、居住区、工业区、交通系统、公园绿地、游憩区即以必要的公共服务设施、市政设施等。规划总图必须提请环境部长批准。开发公司在将规划提交环境部长前，通常需要先在报纸上公布规划，同时举办展览会和召开一系列的会议，以向公众解释规划和征询意见。新城规划经公布和完成必要修改后，报环境部长审批。环境部长在完成调查审核后，在规定的时限内给予明确的批复。经批准的新城总体规划，是新城开发控制的法律文件。

（3）新城委员会

根据1959年的《新城法》，英格兰地区和威尔士地区的新城建立了新城委员会（A Commission for the New Towns）。当新城开发公司完成新城开发后，人口将大量迁入新城。一旦新城的人口规模基本达到规划人口规模后，新城开发公司就要将新城的资产和工作队伍移交给新城委员会去管理，并使新城的建设工作延续下去。新城委员会的工作职责主要是管理新城的房地产业资产（Estate Management，包括对新城开发公司已完成开发的土地和建筑物的管理、维修，以及环境改善等),贯彻新城建设的政策目标,解决居民的实际需求。也就是说,新城开发公司负责开发新城,新城委员会负责管理新城。

新城委员会大体上由15名成员组成。委员会成员也是由环境部长任命。在伦敦设有全国性的新城委员会总部。新城委员会与新城开发公司一样,必须向议会提交年度报告。

具体的住宅房产管理通常由新城委员会委托给地方委员会(Local Committees)去执行。地方委员会通常由一些本地的居民及地方市政理事会成员(Local Councilors)组成。地方委员会负责住宅区布局的规划、设计和住宅的建造,管理出租住宅、确定住宅的租金等。地方委员会在这些新城管理工作的过程中,也必须与地方政府相协调。1964年工党再次执政后,评估了全国新城的地方委员会的状况。尽管地方委员会被认为是新城内"真正民主选举产生的机构",但是,在这次评估之后,至少将新城住宅开发的权力转交给了地方政府。

(4)新城开发公司和政府的关系

英国的新城管理体系与其他普通城市的管理体系不同。新城开发公司是直接受中央政府管辖的。中央政府直接控制新城开发的全部资金。同时,无论是新城的一般性政策,还是单个新城的具体开发政策,基本上都是由中央政府直接制订的,而开发公司实际上只是中央政府的执行机构。

在新城的具体管理中,虽然强调新城开发公司有单独的行政管理权力,但它不能取代新城所在的地方当局。经选举产生的地方当局根据它们的法定职责,有义务向新城提供教育、医疗和社会服务的各项设施。除按规划设置各类必需的社会服务设施之外,对其他大型项目的设置,如地区的购物中心、文化娱乐设施等,新城开发公司必须征得地方规划当局的同意。一般而言,地方政府除了负责教育、卫生服务外,地方政府或有关公共机构还要负责供水、污水处理、供气和供电等地区性市政设施服务。当然,开发公司也要协助地方政府或机构完成相应的工程建设或提供部分的资金。对于一部分市政设施,双方通过协商确定提供资金的比例。

政府职能部门是代表国家对城市建设进行指导和管理,而具体的规划、设计和建设工作要由新城开发公司来具体实施。开发公司的成败,在很大的程度上取决于管理该企业的人。因此,建设一座新城,选定适当的人选、组建高效的开发公司是关键。

在英国,新城开发公司的主要成员是由政府经过严格的选拔程序之后确定的,而且新城开发建设的大部分资金也由政府提供及担保,因此工程建设的进度、工程质量的好坏,政府都有着很大的责任。但是,政府并不能因此对开发公司的运作进行过多的规制，干预过多不仅会影响政府职能部门和开发公司之间的关系，也会束缚开发公司的积极性和创造力。新城选址和开发公司的组建完成之后，政府的主要作用就是审批开发计划、把握新城建设的方向、协调开发过程中出现的大的矛盾。而新城开发公司则依法独立行使开发主体的职能，在实现新城开发的政策目标的过程中，以市场化的方式来运作，做到财务平衡，并略有盈余。

根据法律，新城建成后，最终还是要移交给地方政府管理。事实上，在新城开发建设期间，两类机构的成员常常相互渗透，新城开发公司中经常有卸任的地方政府官员加入。有时，一些人既是地方当局的官员，又是新城开发公司的委员。许多新城还设有联合顾问委员会（Joint Advisory Committees），以助于解决新城开发和管理方面出现的矛盾。

1974 年当工党再一次执政后，立即作出了新的政策规定，强调新城的管理必须是新城开发公司与地方政府的共同管理。

1974 年对 1965 年的《新城法》作了修订。新的《新城法》规定，除了继续由地方政府掌控住宅开发的权力外，与住宅开发有关的地产开发的权力也转交给地方政府。

1976 年后，《新城法》又有所改动，规定新城开发公司要将新城移交给地方当局管理。由于财务方面的意见分歧，实际上只移交了住房等资产，其他诸如工商业等，仍由新城委员会管理。

到了 20 世纪 90 年代，新城都已纳入正常的地方政府管理。1999 年 5 月，新城委员会与城市复兴机构（Urban Regeneration Agency）的功能相整合，产生了英格兰联盟（England Partnership，简称 EP），作为政府的开发复兴机构。

（5）投资形式

一座新城的建设选址及相应的开发公司确定之后，政府下一步的主要工作就是为开发公司提供必要的资金。在英国，新城开发公司的资金来源主要分为三个部分：一是政府直接投资；二是政府部门为开发公司安排贷款；三是为新城开发寻找私人投资者。一般来说，政府直接投资及为开发公司提供贷款的数目，是根据政府的财力和城市建设规模的大小来确定的。寻找私人投资，包括外资和国内资本，并不容易，因为私人资本愿意投资的项目是一些短期之内能够产生效益并收回成本的项目，而这些项目刚好是开发公司在初期阶段获得收益的重要来源。如果容许私人资本介入，势必会影响公共开发的效益。

因此，在新城建设的初期阶段，政府不得对一些造价很高、而短期内又无法带来收入或产生效益的项目注入资金。政府在财力上有可能资助城市大规模开发的前提下，对城市建设的投资费用每年都有固定的财政预算。政府资助的开发项目基本上有三类：一是开发地区（Development Area：指用于安置从内城中迁出工业的地区）的项目；二是新城建设；三是旧城的重建和再开发的项目。而且，私人财团也不愿意将其金钱投入到花费巨大却几乎看不到收益的市政建设领域，开发公司也不得不在市政基础设施建设方面投入大量资金，然后再通过转让土地以及出租房屋、商店和厂房等方式逐步收回开发成本。

1952年的《城乡开发法》(the Town and Country Development Act，1952）提出了扩建大城市附近的小城镇，以容纳从大城市中疏散出来的人口。这种开发方式较节约资金，可以利用小城市的现有基础，也无需设立开发公司，具有灵活性。政府对这类接纳中心城市人口和工业疏散的开发，原则上也是和新城一样给予一定数额的资助，不过地方政府也要负担部分经费，地方政府的资助源于地方的税收。

新城的开发资金来源，根据立法规定，是由中央财政部拨款。1946年的《新城法》规定，中央每年拨款5 000万英镑，由英国财政部根据《新城法》贷给新城开发公司用作新城开发经费。至1974年，该项政府贷款每年已达150 000万英镑。《新城法》规定，贷款于六十年内用房租收入和地方税归还，利息在借贷时由双方商定。第一批新城的贷款利息约为年息3%，20世纪60年代后约为9%。新城开发公司以开发的收益逐步偿还本金并支付利息。开发赢利来源于住宅开发、工业建筑开发和商业建筑出租。新城开发公司和新城委员会每年要向环境部长递交工作和财政开支报告，以便向英国议会报告。

20世纪70年代后，新城开发公司可以利用地方和私人的资金。例如密尔顿·凯恩斯（Milton Keynes）新城，其开发公司的资金中有50%是向政府借贷的，另外50%是利用私人资本。据英国当时的有关估计，新城建设的投资约折合每人2 500英镑，即建设一个5万人的新城，约需12 500万英镑，其中的50%是用于住宅建设[①]。

在资金的周转上，虽然在最初开发阶段支出远远大于收入，但以长期的观点来看，英国的各新城开发基本上都是赢利的。伦敦周围的一些新城一般在建设10年后，开始有盈余。但对于英国新城建设的巨大投资，舆论褒贬不一。许多人指责政府对新城的投资太多，以至于造成大城市旧区改造的资金不足。新城开发公司必须承担的财务亏损（Revenue Defilict），资金缺口（Funds Defilict）部分暂由国库垫付。用于新城基础设施开发的费用，有时由开发公司和地方政府共同负担，

① 北京市城市规划管理局科技情报组.城市规划译文集2：外国新城镇规划[M].北京：中国建筑工业出版社，1983.

经过中央政府和财政部批准，新城开发公司取代地方当局负责建造排水系统和污水处理工程；另一方面，新城开发公司又必须以低于开发费用的价格出售土地。在这种情况下，部分土地开发费用就要由新城开发公司和地方政府来共同负担。

总体来说，20世纪70年代前，包括新城规划在内的区域规划被视为一种以政府为主导的自上而下的活动，体现中央政府的目标与愿望。新城发展是为了实现一种公共政策的目标，新城开发一般局限在公共政策确定的控制框架内解决问题，以公共开发为导向，开发公司没有更多的市场化操作余地。20世纪70年代后，英国推行“新自由主义”经济政策。然而事实证明，在公共政策领域中过度鼓励市场化运作，对提高政策的协调性和实现战略性目标而言，收效甚微，造成大型项目无法实施、环境得不到保护、开发投资不能协调的诸多负面效果。20世纪90年代后，中央政府和社会公众对发展领域的政策指导和战略协调又恢复了积极态度。①

2. 法国——政府主导，国家政策和财政全力支持

（1）开发机构

法国在新城建设的推进过程中，曾成立过不同的机构来负责新城建设。首先成立的是负责组织规划研究、方案设计、土地征用的工作机构，其后新城建设由“建设开发公司”和“新城建设共同体联合会”共同负责。

建设开发公司是新城开发中的决策机构，负责制定新城建设计划，征用土地和整治土地，行使优先购买权和征用权。它一般不直接介入建设活动，主要是提供土地和取代地方政府作为公共设施建设的发包单位。

新城建设共同体联合会是行政管理部门，也是发包单位，是在新城所管辖的那些市镇基础上组建的临时性机构。两者都是代表国家指导新城建设的机构。1983年取消了新城建设共同体联合会，成立了由市镇理事会成员组成的“新城市集聚区联合理事会”，由其来接管新城的管理工作②。

（2）投资形式

法国的新城建设由国家负担新城建设的大部分开支，在地方税收及财政方面国家也给予了特殊照顾。国家财政投资主要用于新城的设计研究、征用土地、公共设施和基础设施配套建设等方面。自1971年起，法国将新城全部拨款列入经济预算的专项预算中；1983年起又将拨款直接列入国家预算。除了中央政府，地方

① 张捷，赵民．新城运动的演进及现实意义［J］．国外城市规划，2002.5.

② 刘金声摘译．法国新城政策十五年来的执行情况［J］．城市规划研究，1985.

当局也投入一定资金用以建设公共设施和基础设施。正是由于国家财政的大力投入，法国新城的建设才得以顺利进行。

（3）政策导向

从第二次世界大战结束后的1946年起，法国开始制订经济建设和发展的五年计划。每一个计划中都包括了各部门、各地区的有关发展战略和目标，以及相应的建设投资分配。1965年，也就是第5个五年计划，即SDRAUP规划明确了地区平衡发展的政策，提出在巴黎地区要建设5座新城。在第6个五年计划中，又进一步确定了在投资上要优先考虑新城建设的原则。1976年的“大巴黎区域城市发展引导规划”明确指导了法国新城的建设。

1994年的《法兰西岛地区发展指导纲要》，即SDRIF规划确认了巴黎周围5个新城建设的作用。在巴黎地区的新城建设发展过程中，国家保证政策的连续性，使得新城建设能按计划有条不紊地进行下去。政府在财政上给予大力支持，承担了新城建设的大部分费用，同时政府还将管理权力下放到地区，使地区当局在新城建设中有自主权，充分发挥地区在新城建设中的积极性。在管理上，鼓励从事新城规划和建设的人员成为新城未来的居民，从而把新城的建设同建设者的切身利益联系在一起；新城的研究机构与管理机构相结合，从而有利于研究成果的应用。在规划设计上，除了鼓励规划师和建筑师注意设计创新外，还经常邀请居民参加设计方案的讨论并保持密切合作。

总之，法国巴黎地区正逐步以“中心多极化”的方式来实现平衡发展，这一过程是成功的。法国的城市和区域规划政策在实现法国的发展目标中，一直起到了主导性作用。

3. 美国——市场导向，政府给予政策和经济扶持

（1）政策导向

美国是比较早开展城市规划和实行规划立法的国家。1909年美国举行了第一次全国城市规划会议，并成立了一些大城市地区的规划机构，如芝加哥城市规划委员会等。但在较长时间内，美国政府没有对具有一定规模的新城建设给予财政、行政和法律上的必要支持。20世纪50—60年代，为了控制郊区化的过度蔓延，中断了多年的新城建设又再次提上了日程。

美国城郊化和新城发展的顺利进行，主要得益于美国政府相关政策的正面促进和大力支持。美国政府推行大规模援助公路建设的政策，公路网尤其是高速公路网，极大地解决了城郊化过程中的交通问题；同时，长期实行有利于郊区发展的

住宅政策，鼓励中高收入者在郊区贷款建房。20世纪50年代，美国政府又提出了在郊区建设小城市的建议；20世纪60年代后，美国又实行示范城市的试验计划，实现分散型城市化。如今纽约周边的一些新城就是当时政策的产物；1968—1970年，美国分别通过了联邦政府援助新城开发的《新城开发法》和《住房和城市发展法》，全面推动了新城的建设。

法案所确定的新城类型有四种，即：一是大城市周围新建的新城；二是在原有城镇基础上扩建的新城；三是市区内改建或扩建的"城中之城"；四是远离大城市完全独立的新城。从这四种类型的描述来看，美国的新城没有一个确切的概念。凡是成片的住宅区建设，无论是位于大城市郊区的，还是远离大城市地区而独立的，或者是在城市内部的都可称之为新城。其面积大者可达40多平方公里，小者不到一平方公里。

（2）开发机构

美国的住房和城市发展部是新城建设和旧城改造的主管部门。它对新城建设和旧城改造的扶持主要体现在以下几方面：① 对于制定新旧城市的总体规划和基础设施规划，联邦政府大力提供协助，包括免费的专家指导。住房和城市发展部并负责对这些城市规划和基础设施规划加以评审，提出意见和建议。② 在城市基础设施建设方面，政府给予大量的补贴或其他优惠。如对城市的生态环境建设项目，按项目总投资额的一定比例给予补偿；对投资于城市基础设施项目的私人资本给予企业所得税的减免，并广泛实行BOT（建设Built—经营Operate—移交Transfer）或TOT（移交Transfer—经营Operate—移交Transfer）建设方式，以便吸引私人投资。③ 在水、电、气、热等公用事业的经营上，给予免税的优惠。对这些公共产品的服务价格实行政府管制，以保障城市居民的基本需求能得到普遍的满足，同时也使新建城市的门槛大大降低，有利于产业和人口快速进入新城，实现建立新区域性中心城市的目标。

（3）投资形式

美国的新城建设主要是走市场化道路，通过立法允许私人开发公司统一承担土地开发和新城建设的任务，在土地使用规划的框架内，政府也可给予一定帮助。有时，地方政府和私人开发商共同开发，收益分成，遵循商业规则。美国的新城开发经验中最主要的是联邦政府不直接参与新城建设，只是确立法律来推动新城建设。1968年通过了联邦政府援助新城的《新城开发法》。该法规定美国住房和城市建设部可向新城的私人开发者给予信贷保证，从而有助于开发商获得较长期限的私人资本。1970年的《住房和城市发展法》法案将贷款保证的总额提高至5亿美元，并鼓励各州成立开发公司。法案公布后不久，即有12个新城获得了联邦政府的信贷保证，这样就大力推动了新城的建设。

4. 日本——民间开发为主，政府立法促进合作

（1）开发机构

日本在1963年制定了《新住宅街市地建设法》，1965年制定了《地方提供住宅公社法》，1968年制定了《新城市规划法》，1975年制定了《在大城市地区促进提供住宅和住宅用地特别措施法》。

根据上述法令，日本通过国家、地方当局和日本住宅公团等组织，在大城市地区采取全面购买住宅用地方式，统一规划设计，建设新的住宅区和新镇，并且配套建设道路、上下水道、公园绿地、学校、商业和服务业等各种公共福利设施。这些公共福利设施建成后，交给当地有关组织经营管理，然后，由地方当局在较长时期内分期还清建设费用。

公团是日本政府为了经营公共事业而设立的特殊法人社团[①]。为了经营开发一些私有部门不愿涉足的领域，1955年日本成立了住宅公团、日本道路公团等机构。1975年成立了住宅开发公团，1981年两者合并成住宅-都市整备公团。1999年改称为都市基盘（Infrastructure）整备公团（简称“都市公团”）。

住宅公团在新镇建设和城市建设中发挥了重要的作用。一方面，其在城市中购买原先的工厂用地来建设城市高层住宅，及相伴的大型公园绿地；另一方面，在大都市的新镇开发了数量众多的产业团地。其中较著名的是原国土厅管辖的筑波研究学园都市开发事业。20世纪70年代以后，新开发的需求迅速减少，而都市再开发的问题逐步显现。顺应历史的发展趋势，公团于1981年被改组，成立了承担都市再开发的“住宅-都市整备公团”。

（2）新镇与私营铁路

日本新镇的发展，主要依托于私营铁路的延伸，可以说新镇的发展离不开私营铁路线的延伸，便捷的轨道交通服务导致了房地产业和著名百货商店、连锁店等相继跟进，在新镇拓展中发挥了互动的作用。

日本轨道交通企业采取的是以铁道为中心，以房地产及租赁业、购物中心等零售服务业、公共汽车业、出租车业、旅游观光、宾馆设施等共同发展的经营模式。

---

① 第二次世界大战以后，为了复兴经济和规制经济活动，由政府全额出资建立了产业复兴公团和粮食配给公团等组织，这些机构现在已经逐渐解散或废止了。

其中最主要的经营战略是土地经营和铁道经营同时进行的战略。日本铁路企业的土地经营类型主要可归纳为3类：以铁道为轴心的沿线开发型、土地开发主导型、与铁路完全无关在沿线以外地区开发经营型。

铁路公司负责规划的土地，自然以追求最大经济效益为目的。它的效益目标包括两个方面：一是土地经营效益最大化，二是有利于铁路提供尽可能多的客流，使铁路投资能够赢利。由于交通方便程度不同，越靠近车站物业价值越高。在追逐利润的目标驱使下，房地产自然地向车站集中，形成车站建筑密度高，向外围逐步降低的趋势。这种布局反过来对铁路经营。

为充分利用铁路的派生价值，铁路公司还经营其他与铁路共生的商业项目，包括百货商店、体育场馆、游乐公园、宾馆等，许多项目直接围绕在车站周围，它们既可以利用铁路的客流，又能够为铁路提供客流。不少铁路公司还经营接驳公共汽车线路，为铁路在更大范围内集散客流。虽然公交线路本身亏损率较高，但有助于维持公共交通方式的支配地位，保护铁路的客流强度，提高铁路公司的整体利润水平。

铁路公司还特别注意以极优惠的方式吸引各类学校、医疗中心、邮局、图书馆、消防局以及其他政府机构。因为这些机构不仅能够增加当地的房地产吸引力，还可以为铁路提供非高峰时间客流。上述设施的存在，是铁路各站实际上成为沿途的社区中心。根据1988年对东急财团经营的“花园城市”铁路沿线的调查统计，居民到铁路车站（社区中心）的出行总量中，有67.8%为步行，24.7%为公共汽车，仅有6.1%为使用私人小汽车。显然，这种规划布局在吸引远距离出行使用铁路的同时，还有效降低了社区内部的机动车交通量。

东京及东京地区的轨道交通网主要是私人投资，铁路公司的兼业经营是铁路产业生存和发展的重要保障。铁路公司开发沿铁路线的房地产，可使铁路运输的外部效益内部化。日本政府则赋予私营铁路公司开发铁道线附近土地的专营权。

一般做法是私营铁路公司与沿线土地拥有者共同协商，一次性收购沿线土地，铁路公司则将一小部分开发成熟的土地，反馈给土地拥有者，双方组成合作公司。一切道路、排水、污水沟渠、公园及其他基础设施建造费用，则通过出售多余土地和合作双方的投入来解决。

当铁路建设和新镇开发属于两个系统时，日本政府通过制订规则来促进双方合作。例如：房地产开发商承担相关的铁路建设的一半费用；在新镇范围内，开发商将铁路线所占用的土地，以铁路未开发前的原价售给铁路公司；新镇以外的土地升值后，开发商应将扣除铁路未建时的原价后的升值部分付给铁路公司。

（3）投资形式

日本新镇建设以私人开发为主，主要依托于私营铁路。日本政府赋予了轨道交通公司开发轨道附近土地的专营权。

日本城市轨道交通的建设资金筹措途径主要有政府补助方式、利用者负担、受益者（或原因者）负担、发行债券、贷款5大类。从建设主体上看，有民间资本、民间与国家或地方公共团体（相当于我国各级地方政府）、国家或地方公共团体3类。其中由各级政府等公营部门和私营部门共同出资组成的轨道交通企业，国际上称之为第三部门，它是为了建设经营社会效益较好、但完全依赖私营企业又难以实现自负盈亏的轨道交通而设立的半公半私的轨道交通企业。

以东京（私营）铁路公司为例，其经营收入中铁路运输收入占35%，房地产开发占25%，而该公司的纯利润收入中，房地产收入则占了2/3。日本铁路公司可与沿线土地拥有者共同协商，一次性收购沿线土地，铁路公司则将一小部分成熟土地，反馈给土地拥有者，双方合作组成开发公司。一切道路、排水、污水沟渠、公园及其他基础设施建造费用，可通过出售多余土地及以合作双方的投入来解决。

东京多摩新镇是由日本私营铁路公司开发最大最成功的新镇。多摩新镇由新镇中心和住宅区所组成，依托东京私铁花园线的19个车站而开发。东京铁路公司将一部分土地售给住宅公园和私人住宅开发商，私铁也有房地产开发公司。大东京规划在多摩新镇的经验基础上，又制定了新一代近郊社区规划，称为"新镇铁路建设计划"，由国营住宅公团、地方政府（市、县政府）和铁路公司合作编制，国家和地方政府各辅助18%铁路建设费，其余由铁路公司及铁路受益者分担。①

5. 新加坡——国策导向，法定机构，企业化管理

（1）土地规划和管理②

新加坡的城市形态发展与规划由国家发展部（Ministry of National Development，简称MND）主管，而具体的职能部门是城市重建局（Urban Redevelopment Authority，简称URA）。新加坡的发展规划采取二级规划体系，分别为战略性的概念规划和实施性的开发指导规划。在1967—1971年期间，新加坡制定了第一个概念规划，即环状加卫星城方案。发展环的核心是水源的生态保护区，禁止任何开发活动；

① 国外、香港地区的新城建设，上海建设网，上海城市发展信息研究中心。
② 汪康懋，王晓南．新加坡土地规划和住房政策［R］．东方早报，2004-07-09.

城市中心在南海岸的中部，将发展为一个国际性的经济、金融、商业和旅游中心；沿着快速交通走廊形成兼有居住和轻型工业的新市镇。一般工业集中在西部的裕廊工业区。

20世纪80年代以来，开发指导规划逐步取代了总体规划，以土地使用和交通规则为核心，针对分区的特定发展条件，制定各方面细则，如用途区划、交通组织、环境改善、步行和敞开空间体系、历史保护和旧城改造等方面。

1991年，新加坡重新制定了经济和社会发展的远景，形成了2000年、2010年和X年三阶段的形态发展框架。新一轮概念规划的重点是建设一个具有国际水准的城市中心，并形成4个地区中心，完善快速交通体系、交通节点和商务园区构成的高科技走廊，提升居住环境品质，提供更多的低层和多层住宅，并将更多的绿地和水源融入城市空间体系，新加坡一如既往地贯彻"花园城市"的理念，很好地处理了城市与自然的结合。

新加坡的土地管理制度基本类似英联邦国家的批租制度，与我国香港地区十分接近。除少数历史遗留的私人永业权以外，没有私人永业土地，城市土地的开发利用基本上是由政府控制。新加坡的房地产开发经营机构和房地产市场分为两类。一类由"法定机构"，属于半官半民性质的建屋发展局、城市重建局等经营，这些法定机构既从事社会公益事业的政策性投资经营，实行企业化管理，又具有一定的行政管理职能。法定机构按照城市建设总体规划的要求购买土地，利用政府和民间资金进行开发和经营，许多项目和工程通过招标委托给国内外企业进行建设；另一类由企业和私人经营。新加坡私人占有土地仅28%左右。私人也可以向政府购买土地，地价根据不同用途、容积率来确定。财政部设有土地估价师，先确定标准价格，然后由土地局公开招标拍卖。一般商业用地比住宅用地价格高10倍以上。用户若改变土地用途，政府将收取溢价费。

（2）将"住者有其屋"上升到国策的高度①

新加坡政府赋予建屋发展局广泛的合法权利和为公屋计划提供的巨额的财力、物力、人力。该局负责社区（新市镇）和居住区总体规划以及组屋设计和建造，同时又是最大房地产经营管理者。它的财政预算纳入国家计划，享有低水平津贴，逐步过渡到自负盈亏。它可按照法律的规定无偿获得国有土地。

政府对强制性征用土地政策的有效贯彻和实施。《土地征用法规》强化了政府和政府机构的职能，如建屋发展局可以强行征用私人土地用于自身发展，以比

① 汪康懋，王晓南.新加坡土地规划和住房政策［R］.东方早报，2004-07-09.

私人开发商低得多的土地价格，得到城市在建和相关的发展计划。这种征用土地政策限制了土地投机买卖，并使得大规模建造公共住宅成为可能。

新加坡实行住宅商品化和公基金制度。政府规定每个雇员每月缴纳相当于其月薪的40%的金额，强制存入中央公基金局，作购房、医疗、保险和养老之用。不得将公基金挪作他用，不得将此作抵押、查封或被征收，以保障雇员拥有公基金的权利。住户购组屋首付售价的20%，余下部分则由建屋局以低息贷款方式垫付，住户可用公基金在5年、10年，甚至25年内还清。

保障低收入家庭的住房权益。新加坡政府规定申请组屋的条件是以每个家庭的月收入水平决定的，其规定申请者每月家庭总收入不可超过8 000新元，扩大家庭（多元家庭）总收入也不能超过12 000新元，且只有每月家庭总收入不超过1 500新元的低收入家庭才可申请购买三房式组屋。为了照顾家庭购买组屋，政府还有大量补贴，如购买三房以下住宅常是低于半价出售；四房式住宅也可降价15%出售；五房式住宅也稍有优惠。对于标准较高的公寓则按市价出售。由于建屋发展局在降低建筑成本方面作了不少工作，所以组屋起价很低，大概在几万新元左右。现在一般一套100平方米左右的组屋，价格在10万～20万新元之间，如果一家人凑钱来购买，还是比较容易。

（3）建屋发展局

新加坡政府在推出一个新市镇之后，会从规划设计施工管理进行彻底的检讨。40年来，面对居民生活品质的提升，新加坡政府一直有系统、有方法地改善新市镇的设计规划，才有今天傲人的成就。规划设计这一系列的新市镇的就是鼎鼎有名的新加坡建屋发展局（Housing & Development Board，简称HDB），这个局的宗旨是“Housing the Nation”，也就是“全国无屋可住，唯我是问”的意思，自信与气魄尽在其中，而且说到做到[①]。

新市镇建设完成以后，居民入住后的意见调查是建屋发展局每年修改政策的直接依据，而且每五年做一次大型的抽样调查。国家发展部，对这个调查研究的报告也非常重视。重视整个社会整个国家的居民对政府的评论是新加坡政府成功的地方。

新加坡建屋发展局几乎是世界上最大的建设公司，有六千名员工，其中规划设计阶层有两千人，其余则负责相关行政，与后续的管理维修工作。建屋发展局负责新市镇的土地取得，所有的公共设施如道路、公园、游泳池、小学、商场，以及

① 《城市的远见》六，CCTV.com-国家地理-地球故事，2004年11月3日。

住宅的规划、设计、施工，销售以及维护，从零到有无所不包，简直不可思议。资讯的提供，模型的制作，相关咨询服务，一应俱全。新加坡政府讲求实事求是的服务精神，一切的交易都透明公平，而且有政府的品质保证。

（4）公基金

新加坡是世界上经济增长最快的国家之一，也是人口老化最快的国家。

公基金是40年前成立的一项社会储蓄保障计划，已成为全社会居民的终身财务计划。公基金①，是新加坡住宅政策成功的财务基础。公基金不是税金，而是一种全民强迫储蓄。当国民提出其薪资的四分之一左右，存入公基金时，雇主也要提拔对等比例的钱，存入公基金。这项基金，就被统筹运用为新市镇建设、保险及退休年金等用途。当国民存入足够的公基金时，便可以作为购买国宅的头期款及分期付款。

公基金不仅照顾老人的需要，还协助他们拥有房屋，应付医药开支。公基金会员的家人也在公基金制度下获得保障。公基金牵涉到雇主、雇员和政府三方面，政府确保公基金缴款或免缴税，同时也提供法律和行政的架构。雇主和雇员每个月需缴公基金，缴交率是根据雇员的年龄而定。

公基金投入各种政府公债，这些政府公债，随时可以给建屋发展局融资。建屋发展局利用这些资金，替民众建国宅，再卖给国民。公基金会员向建屋发展局贷款买国宅，会员就可以用公基金的储蓄，以及未来的薪资中将投入的公基金，去付购房的贷款。

公基金与新加坡的国家建设息息相关，其实是新加坡经济防线的一个重要支柱，它建立国民对国家的信心。新加坡政府以社会主义色彩浓厚的公基金与新市镇政策，提供了90%的国民高品质且廉价的住宅。新加坡政府重视基本面，而且做长远计划。新市镇政策，实践了住者有其屋的承诺，40年来始终如一，终于获得了举世少见的成果。

6. 中国香港地区——政府主导，公私合作，市场经营

香港新市镇的开发，在政府应当发挥作用的地方，港府主导用力；而在市场力量应当生效之处，港府就推动私人机构来参与。

（1）以法定图则指导开发

香港的城市规划和发展制度的中心在于法治精神，也就是说，要依法办事、依

① 《城市的远见》六，CCTV.com–国家地理–地球故事，2004年11月3日。

法审批、依法仲裁。在香港新市镇的规划建设中,有完善的规划及法定图则。无论是私营机构或者是公营机构的发展项目和工程,一概都受到同样的制度规范。开发管理的主要依据是"分区计划大纲图",它具有法律效力,是政府监管公共建设和私人开发计划的重要依据。"分区计划大纲图"根据香港《城市规划条例》的规定,在城市规划委员会的指导下制订,属于法定图则。它根据各个地区的不同情况,把不同的土地划定为住宅、工业、商业、政府、社区等不同的用途,同时也对区内许可开发的条件加以具体规定。土地一旦被列入法定图则,其使用方向就要依照法律加以管制。

(2)规划制定中兼听各方意见

香港的城市规划编制,可粗略分为3个层次:① 全港发展策略,属于全局性的长期规划;② 次区域性规划,分为港九市区、"新界"东北、西北、东南和西南5个次区域;③ 地区性规划,对于新市镇而言具体到每个新市镇的规划。

新市镇的发展一旦被确认后,责任部门就要开始与各个政府部门进行商讨。无论地块开发的大小,有关部门必须从预测的人口数据出发,对区内的住房、交通设施等进行优化设计,判断整个地区能够容纳多少人口居住,进而推断区内要建多少"公屋"、"居屋"和商业楼宇,计算需要兴建多少幼儿园、小学和中学以及其他配套公共设施,设计与港九中心区衔接的道路,从而一步步确定区内各种土地的不同用途。

相关规划师要与房屋署、教育署、运输署、水务署等几十个政府部门进行磋商,听取他们的专业性意见。而这些政府部门同时会与有关的机构和公司进行商讨,比如教育署就会召集有关的办学团体开会,讨论学校的位置和设计。

整个磋商过程可能长达数年,尽可能地充分反映各个部门的意见,形成最合理的发展布局。最后,则由专业城市规划师完成规划设计的方案草图。

(3)广泛开展公众咨询

规划设计方案图还需进行公开咨询。当香港城市规划委员会认为设计方案可以发表后,图纸将公开展示两个月,供市民查阅。任何一个市民,任何一个团体,都可以对土地的用途性质提出疑问,并要求进行修改。如果市民觉得规划影响了自己的个人利益,可以在两个月的咨询期内书面向城市规划委员会提出他的反对意见。此外,社会人士还直接参与规划决策。香港城市规划委员会共有44名委员,其中非官方委员多达37名。

经过漫长的商讨和公众咨询,正式的"分区计划大纲图"最终在港府《宪报》上刊登,这时规划即具备了法律效力。

从整个新市镇的规划制定来看，由于要反复听取各方意见，需要反复修改图纸。但是，规划一旦成为法定图则，开发建设进程就很快。正是由于预先广泛征求了各方的意见，既优化利用了每一块土地，也有效地平衡了各方的利益，使以后出现矛盾和纷争的可能性大大减少。

任何市民都有权查阅法定图则和已经被批准的政府内部图则。他们可以打电话或写信查询，也可以亲自到规划署的办事处了解情况。据悉，每个月规划署至少要处理300多宗咨询个案。房地产开发商只要查阅法定图则，了解整个区域的规划，详细考虑有关批地条款的规定，并参考市场价格，基本上就可以算出投资计划的预期收益。

（4）统筹开发实施

新市镇在规划设计过程中，负责统筹的是政府的规划署；而进入开发实施阶段之后，则由拓展署负责统筹。两个政府部门在整个新市镇的建设过程中充分发挥主导作用。

拓展署是一个工务部门，监察有关地区的土地开发及基本建设的设计及工程，包括提供建设用地，配套建设道路、供排水系统、社区康乐设施以及其他有关的辅助设施。拓展署对整个新市镇的建设有着具体的进度表，每一阶段应该平整哪块土地，应该兴建哪条水渠，修通哪条公路，电线应该接通到哪个位置，清晰而严谨。按照工程进度，各种公用设施基本齐备之后，拓展署准时把土地交给开发商和承建商，由他们来兴建房屋、社区设施等建筑。

（5）投资形式

香港的新市镇建设一般由政府承担公共开发部分，私人住宅、工业和商业开发由私人和企业承担。香港新市镇建设中的客运铁路采取政府控股、市场经营的模式，即政府拥有全部或部分股权，由经营公司以商业形式经营，经营公司董事会成员均由香港政府委任，政府的运输司和金融司等相关单位的官员是其理所当然的董事。经营公司的资金来源主要是政府财政拨款，因此其经营得到政府提供的特别优惠的条件和保证，可以享受一般公司无法享有的经营特权，比如轨道交通公司有沿轨道附近土地的开发专营权。这样一方面可以避免无序竞争，另一方面轨道交通公司可以用土地开发的赢利弥补。当然，与其开发的专营权利对等的是其利润使用方式、储备金的设立和利息分配额等完全受政府调控，政府对经营公司的要求是在尽可能降低经营成本的前提下，提供高质量的服务。

自20世纪70年代中期开始，香港政府有一半以上的基本建设开支用于新城开发计划。这期间政府通过填海和开山工程为新城提供了3 600公顷的各种用途的土地,可容纳100多万的居民。土地开拓费用全部来自政府,但是城市的基本设施和商业设施则除了政府的投入外,各项私人资金也以不同的形式参与。

香港目前的9个新市镇的发展总面积超过110平方公里,已经投入数百亿港元。资料显示,早在1990年,不包括兴建公屋和征地的费用,港府用于开发新市镇的费用就已经超过了340亿港元,当时预计还要陆续投入470亿港元。其实,截至现在的实际耗资,远远超过了这一数字。不管是房屋,还是配套设施,香港政府都积极鼓励和引导私人投资;而由于港府积极做好相应的配套工作和工程的盈利可观,私人开发商一般都乐意参与。

7. 国内外比较

通过比较可以看出,英国、法国及中国香港地区的政府都直接参与了新城建设,在投入大量资金的同时,也引入部分私人资本,尤其是到了后期,私人资本的参与比例逐渐增大;而美国和日本政府则较少直接参与新城建设,而是通过法律和财政杠杆鼓励和引导私人企业投资新城建设。相比较而言,以政府主导建设的新城能形成较大的规模,更多地考虑社会因素,尤其是弱势群体的需求。但政府大量投资的公共事业,在短期内难以收回投资,会给政府造成沉重的财政负担,因而对新城建设的数量和速度需要统筹考虑;而市场化操作的新城建设往往对新城社会发展的整体需求考虑不全面,追求经济利益而忽略弱势群体的需求,而且新城的开发规模一般也较小,但由于主要依靠民间资本,所以政府的财政压力较小。

我国早期的卫星城建设是计划经济时代的产物,是由政府根据当时经济发展的需要而布置若干大型工业布点,卫星城就是依托这些大型工业项目的生活配套建设,并且由政府一手包揽规划与建设。因此,这些卫星城都烙有深刻的计划经济特征,城市的方方面面都体现了政府由上而下的强烈政策意图。

我国当前的新城建设处于一个比较缓和、循序渐进的经济社会发展背景。虽然新城开发的经济社会条件已经成熟,但对新城的重视和正确理解还很滞后,国内的新城研究还仅仅处于对国外新城的一些介绍,在新城的政策、立法、运作、投资等方面的研究还相当空白。目前,我国已经初步建立市场经济体制,新城开发一部分由地方政府根据城市总体规划而实施,另一部分则由房地产商根据市场需求来开发。

虽然我国新城起步建设的经济社会和城市发展条件较为稳定,不需应急某些突发情况，但自发的新城开发会带来更多的隐患问题。新城没有立法赋予的地位和权力，但相对于“新城”自身应有的强烈政策目标，目前的开发方式及运作机制显得既不合理又不健全。

首先，新城建设作为一种有效的政策“工具”，在未被充分认识的前提下，已经过早、过多地受制于市场的力量，由市场引导已自发性地形成了不少“新城”。我们不能简单地否认这些所谓的“新城”在经济社会发展和城市建设中发挥的作用，但其已经带来的负面作用和潜在隐患也是不能忽视的。

其次，新城的概念有国际性的共识和准则，新城的开发也往往是出自城市空间拓展的需要而成为城市发展战略的组成部分。但目前一些城市对“新城”概念的运用不乏炒作之嫌，缺乏科学合理性及和充分有效的发展依据。“新城”概念一旦被任意运用，新城建设往往仅被看作为一种房地产运作，一种顺应商业潮流的宣传，新城的真正含义和作用却被抛至一边。

我国的新城从建设起步起，除了缺乏充分的理念认识和意识准备，最关键的是，即使政府、市场和个人消费者都认可了新城的存在，但并没有切实的立法保障，新城很有可能会被认为是某个阶段的时髦名词而流于形式。

5.6　新城规划与建设的经验总结

实践证明，新城建设不失为一种解决大城市问题的有效途径，新城开发应是大都市区域整体发展战略的组成部分。我们应该看到国内外的新城发展既有共性，也有各自独特的个性。我国的新城建设应该总结国际经验，博他人之所长为己用，消解不利因素；要抓住经济快速发展和城市化稳步推进的机遇，主动创新，形成良性发展的局面。

1. 在区域规划的指导下建设新城，使大城市区域的空间结构得以优化

区域规划的核心思想是寻找区域发展的最佳途径和制定区域层面的统一战略，借以使不同的政府组织机构达成共识，并形成一定的约束机制。其目的是通过区域间的协调管理，实现区域经济、社会及环境的高效及和谐发展。

各国建设新城都是为了要实现一定的政策目标，作为解决大城市人口和产业的空间配置问题的重要途径；而新城本身也往往成为大城市区域内中心城市以下的次一级核心城市。因此，新城建设需要有区域规划来指导。指导伦敦周围新城

建设的《大伦敦规划》、指导大巴黎地区城市发展的一系列规划(诸如PROST规划、PADOG规划、SDRAUP规划、SDRIF规划等),以及日本的历次《全国综合开发规划》和香港的全港发展策略等,无不是从大的区域整体发展角度研究问题,谋求重大的、棘手的区域问题的解决,并为新城的规划和建设指明方向。

大都市区域规划在指导新城发展的同时,也促进了大城市的区域空间结构的优化,这两者是相辅相成的。比如,英国在大伦敦规划中提出的四个圈层式发展,通过绿带政策来控制中心城市的蔓延发展,8个新城则位于最外层的乡村圈。巴黎则在一系列指导巴黎地区平衡区域发展的政策文件中不断地调整区域结构,并在1965年的SDRAUP规划中打破了严重阻碍巴黎中心城市发展,导致中心城市过度密集的放射状同心圆结构,建立了两条平行于塞纳河的东南–西北方向的轴线,这种轴线状的空间结构有利于交通疏导,促进中心城市的人口和产业向周边扩散,舒缓中心城市的过度膨胀压力,巴黎地区的5座新城则都沿着交通干线位于这两条结构轴线上。东京都市圈以发展副都心和新镇来控制大都市中心城市人口的高度膨胀,从空间结构看,实际上是构筑一个由都心部和周边的新镇组成的,沿着交通线呈环状放射的都市圈,并且都市圈的这种结构在不断地调整和延展,使得各项资源可以得到有效配置。

2. 确定新城合理的开发规模

新城开发规模的“度”的问题有两层含义。一层是指新城自身的人口规模和用地规模;另一层是指在一个区域范围内的新城数量。新城的人口规模和用地规模的确定要综合考虑经济效益、生态环境效益和社会效益,主要受城镇开发的生态环境和经济效益的两大门槛的制约,以及受到新城所在国家或地区的实际情况和当地居民的生活习惯和偏好的影响;新城数量的多少则要考虑新城开发是否会引发对内城(中心城市)的经济冲击的问题。

新城生态环境的“门槛”限定包括量的限定和质的限定两层意思。量的限定是指生态环境容量是构成城市发展终极规模容量的“门槛”。确定新城规模首先要分析和确定城市的生态环境容量限定指标,在这个容量限定范围内,根据城市及城市周边地区的经济基础情况,确定人口规模、用地规模等。霍华德在“田园城市”理论中最先运用了这种理想模式,他提出,“田园城市”周边必须要设置农业区,“田园城市”的人口规模超过生态环境容量的限定值后,则在伦敦周边另辟新的“田园城市”。质的限定是指新城的开发建设要建立起社会、经济与自然三者之间的良性循环与协调发展的人类聚集地,体现人与自然的和谐共生，而不仅仅限于绿化指数的高低，或是对绿地率的控制。

新城开发中配套的市政公用设施、公共服务设施、交通设施、生态绿化等则依据人口规模而定，每项配套设施就其自身经济效益都有发挥最佳的“门槛”值，各项配套所构成的新城整体配套体系的经济效益也有最佳值。当新城规模低于该门槛建设值时，开发新城的投入将大于产出，反之亦然。纵观西方发达国家的大都市及其新城建设实践，新城趋于大规模化，因为规模较大的新城能发挥聚集经济的效应，能安排大型的公共服务设施和规模化的基础设施，提高新城的综合质量，有助于吸引中心城市的人口和产业来入驻，从而更有效地发挥新城的作用。

国外对新城规模的确定一般有 3 种方法，一种是基于对理想城市环境的追求，以“田园城市”为范型来确定，一般在 10 万人口以下；一种是根据开发的经济性及投资的“门槛”理论，以 20 万～25 万人口为优；还有一种则是根据三产就业人口及需要接纳的疏解人口数量来推测总人口。国内外新城建设的经验证明，新城的规模要适度。

一个大城市地区最终会形成一定数量的新城。新城群体有可能会对中心城的经济造成一定的冲击。有人将英国内城的严重衰退问题部分地归咎于新城建设，即由于新城开发及人口和产业外迁而引发了内城荒废问题。新城的数量控制一直以来是个模糊值，但必定不是越多越好，开发新城的最基本目的是帮助解决内城问题，而不是去引发更多的、更深层次的、更难治愈的内城荒废问题。正如，霍华德在“田园城市”建设构想中提出的，只有在“田园城市”的人口规模超过生态环境容量的限定值后，需要另辟新的“田园城市”。

3. 新城建设有法律保障和政策指引

建设新城往往是一个国家或地区在一定阶段实现一定目标采取的具有时效性的政策性措施。为此，各国或地区的政府一般是针对当时当地的经济社会状况，积极研究，采取对策，并做了充分的研究和准备工作，制定科学合理和有效的政策来推进新城开发。新城开发绝不是空穴来风或盲目跟风。在英国，1940～1942 年间相继推出的三份有关国家城市规划政策方面的研究报告，即分别关于工业人口、土地开发和农业区开发的巴洛报告（Barlow Report，1940）、尤特沃特报告（Justice Uthwatt Report，1942）和斯科特报告（Leslies Scott Report，1942）。这三份报告极大地影响了英国城市规划的政策导向及理论的发展。尤其是巴洛报告的建议，从根本上促成了当时英国中央政府机构的改革，也为大伦敦规划提供了政策依据。法国从二次大战结束后的1946年起，制订了关于经济建设和发展的各个五年计划，明确了各地区各阶段的发展战略和目标，关于巴黎地区要建设5座新城的计划也渐趋明朗，并在第6个五年计划中，进一步确定了在投资上要优先考虑新城建设的原则。

西方国家的新城建设都重视立法，使新城开发及运作获得法定地位，从而提高新城的运作效率和综合竞争能力。针对新城的立法，一般包括机构设置、土地政策、环境保护、资金筹措、住宅标准等多方面，也涉及给予参与新城建设的团体或私人以一定的优惠政策的规定。英国有《新城法》，美国有《新城开发法》和《住房和城市发展法》，日本有《新住宅街市地开发法》和《土地区画整理法》。在香港，则有具有法律效力的《分区计划大纲图》。在英国和法国，都由中央政府直接领导的机构来组织新城的各项建设开发活动，根据立法规定，在新城开发和运转成熟后再转交给地方当局管理；在美国则基本以市场为主导，由住房和城市发展部管理新城开发事务，政府给予新城建设以协助；在日本，较典型的则是由住宅公团和私营铁路公司共同开发，政府促进双方合作；在香港地区则是由政府的规划署负责规划设计，拓展署统筹开发实施。在新城建设的资金方面，无论是由中央政府直接大量拨款或是提供信贷担保，还是吸引社会或私人资本参与，各国都有法律依据可循。

健全的法律是新城开发的基石，多方面的政策指引则是提高新城开发质量的强劲推动力。相对独立完善的新城往往是大城市区域的中心城镇，培育新城的整体竞争力，以吸引预期的人口和企业前来安家落户，是新城建设的最直接目标，对新城的生存和发展至关重要。提高新城综合竞争力的政策主要有以下几种类型：一是政府直接统筹或负责区域性大型基础设施的建设，并给予新城的基础设施经营以财政补贴，或其他政策性优惠，以确保新城能有良好的基础设施条件；二是努力营造新城的投资环境，不仅是物质基础，还包括创造良好的社会氛围，并以优惠的政策吸引企业入驻；三是在政策上鼓励新技术的应用，新城往往是新技术的实验场所，新技术的推广能给新城带来生机和活力，并且有助于扩大新城的知名度。

4. 公共建设先行，确保新城的环境品质

内城或中心城市往往困于城市设施陈旧、环境难以整治等城市问题，而新城在公共设施和基础设施建设上具有明显的优势。新城在规划与建设上较之于其他一般城镇有优势，因而可以营造更高品质的环境质量。新城高质量的公共环境

品质有助于新城实现其吸引人口与产业的基本目标，因为完善的公共服务设施和基础设施反映了新城的时代性及综合质量，这是新城吸引人口和产业入驻的重要前提条件。因此，各国在新城开发中都对此做了统筹安排。

不管是政府主导还是市场主导，新城的各类管理、教育、医疗卫生、福利等公共设施及水电等基础设施建设一般都是由地方政府统筹负责，商业服务、文化娱乐等公共设施则与住房同步规划开发。

新城开发在选址和规划设计之后，由政府指定的开发机构则负责将生地转为熟地，即道路水电等基础设施都建设完成之后，才进入住宅、社区设施等地面物业的开发阶段，这些开发由公共机构承担，也可有民间企业参与。即使部分公共建设项目，譬如学校、医院等公共设施由私人开发，地方政府也给予一定的补贴并加以监管，以保证这些公共建设项目的质量。

新城的公共空间和景观环境的塑造较之于其他一般城镇具有更大的发挥空间，因此，在各国的新城实践中都不遗余力地营造自己的城市特色和环境品质，并将此作为提升新城公共形象的最有效的途径之一。无论新城的开发基础和历史背景如何，原有的自然特征、历史脉络、传统文化都是新城延续和创造其新城品质特色的最佳依据。同时，注重吸收国内外的实践经验，辅以日益进步的技术手段，结合当地的条件，不断有所创新。

5. 以大容量轨道为支撑架构区域交通网络，提倡公共交通优先

新城接受中心城市的辐射，人际交流、产业活动等方面与中心城市有着密不可分的关系。直接承载两者之间的交流的则是连接中心城市和各新城之间的各种交通线，主要包括高速公路、一般公路和快速轨道交通线。新城选址距离中心城市不宜过近，亦不宜过远。过近，则会因为中心城市的扩张与中心城市连成一片，重蹈和加剧大城市蔓延式扩张的弊端；过远，则加大交通成本，难以吸引中心城市的疏散人口和产业，无法实现新城的建设目标。根据国际经验，新城与中心城市之间的距离一般为20～40公里，亦有较长的，但不宜超过60公里。

世界大城市的客运交通都经历了非机动化交通阶段（以步行为主）、传统公共交通阶段（以公交汽车为主）、现代个体交通阶段（以私人小汽车为主）、现代公共交通阶段（以地铁、轻轨、高架铁路等快速轨道交通为主）等发展阶段。目前，纽约、东京、伦敦和巴黎的地铁线路长度都达到了数百公里，这些大城市的地铁均已形成完整的网络，客运量大大超过了私人交通及常规公共交通方

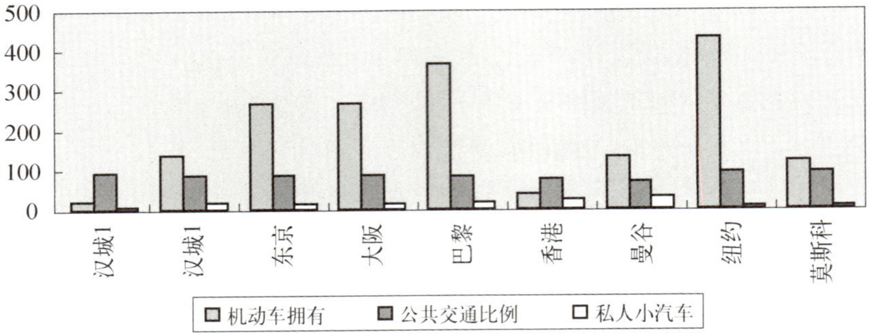

图5-25　国外车辆拥有与公共交通、私人小汽车出行比例

图片来源：杨涛，机动化带给我们什么？——我们对机动化应持何种态度，http://www.nictp.com/cn/paper/

式。国际经验看，即使小汽车十分普及的发达国家，大城市的客运交通还是依赖以城市快速轨道交通的为骨干的公共交通体系，小汽车只是辅助性的出行工具（图5-25）。

便捷的大容量轨道交通服务是新城建设和运营不可或缺的支撑条件。一般情况下，新城与中心城市之间的交通联系会有若干条，其中往往有一条快速的大容量轨道交通线承担主要的客运交通。为了避免将周边的新城人口都集中导向到中心城市，因此各新城之间、新城与其他城镇之间也应建立起完整的交通联系，使之与新城、中心城市之间的交通线共同架构起完善的区域交通网络，从而全面有效地优化大都市区域的人口和产业布局。

6. 推崇创新，注重设计的人性化

自霍华德提出“田园城市”后的一个多世纪以来，西方国家的新城发展经历了不同阶段的演变与进步，已经发展成熟。在不断的实践中，规划者们根据现实的需要和对理想的追求，提出了适合各个阶段和各个地方特色的规划概念，新城建设中产生的不少规划思想深刻地影响了世界各地的城市规划实践。

美国于第二次世界大战前兴起的田园城市运动，涌现了雷德朋、绿带城以及绿谷城等创新探索，其中某些规划思想一直沿用至今，对许多国家的新城建设有过较大的影响。尤其是雷德朋体系中的行人和机动车分离的设计手法被广泛运用于住区规划中，其后不仅深刻地影响了美国，甚至对全世界各地都产生了很大影响。20世纪80年代末兴起的“新城市主义”虽然没有能主导美国后来的社区发展，但它希望改变现代社会邻里淡薄的美好期望，其所提倡的公共价值比私人价值更重要的原则，体现了对人性的尊重和对地方文化特色的敬仰。

一般而言，新城建设的出发点是为了给人们提供更好的居住环境和生活条件，以吸引从中心城市疏散的人口和产业。因此，大多数新城在内部城市道路组织上都强调人性化的处理，比如商业步行区、人车分流、独立公共交通系统等有着广泛国际影响的规划设计手法，都是在新城建设的实践中产生并获得推广的。特别是战后的英国，在新城建设中尝试了人车分流系统和商业步行区的做法，大多数新城都突出步行道和自行车道优先的特色，使得居民来往于居住区和新城中心区、工业区以及大部分娱乐休憩用地之间的步行和自行车交通变得极为安全和方便，这种人性化交通处理方法一直影响至今。

第6章

我国未来新城发展的原则与策略

我国目前还处在转型时期，所谓“转型”，主要体现在两方面：一是社会转型，从一个封闭的、传统的农业社会向开放的、现代化的工业社会和城市社会的转变；另一个是经济转轨，从中央调控为主的计划经济时代向市场调节为主的市场经济体制过渡。“转型”一词也表达了一种混合与交替的状态。新旧两种制度正在交替过程中，旧的秩序正在死亡，新的却没有诞生，变动围绕着我们（Friedmann，1997）。

转型对现阶段我国的城市化和城市发展的影响主要表现为：一是开放的模式，使得我国城市化模式由过去的封闭转向开放系统，包括国内外和区域内外的影响；另一个就是市场经济因素的介入，而市场的最大效用是促进流动，人口和产业的两大流动要素，并以市场为中介。所以，新的城市化机制必须考虑这两大要素的影响。

我国处在迅速城市化的进程中，城乡一体化的新空间格局正在逐步形成；传统的城乡二元格局正在被打破，转向网络状的城乡之间高度的经济社会交流模式。网络化是大城市区域内城乡间多种物质交流的最高表现形式，也是城镇群发展的理想模式，基础设施的较完善和城镇群内网络化的较完善是相辅相成，互为促进的。

实证研究是新城研究的主要方面，国外的新城实践积累了大量宝贵的经验，目前我国沿海经济发达地区已经具备了新城的实证研究的素材。虽然新城建设才刚刚起步，但“新城”作为“空间一体化”的新枢纽，将为我国的大城市发展注入新的生命力。可以说，新城在我国目前大城市区域发展中，既为中心城市的集聚和郊区化提供了跨越式的拓展空间，也为周边中小城镇的整合和城市化架构了新的提升平台，为大城市区域的网络化发展创造了更广阔的发展前景。新城建设通过政府主导、调控市场力量，可提高城市的综合功能和运作效率，并尽量满足各利益主体的需求平衡。此外，新城对于调整自然生态平衡，减少区域之间的污染叠加，避免重复建设，反映区域特色，体现城市个性，促进文化繁荣等也都会产生正面效应。

从一个世纪前的“田园城市”思想和实践，到卫星城建设，以及到第二次世界大战后的新城建设热潮，在过去的一个世纪里，新城在西方国家城市建设史上是重要的一个支脉。我国在进入新世纪后，新城开发的经济社会条件和大城市环境已经日益成熟，大批新城呼之欲出，但人们对新城的重视和把握还有待进一步加强，需要树立正确的理念，并在开发运作和规划设计等方面有系统的策略。

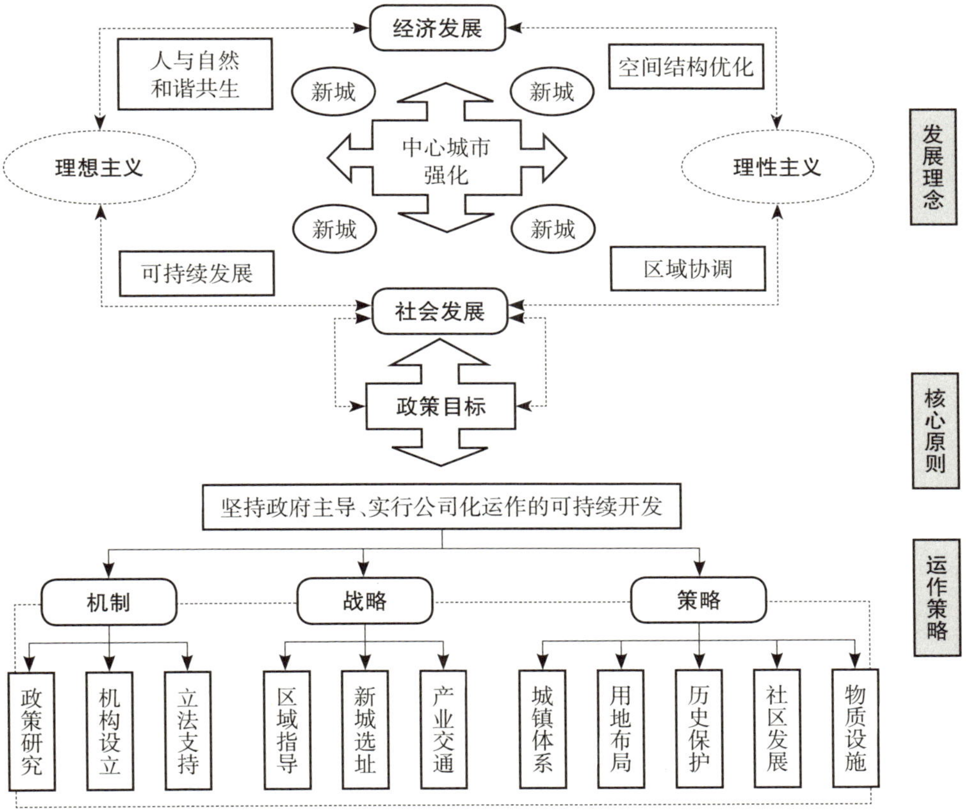

图 6-1　我国未来新城发展体系的图解

6.1　新城建设的理念

1. 理想主义与理性主义的辩证统一

城市是自然与社会的统一体，是人类尽力征服、改造、掠夺自然之后形成的聚居地。在工业革命之前，人类对自然的神秘性始终有着各种神话式的崇拜。人类基本上是自发地建设城镇，有限度地利用自然资源。虽然也有天灾人祸，但人类对自我的生存环境始终是充满了单纯且美好的理想。虽然从根本上讲，纯粹的理想主义是无法付诸现实的幻想，但它一直鼓舞着人类改造自然的进程。过去激励了一大批志士仁人为此奋斗，今后也会给现实中的人们带来更多的美好向往。

工业革命的影响打破了人与自然的平衡，人类以空前的规模和力度改造自然系统，城市无序地拓展膨胀，由开始的量的增加直到产生质的变化，从而导致了原有的城市结构不再适应新的规模。某种城市结构的形成虽然与城市规模没有直接的对应关系，而且一种城市结构可以适应的城市规模也具有一定的扩张弹性，但是，城市规模的扩张会引起原有城市结构的不适应性。城市用地与人口分布的不均质性决定了城市结构的多样性和多变性，即不同的用地与人口分布形成不同的城市结构，用地与人口规模的扩张会引起城市结构的变化。城市结构具有相对的稳固性，其变化必然滞后于城市规模的变化，当城市规模达到某个门槛值，原有的城市结构会影响城市用地与人口分布的合理性，从而降低了经济社会活动的效率，阻碍了经济社会的发展。所以，需要改变原有的城市结构或建立新的城市结构来解决城市规模扩张所带来的各种问题。

工业化给人类带来的物质利益是不言而喻的。以工业革命为基础的现代文明大大地改善了人们的生活条件。人类有史以来第一次摆脱了在各种传统社会形态中受自然力控制、威胁的状况，骄傲地感到自己似乎成了自然的主人，有能力靠自己在人间创造一个幸福的乐园。但是，人类在信奉科学权威的同时，也受到了自然界无情的报复。理想与理性的矛盾在工业革命后被强烈激化。

对于人与自然的矛盾，西方的社会学者和政治家们曾经以为找到了解决方法，即所谓的"回归自然"、"返璞归真"的田园派，抑或是"大机器工厂"般的机械论等。无论是颇具审美价值的理想主义的田园梦想，还是如钢筋混凝土般冷漠的机械唯物主义，都一度得到了西方社会学家和政治家们的青睐并加以推崇。

20世纪初，霍华德在他的著作《明日的田园城市》里，构想了一个小规模的，兼有城市和乡村优点的"田园城市"，并通过设想一系列的政治、社会和经济的手段来保证这个理想城市的运作。作为第一个比较系统的现代城市规划的理论体系，他是从社会改革的视角，试图解决工业革命时期所伴生的种种城市问题，通过一种新的模式来建立一种理想城市。

霍华德当时看到了工业革命给城市带来了肮脏和罪恶，而科学和技术进步的现实影响力还不能在建筑和城市领域表现出令人欣喜的进展。也就是说，霍华德对科学技术的了解还不足以支撑他对科学技术的信心，所以在田园城市的构想中，解决矛盾的办法除了社会改革之外，基本采取的是工业城市之前的城市尺度和形态，并保留了一些工业革命带来的优点。解决问题的迫切之心使他深刻卷入了当时社会的激进主义浪潮之中，寻求社会角度的帮助成了他必然的选择，这就决定了霍华德的田园城市充满美好的理想主义色彩。尽管他身体力行地推进了花园城市的实际建设，但还是缺少足够的理性来更有力地支持他的“田园城市”思想的实践性。

与霍华德不同的是勒·柯布西耶的“现代城市(Contemporary City)”。在关于“田园城市”的论著发表30年之后，工业革命的巨大影响力已经无处不在。在建筑领域中，复杂结构建筑物的成功给予了那个时代的人们以无比的信心，建筑技术的发展和交通工具的革命都预示了城市将聚集更大量的人口。对科学理性的信仰从伽利略时代就已经开始，历经几代科学大师的发展完善，被激发上升为一种基本的世界观，机械唯物主义成为人们坚信的真理。早期的柯布西耶便是忠实地信奉城市可以如同巨大的机器一样来组织，只要相信科学无比万能的力量，再大的城市也是可以有序运行的。300万人的现代城市正是他表达这种科学信仰的一个标志性产物。其实，柯布西耶是希望通过现代城市来聚集更大量的人口，也是为了在城市外围可以有更广阔的阳光和绿地。所以，柯布西耶的现代城市尽管充斥了对科学理性的崇拜，但他对自然生态环境的美好追求与霍华德及其他所有的前人先哲的理想是如出一辙的。

其实，每一个新思想的产生都是深刻的历史背景下时代信仰变迁的产物，是某个时代的社会理想通过科学的理性公式和人的理性思维的表达。城市规划的两个代表作，霍华德的田园城市和勒·柯布西耶的现代城市，就显著反映了城市理想在不同时代背景下受到城市科学理性的不同程度影响的不同表达方式。如果没有科学理性的思维，人类的理想将始终停留在幻想之中；同样，如果没有乌托邦式的想象，人类生活会欠缺一点理想的色彩。现代城市规划和建设的不少方面往往是从乌托邦式想象中得到启发，新城的产生也有其思想的渊源。

而且，理想和理性在任何一个思想中并不是简单的组合或是叠加，而是在人类历史长河中不断得到辩证统一，并不断螺旋式上升的过程。人类改造自然的能力不断得到提高，对自我的肯定和信心不断增强，对自然的神秘感逐渐减少，因此对理想的信仰和追求也在不断地提升并加以实践，实践之后又加以总结经验以获得技术和能力上的提高，由此不断往复循环。在工业革命之前，这种过程是缓速的，实践的活动范围是极为有限的，而且后人所熟识的人类追求理想的活动多为理想主义的文学作品为载体。

工业革命之后，科学技术突飞猛进，人的理性和科学使自然界变得越来越明了之后，理想的色彩一度被强大的科学技术力量所蒙盖。但技术进步伴随而来的层出不穷的自然报复和城市问题，唤醒了人们几乎沉睡的理想。可以说，正是人类心中固有不灭的理想追求，人类才会不断地检讨和正视科学理性的负面影响。因此，人类追求美好生活的理想借助理性的科学技术发展和思维进步始终在不断进化和提升着表达方式，人的理性在不断科学认知自然的过程中得到了更全面的思维辩证进步。理想和理性在不断的相互提高和纠正的过程中得到了辩证的统一，而且在相互交织的螺旋式过程上升。

2. 不断追求卓越的实践过程

规划师往往感叹自己的精心构想被不谙科学、理性残缺的决策者或者是大众所抛弃。但一旦规划师的理念真的成为城市和社会发展的模式和权威决策时，结果也并非都是规划师一厢情愿的美好结果。

例如，霍华德的“田园城市”可以说是20世纪初规划师们的最完美的构想了，旨在通过发展田园城市以摆脱大城市的弊端，利用农田和绿地阻隔城市的蔓延，使人与自然和谐共处与发展。“田园城市”模式成为英国新城立法中的核心理念，新城开发也成为英国战后的国策之一。“田园城市”在很大程度上是欧美社区发展的原型，其在规划界的权威性是不容置疑的。但“田园城市”的诞生和推广并没有能够阻止大城市的继续扩张，也没有能够避免城市问题的产生。

又如“广亩城市（Broadacre City）”是建筑师和城市设计师赖特（Frank Lloyd Wright）所倡导的理想城市，也是城市规划史上的一个经典概念，是以汽车代替步行、独立式住宅为主、环境设计优美的科学规划典作，推崇的是完全分散的、低密度的生活方式。但这其实是一种只可远观的脱离现实的假想。

现代主义运动的主要倡导者，建筑与规划大师勒·柯布西耶在“光辉城市”（即他后来的现代城市原型）的理念里，建筑和城市都是运作中的机器，钢筋混凝土充斥在公园绿地里，高速的交通系统连接城市各功能分区的每一部分，摩天楼围绕着交通集散中心，这个现代城市的形式使城市最富活力和魅力的街道生活不复存在，快速交通系统成为人与人之间交流的隔阂而不是通道，城市与自然变得遥远而陌生。

因为，理性规划所依赖的完备信息和精准无误的科学知识等条件都是不可及的，这就决定了任何的规划都是一个在规划和决策之间不断反复和循环的理性思维过程，而不能对任何结果而给予肯定和否定；规划是不断的、创造性的适应自然与社会过程，而不是为了实现某个理念；规划师不应是权威和决策者，而是一个为人类和自然不懈努力的理性的寻策者，但这个“策”也只是在不断地努力和反复中，越来越接近理想，但没有终点。

经过20世纪的百年实践，源于“田园城市”理念的“新城”建设已经在城市发展史上被奉为一种经典的城市发展方式。新城是经济社会发展到一定阶段的产物，其每阶段的发展也都是与所在国家或地区的经济社会发展阶段相对应的。新城更是人类在追求理想城市的过程中城市发展的一个阶段形式和理性产物，新城本身也还在不断的实践和完善之中。所以，我们不能指望新城建设可以解决大城市的所有问题，而且不同的阶段会产生不同的城市问题和需要相应的不同规划对策。20世纪的新城发展经历了田园城市、卫星城、新城等多个阶段的不断实践，新城虽然并不能完全阻止大城市的继续蔓延，但各国家或地区的不断努力确实让人们看到了成功的希望。

大体上，各国已经发展得相对成熟的新城较多是由于第二次世界大战后大规模的城市重建和经济社会的全面恢复，给城市发展带来全面的压力，在矛盾激发的情况下，政府不得不予以警惕和思考。英国如果不是因为二次世界大战，之前提到的三份国家研究报告很可能只是一纸空谈；我国的香港地区则是因为第二次世界大战后的人口迅猛激增，由于1953年的一场大火引发全面考虑大规模的住宅建设和人口疏散对策。

我国的新城建设处在经济社会发展的稳定时期，与第二次世界大战后相比，新城发展所处的大环境已经发生了巨变。新的世界经济格局和日新月异的科技进步给城市发展带来了无限的生机和活力，造就了很多机遇，但也增加了更多未知的和不确定的因素。

就具体的开发条件而言，我国人多地少，新城建设在现阶段主要集中于用地较为匮乏的沿海经济发达省市，加上我国新城所需设定的人口规模较大，新城选址和建设同样会受到用地规模和指标的限制。由于良好的生态环境是新城建设的一贯要求，也是居民最能体验和评判新城优劣的标准之一，因此兼顾用地经济性和生态环境优化是我国新城的一大课题。

我国的新城不仅需要接纳中心城市疏解的人口和产业，缓解中心城市的扩张压力，还需要满足部分富裕阶层对郊区良好的生态环境和优越的居住条件的需求；同时，还需要接纳从广大农村涌入城市的城市化人口，以避免中心城市的过度膨胀。因此，我国的新城将为更多的人群和阶层服务，充分体现“人本主义”的精神。

可以说,我国当前的新城建设是国际上新城建设的延续,是人类追求理想城市过程中的一个特定实践阶段,并在理念、目标和模式上有所调整和发展。

3. 人与自然和谐共生的可持续发展观

理性的规划师总是力图在经济效益最大化和生态效益最优化之间形成某种平衡,以便求得一个总体的最佳解答。但是,无论多目标规划的公式有多么复杂,好比经典的苹果和橘子的公式,只有决策者才有机会在两者之间作选择,或给予不同的且暂时性的优先权。

经济效益最大化的谬误在于:其用来衡量来环境资源和土地成本或经济效益所必须依赖的完全的、科学严格的信息背景总是有缺憾或根本不存在。所谓的最大经济效益总是通过维护最大的人为资本和自然资源之和来实现,而不是通过对资源与环境的持续利用来取得。实际上,成本—效益分析只能反映当代人的此时此地的偏好,而不是下一代人的。所以,以经济最优化和经济效益指标为指导的理性规划实际上难逃谬误的结局。

生态环境最优化则认为,人类的知识可以为人类寻求一条最科学的最佳行动路线,也即是规划所要遵循的游戏规则。完备的信息和系统的科学研究是达到这一目标的充分必要条件。但其实人类的知识不可能具备这种充足的完善性和确定性。人类在解决复杂问题时始终存在着许多局部性和局限性,没有一个决策过程完全符合理性的原则。

城市是极其复杂的复合型生态组合系统,它涵盖城市自然系统、经济系统和社会系统,城市生态平衡就是城市各子系统各要素的优化组合和协调发展。现代城市发展的主要问题也反映出全社会的主要问题,环境恶化,可持续发展的前景堪忧,大城市往往更是诸多城市问题的集聚点。

城市在促进物质文明、文化繁荣和社会进步上的作用有目共睹。然而,城市的繁荣和发展也付出了昂贵的代价。这种代价不仅制约着人类对环境品质和生命品质日益增长的追求,也抑制着城市的健康发展。工业革命以后,太多的城市,尤其是大城市都或多或少地成为忽视生态环境、追求经济效益最大化的牺牲品;今天,人们正努力在失去生态环境的城市中尽量地找回自然。其实,尽管经济效益最大化和生态效益最优化都遵循理性模式,而实际上两者所导致的结果是不可兼容甚至是相互矛盾、背道而驰的。

一个世纪之前,霍华德先生革命性地提出了未来的“田园城市”理想,其代表作《明日的田园城市》一书在英国再版6次，每一次再版都引起人们极大的关注。生态健康——水土清洁、无烟尘、空气清新、阳光充足、田野与城市相融；社会公正——无犯罪和贫民窟、社会机遇平等、充分就业；城乡和谐——城市繁荣和乡村发展互动取代城乡分离，田园城市所描绘的人与自然、城市与乡村的和谐追求源自人类在城市化时代对自己命运的关怀。在《明日的田园城市》一书的影响下，田园城市建设运动也由此发端，并成为世界性潮流。

在我国传统文化中，类似于西方的田园思想的“天人合一”的哲学思想和自然观源远流长。我国的“天”，不同于西方的“上帝”，而是指自然界和自然界的客观规律。“天何言哉？四时行焉，百物生焉！”(《论语》)在农耕为主的生产背景中，人对自然环境的依赖，对风调雨顺的期盼，使得先民们在对四时交替、气候变换格外敏感，逐渐形成了与环境和宇宙间的自然生命相互依存的文化心态，认为人的自然生命与宇宙万物的生命是协调统一的，反映了人们在追求一种人与自然和谐亲密的关系，即“天人合一”的心态。

古代贤哲特别强调“天”、“天地”、“四时”的自然性和规律性，强调“人”只能适应“天道”才能有所作为，否则只有失败。儒家突出地强调了人与自然之间的亲善和谐，孔子教育弟子“毋意、毋必、毋固、毋我”(《论语》)，用现代语言就是说的不要主观主义；“万物皆备于我”(《孟子·尽心上》)，将自己的情性与万物的本性相联系，讲求“物我同一”；“天人合一”讲究“天时地利人和”(《孟子·公孙丑》)；道家则向往回归自然，“以天合天”(庄子)，人与物为一，通过遵循自然规律的方法以求得精神的自由；“人法地，地法天，天法道，道法自然”(《老子》第二十五章)，老子主张“圣人去甚，去奢，去泰(太)”(《老子》第二十九章)，就是讲不要做过分、过头的事情，否则就会有“为者败之，执者失之”(《老子》第二十九章)的后果，因人成事，因地制宜，因势利导，顺应自然，师法自然，取乎自然，与自然相通相依，协调一致，和谐共处，具有朴素的人与自然和谐发展的思想。

其实，城市生态的价值不仅表现在经济价值、社会价值方面，也表现在美学价值方面。城市空间疏密得当，布局合理、配合适当、错落有致可以体现很高的生态美学价值。春秋战国时代就有过相当完整的城市选址原则。管子在城市选址方面的观点可以说是“天人合一”理念的体现：“凡立国都，于大山之下，必于广川之上。高毋近旱而水用足；下毋近水而沟防省；因天材，就地利”(《管子·乘马》)。要求城市选址或要近山，或位于广阔的平原；城址的高度既要保证用水，又要便于防洪等原则。古代许多城市都是经过“相土尝水，象天法地”

科学选定的。在城市建设方面，古人创造了因山就势、傍水依林、楼台参差、花草布列、巧妙结合、千变万化、浑然一体的园林城市建设经验，我国古代城镇、村落、园林乃至居民宅院的规划和建设所追求的目标和意境也是体现“天人合一”的人与自然的和谐关系。

城市环境的改善就是城市经济、社会、物质生态改善的综合表现。协调不仅是人与自然发展的目标，也是解决目前城市与自然矛盾的核心任务。一方面，改善中心城市或旧城区已有的城市环境是问题发生之后的被动行为逐渐转化为未来的主动行为的城市生态转型过程；另一方面，新城的开发建设，应该自始至终都是一种主动的生态城市建设的理性行为，从而自觉地建立起人与自然的和谐关系。

有别于“生态城市”、“园林城市”、“绿色城市”、“山水城市”等生态型的城市概念，“新城”的称谓所代表的理念和目标具有相当的综合性。新城的出现寄托着人们希望建立一种经济和生态相互平衡的新秩序。因为，人们意识到自己并不需要、也不可能要等到获得完全的信息和考虑所有可能方案后再作决策。所以，人们不再追求经济或者生态的最优，而是追求合适，并且基本上是可行的途径。规划既不应追求、也不可能达到最大、最适或最佳，而是在追求一种博弈论中设想的平衡点（von Neumann and Morgenstern 1947, Luce and Raiffa 1957）①，以使各方利益能达到某种均衡的合理值。新城从它的性质特征、必然趋势、核心原则、开发运作和规划策略等方面都表现出它是体现这种合理值的最佳场所，是人们在创造经济价值的同时，也可以充分享受健康环境的可持续发展的人居空间。

在传统的山水自然观、天人合一的哲学观基础上，可把我国的山水诗词赋画的意境融合在一起来构建未来新城市，其核心精神是以人为本，天人合一，建设人与自然和谐共生的人居环境，是可持续发展的城市形态。它包括三层含义：一是人与自然和谐统一；二是人工环境与自然环境协调发展；三是城市人文与城市环境有机融合。新城创造的是人类历史发展中某一阶段的特定的“理想意境”，言有尽而意无穷，倡导现代文明条件下人文形态与自然形态的结合，追求人的全面发展，是社会生态理性与人文理性的回归，集中地体现人类“返璞归真、和谐共生”的美好愿望。

---

① Von Neumann, J., O. Morgenstern. Theory of Games and Economic Behavior[M]. Princeton: Princeton University Press, 1947.
Luce, R.D., H.Raffia. Games and Decisions: Introduction and Critical Survey[M]. New York: John Wily & Sons, Inc, 1957.

6.2　新城的概念

1. 新城

(1) 概念界定

新城的概念源于英国，最初的主要目的是为了疏解大都市人口，建设一个“既能生活又能工作的、平衡的和独立自足的新城”，即新城应为其居民提供商店、学校、电影院、公共交通等一切必要设施，并有相当数量的就业机会。之后新城的概念逐渐发展，强调新城充满机会和选择自由、交通方便、多样化、吸引人且有充分的物质设施。

综合我国新城发展的实际情况，借鉴国外新城发展的实践经验，新城的概念可界定为：“出于特定的政策目标进行规划和建设；位于大城市郊区，有永久性绿地与中心城市相隔离；交通便利、设施配套、环境优美，能分担大城市区域中心城市的居住功能及产业功能的、具有相对独立性的城市社区。”

(2) 分类

新城建设，就其起源而言，并非单纯的物质性建设或房地产开发活动。结合国内外的新城建设经验，主要可从新城形成的不同机制，将新城大致归纳为两种主要类型。

- 由传统小城镇发展而来的“突变发展型”新城。

例如上海的松江和青浦。这些具有悠久历史的中小城镇往往处于良好的自然环境之中，与大城市有一定的空间距离，不易与大城市的蔓延发展连成一片。其凭借原先较好的基础，在市场竞争中获得良好的机遇，在上级规划的引导下，一方面安置不断从中心城市疏散的人口和就业，另一方面吸纳外来投资及城市化进程中不断涌向大城市的农村劳动力。这种发展方式有利于解决大城市的人口和就业压力，而自身也获得了前所未有的发展机遇。在这种发展中，原先的小城镇突破了传统的发展模式，产业结构得以转变，功能定位得以提升，各项设施高标准地配套，城镇的内涵有了本质性的变化，因此可称之为“突变发展型”新城。

- 围绕城市的某重点建设项目逐步建立的“建设项目配套型”新城。

例如工业新城、海港新城、空港新城，大学新城等。一些城市的重大投资建设项目，由于占地面积大、环境影响大、投资大、建设周期长等原因选址在大城市有相当空间距离的郊区。而且其本身的建设与发展就包括了大量的就业岗位需求。因此,围绕着这些大型项目,配套建设居住、购物、娱乐、办公等设施,形成一定的城市功能。这类新城往往是依托区域重大工程项目建设的有利条件,有重点、有选择地投入资金和技术,可以通过科学选址,全新地建设一座新城,也可以在已有的城镇基础上进行调整和改造,延伸产业链条,优化产业结构,增强经济活力,扩大城市规模,从而形成有独特功能的"新城",可称之为"建设项目配套型"新城。

2. 类新城

(1) 概念界定

相比较新城的概念,不难发现,前面提到的我国现阶段出现的形形色色的新开发,尽管往往冠以"新城"之名,但大多数并不是严格意义上的新城。但是,这类新开发可以而且应该借鉴新城建设的理念和手法,因而对其加以研究和引导是非常必要的,本文将这类开发所形成的新区或城镇定义为"类新城",从而标示其与新城的联系和区别。

"类新城"一般是规划选址在大城市近郊区,有就业、居住、购物等综合性的城市功能,以安置中心城市向外疏散的人口和产业为主的一种人居形态。

(2) 分类

自从大城市出现紧张的人口和就业压力以来,"类新城"就以各种形式伴随着大城市的外延拓展进程,较常见的有城市新区、城市组团、城郊居住区等形式。同样,根据其形成机制可将其归纳为两种主要类型。

- "融入发展型"类新城。在一个城市发展进程中,中心城市周边若干具有重要战略地位的小城镇得益于历史的发展机遇,以一种类似于新城的模式得到发展。例如,上海的宝山、闵行、嘉定等原先上海中心城市周边的小城镇,在先前的城市总体规划中曾被定位为上海市的工业卫星镇,从经济发展战略的角度得到了极大重视和发展。随着中心城市的不断外延扩展,这些小城镇逐渐被融入成片的中心城市的建设用地中,成为大城市的一个次区域实体。虽然原先的小城镇已经与中心城市融为一体,共同发展,但由于历史的原因及大城市的多元化发展战略,这些小城镇始终保持着内部的结构性及相对独立的行政权,而且往往被赋予重要地位,成为承担大城市某些职能的新区,所以称之为"类新城"。

- 城市发展进程中,城市结构变化而形成的"结构演变型"类新城。随着大城市发展,城市形态的成长和城市规模的扩展,不断冲击原来的城市结构,当城市发展到原先的结构不再适应甚至束缚其发展时，势必产生城市结构的突变、以适应城市的成长。例如，厦门城市发展逐渐突破了原来只局限于主要发展本岛的局面，新一轮城市总体规划的原则是厦门城市应由“海岛型”城市向“海湾型”城市转变。即以厦门本岛（含鼓浪屿）为厦门市的主城区（即中心城市），同时整合岛外的城市化发展区域，形成沿海湾的城镇群。这些海湾城镇也可归入“类新城”。通过厦门海湾新城镇的整合规划和开发，将使厦门的城市最终呈现出由本岛主城和岛外海湾城镇有机组合的特大城市的空间格局。

3. 特征比较

从以上对“新城”与“类新城”的概念界定与分类分析，可以看出这两者新城在内涵与形态方面存在着很多不同，但可以简要地归纳为两者在“独立性”上存在本质性的区别。

（1）空间结构独立性

由于所处的区位和形成机制不同，两者与所在大城市的城市结构关系迥然不同。新城由于形成于郊区，并有永久性的绿地与中心城市相隔离，因此，是作为一个完整的结构与中心城市共同生长于一定的区域范围内，其发展改善并升级了大城市的区域空间结构，而并不因此改变中心城市的空间结构。

类新城则一般分为两种情况：一种为被自然的地形特征所分隔形成的城市组团，例如我国有不少山水城市，地形地貌特征丰富，往往利用自然地形条件规划为组团式的城市空间结构，组团之间也保留有具永久性绿地性质的自然地形，且各组团共同构成完整的城市空间结构；另一种则为位于大城市的郊区，一部分为城市近郊的发展蔓延区，还有一部分曾经独立于中心城市，但后来逐渐与中心城市连为一体发展，这种类新城的空间布局、道路交通、功能组织等方面一定程度上促进了中心城市的空间完善，成为中心城市整体结构中的补充。类新城由于其功能的不完善性而发展动力不足，仅能保持为城市组团或分区之一，并不足以影响大城市区域空间结构的优化和升级。

（2）经济独立性

新城自形成初始就是作为一个相对独立的实体而存在。首先，源于传统小城镇的新城虽然受大城市中心区的经济辐射，但由于历史所形成的经济基础，并不影响它作为一个独立于大城市的经济实体的地位，这样的城镇可以有自己的经济战略，通过自身的经济运作去实现发展目标。再者，重大建设项目形成的新城，本身就体现为一个宏大的经济增长点，能吸引和集聚大量的人口和服务产业的集聚,成长为具有一定独立性的经济实体。

类新城作为大城市的一部分,与大城市的经济整体运作密不可分。新城的产业结构趋于相对均衡、完善,就业人口的相当部分是新城居民;而类新城的产业结构很难界定,往往只侧重于某一种产业,当地的居住人口和就业岗位也没有直接关系。

(3)社会独立性

同样,由于新城的空间结构具独立性,虽然是解决一部分大城市居民的住房和就业问题,但是随着新城结构的相对成熟,一些新城与中心城市之间的社会流动性会逐渐减少,社会构成也逐步趋向稳定,新城发展趋于成为一个自我平衡、相对独立的社会实体。

类新城与中心城市在结构上呈现主、副关系。因此,相互间的社会流动性极为频繁,甚至相互共生,难以区分,在这个意义上,类新城很难有独立性可言。

(4)规划独立性

正是由于新城和类新城在社会、经济、空间结构三大方面的不同,导致两者在规划处理的手段上有很大的不同。新城作为相对独立的社会实体,在城市规划和管理中需要单独处理,在市域城镇体系规划之下,对其应该独立编制总体规划。然而,类新城作为大城市区整体的一部分,在规划布局及管理方面与中心城市密不可分,一般在城市总体规划完成后,对其编制分区规划。

值得一提的是,从以上的特征分析和对比,类新城较新城更为普遍地存在于我国当前的大城市建设中,它的存在有利有弊。我们在肯定它的作用的同时,不妨扬长避短,克服其发展中的不利因素和弊端,通过有效合理的规划调控手段加以改造,或成为中心城市不可或缺的一部分,或成为完整、独立、综合的新城。下文针对新城所提出的一系列原则和策略,对类新城开发与建设应该也有相当的关联性。

表 6-1　新城与类新城的特征对比表

	共同点	不同点	
		新城	类新城
目的	解决大城市人口和就业疏解为主要目的	整体上有利于解决大城市的城市化人口和就业压力	以安置中心城市向外疏散的人口和就业为主
区位	位于大城市郊区	独立于中心城市,与中心城市有永久性的绿地分隔	或由自然地形特征分隔的城市组团之一;或是近郊蔓延区的一部分;或逐渐与中心城市连绵成片发展

续　表

	共同点	不同点	
		新　城	类新城
功能	具有居住、就业、购物等综合性城市功能	人口和就业岗位相对平衡	居住人口和就业岗位不直接相关
产业	具备一定的就业场所，是城市的经济增长点之一	有主导产业，经济发展趋于综合	产业结构较为单一
社会构成	相对稳定的社会实体	相当于中小城市规模、有相对独立的社会实体，社会构成较综合	城市整体的一部分，社会结构相对简单
环境	整体环境状况相对于老城区要好	经济社会较为独立综合，不易受到中心城市的影响；有永久性绿地与中心城市分隔，生态环境能得到较好的维护	受到中心城市社会、经济和生态环境的影响，不易控制
交通	交通区位较优越，道路系统较完整	道路系统自成体系，通过快速干道或轨道交通与中心城市联系	道路系统是中心城市的组成部分
设施	具备较完善的公共设施和市政公用设施	在新城范围内独立安排	在中心城市范围内统筹安排

6.3　新城建设的必然趋势

在经济发展、收入水平提高，以及交通建设、工业外迁和其他相关政策的共同作用下，我国大城市既有为了改造老城区而联动开发新城的做法，也有为了拓展城市空间在郊区设立新城的做法；既有别墅加汽车式的富裕阶层向远郊区迁移，出现日常住所与假日住所分离的现象，也有大量工薪阶层向近郊区迁移的现象；还有许多外来人口在城乡接合部集聚并向中心区渗透。此外，还由于我国大城市中心区的内聚压力仍然很大，魅力并没有丧失，郊区化的发展不可能完全类同于西方国家的城市郊区化过程。

在种种因素的影响下，我国大城市的郊区发展已是不可逆转的事实。积极研究和理解大城市区域空间发展的规律是非常必要的。新城建设并不是解决城市问题的万能之道，是否有必要建设新城和如何建设新城要根据各大城市的自身情况来确定。

1. 新城建设的必要性

(1) 以大城市圈为核心的城市化道路

工业，特别是重工业有着强烈的大城市区位指向。对工业而言，它需要城市功能的服务、需要大规模的工业基础设施支持、需要大量的劳动力、需要产业集聚的效益、需要紧靠它的最大用户群——大城市，这一切决定了工业布局的大城市取向。1960年，在日本重工业化的鼎盛时期，仅占国土面积12%的所谓东京、大阪、名古屋、福冈这四个大城市圈实现了日本工业生产总值的70%。分布在四大城市圈中的所谓四大临海工业地带虽然只占国土面积的2%，但其工业生产总值却占日本全国的30%以上。工业区位的大城市取向之强烈由此可见一斑。各国的经验证明，在经济发展中，大城市往往起着"火车头"的作用。英、美、日、韩等国，其百万以上城市人口占全国人口的比重分别是23%、39%、37%和52%，而我国只有6%。

在欧洲，特别是中部欧洲，许多国家走的是中小城市的发展模式。这些国家大都属于产业革命的先发国家，工业化的后发国家在城市化进程中往往倾向于走大城市模式。这里有一个城市发展模式与发展效率的选择。工业化后发国家首先需要的是效率，它需在很短的期间内走完工业化先发国家几百年走过的道路。因此，它不得不选择大城市的发展模式来提升它工业化进程的效益，工业化后发国家劳动力的转移是跳跃式的。农村劳动力从全国各地直接涌向大城市的倾向较大，农村劳动力直接进入各类现代化产业的情况普遍。

我国是工业化的后发国家，为了尽早地实现现代化，我国的经济需要高效益。在今天信息革命的时代，我国的城市化需要为工业经济、信息经济提供最高效益的环境。从发展效益的角度来讲，我国不能回避以大城市圈为核心的城市化模式。

大城市的整体竞争能力需要提高，整体发展需要经济社会在结构上的全面调整，经济、社会的发展需要空间作为载体进行拓展和调整。面对城市化进程的巨大压力，大城市的中心城市的空间拓展非常有限，已有的传统空间结构已不再适合继续延续性扩张。因此，中心城市凝聚力的进一步提升，功能产业的升级换代要求中心城市的用地功能进行大幅度置换，都有必要在中心城市外围合理选址以安置从中心城市疏解的产业。且在中心城市合理的可拓展范围内，如果已有的中小城镇发展比较良好，且较为均衡的话，则可以选择较有发展潜力和发展优势的城镇进行重点发展；或依托区域大型工程项目的建设，以新型产业和新技术，高起点地建设新城。

首先,在大城市区域范围内,合理地开发新城,有侧重地投资,有助于大城市完善城镇体系,优化空间结构。对中心城市而言,新城不仅是减缓扩张压力的一种有效途径,更是一种跨越式的建设空间延续,有利于中心城市功能的强化。其次,新城在接纳中心城市疏解出来的人口和产业的同时,也为中心城市的产业升级和功能置换提供了充分的发展空间。再者,新城的建设吸收了本来要进入中心城市的城市化人口,可减缓中心城市的压力。

（2）城市化的重任和区域结构的调整

以长江三角洲地区为例,长三角地区的经济发展迅猛,正在向“世界制造业中心”的发展方向前进。有专家预测,未来40年里,我国总人口至少要增加2亿至2.5亿,城镇人口可能要增加5亿。未来20年农村至少需要向城市转移4亿多人,其中1.5亿至2亿将要成为长三角和珠三角的居民。以上海为核心的长三角大都市圈在未来几十年里将把人口规模扩大到1.25亿,其中绝大部分将来自外来人口的迁移。

我国经济较发达的大城市都或多或少地存在人口结构滞后于经济社会发展的问题。以上海市人口和就业结构来说,2004年《长三角地区人口发展战略研讨会》上专家预测,作为世界第6大都市圈,2020年上海都市圈的常住人口将突破2 200万,其中1 000万人口增量也将来自外来移民。目前,上海构成状况需要不断改善。国际人口的比重较低,与国际大都市有很大距离①;户籍人口的老龄化非常严重②,整个劳动力结构日益老化;人力资源老化的必然结果是知识和技能的老化。人口结构问题难以在短期内得到改变,大量吸纳外来移民可以有效地延缓老龄化的进程,改善人口的结构。劳动力人口、就业者的职业构成、人力资源和人才储备也同样需要合理有效的人口置换。

如何安置这些外来人口的住房和就业对我国的大城市整体发展来说是一个很严峻的考验。我国的大城市走在经济社会发展的最前端,但在空间上都面临着中心城市人多地乏、产业拓展受限的窘迫局面。而我国目前城镇体系发展中存在的主要问题是:城镇体系的布局、规模结构与经济发展不适应;缺乏在全球经济

① 2001年,上海市具有大专及以上文化程度的人口占15岁以上总人口比重为12.47%,低于香港(19.9%)。高等教育在校生占城市人口的比例,上海也比巴黎、东京、纽约等国际大都市要低。上海国际人口的比重较低,总人口中境外常住人口占总人口比重只有0.37%,而纽约是20%,香港为7.6%,从而造成国际型人才短缺的问题。

② 2003年,上海市户籍人口中65岁以上老年人占总人口比重已上升到11.5%。

中具有较强竞争力和影响力的国际性大都市；城市密集区各类城镇功能分工不明确，结构趋同；中西部地区中心城市不足，现有城镇的要素集聚、辐射和带动力较差；城镇质量和管理水平不高；小城镇数量偏多、规模偏小，缺乏足够的吸引力。因此，在快速提高城市化水平，扩大城市规模的同时保证城市区域整体结构优化是大城市空间良性发展的关键。

为了保障城市化健康稳定的发展，有效合理的安排城市化人口并促进区域空间结构优化是我国当前城市规划不遗余力的任务之一。现阶段的新城建设正是为我国快速城市化提供了一个高起点的发展平台和承载空间。首先，新城建设为中心城市的规模进一步膨胀提供了缓冲地带，有利于缓解中心城市的人口和产业压力，加强中心城市的集聚功能，改善中心城市的城市环境；而且，较之于中心城市，在用地上新城具备更充裕的发展空间，在环境上新城更适合人们追求舒适健康的生活环境，在经济发展上新城更具潜力来创造优越的物质设施条件来提高竞争力以吸引人口与产业。其次，新城建设势必带动周边中小城镇的新一轮发展，有利于推动中小城镇空间的集约化，改变我国中小城镇普遍规模较小，区域内结构雷同、重复建设等问题，促进中小城镇功能的整合，而且有利于在区域内建构合理的城镇体系，促进区域整体结构的优化；再者，新城位于城乡之间，兼顾城乡优势，是城乡联系的枢纽，新城建设将带动中心城市、一般城镇和广大乡村之间的共同建设，有利于促进和完善区域内城镇的网络化发展。

需要说明的是，根据本论文的研究范畴及对新城的概念界定，此处的新城强调为大城市区域服务，即通过新城建设，来强化中心城市功能，整合中小城镇功能，优化区域整体空间结构，提高区域合作效率。

2. 新城建设的可能性

我国的新城建设是快速城市化进程中，为了缓解中心城市人口和产业压力，优化大城市区域空间而采取的必要政策和有效手段之一。新城建设除了经济社会发展的必要性之外，还需要有促进其生长的外部环境，包括技术条件与人的意识等。

（1）意识的转变

我国目前兴起的新城建设热潮在相当程度上得益于住宅郊区化的趋势。大城市的住宅郊区化显然是不可避免的，且趋势越来越明显。

中心城市喧嚣的环境与快节奏的现代生活方式压抑了人的个性，悠闲和快乐的健康生活成为现代人生活的理想追求。城市人口急剧膨胀、环境污染、交通阻滞等越来越困扰着城市居民。相比之下，郊区住宅的环境和价格优势显露出来。市民对家居生活质量的要求已不再沉迷于处于城市中心地段的人口密集的商业区，无法忍受城市喧嚣与污染的居民愿意以牺牲一定的交通成本，以相对较低的价格在郊区买房，来购买健康舒适的生活环境，生活郊区化成为越来越多的购房者的新理念。

我国的新城建设在一定程度上迎合了当前大城市居民择居郊区的发展趋势，新城的交通便利、环境舒适、服务便利等条件都符合现代人择居的要求。而且，较之于中心城市和一般中小城镇更有利于创造经济、社会、环境俱佳的可持续发展社区。

(2) 物质技术的进步

互联网的进一步普及：几乎所有人都已愈来愈意识到互联网的深远影响，但充分预测其对城市发展的影响就像20世纪初预测汽车对城市发展的影响一样困难。在未来50年，如果信息交换能够逐步替代当前物质流交换的部分功能，互联网对生活方式的改变将是难以估量的。正如铁路为大城市服务，高速公路为郊区服务一样，互联网既可服务于偏远地区，也可服务于人口稠密区，对城市空间发展的影响将可能是根本性地改变时空"区位"的概念，对社区发展的影响有可能是计算机虚拟空间形成的交流方式将部分取代过去社区中传统的面对面交流方式。如此一来，跨越式的城市空间拓展在资金流、物流和信息流的交流形式上，因为互联网的逐步普及提供了越来越广泛且深入的时空领域。

新城建设依托其高起点的建设水平，较之中心城市有更广阔的互联网普及与应用的优势，这将极大地有助于新城既与中心城市在经济社会活动交流中保持紧密的时空联系，又能进一步提高其自身的独立性，促进其综合功能的完善。

交通设施的发展：高效、便捷、经济的交通网络和交通设施将极大地促进城乡之间的交流与联系，推动和保证新城的高质量建设；反过来，城市建设也会推动交通设施建设的全面开展。

● 高速公路建设和交通设施的完善

我国的高速公路通车总里程于2004年8月突破了3万公里，位居世界第三，但人均公路面积远远落后于发达国家的水平。而且，高速公路只有形成网络，连续运输距离达到800公里左右才能显现它的独特优势，发挥其运输效益。我国即使在经济最发达、人口最稠密的东部沿海地区，高速公路依然没有实现真正的网络化。公路交通发展全面落后于世界发达国家的现状已经引起了高度的重视，加快发展公路建设，尽快解决这一制约经济和社会发展的瓶颈已经是我国当前基础设施建设的重大任务之一。

根据交通部制定的《国家高速公路网规划》①,目前我国正在进行大规模的高速公路建设。我国的高速公路的建设将与新城建设互为促进。一方面,区域整体的道路网络和交通设施的建设和完善,将推动交通干线的功能集聚和产业开发,这既有利于新城选址于规模形成,又有利于促成新城建设的经济优势与独立性;另一方面,新城处于城乡之间,是中心城市和其他城镇以及广大乡村地区的链接枢纽,新城建设势必同时带动相关道路网络和交通设施的建设与完善,从而促进区域的整体优化发展。

● 小汽车的增长

1990年代中期,随着国家汽车产业政策的颁布,与小汽车生产、流通相关的重大举措亦相继出台,"小汽车进入家庭"被确定为国家扶持汽车工业发展的战略安排。小汽车在现有的各种交通方式中最能体现个性的发展需要,它的快捷、舒适、私密、门到门的出行等都远胜过其他交通工具。随着人的潜能的开发,自身价值的提高,时间越来越重要,自由、自主显得日益重要。

我国需要适度发展自己的汽车工业,需要适度发展小汽车交通。国内市场在保证大城市小汽车不过度发展和膨胀的前提下,仍然有巨大的发展空间,足以支撑汽车工业的市场需求。"小汽车进入家庭"使得城市居民的出行范围得到延伸,出行方式日益多样化和灵活化,由此人们的择居空间范围愈来愈广。郊区化趋势下的就业与居住分离的状况将进一步增强,以通勤需要作为购买汽车主要动机的城市居民,随着住宅郊区化的进一步发展将越来越增加。"小汽车进入家庭"在相当程度上促成了新城建设在物质技术和人们的主观选择上的可能性。

● 城市轨道交通改变城市的空间结构和运转方式

根据国际经验,新城的客运交通应该建立以高效、便捷的大容量轨道交通为骨干的公共交通体系与中心城市及其他城镇进行经济社会联系。

目前,我国的城市建设已经深切体会到大容量轨道交通的重要性和迫切性,全国城市在建的轨道交通项目大概有300公里左右,总投资在1 000亿元人民币以

① 根据未来20年全面建设小康社会和21世纪中叶实现现代化的需要,我国高速公路网的总规模大体在8万～10万公里。我国将要建设总规模8.2万公里的高速公路网。国家高速公路网建成后,可以覆盖10多亿人口,东部地区平均30分钟上高速,中部地区平均1小时上高速,西部地区平均2小时上高速。全国所有省会城市(含港、澳、台)、83%的50万以上人口大城市和74%的20万以上城镇人口中等城市,和机场、铁路枢纽,都将被高速公路网连接起来,形成快速综合运输网。

上。申请待立项的拟建项目里程400公里，总投资1 500亿元左右。

我国的新城建设既离不开中心城市的集聚与辐射功能，也需要原有中小城镇的发展基础，更迫切地需要完善的公共交通网络来联系区域内经济社会活动的交流。大城市的交通已经不堪负荷，随着中心城市的密集人口向外疏解，迫切需要高效、迅捷、经济和安全的交通工具来联系中心城市和新城、新城和新城之间的大量通勤人流。大容量的轨道交通已经被实践证明是最高效、迅捷、经济和安全的公共交通工具。然而，我国目前已有的一些新城或类新城等大规模城市单元的规划，考虑较多的还是小汽车模式，而不是公共交通优先模式。随着区域一体化的发展与完善，大量且高密度的人流将穿梭于中心城市内部、中心城市与新城之间，以及新城与新城之间，如果还是以常规公交或私人小汽车作为主要的交通联系手段，是不经济，也是不利于环保的，是与可持续发展有出入甚至相悖的。

我国的轨道交通建设起步已晚，因此更应采取优先发展、超常发展、跳跃发展的战略，使大城市的交通问题尽早得到改观。而且，城市轨道交通在促进城市功能的综合强化和城市空间资源的优化配置的同时，可以重新配置区域的人口和产业，这将更有效地促进新城的人口和产业发展，并且加强与中心城市的经济社会联系，从而使新城建设更为可行。

出行方式的多样化与合理选择：随着我国城市规模的扩大、住宅郊区化的大势所趋、居民生活水平的提高，以及自主购房择居的时空范围越来越广，原有的城市交通出行状况正在改变。从国际经验看，即使小汽车十分普及的发达国家，大城市的客运交通还是依赖以城市快速轨道交通的为骨干的公共交通体系，小汽车只是辅助性的出行工具。

值得借鉴的是新加坡政府的措施，新加坡除了大众捷运系统，还通过电子收费系统确保任何私人汽车进入市中心都必须付费取得权利。新加坡为了避免全世界大都市在交通尖峰时间塞车的通病，采取了尖峰时段进城付费的政策。几年前还使用的收费通行证，已经改成了电子感应器。在通过城区外围的关卡时，感应器便会自动从付费卡中扣除费用。这个进城收费的制度，让不必急于进城的车辆避开尖峰时间。这个严厉的交通管理政策，之所以能够推行，是因为新加坡的捷运与公车系统已经非常普及。新加坡政府还有一个更严厉压抑小汽车成长的政策，就是汽车价格之贵，也是世界第一。另一个减轻交通阻塞的方法，是控制私人汽车的持有率。利用牌照数量发放的管制，新加坡严格控制小汽车总量，否则整个城市将会因为塞车而完全动弹不得。

我国的城市发展历史悠久，城市已经形成了相对固定的城市格局，且密度亦比较大。大力发展私人小汽车势必会蚕食人们的生活空间，随之而来的还有道路拥挤、环境污染、交通安全和用地紧张等问题。从空间资源的条件看，未来我国私人小汽车发展的主要地域是发达地区大城市的中心城市边缘区、新城、远郊，以及中小城市及农村地区，在中心城市及老城区则不得不对小汽车的使用施以必要的限制和控制。

6.4 新城开发的核心原则

1. 政策目标导向下的开发运作

我国新城建设一方面可以借鉴西方国家的新城实践经验，另一方面我国的新城开发必须从实际出发，符合我国现阶段的经济社会发展状况和基本国情。

(1) 政策目标

纵观世界各地的新城建设，可以很明确地看到新城建设是具高度政策性的一个特定且较长阶段的任务。与其他国家或地区的新城比较，我国的新城建设既有为了吸收中心城市人口和产业，解决中心城市的城市问题，促进区域协调发展等共性的政策目标；同时，还具有缓解大城市区域的城市化人口压力，强化中心城市功能，整合中小城镇职，优化大城市区域的整体空间结构能等若干领域的特定政策目标。

未来一段时期内，我国新城建设的政策目标可总结为缓解大城市的人口和就业压力，推动城市化进程的发展，强化中心城市的核心功能，优化大城市的区域空间结构，促进区域协调发展，创造人与自然和谐共生的人居环境。我国的新城开发是可持续的开发运作，即在保证一定经济利润的前提下，最大限度地保障社会公正与保护生态环境。"可持续"既是指新城开发必须坚持可持续发展的经济、社会、环境目标，也阐明新城开发是一项的长期投资与经营的过程。

在政策目标的导向下，我国的新城开发必须坚持政府主导和实行公司化运作。

(2) 政府主导

坚持政府主导是实现政策目标的基础与保障。新城在我国还是一个刚起步的新事物，需要应对的情况和解决的问题众多，特别是由于我国的市场经济还不成熟，社会发展的不确定因素很多。新城的建设为了实现以上的政策目标，必须明确地坚持政府的主导地位。

政府主导的关键在于通过立法确保新城开发具有强有力的法律保障，并通过一系列有效且合理的公共政策来正确指导新城开发的各项建设活动。

政府主导的作用和意义表现在：首先，政府主导有利于准确把握新城的发展方向，在功能定位、选址、发展规模等重方面作出正确的决策，并贯彻实施；其次，政府主导可以确保新城的公共开发先行，包括基础设施和道路交通设施等非营利性的公共事业的有效开发和运营，以及学校、医院、体育场馆、养老院、福利院等公共设施的统筹安排和建设；再者，在政府主导公共开发和宏观调控的前提下，可以更有效地导入市场机制，即充分利用社会资本，形成多元投资主体的建设模式，实行建设与运营的产业化；再者，坚持政府的主导地位，有利于落实公共机构、社会团体、私人开发商和居民各自的权利和义务，尤其是保障弱势群体的利益，促进社会的和谐发展。

新城开发运作的各方各面需要政府的宏观调控和统筹安排，尤其是：（1）在宏观战略指导方面，政府必须制定宏观战略规划以指导具体的新城开发活动，包括产业布局、公共开发、住宅建设等都必须由政府部门运筹帷幄；（2）在土地市场方面，我国实行土地国有，政府管理，有偿使用，土地在集中统一的基础上进入市场有序流通，政府应考虑如何确保新城土地开发的土地供应，并形成高效、有序的土地二级市场；（3）在物质设施建设方面，主要是区域大型交通设施和市政设施等必须由政府有关部门统筹建设；（4）在社会事业方面，政府主导可以合理处理各项民政事务，妥善解决各种利益矛盾与冲突，创造良好和谐的社会环境；（5）当新城开发至较稳定阶段，政府主导的开发模式有利于将新城的社会管理、后续运营及开发的管理能平稳地移交给地方政府，实现实地化管理。

（3）公司化运作

政府主导并不等于以行政手段来操作，或是排斥市场机制。根据国际上的成功经验，新城开发的实施可在政府的主导和主持下，由国有或公共控股公司来具体运作。不同开发公司可分别负责各自划分范围内的开发建设工作。新城的公司化运作迎合了市场经济规律，可以充分发挥市场的灵活性，体现市场经营城市的优势。

在政府主导下，公共财政资金、民营资本、外商投资等的共同参与使得投资、开发、经营的主体呈多元化，关键在于完善政府投入和市场运作相结合的投融资机制，并积极创造社会资金投资城市建设的良好环境。

在不同的城市与地区，应根据各地的经济发展水平、社会状况、地块开发类型、工程性质等方面的不同而因地制宜地采取不同主体、不同力度的参与程度和运营模式。

（4）政府与多元化投资

随着我国民间投资和外商投资的较高增长及其在全社会资本中的比重不断上升，投资增长继续呈现国有投资、民间投资和外商投资共同拉动的格局。在政府主导下，我国的新城开发是由新城开发公司直接负责各项具体的活动，可以充分运用多种市场运作模式，是一个民间资本和外资充分进入和发挥作用的领域。除少数与国计民生关系密切的行业按国家要求限制民营资本投资外，竞争性领域和对外资开放的领域，都对民营资本开放。政府与企业之间从一开始就是彼此协调、彼此制约的关系，随两者起伏并逐步走向成熟。

首先，新城建设积极争取国家公共财政资金支持。积极组织申报项目，争取中央预算内资金、国债资金、各种专项资金、外国政府和国际金融组织贷款等资金，支持基础设施项目、社会事业项目、高技术产业化项目等的建设。

同时，要积极引导民营企业向更宽产业领域发展。民营经济投资除在批零贸易、餐饮业、高新技术产业、房地产开发业中介入程度较高外，鼓励和引导民营资本以多种方式，投资于高速公路、公交、停车场、污水处理、垃圾处理等公用事业领域。而且，要进一步优化投资软环境，建立投资企业网上服务系统。

随着我国公用事业民营化、产业化的进程加快，民营资本参与公用事业建设的模式也日趋多样化，出现了BOT（建设—经营—转让）①、TOT（转让—经营—转让）②、合资、直接购并、独资经营及政府特许专营等多种运作模式。由于新城开发与区域整体发展密切相关，两者在大型区域性公用设施建设方面往往是相互促进或互为一体的。但在这些常见模式中，项目一般由政府部门单方面提供，民营资本处于相对弱势，无法介入前期论证等项目全部流程，这基本限制了民营资本的技术创新，必须及时转换有关政府部门的角色，给予民营资本政策支持，并保持政策的持续稳定。

---

① 是指政府与投资者签订合同，由投资者组成的项目公司筹资和建设城市环境基础设施，在合同期内拥有、运营和维护该设施，通过收取服务费回收投资并取得合理的利润，合同期满后，投资者将运营良好的城市环境基础设施无偿移交给政府。

② 是指政府对其建成的环境基础设施在资产评估的基础上，通过公开招标向社会投资者出让资产和特许经营权，投资者在购得设施并取得特许经营权后，组成项目公司，该公司在合同期内拥有、运营和维护该设施，通过收取服务费回收投资并取得合理的利润，合同期满后，投资者将运行良好的设施无偿地移交给政府。

值得推荐的是20世纪90年代后兴起的PPP[①]模式，其在世界公用事业领域，尤其是大型、一次性的项目如公路、铁路、地铁等的建设中，扮演着非常重要的角色，包括英法海底隧道、香港东区海底隧道、日本跨东京湾高速公路、澳大利亚悉尼过港隧道等项目，均采用这一模式建设而成。在PPP模式中，政府与民营资本必须合理分担项目的各种风险，并通过合同等工具对风险进行管理。由于参与PPP模式的民营资本很多是国际大型企业和财团，政府在谈判与合作中应遵循国际惯例，并对公用事业的投融资体制及管理制度进行改革和创新。

总之，我国的新城开发是政策目标导向下的坚持政府主导、实行公司化运作的可持续的开发过程。

2. 社会发展

新城是一个功能俱全、相对独立综合的城市实体，它不应仅仅是通勤者的栖居地，而是应该提供充足的就业岗位和物质设施，能满足不同人群日益增长的社会需求。社会功能的健全及和谐发展是新城建设的最根本目标。

（1）社会群体

- 不同年龄和职业构成

新城建设由于其阶段性和政策性，缺少自然演变的发展过程，易出现居民的年龄或职业构成的不平衡现象。即便某一新城由悠久历史的传统城镇发展而来，也往往由于某个阶段的功能调整和产业布局等原因，而影响到某个年龄段或某种职业人群的突出。年龄结构中的突出段往往带来社会问题，如就业或某些公共设施使用的压力，及可能引起一定阶段新城规模的突然性膨胀；某种职业人群的过多不仅反映了城市产业的不平衡状况，还可能导致对该倾斜产业的过度依赖，并可能引起社会文化的单调呆板。因而有必要采取措施吸引不同年龄段与不同职业人群的人口迁入新城，从而有助于城市文化生活的丰富多彩，实现社会、社区和家庭的可持续发展。

---

① 20世纪90年代后，西方兴起的PPP（Public-Private Partnership）模式，也称为3P模式，即公私合作模式。在这种模式中，政府部门、民营资本基于某个公用事业项目结成一种伙伴关系，双方首先通过协议的方式明确共同承担的责任和风险，其次明确各方在项目各个流程环节的权利和义务，最大限度发挥各方优势，使项目建设既摆脱了政府行政的诸多干预和限制，又充分发挥民营资本在资源整合与经营上的优势，达到比预期单独行动更有利的结果。经过十多年演变，PPP模式的合约形式越来越多样化，Build-Own-Operate（BOO）、Buy-Build-Operate（BBO）、Design-Build-Operate（DBO）、Operate-Maintain（OM）、Operate-Maintain-Manage（OMM）、Design-Build（DB）、Design-Build-Maintain（DBM）、Lease-Develop-Operate（LDO）、Sale-Leaseback（SL）、Lease-Purchase（LP）、Developer Finance（DF）。

● 不同社会阶层和文化层次

我国的新城建设牵涉到多层面的社会人群，需要接纳来自不同地区、不同文化背景、不同教育层次的居民。在同一个城市环境中，不同的生活习惯、文化素质和意识背景的人群之间不可避免地会发生各种经济社会交往，社会阶层和文化层次的差异难免会产生各种阻碍或矛盾。如何让异质人群在新城的社会大环境中和谐相处是新城建设的关键任务之一。

以往的实践证明，不同生活习惯、文化素质和意识背景的"阶层混合"发展模式是不切实际的，会导致新的社会矛盾和不稳定因素的激增和社会阶层关系的恶化。因此，不仅需要尊重和保障各阶层人群的利益，而且又要促进社会的团结与稳定，新城开发应该采取更实际、较温和的政策与措施。也就是说，虽然改变社会分层结构的可能性不大，但通过安排合理的"阶层分区居住"和合适的"公共场合交流"，可以达到新城的人际关系融洽与社会和谐。

（2）就业问题

● 人口与就业

早先的新城开发主张人口和就业的平衡，一方面，企业可以获得政府的扶持；另一方面，新城提供的大量公共住房也有助于吸引人口，进而提供就业岗位所需的人力资源，促进企业发展。

随着经济发展的全球化和网络化，就地均衡地安排人口和就业已经显得不合时宜，因为各种经济社会活动需要更广域的空间区域来承载与合作。城市规模的扩展、居住的郊区化、就业岗位的流动性增强，导致就业分布在区域范围内更分散化和居民交通出行需求的短距离化。因此，新城的人口和就业之间的绝对平衡越来越难。而且，新技术革命所产生的劳动力岗位和数量的变化，要求新城必须比过去更要适应产业布局与发展的需要。

新城与中心城市、新城与新城、新城与其他中小城镇的发展息息相关、互为促进，其间的人口和就业应该是在日益频繁的经济社会交流中获得相对平衡，而不是绝对的各自均衡，解决关键在于如何合理有效地统筹安排区域范围内的就业，及组织便捷的交通联系。

● 就业与设施

新城的就业岗位与设施的平衡也应符合区域发展的总体要求。

随着生活质量的提高，居民对住区配套设施的要求呈现多样化趋势，而且不同的选择体现着不同消费者的需求。新城较之中心城市和一般城镇具有更多的空间优势和开发潜力来满足居民对住区配套设施的要求。购房者基于自己的职业、收入、年龄段等对小区的综合市场和购物中心、娱乐场所和餐饮服务、医疗设施、重点学校、银行、邮局以及互联网等有各自不同的需求。有社会责任感的开发商应该认真考虑如何通盘规划设计，使不同收入层次的消费人群能够和谐相处，友好、尊严地生活在一起，共同建设社区文明。

生活在新城不意味着都在那里工作。新城应该寻求和保持更大的就业机会及减少通勤需求。新城的居民应该在就业和设施使用方面有一定的选择性，并能在一定的区域内满足专业化分工的需要。这一目标的实现有赖于区域规划的总体安排，需要加强各居住点的空间联系，提高交通系统的通勤效率，减少因缺乏规划导致城市蔓延而产生的令人无法忍受的交通超负荷。

（3）区域一体化与网络化发展

随着生产社会化的发展，世界和区域经济向全球化和一体化方向发展趋势日益明显，区域经济一体化① 和协作发展正逐步替代原先独立自足的均衡局面。区域经济一体化主要包括产业发展一体化、生产要素市场一体化和区域城市发展一体化三个方面，最直接的表现为物流、资金流、人流和信息流在区域协作范围内的交流，在这个协作区内，任何城镇都承担着各自的功能。确切地说，应该通过区域内各级经济社会实体之间密切的经济社会交流来实现广域的区域平衡。尤其是区域经济一体化的发展能够给区域内各个城市和地区带来共同的利益，能从整体上提高区域的经济竞争力，它已成为区域发展的一种必然趋势。

新城建设的发展目标和区位优势已经赋予和决定其在未来的经济社会发展中将承担链接大城市区域内城乡经济社会交流的重要作用。

由于我国历史形成的地缘关系，基于中小城镇发展的新城一直以来与中心城市及其他中小城镇保留着频繁的经济社会交往。而且，我国的新城处于全国经济发展最快的较发达地区，全球化的世界经济格局已经渗透到新城建设的每一步发展中，人流、物流和信息流交换频率的日益加大使得居民和就业已经不必固定在同一场所。直接支持和承载交流的势必是快速、迅捷、安全、高效的交通网络，包括货运交通、客运交通和信息网络。

与半个世纪前发展起来的西方新城不同的是，我国当前的新城在开发初始就已经全面加入了信息网络的服务。信息网络服务主要围绕新城的企业和新城的居民两大目标，其中，为新城企业提供的信息服务和信息技术服务就是围绕着物

① 所谓区域经济一体化，是指按照区域经济发展总体目标，充分发挥各城市优势，通过合理的地域分工，在全区域内优化配置生产要素，推动区域经济协调发展，以提高区域经济总体效益的动态过程。

流各环节，为参与其中的企业提供良好的社会服务和外界环境；为居民服务的互联网技术则跨越时空为人们提供最快速迅捷和资讯全面的服务。这是新城能够有别于其他地区进行经济社会交流的优势，结合以快速轨道交通为支撑的公交运输网络，将促进区域一体化和网络化的全面发展。

6.5 新城的开发运作要点

1. 立法支持

新城开发是一定经济社会发展的产物，在较多国家是应对某一时期的经济社会需求，而且有很强烈的时效针对性。应对当时的经济社会发展现实，各国家或地区先进行不断的调查、研究、斟酌和修改等工作，并颁布一系列的政策研究报告，以此逐步开展和制定部署缜密的新城开发计划。譬如，英国于第二次世界大战结束前所拟的三份国家研究报告和其后的大伦敦规划、法国在战后连续的若干五年计划、新加坡的5年建屋计划和“住者有其屋”计划、香港地区的公屋政策和10年建屋计划等。

我国的新城建设同样具有明确的时效性和政策性。因此，针对我国当前的经济社会发展和城市建设状况，在任何区域的新城大规模开发之前，也应该有具体的调查研究，并以政策研究报告的形式阶段性地展开新城开发计划。前期政策研究应该从经济、社会、环境的各方各面来论证新城建设的可行性，尤其在人口分布、资源配置、产业调整、空间优化、设施配套、社区发展、环境保护等方面进行研究。目前，我国的新城建设计划应该结合大城市的战略规划进行前期的政策研究和论证，有利于与区域整体的经济社会发展、空间结构调整等宏观政策相结合，真正发挥新城在区域协调发展中的实际作用。

一旦新城计划得到中央政府的批准，且新城建设的经济社会条件已经成熟，新城规划与建设则通过法律性文件来强势推进实施。譬如，英国的《新城法，1946》和《新城开发法，1952》；美国的《新城开发法，1968》和《住房和城市发展法，1970》；日本的《新住宅街市地建设法，1963》、《地方提供住宅公社法，1965》、《新城市规划法，1968》和《在大城市地区促进提供住宅和住宅用地特别措施法，1975》；香港的新市镇建设与其他城市规划活动一样以法定图则来指导开发，体现城市规划的法治精神。

我国处在市场经济建立的初期，法制建设还很不完善。新城建设与一般城市的自然生长不同，需要强有力的行政推动和法律保障来坚持政府的主导地位，而不能过于依赖甚至迁就市场力量。目前，新城建设刚刚起步，而且趋势愈来愈强烈，但有关新城的法律保障和政策保护都显得相对薄弱。因此，新城立法是当前我国新城建设之初的当务之急。

首先，新城开发与建设必须有一定形式的立法授权。

有必要确立我国的《新城开发法》，或在城市规划法律中增加新城开发条款，以使新城开发有法可依。《新城开发法》的有关内容应该包括新城建设的基本原则、开发目标、主导机构、运作机构、投资方式等，并确定在开发过程中牵涉到的中央政府、地方政府、各级机构、开发实体、私人开发商等相关主体的权利和义务，以确保开发过程中分工明确、利益清楚。

其次，在法律授权下编制新城开发的各项规划，各阶段的规划都具有相应的法律效力。

宏观层面上，以战略性的区域规划来协调中心城市、新城和其他中小城镇之间的发展；中观层面上，新城应该编制独立的总体规划，以有效指导新城内的各项规划建设活动；在较微观的操作层面上，应制定新城的建设计划，明确新城开发中公共开发和私人开发的各项建设活动及开发细则。通过完善的规划编制体系，为市场化的多元开发提供依据和框架。

此外，还应该依法建立新城实施的监督体系。

《新城开发法》不仅需要以法律法令的形式确定新城开发过程中的各相关主体的权利和义务，还应该对各项具体开发活动以法律形式明确各相关主体的责任和分工、付出和收益以及各种纠纷处理的方式等。由政府主导，以完善的法律法规规范新城开发过程中的各项活动，才能有效地调节各方面的利益，确保新城建设的顺利进行。

2. 政策保障

新城建设作为我国当前大城市经济社会发展和空间结构调整的重大举措，有着浓厚的社会意义和明确的政策目标。新城建设应该统筹规划、科学组织，并以公共政策来指导和协调实施过程。在法制的框架下，针对新城建设中的具体问题，政府还应组织并指导相关部门研究和制定新城开发的各项政策，包括新城开发的人口、产业、土地、投资、税收等各方面的目标、原则、内容和实施措施等。

其中，在人口方面，应该以均衡新城社会结构、提高人口构成质量、保障社会稳定为目标，研究与制定的政策可以包括购房优惠、就业安排、人才引进等。

目前,需要加快户籍制度改革。一方面,放开对农民进城落户的限制,促进农村人口有序向一般城镇集聚,包括新城和中小城镇,避免过于集中地涌入中心城市;另一方面,要研究和制定合适的外来人口政策,通过各种优惠政策,大力引进并留住外来的优秀管理人才、技术人才和熟练技术工人,特别是符合新城产业发展方面的项目投资移民,这将有助于平衡社会结构,提高新城居民的素质。

在产业方面,涉及承接中心城市转移产业、整合周边城镇产业、优化经济结构、提高经济实力等内容,研究与制定的政策可以包括高新产业优惠、新技术鼓励等。

在投资方面,应该以调动社会各方积极性,鼓励和引导社会资金参与城市建设,创造良好的创业环境为目标。

在土地和空间方面,应该以创造良好的可持续的人居环境为目标,研究与制定的政策可以包括开发密度控制、城市设计准则、公共空间开发等。

同时,要建立健全信息化服务体系,及时收集、发布市场行情信息和用地开发政策,增加政府办公和各类信息的透明度。

3. 机构设立

我国新城建设应该在政府主导、市场运作、投资多元化下建立由新城开发公司开发新城和新城委员会管理新城的机构设立原则。

在区域范围内,建立明确的高层次的领导机构或协调机构,以保证政府的主导地位,有力贯彻政策意图,有效实施经济社会发展的大举措,做好新城建设的指导工作。

在明确了新城建设计划之后,应该由大城市政府组建新城开发公司,并任命公司高层主管。新城开发公司由国家控股,在公司下面可以设置若干分支机构,也可单独设立专业性的开发公司,根据总体规划要求,分工开发不同功能的地块,比如大学城开发、轨道交通开发等。

再者,我国的新城一般都有原中小城镇的发展基础,为了保障地方政府(原有城镇的政府)及地方机构的正常运行,并管理和监督新城的开发活动,应该成立新城开发委员会,由大城市政府任命主要成员,主要成员可以为地方政府官员兼任。委员会的主要职责为贯彻新城的政策目标,把握新城开发中的重大决策方向,协调新城开发过程中各项开发活动的统筹安排和各利益主体的需求,并负责新城的建设资金和管理新城事务。

公共开发在新城开发中起着主导作用,直接影响私人开发者的开发决策,为了既能保证公共利益和社会平衡，又不给政府增加过于沉重的财政负担，在新城投资中，完善政府主导和市场运作相结合的多元化投融资机制。除了政府的新城专项资金拨款之外，要积极创造社会资金和国际资本投资新城建设的良好环境。

新城的领导机构应该和地方政府合作成立监督机构，健全信息化服务体系，确保新城开发中各项建设活动的合法性，提高政府办公的透明度，保障新城开发和全体居民的合法权益。

值得一提的是，市民既是消费者，也始终是政府与市场的最大监督者。虽然，目前市场正在逐步走向公开、公正、透明化，但市民或者单个业主相对于开发商、物业管理公司来说还是弱势群体。市民应该成立和选举能真正代表其自身利益的机构或团体。此外，还要明晰业主与开发商、物业管理公司之间的市场契约关系，使权利和义务相对称。

4. 科学选址

新城建设因为有特殊的阶段性和浓重的政策性，所以其规划与决策带有一定的主观性，但新城选址是一项需要科学高度和态度的工作。新城的选址应符合宏观的区域战略布局，需要多方面进行论证，包括新城与中心城市及其所在区域的地理区位、经济社会发展现状、发展潜力、制约和优势因素、交通便利度、历史文化保护、生态环境、基础设施分布、当地的风俗民意和社会公众意识等。

在新城选址方面，时空距离也是一个重要因素，新城距离中心城市不宜近，亦不宜远。这样，既避免日后的中心城市和新城的空间发展蔓延成片，又确保新城处在中心城市便捷的通勤圈内，便于中心城市的产业和人口转移，有利于实现新城建设的最初宗旨。一般的新城与中心城市之间的距离宜为20～40公里，不宜超过60公里。因此，在大城市区域规划中必须明确要在中心城市和新城之间建立起永久性的隔离绿地，来达到两者之间的控制距离，该绿地应该保证一定的宽度。

由于我国的大城市周边地区的现状城镇密度已很高，新城选址一般考虑中心城市周边发展基础良好、发展潜力较大的中心城镇或者依托区域大型工程项目。

为了保证大城市区域空间结构的合理化和城镇体系的有序化，在强化完善中心城市，积极开发新城的同时，进一步整合优化其他中小城镇，有助于新城在大城市区域整体发展中更好地发挥承上启下的作用，促进城镇体系合理有序的协调发展。

新城选址的论证是一个严谨、科学的完整过程，不仅需要全面考虑各种相关的自然客观因素、经济社会因素、历史文化因素、物质设施因素等，更需要统筹考虑各相关利益主体的需求，并妥善处理它们之间的利益矛盾。新城选址应该由区域协调机构和地方政府合作成立专门的选址小组和评议小组。论证不仅要听取各级政府领导和各方面专家的建议和要求，还应该积极听取民众意见。整个论证过程应该有完整的书面记录，并作为其后新城规划的依据之一。

5. 交通联系

大容量轨道交通的发展延展了人类活动的时空距离，以大容量轨道交通为主干的公共交通系统来联系和支撑中心城市和新城之间的经济社会活动，满足日益增长的人流通勤需要，是决定新城建设成败的关键之一。因此，新城开发要以建立高效、迅捷、经济、安全的公共交通体系作为保障新城顺利开发的前提条件，尤其是大容量快速轨道交通建设更应该提前规划和超前实施。

基于传统的中小城镇的“突变发展型”新城，为了促进原有的传统城镇向功能综合完善的新城转化升级，应该尽快建立以大容量轨道交通为支撑的公共交通体系，来改善当前较落后的交通体系，加强中心城市和周边地区的经济社会联系；而依托重点大型项目建立的“建设项目配套型”新城，在建设初始就应该根据区域规划的总体布局，结合新城的功能定位和规模，规划好交通设施与网络，尤其是大容量轨道交通和高速公路系统应当适当超前实施。

不仅需要考虑在新城和中心城市之间建立高效迅捷的大容量轨道交通联系，还应该尽可能在新城与新城之间建立大容量轨道交通联系，从而减少引入中心城市的交通量。处在重大交通干线上的新城将起到主要的转乘枢纽作用，应该将大量的通勤人流尽快地疏散至各个通勤方向，而不应该将人流集中导入中心城市。同时，区域内的大容量轨道交通系统应该高效迅捷地连接中心城市和新城内部的公交系统，保证公交系统的整体高效运营；公交系统还应该与其他交通设施及周边地区的交通系统建立起高效迅捷的交通换乘联系，以便最大限度地发挥区域交通的整体效率。

6. 产业发展

新城发展绝不是简单地吸收人口和产业的过程，还应创造大量二三产业的就业机会来满足其由于发展需要导致的高速度的人口增长。城市首先是一个经济范畴，其次才是一个空间形态，新城也不例外。提高一个城市竞争力的关键，在于它的产业聚集效应和现代化功能的发挥。

我国的大城市区域整体发展要以“内聚”与“外延”发展并举，不同区域、不同阶段、不同规模与等级的城镇有不同的发展侧重点。而且，各区域的环境和资源特征迥异，经济发展的速度有快慢，经济总量有高低，因此，新城建设应从当地的实际出发，因地制宜，内外并举，快慢有序，搞出自己的特色，而不是盲目模仿、追求与攀比。即使是处于同一大城市区域的新城和其他中小城镇，在城市功能、产业结构等方面也应力求各具特色，避免千篇一律。

区域内不同地区和城镇实行差别化和错位发展策略是一种可选择的途径。它的基本依据和思路是：一、相近产业的差别化和错位发展。二、城市功能的差别化和错位发展。三、区域经济的特色在联合发展，精髓在整体优势。随着中心城市"退二进三"的经济结构调整，新城或其他城镇都可以吸收从中心城市疏解出来的产业，但应该是统筹安排大型经济项目的建设，积极培育和发展区域的新型主导产业，提高大城市的整体经济实力。其中，相对处于中心城市周边近郊地区的新城，应在提升劳动密集型产业技术水平的基础上，重点发展高新技术产业、附加值高和就业容量大的制造业以及其他都市型工业，而且还应该重视围绕大城市的需要，发展休闲服务、住宅和文化娱乐等服务业。其他较偏远的中小城镇则应该发展有优势的劳动密集型工业和为中心城市配套的工业，积极吸收中心城市转移出来的加工业。

新城建设从区域整体协调出发，结合大城市区域内整体产业结构布局的调整，统筹考虑大型经济项目的建设，必须避免名目繁多的各类园区"遍地开花"。新城建设要积极培育和发展主导产业，建设好工业园区和产业基地，着力改变原先中小城镇工业自发性、就地化的分散布点方式，引导众多企业集聚发展，形成区域性整体规模优势。新城和其他城镇在主动接纳大城市中心城转移出来的制造业的同时，应以行政手段、政策诱导和经济杠杆相结合的办法，促使乡镇企业由原有的自发分散状态，向工业园区集中发展。

6.6　新城的规划设计策略

我国的新城建设是在大城市发展到一定阶段，为完善区域整体结构、强化中心城市的核心功能、延续"田园城市"理念的新创举。我国的新城在城市规模上基本等同于中等城市，但根据国情有独特的历史原因和开发阶段。因此，我们在新城的规划和设计的具体操作过程中，既要遵守城市规划和建设的基本原则和普遍规则，又需要增加若干针对新城规划的应对策略。这不仅有利于新城规划有别于其他城市规划的独特性和专门性的操作,更是可能突破成规做出一系列创新。

1. 区域城镇体系

在城市化快速发展阶段,我国的新城建设作为大城市完善区域空间发展格局的一大举措,是与区域整体的健康稳定发展相辅相成的。

我国的新城建设一部分可建立在原有的中小城镇的基础上,通过规划新的城市定位、培育新的城市功能而获得新的发展内蕴;还有一部分则可以正在投资建设的重大建设项目为依托,一般沿铁路、水路、高速公路进行选址、规划和建设新城。

根据大城市及中心城市的经济社会发展需要,明确新城在区域协调发展中的合理功能定位,确保新城有效发挥作用。在积极强化中心城市的核心功能、大力发展新城的同时,要努力发展其他中小城镇,完善区域城镇体系。区域发展全面结合并统筹发展已有的城镇,有助于逐步形成以中心城市为核心、以新城为次一级的区域中心、若干等级有序发展的中小城镇为基础的城镇群。通过人口和经济活动的空间布局优化调整,并充分发挥不同等级的城镇在区域经济和社会发展中的不同作用,有助于形成生态环境良好的人居形态、完善区域城镇体系、全面提高大城市区域发展的整体素质、实现城乡协调发展。

要努力提高资源的共享度。中心城市、新城、其他中小城镇等的道路交通、供水、排水、供电、电信、邮政、环保、卫生、防灾等基础设施建设必须按照区域经济发展的要求,通过城镇体系规划,实现统筹安排、共建共享。

2. 用地与环境

新城应该相对独立于中心城市,较之于一般城镇更具备综合完善的功能,必须达到一定的规模。若新城规模过小,既难以形成产业的规模经济或专业化集群发展,形不成对区域的辐射功能,也不利于提高各类公用设施和公共设施的配套水平及建设经济性。综合西方国家多年的发展经验,新城的适宜人口规模平均为20万～30万人。[①] 当然,城市规模受许多因素影响,并不是一概而论,包括技术条件,市场化程度,自然禀赋、生态环境、管理成本、规模效益、发展阶段等,具体的新城规模应视具体的城市功能和其他限制因素来综合确定。

① 即使是在总人口较少的英国、法国等也是如此。上海市城市总体规划中确定新城的规模也为20万～30万人,达到中等城市规模。

我国人多地少、山地多、平原少及土地后备资源极为有限，尤其是新城建设基本上集中在东部沿海的经济发达地区，人均土地资源更是匮乏。而且，我国处在城市化快速发展时期，新城需要承担缓解中心城市的人口与产业压力及吸纳城市化人口的双重任务。因此，新城的规划人口规模应适当扩大，且人均用地面积不能太宽绰，要合理控制各项建设的用地指标。

首先，坚持集约用地的方针。根据区域的经济社会发展和城市化进程的要求，新城建设要合理确定新城的开发规模，尤其是我国新城多建于人多地少的经济发达地区，因此在新城开发中要严格控制各项开发建设的用地指标。要把城市建设与土地整治、土地复垦结合起来，实行土地利用、开发、整治、保护相协调的政策，合理利用土地资源，做好新城总体规划与土地利用规划的衔接，严格按照规划安排建设用地和控制规划保留用地。

其次，兼顾经济发展与环境保护。新城建设应该把生态环境保护及农田保护等要求都纳入到新城规划建设的目标体系中，推进社会、经济、环境的可持续发展战略。新城的总体规划应该包含生态环境保护规划和农田保护规划等内容，最基本的一点是，新城规划与建设都必须严格控制中心城市和新城之间的永久性绿地，不得随意侵占。

生态问题已经是城市规划和建设的首要考虑问题之一。国际上的新城建设都遵循的一个基本开发原则是新城与中心城市之间留有永久性的绿地，以避免两者的各自空间延展导致互相连为一体而重蹈先前大城市圈层式扩张的恶性循环。即使新加坡这样狭小的城市国家，在各个新市镇之间也都留出了隔离绿地。永久性的绿地以公园和农田等为主，为不可侵占的自然带，从而可以阻止城市无休止地向外蔓延。我国的新城建设应该特别注重这一原则。以往的实践不乏这种情况，即城郊的开发组团或中小城镇逐渐扩张，和中心城市的延伸逐渐连成一体发展。这种无异于恶性循环的发展应该得到有效的控制。

再者，加强区域开发的综合调控。根据区域整体协调发展的需求，统筹规划布局新城的工业建设用地和各类园区，加强规范化管理。尤其是要把各类名目繁多的园区建设用地，如经济开发区、科学城、大学城、工业区、科技园、度假区等纳入新城的城市规划建设用地，必须避免出现几十平方公里甚至几百平方公里的极其低效浪费的“名区名园”的圈地开发。大规模用地的经济项目与新城开发相结合时必须有科学合理的选址论证与规划安排，以便于相互促进。各类开发建设用地都不得随意排除在新城总体规划的建设用地范围之外，有大规模产业建设用地的新城在用地指标方面可以适当放宽或调整。

总之，新城的总体规划和土地利用规划、生态环境保护规划、农田保护规划应该统筹考虑，共同为可持续发展做出贡献。

3. 物质性规划与设计

新城的最突出优势之一是可以通过规划设计营造优美的人居环境和城市形象。西方国家的郊区城镇建设都特别重视营造美好的人居环境。当然，优秀的规划设计手法并不是四海皆准的或是唯一的，新城城市形象即使在一个国家、一个城市也是在不断改变与更新的，应从各个城市的具体条件出发来塑造各座新城的个性化形象。

新城一直以来也是各国运用新思想、新技术，并得以创新试验的场所，不乏许多成功的规划思想和技术成为其后很长一段时间内城市规划的典范之作，并能深远地影响很多国家或地区乃至全世界的城市规划实践。例如，英国伦康新城由“8”字形的快速道路交通系统来架构城市结构，并证明了城市交通的处理方式是规划成败的一项重要因素。如，密尔顿・凯恩斯新城的“环境区”设计，即将商业服务设施、学校、娱乐场所等设置在街区边缘和交通干道附近，将无污染的小工业设于街区内。又如，美国在第二次世界大战前提出的雷德朋体系中人车分流的设计手法。

不仅仅是西方发达国家，许多发展中国家和第三世界国家在新城发展方面也有许多值得借鉴的实践经验。但相对来说，发展中国家的新城建设的目的性十分多样化，一方面，新城建设改善了当地人民的生活质量，另一方面，由于没有尊重当地人民的生活方式，这些新城建设往往以损害乃至消灭本土文化为巨大代价的。这是我国新城在今后的规划实践中应当引以为鉴的，尤其是我国的新城都由传统的历史中小城镇发展而来，对传统文化和历史文明的尊重应该体现在新城的规划思想设计手法中。

基于较长久深刻的历史原因，我国一些新城在公共设施和公用设施配套方面还存在着几个不利之处：首先，原基于发展的中小城镇的公共设施和公用设施已经很陈旧滞后，相比较中心城市的拥挤不堪有过之而无不及；其次，新开发地区总是注重住宅，而忽视公共事业是一直较为顽固的问题，而且设施与需求的不对称也是另一大问题，即不具体深入了解居民的真正需求，造成设施浪费和需求滞后同时存在的现象；再者，我国的居民由于历史造成的社会偏见，对公共事业的关注意识不是很高，其实这也是不重视公共参与和社会互助的一种后果。

未来的新城建设为规划设计的优化与创新试验提供了宽广的舞台，但首先要实事求是地运用规划设计手法。新城规划一旦进行空间规划和物质建设，规划师们在尽力表现各自规划创意的同时，不能以拿来主义单纯地使用设计手法与技巧，关键在于如何将各新城的实际情况，融入这些规划手段中去，创造各具特色的城市形象，以避免规划图纸仅仅是一些轴线和符号，而新城则成为规划复制的牺牲品。

其次，建立完善的交通设施和交通网络。新城与中心城市、新城与新城之间以及新城内部都应该建立起高效、迅捷、经济、安全的交通设施和交通网络，包括常规交通设施、高速公路、大容量轨道交通以及因特网等。各种交通方式的综合换乘枢纽应从中心城市和新城的外围切过，而不能位于城市中心区，避免大量的人流集散涌入中心城市和新城中心区。但常规的公交线路应该深入到每个居住小区，大容量轨道交通网络则应该覆盖所有人流密集区。

再者，创造充足的绿化环境和丰富的三维公共空间。更为充足的绿化是新城较之于中心城市的环境优势之一，因为新城具备充分的客观条件来建设绿化环境。无论是“突变发展型”新城，还是“建设项目配套型”新城，绿化环境建设既要融合自然特征，切合历史文化，还需要体现积极向上的时代精神。我国的新城用地不能过于铺张浪费，出于用地经济性的考虑，除了尽可能提高地面绿地率、创造更多的公共活动空间之外，还应该认识到和所有的城市空间一样，公共空间也是三维性的，在立面空间中开拓和扩延丰富的公共空间，以弥补地面公共空间的不足，而且可以全方位提升公共环境的品质。

需要着重指出的是，新城规模经过科学合理的规划预测，各项公共设施和公用设施都应该根据规划规模予以充分的统筹安排与布局，绝不应该再出现不断更新重建、翻土挖沟的局面。而且，新城发展一旦达到规模上限，不应再继续扩大，而是从区域角度经过科学缜密的选址调整和论证，重新另辟或另选新城。否则，或重蹈城市的恶性扩张；或侵占与中心城市间隔的永久性绿地，与中心城市互相蔓延发展，导致更大规模的城市膨胀。

总之，新城是不断体现新的规划思想和规划技术的空间，时代给予了新城更多更广的设计能力与发挥余地。在不断的实践过程中，中国的规划师们应不断探索适合国情的、有中国特色的新城规划发展之路。

4. 社区发展规划

我国的新城需要接受来自城乡不同生活背景、不同职业、不同文化素质和不同收入水平的人群，因此，新城在社会阶层、社会结构等方面具有一定的特殊性，在总体规划中增加独立的社会规划内容是非常必需和必要的。同时，要运用咨询、讨论、交流、参与等措施，在官方的正式规划途径外，开辟非官方的协商渠道，广泛吸收各种利益集团包括政府、部门、社团、企业等参与社会规划的制定和决策，以满足新城利益主体多元化的需求。

在物质设施方面，保证社会结构的平衡和保障各阶层利益的公平，尤其是注重保护弱势群体的利益，是新城建设自始至终都应该予以充分考虑和安排的问题。新城建设需要提供高质量的物质设施和丰富多彩的物质设施，以吸引多层次、多方面的人口和产业，并丰富新城的社会构成，使新城的各阶层居民都能享受丰富多彩的物质生活和精神生活，促进新城社会的稳定发展。

在社会机构方面，在新城设立独立的社会保障机构，新城的居民应该可以享受比中心城市和其他中小城镇更优越的社会福利保障，以提高新城的吸引力度。同时，积极促动和发挥市民的主动性，提升社会参与意识，扶持多形式的市民社会团体的健康活动，不断推进社区的自理与自治程度。

5. 历史与文脉的保护与体现

我国作为一个文明古国，有着悠久而灿烂的城市和建筑文化，如北京的四合院、江南的民居、岭南的骑楼，都具有浓郁民族、地域特色，为世界所瞩目。优秀的历史文化和丰富的自然景观是城市发展中最有韵味、最难得的财富，要特别注意珍视和保护；同时注重与保证新建筑的质量和特色。

新城建设的效果与质量及文化内涵密不可分，世界各国的经验已证明了这一点。当前我国正在加快工业化、城市化、信息化的进程，城市的数量、规模在不断增大，新城开发、旧城改造等各项开发活动不断交替，在这个过程中尤其要注意城市建设中的文化性。

首先，我国的新城大多数基于历史悠久的传统中小城镇，新城绝不应该是建立在推倒重来的基础上，历史的内蕴是不应该被现代的开发活动抹杀的。为了保护原有中小城镇的历史文化内蕴，新城的总体规划应包括历史保护规划一栏内容，或者单独编制新城历史保护规划。

其次，新城建设要尊重当地居民的喜好习惯，尊重当地的文化风俗。在新城开发前，应该作周全的民意调查，了解和尊重当地居民的风俗民风和他们对未来开发的想法和愿望。在这个过程中，我们应很好地借鉴西欧各国的成功做法，尊重和珍惜民族文化遗产，特别做好古建筑和地方民居的保护，并有所创新，有所发展，保持和发扬民族的、地域的特色。不要一味追求欧陆风情，脱离国情和传统文化，盲目跟风的做法，注定是缺乏生命力的。

再者，新城建设也需要新的理念和创意，与时代结合创造新的城市文化。我们在吸收世界上较为先进的城市设计理念的同时，应与传统的东方城镇古韵相结合。新城应该加强城市设计，独立编制风貌规划设计。规划应该建立在尊重历史的基础上，并与时代精神相结合，体现新城的历史文化和现代精神的完美结合。同时，在尊重历史形成的地域文化基础上，借鉴国际上的城市设计理念及风格，大胆创新，从历史的高度，展现新世纪新城的开放性、包容性，体现民族文化和外来文化的共存与发展。

结 论

追求人与自然和谐共生的“理想城市”一直伴随着人类的城市发展史。从乌托邦、空想社会主义，一直到早期的田园城市，人们困于分离了自然与城市的生活环境，总是处于一种纸上谈兵或者在城市之外追寻理想城市的模式。但随着科学技术和生产力的不断进步，人们逐渐回到城市之中来考虑结合自然的理想城市。从田园城市、卫星城到新城体现了人们探索理想城市模式的不断成熟。新城是人们在城市和乡村之间，追寻城市与自然和谐共生的一种新的城市模式的阶段性表达。可以说，新城的建设与发展和城市规划学科的建设与发展始终相辅相成。

第二次世界大战之后，大城市的发展或受到战争创伤急需恢复，或急需减缓人口剧增的压力，因此，新城得到了全面发展。西方国家的新城无论是政府主导还是市场主导，新城开发在各国或地区都曾经作为一定阶段内的国家公共政策之一，以强势推进建设。自第二次世界大战结束发展至今，西方国家的新城建设已逐步稳定成熟，对新城的探索则已经进入了重整社区、恢复中心区活力的研究。

我国对新城建设也一直处于不断探索中。新中国成立后建设的卫星城是基于当时的计划经济背景，根据全国的经济建设需求和工业发展布局，用行政方式安排建设的。目前，我国已进入快速的城市化阶段，以发展大城市来全面推动城市化进程。提高大城市的整体竞争能力，促进大城市的区域协调合作，优化大城市的区域空间结构是经济社会发展的重大任务，我国新城建设也应该服务于这一政策目标。

不同国家或地区的学者和城市规划工作者针对的具体情况往往有所不同，新城在各个国家或地区的发展形式截然不同，没有统一的规律可循，但对理想城市的不断追求是各个国家或地区的人们共同的目标。我国当前的新城建设基于世界范围内新城理念的演进过程，汲取百年实践的经验，总结我国本土实践的经验和教训，结合时代要求，在历史长河中积极探索和延续新城的发展之路。

（1）目标的高度性：新城开发往往是迫于一定的经济社会发展的形势需求，国家的统治阶级意识到新城开发的迫切性，利用国家机器的强大力量强势执行的。新城是城市发展到一定阶段的政策性产物，具有明确的政策目标。当前，我国的社会主义市场经济制度不完善，利益需求多元化的形势下，新城建设更必须高目标、高起点执行开发活动，决不能仅仅为了宣传手段或扩大政绩而流于一时的形式。我国的新城建设目标是缓解大城市的人口和就业压力，推动城市化进程的发展，强化中心城市的核心功能，优化大城市的区域空间结构，促进区域协调发展，创造人与自然和谐共生的人居环境。

（2）理念的延续性：新城凭借其位于中心城市和乡村之间的特殊的优越条件，兼有城市和乡村的特征优势，有助于人们达到追求人与自然和谐共生的理想。20世纪以来，经历了田园城市、卫星城、新城等多阶段的发展，利用日新月异的技术，适应经济全球化、区域化的发展趋势，新城既保持了与中心城市的经济社会交流的密切联系，又更趋向于独立综合的发展模式。我国的新城开发立足于当前的国情、经济社会发展状况和城市建设形势，应当是结合大城市区域的中心城市疏解与农村城市化，并偕同当地居民共同创造与建设的一种有中国特色的、可持续发展的、新时代的城市开发模式。

（3）开发的实效性：大城市空间发展受到很多因素的综合影响，也是地域的经济社会结构特征与演变过程在空间上的反映。综合各种影响因素，大城市空间发展模式不是千篇一律的，以新城来优化大城市的空间结构也不是四海皆准的模式。因此，大城市是否需要发展新城取决于大城市区域的经济发展、空间拓展、功能完善、产业布局和城市化进程等方面的统筹考虑与需要，以及社会意识的许可。

（4）运作的政策性：新城是大城市空间结构优化和区域协调发展的有效手段之一。我国当前发展新城或采取新城发展的模式，是国家、地区和大城市在经济、社会、生态的综合背景和统筹考虑下，以政策目标为导向的城市发展政策之一。具体地说，在市场经济体制不成熟的情况下，新城开发是政府主导下关注经济、社会和环境长期效益的可持续的公司化运作过程。强调政府主导，以保证新城在运作中各项决策和措施的有效性和合法性。为此，必须健全新城的相关法律法规制度，完善新城的政策环境，保证新城规划相应的法律地位，建立政府主持的新城开发机构，编制新城的技术体制和实施机制。公司化运作是充分运用市场经济规律，保证新城开发的市场灵活性、投资多元化、运营产业化的有效手段，并作为一项长期投资运营的开发活动，始终最大限度地保障社会公正与保护生态环境。

（5）模式的广效性：我国的新城开发大规模地始于20世纪末和21世纪初，还远远没有达到成熟的发展形式。基于当前的经济社会发展，现阶段已经开发和适合开发的较多为类新城的发展模式，虽然其在社会、经济、空间的概念界定上都不属于完整独立的新城范畴，但不可否认其对我国当前城市建设的积极有效的肯定作用。为了更有效地引导当前的类新城的开发建设，新城开发模式的理念、运作和规划方法对类新城的开发建设具有相当程度的关联性和约束性。

（6）经验的时代性：我国和西方国家的新城发展的经济社会制度背景不同，但新城的发展宗旨有异曲同工之处。借鉴西方国家的新城经验，我们可以去芜存菁、扬长避短、因地制宜，避免西方国家在新城建中没走过的弯路和出现的弊端。同时，也可以预见我国新城发展未来可能出现的问题，防患于未然，有利于新城能在强化中心城市功能、推动城市化进程和促进区域协调发展等政策目标中发挥更有效的作用。

新城是在不断的城市发展和规划实践中摸索出来的应对大城市区域空间结构如何优化的有效模式和手段，但并不是唯一的、最有效的途径。从空间角度来解析中心城市和新城以及大城市区域的发展，还不能全面地揭示中心城市和新城以及大城市区域发展内在的本质根源。我国的新城发展虽然能有效地借鉴西方国家的经验，但在今后的发展中还会有不可预见的问题产生。

新城是人类追求理想城市的某一阶段的城市发展模式，是一个国家和城市在某个阶段的具有时效性和政策性的产物。随着经济社会的不断发展，科学技术的日益更新，人类对新城的认知和实践也在更新与发展，这是一个庞大复杂而又在不断变化与进步的系统工程。本论文研究基于新的时代意义及注重政策取向，从大城市区域的经济社会发展需求出发，并落实到空间范畴；论文通过总结国际国内的经验，探索了新城在我国的城市建设中，尤其是大城市区域协调发展中，可发挥的积极作用及应该采取的对策措施。而对于更高层次的大城市区域整体全面的发展问题，还需展开更为艰巨的探索和更深入的研究。

参考文献

[1] Brown S, Loh C. Hong Kong: the Political Economy of Land [R/OL]. http://civic-exchange. org, 2002.

[2] Corden C. Planned Cities: New Towns in Britain and America [M]. London: Sage Publications Ltd, 1977.

[3] Cullingworth J B. British Planning: 50 Years of Urban and Regional Policy [M]. Athlone Press, 1999.

[4] Evans H, Self P. New Towns: The British Experience [M]. London: Charles Knight for Town and Country Planning Association, 1972.

[5] Hall P, Ward C. Sociable Cities: The Legacy of Ebenezer Howard [M]. Chichester: John Wiley, 1998.

[6] Hall P. London 2001 [M]. London: Unwin Hyman, 1989.

[7] Krohe J. Return to Broadacre City [R]. Illinois Issues, 2000(29).

[8] Gibberd F, Harvey B H. & White L. Harlow: the Story of a New Town [M]. Stevenage: Publications for Companies, 1980.

[9] Ministry of Health. Garden Cities and Satellite Towns [R]. London H. m. o's Ltd, 1935.

[10] Phillips D R, Yeh A G O. New Towns in East & South-East Asia: Planning & Development [M]. Hong Kong: Oxford University Press, 1987.

[11] Roger B. Crawley the Making of a New Town [M]. PHILLIMORE & Co Ltd, 1986.

[12] Schoon N. The Chosen City [M]. London: Spon Press, 2001.

[13] Simmons M. New London Government and its Spatial Development Strategy [R]. Greater London Authority, 2000.

[14] Steven W V. The Garden City: Past, Present and Future [M]. London: E & FN Spon, 1992.

[15] Thornley A. Urban planning and competitive advantage: London, Sydney and Singapore

[R]. LSE LONDON Discussion Paper No. 2, 1999.
[16] Ward C. New Town, Home Town: The Lessons of Experience [M]. London: Calouste Gulbenkian Foundation, 1984.
[17] L・本奈沃洛. 西方现代建筑史[M]. 周德侬,译. 天津: 天津科学技术出版社,1996.
[18] 丹尼尔・布尔斯廷. 美国人: 民主历程[M]. 谢延光,译. 北京: 三联书店,1993.
[19] 彼埃尔-达菲. 法国城市规划文件中的中心多极化[R]. IFHP天津大会,2002.
[20] 吉尔伯特・C・菲特,吉姆・E・里斯. 美国经济史[M]. 司徒淳,方秉,译. 长春: 辽宁人民出版社,1981.
[21] 吉尔伯特,卡尔. 美国阶级结构[M]. 彭华民,译. 北京: 中国社会科学出版社,1992.
[22] 埃比尼泽・霍华德. 明日的田园城市[M]. 金经元,译. 北京: 商务印书馆,2000.
[23] 皮特・卡茨. 社区建筑[M]. 张振虹,译. 天津: 天津科学技术出版社,2003.
[24] 霍尔,陈闽齐. 未来的大都市及其形态[J]. 国际城市规划,2000(2): 23-27.
[25] 卡尔・斯坦尼兹,黄国平. 景观规划思想发展史[J]. 设计新潮,2002(1): 104-111.
[26] 陈沧杰. 英国新城建设与住宅区的规划设计[J]. 城市规划汇刊,1987.
[27] 陈恺龙. 新城建设研究——以上海为例[D]. 上海: 同济大学,2003 .
[28] 陈立. 英国新城建设、美国新城市主义和我国新住宅运动[J]. 城乡建设,2002(12): 55-56.
[29] 崔功豪. 中国城镇发展研究[M]. 北京: 中国建筑工业出版社,1992.
[30] 方澜,于涛方,钱欣. 战后西方城市规划理论的流变[J]. 城市问题,2002(1): 10-13.
[31] 郝娟. 西欧城市规划理论与实践[M]. 天津: 天津大学出版社,1997.
[32] 胡柳强. 上海郊区新城发展研究——以松江新城为例[D]. 上海: 同济大学,2002.
[33] 胡序威. 对城市化研究中某些城市与区域概念的探讨[J]. 城市规划,2003(4): 28-32.
[34] 胡序威. 我国区域规划的发展态势与面临问题[J]. 城市规划,2002,26(2): 23-26.
[35] 黄福新. 房地产策划与开发理念综述[J]. 南方房地产,2002(9).
[36] 江懿,龙奋杰. 上下50年影响美国城市发展的十大因素[J]. 城市开发,2000(12): 18-20.
[37] 康少邦,张宁. 城市社会学[M]. 杭州: 浙江人民出版社,1986.
[38] 李德华. 城市规划原理[M]. 北京: 中国建筑工业出版社,2001.
[39] 梁鹤年. 城市理想与理想城市[J]. 城市规划,1999(7): 18-21.
[40] 刘德明. 日本大中城市周围20座新城简介[J]. 国际城市规划,1989(4): 55-32.
[41] 刘金声. 法国新城政策十五年来的执行情况[J]. 国外城市规划,1985(4): 47-51.
[42] 刘郢. 英国新城运动对我国城镇建设的启示[N]. 中国房地产报,2003-3-19.
[43] 宁登. 21世纪中国城市化机制研究[J]. 城市规划学刊,2000(3): 41-46.
[44] 宁越敏. 新城市化进程——90年代中国城市化动力机制和特点探讨[J]. 地理学报,

1998(5): 470-477.
[45] 彭再德,宁越敏. 上海城市持续发展与地域空间结构优化研究[J]. 城市规划学刊,1998(2): 17-21.
[46] 彭震伟. 大都市区空间发展与区域协调研究[D]. 上海: 同济大学,2003.
[47] 秦戈. 技术创新,中小城市发展与区域经济现代化[N]. 人民日报海外版,2002-9-17.
[48] 孙群郎. 郊区化对美国社会的影响[J]. 美国研究,1999(3): 42-57.
[49] 孙施文. 城市空间运行机制研究的方法论[J]. 城市规划学刊,1992(6): 22-27.
[50] 唐子来. 西方城市空间结构研究的理论和方法[J]. 城市规划学刊,1997(6): 1-11.
[51] 汪康懋,王晓南. 新加坡土地规划和住房政策[N]. 东方早报,2004-7-9.
[52] 王才强,刘健. 新加坡的居住模式: 可动性管理[J]. 世界建筑,2000(1): 30-35.
[53] 王前福,李红坤,姜宝华. 世界城市化发展趋势[N]. 经济要参,2002-3-14.
[54] 王战. WTO元年于上海发展思路创新——2002/2003年上海发展报告[R]. 上海: 上海财经大学出版社,2003.
[55] 吴长生,陈少波,刘光金,王尧. 香港新市镇建设系列报道[S/OL]. 人民网,2002.9-25.
[56] 吴良镛. 京津冀地区城乡空间发展规划研究[M]. 北京: 清华大学出版社,2002(1).
[57] 吴清林. 从日本案例看轨道交通和房地产开发的关系[N]. 深圳商报,2004-2-18.
[58] 杨帆. 小城镇发展的政策促进及其机制研究[D]. 上海: 同济大学,2000.
[59] 杨学功. 略论我国社会转型时期价值观念的基本特征[J]. 北京理工大学学报社会科学版,2001,23(1): 41-46.
[60] 张捷. 当前我国新城规划建设的若干讨论——形势分析和概念新解[J]. 城市规划,2003,27(5): 71-75.
[61] 张捷,栾峰. 厦门城市总体发展格局及海湾新市镇建设[J]. 规划师,2004,20(8): 29-32.
[62] 张捷,熊馗. 新城中心区规划设计探索[J]. 规划师,2003,19(7): 49-53.
[63] 张捷,赵民. 新城运动的演进及现实意义——重读《新城——英国的经验》[J]. 国外城市规划,2002(5): 46-49.
[64] 张尚武,王雅娟. 大城市地区的新城发展战略及其空间形态[J]. 城市规划汇刊,2000(6): 44-47.
[65] 赵民,陶小马. 城市发展和城市规划的经济学原理[M]. 北京: 中国建筑工业出版社,2001.
[66] 赵民,韦亚平. 理想空间——城市空间发展战略研究[M]. 上海: 同济大学出版社,2004.
[67] 赵民. 土地使用制度改革与城乡发展[M]. 上海: 同济大学出版社,1998.

[68] 仲德昆.英国城市规划和设计[J].世界建筑,1987.(4):16-22.

[69] 周文斌.北京卫星城与郊区城市化关系研究[J].中国农村经济,2002(11):71-77.

[70] 北京市城市规划管理局科技情报组.城市规划译文集2:外国新城镇规划[M].北京:中国建筑工业出版社,1983.

[71] 国务院发展研究中心,中共中央政策研究室.我国农村劳动力转移与走向市民化的战略思考[R/OL].国研网,2003-2-26.

[72]《上海市城市规划志》编纂委员会.上海城市规划志[M].上海:上海社会科学院出版社,1999.

[73] 世界大城市规划与建设编写组.世界大城市规划与建设[M].上海:同济大学出版社,1989.

网站资源

- **英国**

1. http://www.antrim.gov.uk/
2. http://www.ballymena.gov.uk/
3. http://www.basildon.gov.uk/
4. http://www.bracknell-forest.gov.uk/
5. http://www.chorley.gov.uk/
6. http://www.corby.gov.uk/
7. http://www.craigavon.gov.uk/
8. http://www.crawley.gov.uk/
9. http://www.dacorum.gov.uk/hemel-hempstead/
10. http://www.easington.gov.uk/
11. http://www.englishpartnerships.co.uk/
12. http://www.fife.gov.uk/
13. http://www.halton.gov.uk/townandvillage/runcorn_new_town.asp/
14. http://www.harlow.gov.uk/
15. http://www.hop.co.uk/cambridgefutures/
16. http://www.london.gov.uk/
17. http://www.mk.dmu.ac.uk/depts/benv/cntds/
18. http://www.mkweb.co.uk/
19. http://www.north-ayrshire.gov.uk/
20. http://www.northlan.gov.uk/
21. http://www.oultwood.com/localgov/uk/
22. http://www.petersborough.gov.uk/

23. http://www.powys.gov.uk/
24. http://www.rcu.gov.uk/
25. http://www.redditchbc.gov.uk/
26. http://www.sedgefield.gov.uk/
27. http://www.southlanarkshire.gov.uk/
28. http://www.stevenage.gov.uk/
29. http://www.sunderland.gov.uk/
30. http://www.telford.gov.uk/
31. http://www.torfaen.gov.uk/
32. http://www.warrington.gov.uk/
33. http://www.welhat.gov.uk/
34. http://www.westlancsdc.gov.uk/
35. http://www.westlothian.gov.uk/

● 法国

36. http://europa.eu.int/
37. http://www.sanevry.fr/
38. http://www.san-senart.fr/
39. http://www.san-sqy.fr/
40. http://www.san-valmaubuee.fr/
41. http://www.san-vnf.fr/
42. http://www.ville-cergy.fr/

● 日本

43. http://www.mlit.go.jp/
44. http://www.tama-nt.com/

● 新加坡

45. http://www.hdb.gov.sg/
46. http://www.ura.gov.sg/

● 香港地区

47. http://sc.info.gov.hk/
48. http://www.ozp.tpb.gov.hk/

● 国内

49. http://metro.myrice.com/ 上海地铁网
50. http://www.bjjs.gov.cn/ 北京建设网
51. http://www.CCTV.com/ 国家地理-地球故事
52. http://www.chinayrd.com/ 中国长三角
53. http://www.cin.gov.cn/ 中华人民共和国建设部
54. http://www.landscapecn.com/ 景观中国网
55. http://www.scctpi.gov.cn/ 上海城市综合交通规划信息网
56. http://www.shghj.gov.cn/ 上海规划网
57. http://www.shharborcity.com/ 上海临港新城
58. http://www.shucm.sh.cn/ 上海建设网
59. http://www.stats.gov.cn/ 中华人民共和国国家统计局
60. http://www.zgfdcb.com/ 中国房地产报国际网

后 记

进入21世纪以来，新城开发和建设成为我国大城市区域空间优化和整体协调发展的重大举措之一。“新城”源于一个世纪前霍华德的“田园城市”理念，经过百年历练，在国外已经实践相当成熟，然而，在国内新城的实践才刚刚起步。选择该课题，既有我长期以来基于专业视角的兴趣原因，同时，也是基于我主力参与的《上海芦潮港（临港）新城概念规划》《广州新城概念规划》《厦门城市发展战略》等多项规划咨询研究，并实地考察了英国、新加坡、中国香港地区等国家或地区的新城建设，力求理论和实践结合，完成了本书的写作。就所涉及的研究领域而言，本书的研究工作是总结了前辈们的实践经验和实证研究，并针对我国当前新城建设的初步进展，加以分析比较，以完成适合我国国情的新城发展理念、原则和策略的初步探索。随着我国经济社会发展和城市建设的进一步发展，新城研究尚需不断努力。

本研究为上海市科委软科学研究博士生学位论文资助项目，并得到了上海市重点学科建设项目的资助。

本书写作得到了导师赵民教授的全力指导，书中的字字句句都凝聚着赵老师的辛勤指导。自从师和受诲于赵老师以来，他的关心与帮助使我获得了许多宝贵的机遇得以从事专业研究和参与重要实践，他的教诲与讨论不仅深入地影响到本文的研究选题与深入，更为重要的则是对我成长所产生的重要积极影响。非常感谢赵老师给我的机遇、支持和多年的教导培养，他敏锐而深邃的洞察力，广博的知识和严谨的治学态度，以及宽容的为人之道，使我在学习和工作中获益匪浅，也将使我终身受益。值此之际，谨向赵老师致以最真挚的谢意。

还要特别感谢我的硕士阶段导师彭震伟教授，正是他最初引领着我踏入了城市与区域发展的规划研究领域，不仅使我在研究方法方面获得了最初的教诲，并在我的写作中给予了不断的鼓励和支持。

在海外考察和实践过程中，给予我各种帮助和支持的主要有：英国利物浦大学城市设计系的系主任David Shaw先生、David Massey先生、Yin Ho女士，新加坡国立大学的朱介鸣先生，香港浸会大学的邓永成先生，香港大学的叶嘉安先生。我在异国考察的过程中，他们在工作和生活上给予了热情周到的帮助和关心，使我不仅获得了大量的相关文献资料，还获得了很好的访谈与交流。

同时，我要感谢厦门市规划局和规划院的何兴华、马武定、边经卫、王唯山等先生，广州城市规划设计研究院的袁奇峰先生，广州规划局的刘卫先生，他们在我参与的《广州新城概念规划》《厦门城市发展战略》两大规划咨询研究中，进行了多次交谈并多方面地获得了宝贵的研究资料。还要感谢上海大学的沈关宝教授、上海财经大学的丁健教授，以及上海大学和上海财经大学的部分学友，与他们共同参与了《广州新城概念规划》和《厦门城市发展战略》两大规划咨询研究，使我的研究颇有获益。

在此，我还要感谢日本东京大学的何丹先生、上海规划局的杨晰峰先生、广州规划局的廖绮晶女士、厦门城市规划设计研究院的杨春先生、宁波城市规划设计研究院的杨斌先生。同时，我还要感谢在海外考察过程中给予帮助和支持的张剑涛、田殷殷、洪雯等同学，以及同窗好友栾峰、熊魁、赵蔚、韦亚平、张宗彝、罗震东、张艳、郑科、杨震、高捷、肖荧光、陈海慈等同学，我们共同参与了多项研究实践，并因此有助于我的研究工作，而且在平时的工作和学习交流中给予我莫大的鼓励与支持。

此外，我还要感谢同济大学城市规划系的李德华、陶松龄、徐循初、陈秉钊、阮仪三、吴志强、唐子来、周俭、夏南凯、潘海啸、孙施文、王德等诸位教授。我有幸聆听他们的课程或讲座，或者有机会直接向他们请教，这些都不同程度地有益于我的学习与成长。我曾受益于更多师长、学友、朋友及他人，尽管未曾逐一提及，我仍希望在此一并致谢。我的学识有限，在写作中较多地参考和借鉴了前辈和同行们的著作心得，在此一并致以深切的谢意。

最后，我要感谢我的父母，是他们给予了我生命，给予了我最无私的关爱和支持，助我在多年的学习工作中不断成长，希望和他们一起分享本书顺利完成的喜悦。

张 捷